인간의 성장과 발달

머리말

인간발달은 수태의 순간부터 죽음에 이르기까지의 전 생애를 통해 일어나는 지속적인 변화과정이다. 그동안 인간의 발달을 연구하는 학자들은 아동을 중심으로 양적, 또는 질적 측면에서의 긍정적인 변화양상에 초점을 두어왔으나, 인간의 기대수명이 점차 늘어남에 따라 성인을 포함하여 인간의 전 생애에 걸친 발달적 변화양상을 이해하는 데 관심을 기울이고 있다.

인간이 살아가는 모습은 다양하지만, 전 생애에 걸쳐 일어나는 각 단계별 발달 내용은 일반적인 발달원리에 따라 이루어지기 때문에 인간의 발달은 어느 정도 예측이 가능하다. 인간발달의 원리와 인간을 둘러싼 환경에 대한 이해가 중요한 이유는, 한 개인이 겪어온 발달사를 통해 현재의 인간 행동이나 발달을 이해할 수 있으며 앞으로의 삶을 예측하고 대처할 수 있기 때문이다. 한편 인간발달은 사회변화와 밀접한 연관이 있다. 사회변화는 가족의 변화와 직결되기 때문에 인간발달은 각 개인이 속해있는 가족, 그리고 시대적 상황과 사회 · 문화적 환경 등 다양한 맥락에 대한 이해가 필요하다. 인간발달에 대한 지식은 나 자신에 대한 이해는 물론 다른 사람에 대한 이해를 돕고, 나아가 인간에 대한 사랑에 기여할 수 있을 것이다.

이 책은 전체 3부 11장으로 구성되어 있으며, 아동 및 가족학 전공자인 저자들이 각자의 전공이나 관심영역에 따라 각 장의 집필을 맡았다. 1부는 총론으로 인간발달 이해의 기초가 되는 내용을 소개하였으며(박성연), 2부와 3부는 각각 아동발달과 성인발달에 관한 내용으로 구성하였다. 아동발달 내용을 다룬 2부에는 2장 아동기 이론(안지영)을 비롯하여, 3장 생의 시작(이주연), 4장 영아기와 걸음마기(이사라), 5장 유아기(임희수), 6장 아동기(한세영) 및 7장 청소년기(백지숙)가 포함되어있다. 성인발달과 관련된 3부에서는 8장 성인기 이론(지연경), 9장 성인 초기(오미경), 10장 성인 중기(전은다), 끝으로 11장 성인 후기(지연경)를 다루고 있다.

본 교재에서는 인간발달에 대한 기본적 이해를 도울 수 있는 전 생애 관점 및 아동기와 성인기 이론을 바탕으로, 각 발달 단계별 신체, 인지, 정서사회발달 내용을 기술하면서 발달에 영향을 미치는 가족 및 사회문화적 환경에 대해 소개하였다. 특히 이 책은 다른 인간발달 교재와는 달리 최근 학자들의 관심을 끌고 있는 '성인기로의 진입(emerging adulthood)' 에 대한 내용을 9장에서 다루고 있어 인간발달에 관한 새로운 시각을 부각하였다. 또한 책 전반에 걸쳐 인간발달 연구의 일상생활 응용사례와 시사성을 강조하기 위해 신문기사를 통한 정보를 제공하고, 각 장의 마지막에는 생애의 각 단계를 공부하면서 논의하고 생각해 봐야 할 점들을 제시하였다. 이 책이 대학의 전공 및 교양과목의 교재로서 인간발달에 대한 체계적인 지식을 습득하고자 하는 학생들에게 도움되며, 또한 개인이 처해 있는 상황에서 최적의 발달을 이루도록 전문적인 도움을 주는 데 지침이 될 수 있기를 바란다.

끝으로 이 책이 출간되기까지 보다 나은 책을 만들기 위해 전반적인 과정에서 많은 노력을 아끼지 않으신 파워북의 유제구 사장님과 김재원 실장님을 포함한 파워북 식구들에게 지면을 빌어 감사의 말씀을 드리고 싶다. 또한 이 책의 내용과 연관된 사진을 실을 수 있도록 허락해주신 모든 분께도 감사를 드리며, 아동 및 가족학 분야의 전문가로 활동할 수 있도록 많은 도움을 주신 우리 저자들의 부모님과 가족들에게도 사랑과 감사의 마음을 전한다.

저자 일동

차 례

Part 1 인간발달학의 이해

CHAPTER 1 인간발달의 전 생애 관점

Part 2 아동발달

PART 1

인간발달학의 이해

Chapter 1

인간발달의 전 생애 관점

01 전 생애 발달의 개념 및 특성

02 발달과정

03 발달단계

04 전 생애 관점에서의 연령의 의미

05 발달적 변화에 관한 이론적 쟁점들

06 인간발달 연구방법

인간발달학은 수정의 순간부터 죽음에 이르기까지 인간의 성장 및 발달과정을 과학적으로 연구하는 학문이다. 따라서 인간발달학은 인간의 전 생애에 걸친 각 단계에서 나타나는 발달적 변화를 이해하고 이와 관련된 요인을 밝히는 데 학문의 목표를 두고 있다. 전 생애관점에서 인간의 발달을 이해한다는 것은 개인이 경험해 온 과거의 발달과정을 토대로 현 시점에서 나타나는 개인의 행동을 이해하는 데 도움이 될 뿐만 아니라, 이러한 개인적 경험들이 남은 일생의 발달에 어떠한 영향을 미칠지를 예측하는 데도 도움이 된다. 인간발달학의 서론에 해당하는 1장에서는 전 생애 관점(life span perspective)에서 본 발달의 특성을 살펴보는 한편, 인간의 보편적인 발달과정 및 발달단계, 그리고 발달연구의 이론적 쟁점 및 연구방법을 소개한다.

Chapter

1 인간발달의 전 생애 관점

전 생애 발달의 개념 및 특성 1

1) 전 생애 발달의 개념

발달이란 수나 크기의 변화 같은 양적인 변화와, 기능이나 효율성의 변화 같은 질적인 변화를 포함한다. 전통적인 발달연구에서는 태내기부터 영아기, 유아기, 아동기 및 청년기에 이르는 아동의 발달을 다루어 왔다. 따라서 발달이란 생의 초기부터 청년기에 이르기까지 각 발달영역에서 일어나는 양적인 성장이나 효율성의 증가 등 긍정적인 변화양상을 뜻하는 것으로 개념화되어 왔다. 이러한 전통적인 관점에서는 생의 초기부터 청년기까지는 발달의 여러 측면에서 양적 · 질적 변화가 크게 증가하는 한편, 성인기에는 발달적인 변화가 거의 없으며 노년기에는 점차 감소한다는 점이 강조되어 왔다.

그러나 1980년대에 이르러 인간의 기대수명이 점차 늘어남에 따라 전 생애 관점이 학자들의 관심을 끌게 되면서, 발달은 수태의 순간부터 죽음에 이르기까지의 전 생애를 통해 일어나는 지속적인 변화과정으로 받아들여지고 있다. 따라서 전 생애 관점에서는 생의 초기부터 청년기까지의 초기단계에서 보편적으로 나타나는 양적인 증가나 기능적인 효율성의 증가 등 긍정적인 변화는 물론, 성인기 이후에 나타나는 긍정적인 발달적 변화양상과 함께 양적인 감소나 효율성의 감소 등 부정적인 변화

역시 발달의 개념에 포함한다(박성연, 2006).

2) 전 생애 발달의 특성

발달이 전 생애에 걸쳐 일어난다는 전 생애적 관점의 대표적인 학자는 Paul Baltes이다. 그에 의하면 발달은 인간의 전 생애에 걸쳐 일어나며 다차원성 multi-dimension, 다방향성 multi-direction, 유연성 plasticity을 지니고, 다학제적 multi-disciplinary, 맥락적 contextual으로 연구된다. 또한 발달은 성장 growth, 유지 maintenance 및 상실조정 regulation of loss의 3가지 과정을 포함하는 한편, 생물학적 요인과 사회문화적 요인 및 개인적인 요인의 복합적인 상호작용을 통해 이루어진다. 아래에서는 전 생애 발달 관점의 독자적인 특성들을 살펴본다(Santrock, 2008).

(1) 발달은 전 생애에 걸쳐 일어난다

전 생애 관점에서는 청년기에서 대부분의 발달이 끝난다거나 어떤 특정 연령이나 특정 시기의 발달이 이후의 발달에 결정적인 영향을 미친다고 주장하는 대신, 성인기 이후에도 특정 영역에서의 경험을 통해 새로운 발달이 일어난다는 것을 강조한

그림 1-1

전 생애에 걸친 다양한 발달경로

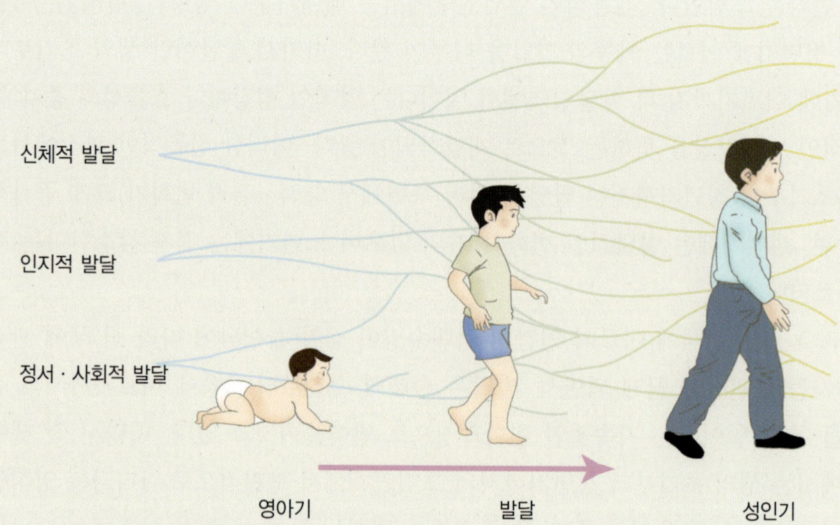

자료 : 박성연(2006)

다. 따라서 전 생애 발달을 강조하는 학자들은 개인적 경험이나 사건에 따른 여러 발달경로와 함께 다양한 발달적 결과를 강조한다 그림 1-1.

(2) 발달은 다차원적, 다방향적으로 일어난다

발달은 신체적 · 인지적 · 정서적 · 사회적 발달 등 각 측면에서 일어나게 되며, 각 측면의 발달과정은 서로 영향을 주고받는 복합적인 관계에 있다. 예를 들어, 각 개인이 지니고 태어난 유전적 요인에 기초한 생물학적인 발달특성은 신체적 성장이나 감각능력 및 운동기술에서의 변화와 밀접한 관련이 있다. 신체적 변화는 또한 인지적인 발달은 물론 정서성이나 사회성을 포함한 인성적인 발달에도 상당한 영향을 미친다. 나아가 이러한 개인의 신체적 · 심리적 특성은 가족관계나 대인관계에 영향을 미침으로써 각 발달측면은 서로 유기적인 관계에 있음을 알 수 있다.

한편 각 발달측면에 포함된 여러 가지 능력도 각기 그 발달양상이 다를 수 있으며, 한 측면에서의 발달은 다른 측면에서의 발달에 영향을 주기도 한다. 다시 말하면, 특정 영역이나 특정 시기에서의 발달이라고 해서 모두 같은 방향으로 일어나는 것이 아니다. 예를 들어, 성인 후기에는 인지발달과 관련된 여러 능력 중에서도 지혜를 필요로 하는 문제해결력이나 판단력은 증가하지만, 재빨리 알아듣고 행동하는 순발력이나 효율적인 정보처리 능력은 떨어진다. 또한 한 측면의 발달이 왕성하면 다른 측면의 발달은 상대적으로 감소하는 특성을 보이기도 하여, 청년기에는 이성에 대한 관심이나 사랑의 감정은 증가하는 한편, 또래관계에 대한 관심은 감소한다.

(3) 발달은 유연성이 있다

유연성 또는 탄력성이란 발달적인 변화의 가능성을 뜻한다. 발달에서의 변화 가능성은 많은 발달학자의 관심사가 되어 왔다. 예를 들어, 어렸을 때 행동억제를 보이던 아동은 커서도 행동억제를 보이는가? 영아기 때 불안정 애착을 보였던 아동은 유아기에도 불안정 애착을 보이는가, 아니면 안정 애착으로 변화될 수 있는가? 또한 이러한 변화 가능성은 어떤 연령에서 가장 큰가? 성인기 이후에는 유아기보다 유연성이 줄어드는가? 유연성 정도나 변화 가능성은 인지능력이나 성격 등 발달영역에 따라 차이가 있는가? 전 생애 관점에서 발달을 연구하는 학자들은 특히 발달의 유연성이나 한계를 연구하는 데 관심을 두고 있다.

(4) 발달은 다학제적으로 연구된다

인간의 발달을 이해하기 위해서는 심리학자, 사회학자, 신경과학자, 유전학자, 인류학자 등 여러 학문분야의 학자들의 노력이 필요하다. 예를 들어, 유전과 환경이 지능발달에 미치는 영향, 인간의 사회적 행동과 두뇌활동 간의 관계, 또는 사회적 행동과 인지발달이 모든 문화권에서 동일한 발달양상을 보이는지 등, 인간발달과 관련된 연구들은 대부분 다양한 학문분야의 학자들 간의 공동 노력으로 이루어진다.

(5) 발달은 다양한 맥락 내에서 이루어진다

맥락 context이란 발달이 이루어지는 환경을 뜻하며 인간의 발달은 여러 가지 맥락 내에서 이루어진다. 발달과 관련된 환경인 맥락은 역사적 · 경제적 · 사회적 · 문화적인 요인에 의해 변화하게 되며, 맥락적인 변화는 개인의 발달에 영향을 미친다. Baltes(2003)에 의하면, 개인의 발달에 미치는 영향들은 규범적-연령적 영향 normative age-graded influence, 규범적-역사적 영향 normative history-graded influence, 그리고 비규범적인 또는 개인적인 인생사건 non-normative or highly individualized life events의 영향으로 구분된다.

규범적-연령적 영향이란 모든 인간이 특정 연령에서 비슷하게 겪게 되는 사건들로 연령과 밀접한 관련이 있으며 쉽게 예측할 수 있는 영향들이다. 즉 생후 1년경 아기가 걷고, 6세에 초등학교에 입학하며, 12세경 사춘기를 경험한다. 또한 20대 중후반에 직장을 가지고 50대 중반에 은퇴를 하는 등, 연령과 관련하여 특정 사건이 일어나며 이와 관련된 여러 가지 환경적인 경험을 하게 된다. 규범적-연령적 영향 요인인 이러한 사건들은 주로 생물학적 과정이나 사회문화적 관습의 영향을 받는다.

규범적-역사적 영향은 특정 시대의 역사적인 환경에서 살아온 사람들 cohort이 공통적으로 경험하는 환경적 영향을 뜻한다. 이러한 환경적 영향 역시 경제적 · 정치적 · 사회적 · 문화적인 영향을 받게 된다. 예를 들어 6·25동란을 경험한 세대와 그것을 경험하지 못한 세대, 정보화가 보편화되기 이전 세대와 정보화 시대에 사는 세대의 개인들은 경제적인 관념이나 사고방식, 그리고 여러 가지 행동측면에서 서로 다른 특성이나 발달적 차이를 보이게 된다. 유사한 맥락에서 저출산 경향이나 고령화 추세 역시 현 시대의 사회적 환경이나 문화적인 환경의 영향을 받은 것이다.

인간의 발달은 모든 사람이 비슷한 연령대에서 경험하는 연령에 따른 규범적 영향이나 동시대 사람들이 경험하는 역사적 환경에 따른 규범적인 영향 외에도, 그 개인만의 특유한 환경에 의해서도 영향을 받는다. 이를 비규범적인 개인적 사건의 영향이라고 하며, 그 예로 부모의 이혼이나 사망 또는 10대 임신 등으로 인해 개인의 발달이 영향을 받게 되는 경우를 들 수 있다. 물론 이러한 사건들은 개인에 따라 다르게 나타나며, 이러한 사건이 개인의 발달에 미치는 영향도 각기 다르게 나타난다. 특히 전 생애 발달학자들은 규범적-연령적 영향보다는 비규범적-개인적 경험이 개인의 발달에 보다 큰 영향력을 미친다는 점을 강조한다.

(6) 발달에는 성장, 유지, 상실조정의 세 가지 과정이 포함된다

Baltes(2003)는 인간발달의 세 가지 목표를 성장, 유지, 상실loss조정에 두고 있다. 태아기부터 청소년기까지의 발달은 성장이 주를 이루고 있으나, 성인기에 접어들면서 인간은 성장하고자 하는 목표 대신 발달을 유지하고 상실을 조정하려는 목표를 지니게 된다. 따라서 중년기에 속한 성인들이나 노년기에 속한 노인들은 기억력을 더 향상시키려 한다거나 자신이 보유하고 있는 기술을 보다 높은 수준으로 발달시키려 하기보다는 어떻게 하면 기억력을 지금처럼 유지할 것인지에 관심을 둔다. 특히 노년기에 이르러는 여러 가지 능력이 점차 쇠퇴되어 가는 것, 즉 상실loss을 다소 늦출 수 있는 방법을 찾거나 다른 사람에게 의지하지 않고 자립적인 생활을 해나갈 수 있는 적응방법을 찾는 데 목표를 두고 생활하게 된다.

(7) 발달은 생물학적 · 사회문화적 · 개인적 요인 간의 상호작용을 통해 이루어진다

인간은 타고난 두뇌능력으로 문화를 이루어가는 한편, 문화에 의해 인간의 두뇌는 발달하고 변화한다. 또한 개인은 여러 환경적 요인으로부터 자신의 발달을 최적화할 수 있는 요소들을 선택함으로써 발달을 이루어가기 때문에 인간의 발달은 생물학적 요인과 문화적 요인, 개인적 요인의 복합적인 상호작용의 산물이라고 할 수 있다.

2 발달과정

발달은 수태에서부터 전 생애에 걸쳐 계속되는 변화양상으로 정의된다. 이러한 인간의 발달적 변화양상은 생물학적 과정, 인지적 과정, 정서 · 사회적 발달과정의 복합적인 상호작용의 결과이다 그림 1-2. 생물학적인 과정이란 신체적인 측면에서의 변화와 관련된 것으로, 그 예로는 부모로부터 물려받은 유전적 요인, 두뇌 신경계의 발달, 신체적 성장, 운동기능의 발달, 사춘기의 호르몬 변화를 들 수 있다. 한편 인지적 과정은 사고력의 변화와 관련된 것으로 사물을 지각하는 능력, 학습능력, 기억력, 언어발달, 추상적 사고능력 등을 그 예로 들 수 있다. 또한 정서 · 사회적 과정은 정서나 인성에서의 변화 및 다른 사람과의 관계에서 나타나는 변화와 관련되는 과정이다.

이러한 세 가지 과정은 각각 독립적으로 인간의 발달에 영향을 미치는 것이 아니라 서로 유기적인 관계 속에서 발달에 영향을 미치게 된다. 일반적으로 인간의 발달을 설명할 때 각 연령단계에 따라 신체적 발달, 인지적 발달, 정서 · 사회적 발달 등

그림 1-2

발달단계와 발달과정

발달은 태내기, 영아기와 걸음마기, 유아기, 아동기, 청소년기, 성인 초기, 성인 중기 및 성인 후기에 걸쳐 진행된다. 각 단계에서의 발달은 생물학적 과정, 인지적 과정, 정서 · 사회적 과정의 복합적인 상호작용으로 이루어진다.

자료 : Santrock(2004)

각 측면의 발달과정을 분리해서 다루게 되지만 사실상 각 측면의 발달과정은 서로 영향을 주고받는 복합적인 관계에 있다. 예를 들어 아기는 어머니의 얼굴이나 목소리를 식별할 수 있을 정도로 두뇌의 시각 및 청각 관련 신경이 발달(생물학적 과정)하여야 어머니에게 선별적인 미소(인지적 과정)를 지을 수 있으며, 이러한 선별적인 미소는 어머니와 아기 간의 애정적인 상호작용으로 이어지게 된다(정서 · 사회적 과정). 따라서 모든 발달측면은 서로 분리하여 생각할 수 없으며 발달은 통합적으로 이해해야 한다.

발달단계 3

인간의 전 생애에 걸쳐 일어나는 발달내용이나 특징, 그리고 그에 따른 사회적인 관계의 특성은 특정 연령이나 시기에 따라 다르기 때문에 학자들은 인간의 발달을 발달단계로 나누어 설명한다. 발달단계나 연령기준은 학자들 간에 다소 차이가 있으나, 대체로 아동발달학에서는 태내기, 영아기 및 걸음마기, 유아기(또는 아동초기), 아동기(아동중기), 청소년기의 다섯 단계로 나누고 있다. 한편, 인간발달학에서는 보편적으로 청소년기 이후의 세 단계인 성인 초기, 성인 중기(중년기), 성인 후기(노년기)를 포함하여 모두 8단계로 분류하고 있다 표 1-1 .

1) 태내기(prenatal period: 임신~출생)

태내기는 임신에서 출생까지의 38주간(266일)의 기간으로 일생 중 신체적인 성장이 가장 급속하게 일어나는 시기이다. 특히 태아기 초기 3개월 동안은 신체의 구조와 기관이 형성되는 시기로서, 태내 환경의 영향을 크게 받기 때문에 발달적으로 극히 취약한 시기이다.

2) 영아기 및 걸음마기(infancy & toddlerhood: 출생~36개월)

일반적으로 출생부터 아동기까지의 발달단계를 구분할 때 영아기, 유아기, 아동기로 나누는데 영아기는 출생~2세, 유아기는 2~6세, 아동기는 6~11세로 본다. 최근에는 특히 18~36개월을 영아기(출생~2세)와 유아기(2~6세)에 걸쳐진 전이 시기로 보는 한편, 이 시기에 독특한 발달특성이 나타나기 때문에 '걸음마기'라는 독립된 한 발달단계로 본다(Edwards & Liu, 2002). 따라서 이 책에서는 출생에서 생후 36개월까지를 영아기 및 걸음마기로 칭한다.

출생과 더불어 모든 것을 모체에 의존하던 영아는 영아기와 걸음마기에 걸쳐 점차 독립적으로 변해간다. 출생 후 첫 1개월간인 신생아기는 모체 외 생활에 대한 적응 시기인 한편, 이후 생후 18개월경까지 영아는 체중 및 신장이 급속히 성장하는 것은 물론, 뒤집고 기고 앉고 서고 걷는 등, 이동운동locomotion능력이 발달하게 된다. 두뇌 성숙에 따른 신체 운동능력의 급속한 성장발달은 영아의 탐색활동을 가능하게 하며 초보적인 지적능력을 발달시키게 된다. 또한 이 시기에는 양육자와의 애착을 형성하는 한편, 언어가 발달하기 시작하고 여러 가지 정서가 분화되면서 사회적인 개체로서의 기본적인 능력이 형성된다. 한편, 걸음마기인 18개월부터는 신체운동이 점점 더 정교해지고 언어능력을 비롯한 인지적 능력이 더욱 발달한다. 걸음마기 영아는 자아에 대한 인식과 더불어 점점 독립적인 행동을 하고자 하며, 자기주장적인 행동을 나타내기 시작한다.

3) 유아기(early childhood: 3~6세)

유아기는 아동초기 또는 학령전기로도 일컬어지며, 이때의 특징적인 발달은 기본적인 생활습관을 형성하여 자기 스스로 일상적인 일을 처리할 수 있고 의사소통능력이 급속히 이루어진다는 것이다. 이와 더불어 개인차는 있지만 자기의 요구나 감정을 조절할 수 있는 자아통제력이 발달한다. 또한 다른 아동이나 가족 외의 환경에 대한 이해와 관심이 증가하며 상상력과 창의력이 두드러지는 시기이다.

4) 아동기(middle childhood: 6~11세)

아동기는 아동중기로도 일컬어지며, 이 시기의 아동은 논리적으로 사고할 수 있는 능력이 증가하며 읽기, 쓰기, 셈하기 등 학습에 필요한 기본적인 기술을 완성함으로써 성취감을 경험하게 된다. 또한 아동의 일상생활에 또래집단이 더욱더 중요한 위치를 차지하게 되며, 사회적 관계에서 보다 발달된 자아통제력을 보이게 된다. 또래의 영향력이 증가함에도 불구하고 아동기에는 여전히 가족의 영향력이 크게 작용한다. 한편, 아동이 속한 사회 또는 문화에 따라 아동의 일상생활 내용이 달라지게 되며, 이러한 일상생활은 아동의 발달에 상당한 영향을 미친다.

5) 청소년기(adolescence: 11~20세)

청소년기는 급속한 신체적 성장을 보이던 영아기에 이어 신체적인 성장발달의 제2 급등기가 나타나는 시기이다. 또한 지적인 변화가 두드러져 추상적인 사고가 가능해지며 독립의 욕구가 증대한다. 부모와의 관계보다는 친구와의 관계가 더 중요해지고 가정 밖에서 지내는 시간이 많아지는 한편, 또래의 영향을 많이 받는다. 청년기의 주요한 사회심리적인 발달은 자신의 정체성을 찾는 데 몰두하는 일이며, 정체성을 확립해 가는 과정에서 심각한 심리적 갈등을 경험하기도 한다.

6) 성인 초기(early adulthood: 20~40세)

성인 초기는 개인생활에서나 경제적으로 점점 더 독립적이 되어 가며, 전문직을 추구하고, 이성관계 및 배우자 선택에 많은 관심을 쏟게 되고, 자기 자신의 새로운 가정을 형성하게 되는 시기이다.

7) 성인 중기(middle adulthood: 40~60세)

중년기로 일컬어지기도 하는 성인 중기는 생산성generativity을 경험하는 시기로서, 개인적으로나 사회적으로 많은 일에 열심히 관여하고 책임을 맡게 된다. 또한 다음 세대를 위해 자녀를 유능한 사회인으로 길러내는 데 지원 역할을 하는 한편, 자신의 일에서 만족감을 얻게 되는 시기이다.

8) 성인 후기(late adulthood: 60세~사망)

성인 후기인 노년기는 인생을 회고하면서 은퇴를 경험하고 점차 쇠약해지는 기력과 건강 및 새로운 사회적 역할에 적응해 가는 시기이다. 인간의 수명이 점차 길어짐에 따라 노년기는 그 어떤 인간발달 단계보다 가장 오랜 기간 지속되는 시기이다. 인구의 고령화 추세에 의해 상당히 많은 사람이 이 시기에 속하고 있기 때문에, 전 생애 관점에 관심을 두는 학자들은 노년기에 나타나는 발달의 개인차에 상당한 관심을 두고 있다.

성인기 발달에 초점을 두고 인간의 발달을 4개의 단계로 나눈 Baltes(Baltes & Smith, 2003)는 제1단계first age는 아동기와 청소년기, 제2단계second age는 20대에서 50대에 이르는 성인기 전성기, 제3단계third age는 인지능력이 비교적 유지되고 있어 노화에 따른 상실에 어느 정도 대처가 가능한 약 60세에서 79세까지의 노인기, 그리고 제4단계fourth age는 인지능력의 상당한 상실과 함께 많은 스트레스를 경험하는 80세 이후의 노인기로 구분하였다. 성인 후기 또는 노년기 발달에 대한 상세한 내용은 11장에서 다룬다.

표 1-1 / 인간발달의 8단계

발달단계	연령범위	특징적 발달
1단계 태내기	임신~출생	일생 중 신체적 성장이 가장 크게 일어나는 시기이다. 어머니의 자궁 내에서 태아의 기본적인 신체구조와 기관이 형성되고 발달한다. 태내기는 임신기간 38주간을 말하며 특히 태내기 첫 3개월 동안은 극히 취약한 시기이다.
2단계 영아기 및 걸음마기	출생~36개월	두뇌와 신체의 급격한 발달로 지각 및 운동능력이 발달하고 사고능력과 언어능력이 발달한다. 또한 양육자와 애착을 형성하고 자아에 대한 인식과 더불어 자율적이 되어 가기 때문에 점점 다루기가 어려워진다.
3단계 유아기	3~6세	의사소통 능력이 발달하고 자기통제력이 발달한다. 상징능력과 함께 사고능력이 발달하여 상상력과 창의력을 나타낸다. 타인에 대한 이해 및 사회적 능력이 발달한다.
4단계 아동기	6~11세	학령기 아동으로 공식적인 학교교육이 시작되며, 논리적으로 사고할 수 있는 능력이 상당히 발달한다. 아동에게 또래집단이 중요한 위치를 차지하지만, 가족은 여전히 중요하다.
5단계 청소년기	11~20세	2차성징을 통해 두드러진 신체적 변화가 있고, 추상적 사고능력이 발달한다. 자아정체성을 찾는 것이 중요하며 성인이 되기 위한 준비를 하는 시기이다. 독립에 대한 욕구로 점점 집 밖에서의 활동이 증가하고 또래와의 관계가 생활의 많은 부분을 차지한다.
6단계 성인 초기	20세 ~ 40세	심리적 · 경제적으로 보다 독립적이 되어가며, 평생의 진로 및 직업에 전념하는 한편, 이성간에 친밀한 관계나 배우자 선택에 관심을 두게 되고 새로운 가정을 형성하여 이끌어가게 된다.
7단계 성인 중기 (중년기)	40세 ~ 60세	자신의 일에서 성취감과 만족감을 얻어 가면서 직장생활이나 가정생활 및 자녀양육에서 가장 생산적인 시기인 동시에 은퇴를 경험한다.
8단계 성인 후기 (노년기)	60세 ~ 죽음	인간의 수명이 점차 길어짐에 따라 어떤 인간발달 단계보다 가장 오랜 기간 지속되는 단계가 되고 있다. 인생을 회고하면서 쇠약해지는 기력과 건강 및 새로운 사회적 역할에 적응해 가는 시기이다

전 생애 관점에서의 연령의 의미 4

인간의 발달단계는 일반적으로 말하는 연령, 즉 생활연령 chronological age에 기준을 두고 분류된다. 그러나 같은 연령이라 할지라도 타고난 유전적 요소나 환경적 경험에 따라 그 개인의 발달이나 가능성이 다양하기 때문에 연령은 발달수준의 절대적인 기준이 될 수 없다. 따라서 전 생애 관점에 의하면, 발달은 생활연령 외에도 생물학적 연령 biological age, 심리적 연령 psychological age 및 사회적 연령 social age으로 개념화된다(Hoyer & Roodin, 2003). 생물학적 연령이란 생물학적인 기능 측면에서 본 연령으로서, 생물학적인 연령이 젊으면 생활연령과 관계없이 기대수명이 높아진다. 심리적 연령은 적응적 능력과 관련된 개념으로 같은 생활연령의 노인일지라도 심리적 연령이 젊은 경우는 항상 배우고자 하는 열의, 유연한 사고, 올바른 판단과 생각으로 그렇지 않은 노인보다 더 적응적인 행동을 보이게 된다. 또한 사회적 연령은 사회생활

그림 1-3

젊게 사는 노인들

에 참여하는 정도와 관련된 개념으로, 사회적인 관계가 많아 사회적인 연령이 젊은 경우에는 보다 건강한 삶을 누리게 된다 그림 1-3. 따라서 전 생애 관점에서는 생활연령뿐 아니라 생물학적 · 심리적 · 사회적 연령 등을 포함한 전체적인 모습으로 발달을 이해하여야 한다.

5 발달적 변화에 관한 이론적 쟁점들

발달을 연구하는 학자들은 '발달이 언제, 왜, 어떤 양상으로 일어나는지?' 하는 보편적인 발달양상 normative development과, '왜 개인마다 발달에 차이가 있는지?' 하는 개별적인 발달양상 individual development에 관심을 둔다. 보편적 발달양상과 개별적인 발달양상을 설명하고자 하는 발달이론가들의 오랜 논쟁은 대체로 세 가지 문제로 요약된다(Thomas, 2000). ① 발달적 변화를 가져오게 되는 요인, 즉 발달기제 developmental mechanism는 유전인가, 환경인가? Nature vs. Nurture Issue. ② 발달양상은 안정적(또는 지속적)인가, 불안정적(또는 변화)인가? Stability vs. Change Issue. ③ 발달양상의 변화는 연속적(또는 점진적, 양적)으로 일어나는가, 비연속적(또는 돌연적, 질적)으로 나타나는가? Continuity vs. Discontinuity Issue. 아래에서는 그 각각의 쟁점에 대해 살펴본다.

1) 유전과 환경

인간의 발달은 유전과 환경 모두의 영향을 받는다. 그럼에도 불구하고 학자들 간에 유전과 환경이 논쟁점이 되는 이유는 그 영향력의 정도에 관한 의견차이 때문이라고 할 수 있다.

타고난 측면 nature을 강조하는 입장을 취하고 있는 유전론자 nativist나 성숙론자 maturationist는 개인의 성장이나 발달에 영향을 미치는 유전적 기초나 생물적인 기초를 중요시한다. 예를 들면, 아기들은 까다로운 기질 또는 쉬운 기질, 허약함이나 건강함 등 각기 다른 유전적 성향을 타고나기 때문에 발달에서 개인차가 나타난다. 또한 인간은 대체로 일정한 시간예정표 time table에 따라 성장하고 발달하기 때문에 아기는 목과 허리를 가눌 수 있게 된 다음에야 앉을 수 있으며, 영아기와 청소년기에는 급속한 신체적 성장을 보이는 한편, 중년기에서 노년기에는 점차 신체적인 능력이 감소하게 된다. 물론 유전적인 입장을 옹호하는 학자들도 극단적인 환경의 영향으로 말미암아 타고난 성향이 나타나지 않을 수도 있다는 점을 인정하지만, 인간은 기본적으로 타고난 프로그램에 의해 성장 발달한다는 점을 강조하고 있다.

반면에, 환경적 측면을 강조하는 환경론자는 아동발달이나 개인의 발달은 양육을 포함한 여러 환경적 경험을 통해 이루어진다고 주장한다. 환경이란 개인의 생물학적인 환경(예: 영양상태, 신체, 약물 등)에서부터 사회적인 환경(예: 가정, 학교, 지역사회, 매체 등)까지 그 범위가 다양하다. 환경론자는 인간의 발달이 타고난 특성을 기초로 이루어진다고 할지라도 대부분은 어떠한 특성을 유지 발달시키기 위해서는 환경의 역할이 중요하다고 본다(Aslin, 1981).

역사적으로 볼 때, 두 입장은 각기 유전과 환경의 양극단적인 입장을 취해 왔으며, 이러한 극단적인 유전론자와 환경론자의 열띤 논쟁은 1960년대까지 계속되었다. 이후 1970년대에 이르러는 두 관점이 통합되기 시작하면서 학자들은 유전과 환경의 상대적인 영향력이나 상호작용적 영향에 관심을 갖게 되었다. 특히, 1980년대부터 생애발달적 관점이 호응을 얻기 시작하면서, 유전과 환경이 발달에 미치는 영향은 유전 또는 환경의 주 효과 main effect나 상호작용효과 interaction effect 대신, 교류적 transactional 관점에서 이해해야 한다는 데 많은 연구자가 동의하고 있다 그림 1-4.

교류적 관점에서는 일생을 통해 역동적으로 상호작용하는 유전과 환경의 쌍방적인 영향력을 강조한다. 즉 환경적 경험과 개인의 특성 간의 이차원적 상호작용이 아니라, 시간의 경과에 따라 개인이 환경에 영향을 주고, 변화된 환경은 다시 개인의 행동에 영향을 주는 상호작용이 장기간에 걸쳐 일어나게 된다. 따라서 교류 모델에서는 생애과정 동안 환경에 의해 계속 변화하는 아동 또는 개인의 특성과 더불어, 이와 상호작용하며 계속 변화하는 환경적 특성이나 이들 간의 역동성을 강조한다.

요약하면, 발달적 결과는 유전이나 환경의 상대적 영향이기보다는 일생을 걸쳐 자신이 타고난 유전적 요인과 환경적 요인의 역동적인 상호작용 과정으로 이루어진 것이다. 특히 전 생애 관점의 영향으로 인간의 발달은 유기체의 유전적인 가능성, 과거부터 현재에 이르기까지의 발달, 그리고 현재의 환경조건 등에 따라 다르다는 관점도 제시되고 있다(Sroufe, Cooper, & DeHart, 1992). 다시 말하면, 모든 인간은 각자의 발달을 위한 독자적인 청사진을 갖고 태어나고, 이러한 유전적 가능성은 그 시점까지 이루어온 발달수준과 현재의 여러 환경적 상황에 따라 그에 걸맞게 작동되어 나타나기 때문에, 개인의 발달은 타고난 특성과 환경 간의 역동적 상호작용의 산물로 이해된다.

그림 1-4

유전과 환경의 영향에 관한 모델

• **주효과 모델**

유전 \ 환경	좋음	나쁨
좋음	좋음	좋음
나쁨	나쁨	나쁨

유전론적 견해

유전 \ 환경	좋음	나쁨
좋음	좋음	나쁨
나쁨	좋음	나쁨

환경론적 견해

• **상호작용 모델**

유전 \ 환경	좋음	나쁨
좋음	좋음	보통
나쁨	보통	나쁨

• **교류 모델**

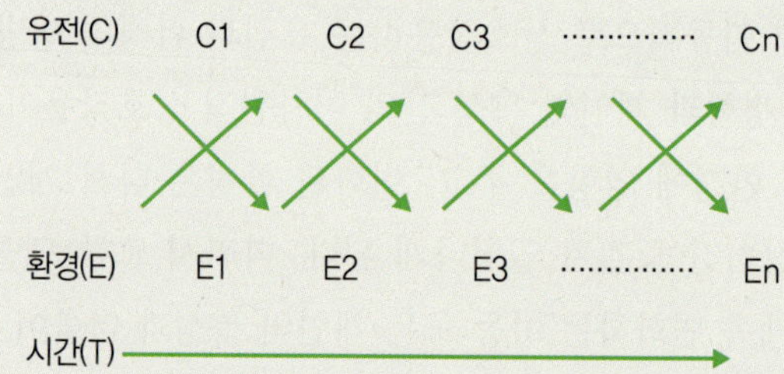

2) 안정성과 불안정성

'어렸을 적의 어떠한 행동특성이 일생을 통해 그대로 지속되는가 아니면 변화되는가?' 하는 문제는 발달학자들의 오랜 관심사가 되어 왔다. 일부 발달학자들은 어렸을 때의 양육경험으로 형성된 애착유형이나 타고난 기질에 기초한 수줍은 행동특성은 변화되기 힘들다는 입장을 취해 왔다. 각인imprinting현상으로 널리 알려진 바와 같이, 동물의 경우는 애착의 결정적인 시기가 있고, 인간의 태아도 태내기 동안에 기형

발생인자에 의해 신체적 발달에 치명적인 영향을 입는 결정적 시기가 있다. 그러나 심리적 발달은 탄력성을 지녀서 어려운 환경에서 자란 아동일지라도 이후 좋은 환경을 경험하면 인지적 · 정서적 발달에 변화를 보이는 경우가 적지 않다. 예를 들어, 어렸을 때의 열악한 환경조건으로 인지적 · 정서적 발달에 손상을 입었더라도 이후의 여러 환경적 경험을 통해 그 손상은 극복될 수 있다.

특히, 전 생애 관점을 옹호하는 학자들은 전 생애에 걸친 발달적 변화와 탄력성 plasticity을 강조하고 있으며, 후기경험도 초기경험처럼 중요하다는 것을 주장함으로써 양육자의 민감성 등 초기경험을 강조하는 애착 이론가들보다 발달에 대해 훨씬 더 긍정적인 견해를 보이고 있다. 이러한 연구들은 초기경험이 중요하기는 하지만 발달은 상당한 탄력성을 지니기 때문에 이후 경험으로 변화될 수 있다는 것을 시사한다.

3) 연속성과 비연속성

발달이론가들은 성장이나 발달에 따른 행동적 변화를 연속적 발달과 비연속적 발달, 또는 양적 차이와 질적 차이라는 두 가지 입장에서 설명한다. 발달의 연속성을 강조하는 입장에서는 발달적 변화란 점진적이고 누적적인 과정을 거쳐 원래의 행동유형이 양적으로 증가하거나 더 복잡해진 것으로 본다. 예를 들어 영아는 6주 정도에는 모음만으로 이루어진 목울림 cooing소리를 내고, 6개월경에는 자음을 덧붙여 옹알이 babbling를 하며, 생후 일 년경에는 한 단어를 사용하기 시작한다. 따라서 아기가 첫말을 하는 것은 그동안의 꾸준한 옹알이나 소리내기 연습의 결과이다.

반면에 비연속성을 강조하는 관점에서는 각 발달단계에서 나타나는 사고방식이나 행동방식에서의 질적인 차이나 변화를 발달이라고 일컫는다. 따라서 어떤 행동의 양이나 빈도, 정도, 크기 등과 관련된 양적인 변화는 연속적 과정인 한편, 이전 단계에서 나타내던 행동이나 생각과는 그 종류나 방식이 다른 질적인 변화는 비연속적 과정으로 본다(Miller, 2002). 발달의 비연속성을 강조하는 이론가들은 발달을 연속적인 과정으로 보는 학자들과는 달리, 아동의 연령증가에 따른 발달단계를 강조한다 그림 1-5. 특정 단계란 여러 가지 능력 또는 행동에서 유사성이 발견되어 다른 시점에서 나타나는 행동과는 질적으로 다른 특성을 지닌 한 시점을 일컫는다. 예를 들어, Piaget의 감각운동기에 속한 영아는 구체적 조작기에 속한 아동과는 다른 문제해결 능력을 나타내고, Freud의 정신분석이론 중 구순기에 속한 영아는 남근기에 속한 아동과는 다른 식으로 자신의 본능적 욕구를 해결함으로써 발달의 비연속성을 시사한다.

그러나 발달은 연속적인 과정을 거치는 동안에도, 한편으로 질적으로 다른 변화가 나타난다는 입장도 있다. 예를 들어 전조작적 사고기에 속한 유아는 인지발달과정에서 여러 가지 인지적 경험이 양적으로 누적되면서, 질적으로 다른 사고의 특성을 지닌 구체적 조작기에 접어들게 된다. 따라서 특정 발달단계 내에서는 양적인 변화 즉 연속성을 보이며, 양적인 변화가 누적되면 질적으로 다른 다음 단계로의 전이가 일어나게 된다(Miller, 2002).

그림 1-5

발달의 연속성과 비연속성

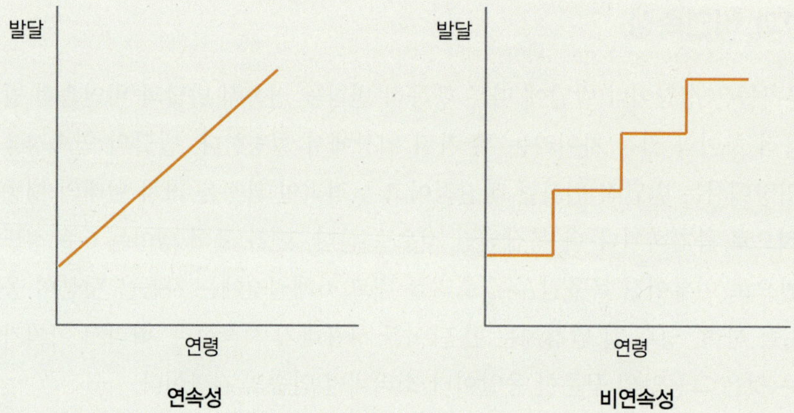

출처 : Berk(2004)

6 인간발달 연구방법

인간발달을 연구하는 학자들의 목표는 발달적 변화를 기술description하고, 변화의 이유나 원인을 설명explanation하는 데 있다. 나아가 이러한 지식을 통해 개인의 행동을 예측prediction하고, 궁극적으로는 환경적인 통제control를 통해 개인의 발달을 최적화하는 데 있다. 따라서 연구를 통해 정확하고 객관적인 결과나 결론을 얻기 위해서는 과학적인 연구방법과 연구설계가 중요하다.

1) 연구방법: 자료수집방법

연구자들은 자신이 관심을 가지고 있는 내용을 규명하기 위해서는 우선 그에 필요한 자료를 수집하게 된다. 인간발달 분야에서 자료를 수집하기 위해 주로 쓰이는 연구방법에는 자연스러운 환경이나 실험실에서 이루어지는 관찰법, 질문지나 면접법을 사용한 자기보고식 방법, 검사와 면접을 통한 임상법 및 생리측정법 등이 있다.

(1) 관찰법: 자연적 관찰법과 구조화된 관찰법

관찰법은 연구자가 관심을 두고 있는 어떤 행동이 일어날 때마다 그것을 관찰하고 기록하여 자료를 수집하는 방법이다. 관찰법에는 연구대상자의 행동을 자연스러운 상황에서 관찰하는 자연관찰법 natural observation과 실험실 상황에서 관찰하는 구조화된 관찰법 structured observation이 있다.

가정에서 이루어지는 영아와 어머니 간의 상호작용 유형에 관한 연구(박성연 · 서소정 · Bornstein, 2005)는 자연적 관찰법의 좋은 예이다. 이 연구에서는 영아와 어머니 간의 상호작용 내용과 영아의 언어발달 간의 관계를 파악하기 위해 영아 출생 후 5개월과 13개월, 두 차례에 걸쳐 1시간 동안 자연스러운 가정관찰 상황에서 아기와 어머니가 나타내는 사회지향적 상호작용과 물체지향적 상호작용의 빈도를 기록하였다. 이러한 방법은 연구자에게 자연스러운 상황에서 일어나는 영아와 어머니의 실제적인 행동에 대한 풍부한 정보를 제공해 주지만, 때로는 연구자가 관심을 두고 있는 특정 행동이 나타나지 않을 수도 있다는 제한점을 지닌다.

따라서 연구자들은 때로 인위적으로 구성된 실험실 상황을 마련하고 실험실로 아동이나 부모를 오도록 한 후, 연구자가 관찰하고자 하는 행동을 유발하게 해 그에 대한 반응을 관찰하고 기록하기도 한다. 실험실 관찰의 경우, 실험대상이 되는 모든 아동은 동일한 관찰조건에 놓이게 되므로, 연구자는 얻고자 하는 정보를 비교적 정확하게 효과적으로 수집할 수 있다. 예로는 낯선 상황에서 아동이 나타내는 행동억제 정도를 파악하기 위해 2세 아동과 그 어머니를 실험실로 오게 한 후 행동억제를 나타낼 수 있는 여러 상황에서의 아동의 행동과 반응을 관찰 기록한 관찰법을 들 수 있다(정옥분 · Rubin · 박성연 · 윤종희 · 도현심, 2002).

관찰법의 절차는 연구자의 의도에 따라 여러 가지 형태로 이루어지는데, 어떤 경우에는 관찰되는 모든 행동을 서술식으로 상세히 기록하기도 하고, 어떤 경우에는 미리 정한 관찰항목을 적은 기록지를 마련해 놓고 행동을 관찰하면서 연구자가 관찰하고자 하는 행동이 나타날 때마다 기록지에 행동유무나 빈도 또는 행동의 강도나 시간적 길이 등을 표시하기도 한다.

(2) 자기보고식: 질문지법과 면접법

질문지를 통한 자기보고식 방법은 자료수집에 가장 보편적으로 널리 사용되는 방법으로 다양한 주제나 내용, 즉 행동이나 태도, 생각, 과거의 경험에 대한 정보를 빠른 시일 내에 비교적 적은 노력으로 많은 자료를 얻을 수 있다는 장점이 있다. 그러나 질문지를 통한 자기보고식 방법은 연구자가 원하는 내용에 대한 깊이 있는 정보를 얻기 어렵다는 제한점을 지닌다.

한편, 면접법은 일련의 정해진 질문내용을 가지고 연구대상자를 직접 면접하면서 자료를 수집하는 것이다. 예를 들어, 아동의 정서적 행동에 대한 어머니의 사회화 신념을 파악하는 면접법은 특정 정서를 불러일으키는 상황을 제시하고 그러한 가상 상황에 대한 아동의 정서적 반응이 어떠한지, 그리고 아동의 반응에 대한 어머니의 행동이나 태도는 어떠한지를 기록하거나 녹음함으로써 자료를 수집하게 된다. 그러나 면접법은 특히 사회적인 바람직성으로 인해 실제 생각이나 태도와는 다른 방식으로 응답할 가능성이 있다는 점, 그리고 연구자의 면접능력에 따라 서로 다른 자료를 얻게 될 수 있다는 문제가 있다.

(3) 임상법(또는 사례연구법)

임상법은 개인 아동에 관해 보다 깊이 있고 광범위한 자료를 얻기 위해서 면접자료, 관찰자료, 검사자료 등을 종합하여 연구대상을 이해하는 방법이다. 임상법은 아동이나 성인의 심리적 · 행동적 문제에 대한 전체적인 모습을 파악함으로써 그러한 행동을 하게 된 배경을 알아내는 데 목적이 있다. 물론 이러한 방법으로 얻게 된 연구결과는 다른 개인에게 일반화할 수 없다는 문제가 있다.

(4) 생리적 심리측정법

연구자들은 지각능력이나 인지 · 정서적 반응의 기초가 되는 생물적인 특성을 밝히기 위해 생리적 반응과정과 행동 간의 관계를 측정하는 심리생리 측정법 psycho-physiological method을 사용한다. 심박률, 혈압, 호흡, 눈동자 확대(동공팽창), 호르몬 수준 등 자율신경계의 활동은 심리상태에 아주 민감하기 때문에 인간의 행동을 이해하는 지표가 될 수 있다.

이 외에도 최근에는 뇌파기록법 EEG이나 두뇌의 활동에 따른 두뇌혈류의 변화를 컴퓨터로 영상화하는 기능적 자기공명이미지 fMRI법도 사용된다. 이러한 방법들을 통해 학습 및 정서문제와 관련된 두뇌의 활동, 사춘기 시작에 따른 호르몬의 변화, 노인들의 두뇌기능 저하 등을 파악하게 된다. 그러나 심리생리 측정법은 실제적 활용방법에서 전문적인 기술과 훈련이 필요하다.

2) 일반적인 연구설계

자료를 수집하기 전에 연구자들은 연구문제나 가설을 검증하기 위한 방법을 미리 계획하여야 하는데, 이러한 일반적인 연구방법은 상관연구설계와 실험연구설계로 대별된다.

(1) 상관연구설계

상관연구설계는 연구 대상자에게 어떠한 처치도 가하지 않고 있는 그대로의 상태에서 자료를 수집하며, 연구자의 관심이 되고 있는 변인들 간의 관계를 상관계수를 통해 파악하기 때문에, 변인들 간의 인과관계를 알 수는 없다. 예를 들어 공격적인 TV프로그램을 시청한 시간량이 아동의 공격성에 어떠한 영향을 미치는지를 연구하기 위해, 공격적인 TV프로그램을 시청한 시간과 아동의 공격성 간의 관계를 상관연구설계로 분석한 결과 이 둘 간에 정적인 상관관계가 나타났다고 하자 그림 1-6. 이러한 결과에 대해 공격적인 TV프로그램을 많이 시청했기 때문에 아동의 공격성이 높아졌다고 인과적으로 해석할 수는 없다. 왜냐하면 공격적인 프로그램을 시청한 시간량이 아동의 공격성에 영향을 미칠 수도 있으나, 아동의 공격성 정도가 공격적인 TV프로그램을 많이 보는 데 영향을 주었을 수도 있다. 뿐만 아니라 또 다른 제3의 변인, 예를 들면 아동의 성격 특성이나 부적절한 가정환경이 아동의 공격적인 TV프로그램 시청시간이나 아동의 공격성 모두에 영향을 줄 수도 있기 때문이다. 따라서 상관연구설계로는 두 변인 간의 관계가 있다는 것만 알 수 있을 뿐, 두 변인 간에 어떠한 인과관계가 있는지 그 방향을 알 수 없으며(즉, 무엇이 원인이 되어 공격성이 높은

지), TV 시청시간과 공격성 간의 관계를 단정적으로 말하기도 힘들다.

그림 1-6
상관연구설계의 예

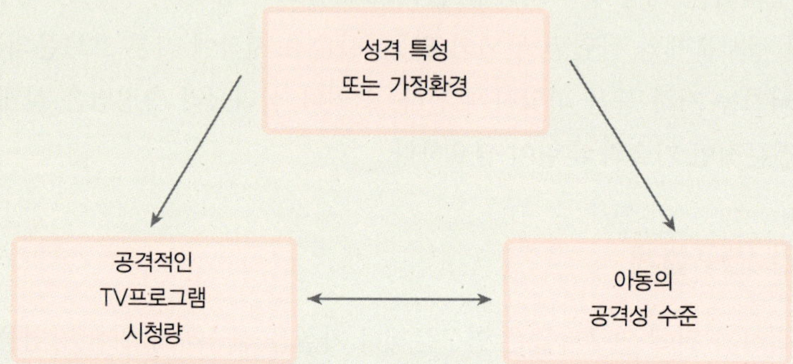

한편, 상관연구에서 변인들 간의 상관 정도는 +1.00~-1.00의 범위를 가진 상관계수(r)로 나타내며, 숫자의 크기와 부호에 근거해 상관정도와 상관의 방향을 알 수 있다. 상관계수 0은 전혀 상관이 없는 경우이며, +1.00이나 -1.00에 가까운 수치일수록 강한 상관정도를 나타낸다. 또한 +부호인 경우는 한 변인이 증가하면 다른 변인도 증가하는 반면, -부호인 경우는 한 변인이 증가하면 다른 한 변인은 감소하는 것을 뜻한다.

(2) 실험연구설계

상관연구설계와는 달리 실험연구설계는 인과관계를 알 수 있다. 실험설계에서는 다른 변인에 영향을 주는 것으로 기대되는 독립변인과, 독립변인에 의해 영향을 받는 것으로 예상되는 종속변인으로 나누어진다. 연구자는 독립변인의 조작 또는 통제를 위해 연구대상자를 처치조건treatment에 놓이게 한 후, 처치조건에 의해 종속변인에 나타나는 변화로 독립변인과 종속변인 간의 인과관계를 추정한다. 따라서 실험설계의 경우는 연구자가 관심을 가지고 알아보고자 하는 변인 이외에 종속변인에 미칠 수 있는 다른 변인들(제3의 변인들)의 영향은 통제하게 된다.

통제방법으로는 대개 연구대상자를 처치조건과 통제조건에 무작위random

assignment로 배정하는 방법이나 처치조건 이외의 다른 특성들은 같게 조합 matching하여 각 집단에 배정하는 방법이 있다. 이러한 통제방법을 통해 두 집단은 처치조건 이외의 다른 조건에서는 동질적이라고 가정하게 된다.

예를 들면, 연구대상 아동들을 공격적인 TV프로그램을 일정 시간 동안 보는 처치집단(실험집단)과 공격적인 TV프로그램을 전혀 보지 않은 집단(통제집단)으로 나눈다. 이 과정에서 연구자는 공격적인 TV프로그램을 보여주는 것 외에 모든 다른 변인은 동일하게(통제) 하기 위해 아동들을 무작위로 두 집단에 배정하거나, 처치조건 외에 종속변인에 영향을 미칠 수 있는 또 다른 변인, 예를 들면 평상시 공격성 점수, 연령, 성격 등에서 두 집단이 모두 동일하도록 조합하여 배정한다. 처치조건 실시 후 처치집단 아동들의 공격성이 통제집단 아동의 공격성보다 유의하게 높다면, 공격적인 TV프로그램 시청 때문에 아동의 공격성 수준이 높아졌다고 인과적으로 해석하게 된다 그림 1-7.

그림 1-7
실험연구설계의 예

집단	아동수	독립변인	종속변인	검증
		공경적 TV프로그램 시청	아동의 공격성	
실험 (처치집단)	50	유	점수	두 집단 간의 점수 차이
통제집단	50	무	점수	

3) 발달적인 연구설계

발달연구는 대체로 시간의 경과(혹은 연령)에 따른 발달적인 변화에 관심을 두기 때문에, 연구자들은 일정 기간의 간격을 두고 행동의 변화를 보거나 연령에 따른 행동의 변화를 연구하게 된다. 대표적인 발달연구 설계로는 횡단적 연구설계 cross-sectional design와 종단적 연구설계 longitudinal design가 있다 그림 1-8.

그림 1-8

횡단적 연구설계와 종단적 연구설계의 비교

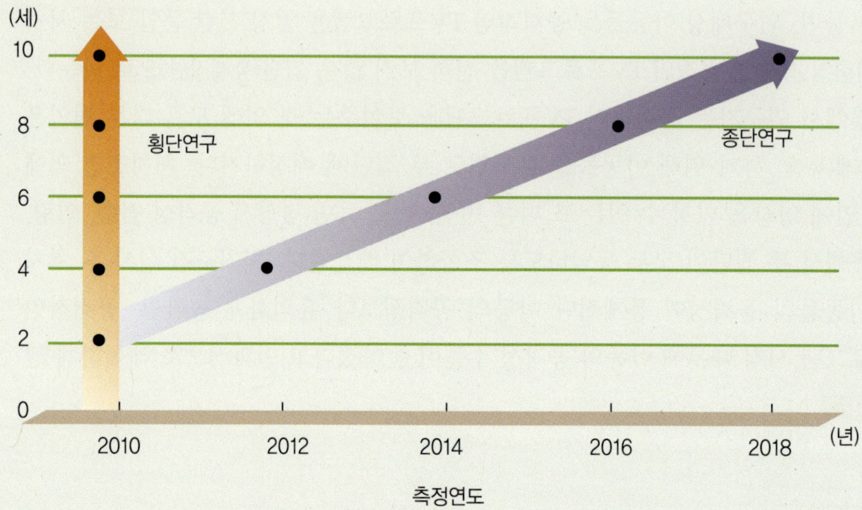

2, 4, 6, 8, 10세 아동의 행동발달을 연구하는 경우의 예

(1) 횡단적 연구설계

연령에 따른 변화를 연구할 때 연구자들은 편의상 일정한 시점에서 여러 연령집단을 대상으로 자료를 수집하는 횡단적 연구설계를 취한다. 예를 들어 연구자는 초등학교 3학년과 6학년 아동, 그리고 중학교 3학년과 고등학교 3학년 청소년을 대상으로 형제관계에 관한 질문지 조사를 실시하고, 그 결과 연령이 증가함에 따라 형제간 상호작용이 점점 평등한 관계로 변한다는 것을 발견한다.

횡단적 연구설계는 단시간에 연구가 수행될 수 있는 한편, 연령에 따른 변화경향을 알 수 있다는 장점이 있다. 그러나 동시집단효과cohort effect로 인한 문제가 있고, 개개 아동에 따른 개인차나 발달적인 경과에 대한 정보는 제공하지 못한다는 단점을 지닌다. 동시집단효과란 위의 예처럼 광범위한 연령층의 아동을 대상으로 할 경우, 각 연령층의 아동들이 태어난 시대적 상황이 다르기 때문에 나타날 수 있는 결과를 뜻한다. 즉 연구에서 나타난 연령차이가 각 연령층 아동들(동시집단)이 자라난 시기 및 이와 관련된 경험에서 비롯된 차이일 수도 있기 때문에, 횡단적 연구설계에서 얻은 결과를 순수하게 연령의 증가에 따른 변화라고 보기는 어렵다. 또한 횡단적 연구설계에서는 각 연령집단의 평균적인 차이를 비교하기 때문에 각 개인에게서 나타날 수 있는 형제관계에서의 개인차나 변화과정은 설명해 주지 못한다.

(2) 종단적 연구설계

종단적 연구설계는 같은 아동을 대상으로 여러 연령시기에 걸쳐 여러 번 측정하면서 장기간 연구하기 때문에, 횡단적인 연구 설계의 제한점을 극복할 수 있다는 장점을 지닌다. 다시 말하면, 앞의 예에서 초등학교 3학년 때부터 시작하여 고등학교 3학년이 될 때까지 9년간 연구를 계속함으로써 연령에 따른 일반적인 발달 양상 외에도 발달의 개인차를 알 수 있다. 또한 종단적인 연구설계에서는 초기에 일어난 사건과 후기에 나타난 행동 간의 관계를 파악할 수 있다. 그러나 종단적인 연구를 수행하는 데 노력과 시간이 많이 들고, 연구대상자가 줄어드는 문제점이 있다. 또한 횡단적인 연구와 마찬가지로 동시집단효과로 인해 연구결과를 다른 대상에 일반화하기 어렵다는 제한점을 지닌다.

D I S C U S S I O N   P O I N T S

토의 요점

01 | 최근의 사회문화적 변화가 인간의 행동이나 발달에 미친 영향에는 어떤 것이 있는지 규범적-연령적, 규범적-역사적, 비규범적-개인적 측면에서 논의해 봅시다.

02 | 발달의 안정성과 변화(불안정성)에 관한 전 생애발달 학자들의 견해는 어떠한지 알아봅시다.

03 | 횡단적 연구설계와 종단적 연구설계의 문제점인 동시집단 효과를 설명할 수 있는 실제적인 예를 들어봅시다.

PART 2

아동발달

Chapter 2

아동기 이론

인간의 발달에 대해 여러 이론가는 다양한 관점과 개념을 통해 설명을 시도해 왔다. 본 장에서는 대표적인 주요 이론인 정신분석 이론, 학습 이론, 인지발달 이론, 사회문화적 이론, 생태학적 체계 이론, 동물행동학 이론 등의 기본 개념과 발달의 양상, 발달에 대한 관점의 내용을 소개한다. 또한 어떤 이론이나 관점이 인간 발달의 모든 양상을 완벽히 설명하는 것은 아니기 때문에, 각 이론에 대한 평가와 함께 각기 다른 관점에 대한 비교를 제시하였다.

Chapter

2 아동기 이론

정신분석 이론 1

1) Freud 심리성적 이론

Freud(Sigmund Freud: 1856~1939)는 정신분석 이론을 토대로 무의식과 심리적 에너지 개념을 통해 인간의 성격발달 과정을 설명하는 심리성적 이론psychosexual theory을 제시하였다. Freud는 인간의 성격 발달을 설명하는 심리학적 동기로서 성욕과 공격욕을 주요 개념으로 제시하였으며, 무의식의 기능을 강조하였다. 또한 인생 초기 경험의 중요성을 강조하였는데, 특히 5세 이전의 인생 초기에 아동과 부모와의 관계가 이후의 인성 발달에 영향을 준다고 설명하였다.

S. Freud

(1) 주요 개념

■ 의식수준

인간의 의식수준에 대해 의식, 전의식, 무의식의 3가지 개념을 제시하였다.

- **의식**consciousness : 개인이 의식하고 있는 모든 행위와 감정이 포함된다. 의식수준은 인간 생활의 일부를 차지하며, 잠시 의식수준에 있다가도 빠르게 무의식이나 전의식으로 사라지게 된다.

- **전의식** preconsciousness : 의식의 부분은 아니지만 조금 노력하면 의식 속으로 떠올릴 수 있는 생각과 감정을 포함한다. 전의식은 무의식과 의식 영역을 연결해 준다.
- **무의식** unconsciousness : 의식에 비해 훨씬 많은 비중을 차지하는 무의식은 의지력으로 처리되지 못하는 경험 및 정보를 처리하며, 정신작용에서 지배적인 힘을 갖는다. Freud는 무의식이 인간 행동의 동기로 작용한다고 보아서 다른 수준보다 무의식의 정신과정을 중시하였으며, 무의식에는 자신과 사회가 용납할 수 없는 감정 · 생각 · 충동이 억압되어 있어서 내적 갈등을 경험한다고 설명한다.

■ 성격의 구조

본능, 자아, 초자아의 3가지 요소로 이루어진다고 설명한다.

- **본능(원초아)** id : 출생 시에 무의식 속에 자리 잡고 있으며, 쾌락원리 pleasure principle에 의해 지배된다.
- **자아** ego : 현실원리 reality principle에 의해 지배되며 자아는 개인의 합리적인 방법으로 본능의 욕구를 만족시키려 한다. 주로 생후 1년 동안 발달이 시작된다.
- **초자아** superego : 3~6세경 발달하기 시작하며, 현실보다 내면화된 이상과 도덕을 추구한다. 양심원리 conscience principle에 의해 지배받으며, 쾌락을 추구하는 본능과 도덕을 추구하는 초자아 간에 갈등상태가 발생할 때 자아의 중재역할이 필요하다.

■ 리비도(libido)

성적 본능 에너지인 리비도는 삶의 본능으로 불리며 성격발달에서 큰 영향력을 가진다고 설명한다. 발달에 따라 일정한 순서로 리비도가 신체에 집중되는 부위가 달라지는데, 이에 따라 발달단계를 구분하여 제시하였다.

■ 고착(fixation)

각 단계에서 욕구가 적절히 충족되지 못하고 지나치거나 또는 부족한 경우에는, 성격 형성이 다음 단계로 발달이 이루어지지 못하고 그 단계에 고착되는 현상을 겪는다.

(2) 심리성적 발달단계

Freud는 인간의 발달에 대해 리비도가 집중되어 충족을 느끼는 신체부위에 따라 단계를 구분하여, 5단계의 심리성적 발달단계를 제시하였다 표 2-1 .

1단계인 구강기 oral stage는 출생에서 생후 1년까지의 기간으로, 아기는 입과 구강 부위를 통해 쾌락을 추구한다. 아기는 빨고 먹고 마시는 행동 외에도 물건을 입으로 가져가서 빠는 행동을 통해 쾌감을 느낀다. 이 시기에 구강을 통한 쾌락의 추구가 좌절되면 고착이 이루어지게 되는데, 인성발달에서 과식 과음, 흡연, 수다 등과 같이 구강기에 고착된 성격이 나타난다.

2단계인 항문기 anal stage는 생후 1~3년의 기간으로, 리비도가 구강에서 항문 주위로 옮겨지므로 유아는 배설활동을 통해 쾌락을 얻는다. 유아가 배설물의 보유 또는 배설의 통제를 스스로 하게 되면서 만족을 얻는다. 이 시기의 배변훈련에서 지나치게 엄격한 교육을 받으면 항문기에 고착되는 성격을 지니게 되어 강박적 성격, 인색한 수전노 또는 낭비벽이 심한 성격을 갖게 된다.

3단계 남근기 phallic stage는 3~6세에 해당하는 기간으로, 리비도가 항문에서 성기로 옮겨간다. 남아는 오이디푸스 컴플렉스, 여아는 엘렉트라 컴플렉스를 경험하는데, 이 과정에서 이성 부모에 대한 욕망과 두려움으로 말미암아 동성 부모에 대해 동

표 2-1 / Freud 심리성적 발달단계

단계	발달시기	특징
1단계 구강기 (oral stage)	출생~1세	입과 구강 부위를 통해 쾌락을 추구한다.
2단계 항문기 (anal stage)	1~3세	배설물의 보유와 배설활동을 통해 만족을 얻는다.
3단계 남근기 (phallic stage)	3~6세	리비도가 성기로 옮겨간다. 남아는 오이디푸스 컴플렉스, 여아는 엘렉트라 컴플렉스를 경험한다.
4단계 잠복기 (latent stage)	6~12세	리비도는 잠재되고 아동은 학교 생활에서 다양한 발달을 경험하며 동성의 친구들과 주로 어울린다.
5단계 생식기 (genital stage)	12~18세	잠재된 리비도가 의식으로 떠오르는 시기이며, 이성에 대한 사랑을 추구한다.

일시하게 된다.

4단계 잠복기 latent stage는 학령기에 해당하며, 성적 에너지는 비교적 평온하게 잠복상태에 있게 된다. 아동은 학교 공부, 사회적 기술, 운동 능력의 발달을 경험하며 동성의 친구들과 주로 생활한다.

5단계 생식기 genital stage는 12~18세 청소년기에 해당하는 시기이다. 사춘기가 시작되면서 잠복기에 무의식에 있던 리비도가 의식으로 떠오르는 시기이며, 이성에 대한 사랑을 추구하는 시기이다.

(3) 평가

심리성적 이론은 무의식을 통한 성격발달에 대한 근본적인 가설을 제시하였고, 인생 초기에 경험한 아동과 부모와의 관계가 이후의 성격 발달에 미치는 영향에 대해 강조하였다. 단계이론으로 심리성적 발달단계를 제시하여 청년기까지의 발달을 설명하였다. 하지만 성적 본능을 지나치게 강조하고 과거의 경험에 지배되는 수동적인 존재로 인간을 본다는 점과 오이디푸스 콤플렉스나 초기 경험이 발달에 미치는 영향 등이 과학적으로 관찰 가능한지에 대한 비판을 받게 된다.

2) Erikson 심리사회적 이론

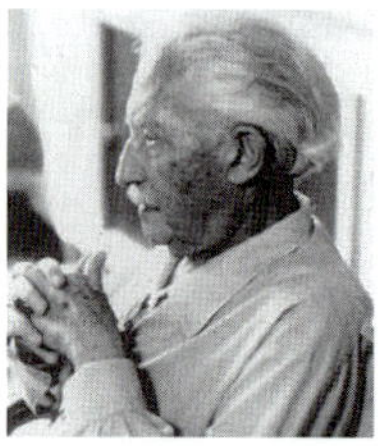
E. Erikson

Erikson(Erik Erikson: 1902~1994)은 Freud의 심리성적 이론에서 본능과 무의식을 강조하는 내용과는 대조적으로, 자아의 성장과 인간발달에서 사회의 영향을 강조하여 심리사회적 이론 psychosocial theory을 발달시켰다. 즉 개인의 발달은 생물학적·사회적·심리학적 사건의 결과에 기초하며, 개인과 사회의 상호작용 가운데 발달이 이루어진다고 설명한다.

(1) 주요 개념

■ 발달

발달적 변화는 전 생애의 발달을 설명하고 있으며, 각 단계의 발달과업을 제시한다. Erikson에 의하면, 각 개인은 특정 단계에 적절한 기술과 능력을 발달시키고자 하는 목표를 가지고 각 단계의 심리사회적 발달을 이루어나간다. 따라서 개인의 성격 특성은 고정되어 있지 않고 수정되는 과정에 있다(Bigner, 2007).

■ 심리사회적 단계(psychosocial stage)

Erikson의 이론에서는 인간발달을 8단계로 제시하였는데, 각각의 단계는 질적으로 다른 행동 유형을 나타내며 불변적인 순서로 전개되고 문화적으로 보편적인 성격을 가진 단계라고 설명한다(Crain, 2000).

■ 발달 과업(developmental task)

발달단계마다 개인이 성취해야 할 발달적인 과제를 의미한다.

■ 위기(crisis)

발달의 각 단계에서 발달 과업을 성취하는 과정에는 심리사회적 위기를 포함하는데, 위기는 사회적 환경의 요구에 적응하기 위한 심리적인 노력으로 일상생활에서 겪게 되는 긴장을 의미한다. 각 단계에서 위기를 어떻게 해결하는가에 따라 개인의 성격 형성이 달라진다고 설명한다.

(2) 심리사회적 발달단계

Freud의 발달단계가 청년기로 끝나는 데 비해, Erikson이 제시한 발달단계는 죽음까지의 전 생애 과정을 8단계로 다루고 있다. 각 단계에는 요구되는 과업과 위기를 함께 제시하는데, 이 두 개념의 균형을 이루는 것이 중요하다고 하였다. 또한 Freud 이론은 발달단계에서 성공적인 발달을 이루지 못하면 고착되어 그 상태로 유지되는 것으로 설명하고 있으나, Erikson은 그 단계에서 위기를 해결하지 못하더라도 다음 단계로 진행할 수 있는 회복의 가능성을 열어두고 있다.

Erikson이 제시한 인간발달의 8단계의 내용은 다음과 같다 표 2-2 .

표 2-2 / Erikson 인간발달의 8단계

단계		덕목	발달시기
1단계	기본적 신뢰감 대 불신감	희망	출생~1세
2단계	자율성 대 수치와 회의	의지력	1~3세
3단계	주도성 대 죄의식	목표지향성	3~6세
4단계	근면성 대 열등감	능력	6~12세
5단계	자아정체감 대 역할혼미	성실성	12~20세 청소년기
6단계	친밀감 대 고립감	사랑	20~30대 성인 초기
7단계	생산성 대 침체	배려	40~50대 성인 중기
8단계	자아통합 대 절망감	지혜	60대 이후 성인 후기

1단계인 기본적 신뢰감 대 불신감 basic trust vs. mistrust은 1세까지의 시기에 요구되는 과업으로, 영아는 주 양육자와의 관계를 통해 기본적인 신뢰감을 형성하게 된다. 영아는 어머니가 자신의 요구에 일관적으로 잘 반응해주면 어머니와 세상에 대해 기본적인 신뢰를 하게 된다.

2단계인 자율성 대 수치와 회의 autonomy vs. shame & doubt는 1~3세 시기에 형성된다. 혼자 걷기, 먹기 같은 운동 능력이 발달함에 따라, 걸음마기 영아는 주변 환경을 적극적으로 탐색하며 스스로 선택하는 과정에서 자율성이 발달한다. 하지만, 실수를 하거나 자신이 통제가 잘 안 되면 수치심이나 회의감을 갖게 된다.

3단계는 주도성 대 죄의식 initiative vs. guilty이 발달하는 시기로 3~6세에 해당한다. 이 시기의 유아는 스스로 세운 목표와 계획을 성공적으로 완수하기 위해 주도성을 발달시키게 된다. 그러나 발달이 미숙하므로 실패를 경험하게 되고 사회의 기준에 못 미치는 것에 대해 죄의식을 느끼게 된다.

4단계는 근면성 대 열등감 industry vs. inferiority으로 학령기 아동은 학교라는 새로운 환경에서 또래관계와 학습에 필요한 능력을 발달시킨다. 사회관계와 인지기능을 습득하는 과정에서 근면성과 성취감을 배우며, 반면에 부정적 경험과 실패를 하면 열등감을 지니게 된다.

5단계 자아정체감 대 역할혼미 identity vs. identity confusion는 청소년기에 해당하는 시기이다. 급격한 신체변화가 나타나고 사회에서 다양한 역할과 책임을 요구받으면서 자신에 대한 탐색을 하게 되어 자아정체감을 갖추어나간다. 자기가치와 직업목표 등의 탐색 과정에서 자아에 대한 갈등이 길어지면 역할혼미가 생기고 부정적인 자아정체감을 형성하게 된다.

6단계는 친밀감 대 고립감 intimacy vs. isolation의 시기로 성인 초기에 자신에 대한 관심에서 벗어나 직업과 배우자 선택에 관심을 갖게 된다. 우정이나 이성 관계를 통해 친밀감을 갖게 되며, 그렇지 않은 경우 고립감을 경험한다.

7단계 생산성 대 침체 generativity vs. stagnation는 성인 중기의 시기로 다음 세대를 위해 자녀를 양육하고 생산적인 일에 몰두함으로써 생산성을 경험하지만, 자기에 몰두하고 자신의 만족을 위해 에너지를 사용하면 침체성을 경험하게 된다.

8단계 자아통합 대 절망감 integrity vs. despair은 60대 이후 성인 후기의 시기이다. 자신의 인생을 돌아보며 삶이 그 자체로 가치가 있다고 수용하고 두려움 없이 죽음과 직면하는 경우에는 자아통합을 이루었다고 본다. 하지만 인생이 실패하였고 자신과 다른 사람을 원망하며 죽음을 두려워하는 경우에는 절망감을 경험하게 된다.

(3) 평가

Freud의 심리성적 이론에서 본능과 무의식을 강조하며 청년기까지의 발달단계를 제시한 점과 달리, Erikson은 심리사회적 이론을 통해 자아의 기능을 강조하였고, 인간의 정상적인 발달에 대해 전 생애적으로 접근하여 성인기와 그 이후의 발달 양상을 포함하는 발달단계를 제시하였다. 또한 사회의 역할에 대해 심리성적 이론에서는 충동을 억누르는 대상으로 보는 데 비해, Erikson은 자아의 발달을 가져오는 긍정적인 힘으로 인식하며, 성격발달에서 심리사회적인 영향을 중시하였다. 한편, 발달이 어떻게 왜 일어나는지에 대한 개념이 포괄적이어서 실증적 연구가 많지 않다는 비판을 받기도 한다.

학습 이론 2

학습은 경험에 의해 이루어지는 비교적 영속적인 행동상의 변화를 의미하는데, 학습이론은 학습이 일어나고 또는 일어나지 않게 되는 직접적인 환경요인으로서 자극과 반응 간의 관계를 밝히는 것을 기본적인 내용으로 한다. 학습이론에서 발달은 주로 외부 환경의 영향에 의해 이루어지며, 외적 자극에 의해 경험하는 결과에 따라 이후 행동이 통제된다고 보아 경험의 영향을 강조함으로써 인간의 역할은 수동적인 존재로 인식한다. 또한, 발달은 계속적인 경험에 의한 점진적이고 양적인 변화로 이루어진다고 설명하며, 인간 내면의 동기나 사고과정의 변화보다는 직접 관찰될 수 있는 외현적인 행동의 변화에 초점을 둔다. 따라서 학습이론에서는 발달단계나 연령에 따른 발달적 양상이 제시되지 않는다.

1) 전통적 학습 이론

(1) Pavlov 고전적 조건형성 이론

I. Pavlov

Pavlov(Ivan Pavlov: 1849~1936)는 자극과 반응의 연합을 통해 학습이 이루어지는 고전적 조건형성 classical conditioning의 원리를 발견하였다. 그의 유명한 개의 타액 실험에서 음식을 주면 개는 자연스럽게 침을 분비하는데, 이는 학습이 필요하지 않고 특정 자극에 대해 절대적인 반응이 일어나는 것이다. Pavlov는 이 과정에서 음식은 무조건 자극unconditioned stimulus으로 작용하여 개의 타액을 분비시키는 무조건 반응unconditioned response을 일으킨다고 설명한다.

한편, 종소리는 중성 자극neutral stimulus으로 개에게 아무런 반응을 나타내지 않지만(조건형성 전), 먹이를 줄 때마다 종소리를 들려주면 중성 자극인 종소리는 무조건 자극인 음식과 결합되어(조건형성 과정), 이후에 개는 점차 종소리에도 침을 흘리게 된다(조건형성 후). 이와 같이 조건형성 과정을 거쳐 중성 자극이던 종소리는 학습을 통해 타액 분비를 가져오게 되므로, 종소리는 조건 자극conditioned stimulus으로, 침은 조건 반응conditioned response으로 작용하게 된다.

이와 같이, 고전적 조건형성 이론은 연합이라는 개념을 통해 학습이 이루어지는 원리를 보여주었다는 점에서 학습이론의 기초를 마련하였다.

(2) Watson 행동주의 이론

J. Watson

Watson(John Watson: 1878~1958)은 최초로 행동주의behaviorism라는 용어를 사용하였으며, "나에게 12명의 건강한 아이를 준다면 그들이 원하는 대로 의사든 변호사든 거지든 도둑이든 만들 수 있다"고 하여 발달에 대한 극단적인 환경주의적 입장을 나타내었다. Watson은 고전적 조건형성 원리가 인간의 행동과 정서에도 적용이 가능한지를 발견하고자 하였다. 흰쥐에 대해 공포반응을 보이지 않던 생후 11개월 된 Albert에게 차차 흰쥐를 보여줄 때마다 큰 망치소리와 결합시켜 제시함으로써 이후에는 쥐만 보고도 우는 공포반응을 학습시켰다.

또한, 탈조건형성deconditioning은 이미 조건 형성된 정서를 행동수정의 기법인 체계적 둔감법systemic desensitization을 적용하여 벗어나게 하는 과정으로, 예를 들면 불안이나 공포를 유발하는 자극에 점진적으로 노출되면 정서적으로 불안한 감정을 둔화시킬 수 있다고 설명한다.

(3) Skinner 조작적 조건형성 이론

Skinner(Burrhus F. Skinner: 1904~1990)는 행동주의의 단순성을 비판하며 새로운 조작적 조건형성operant conditioning이론을 제시하였다. Skinner는 인간의 행동이 고전적 조건형성에서 제시하듯 비자발적이고 수동적이고 기계적인 반응으로만 구성되는 것은 아니라고 주장하였다. 즉 유기체 스스로 행동을 일으키고 환경을 통제하

B. Skinner와 Skinner Box

는 자발적인 조작의 특성을 가지고 있으며, 수동적인 반응보다 자발적인 조작행동이 더 중요한 역할을 하고 있음을 밝혔다. 또한 특정 자극에 의해 자동적으로 행동이 유발되는 것이 아니라, 어떤 행동을 했을 때 뒤따르는 결과에 따라 그 행동을 반복하거나 변화할 수 있다고 설명한다. 그가 제작한 '스키너 상자'의 실험을 통해, 쥐는 처음에 우연적인 반응(AR)으로 지렛대를 누르게 되고 먹이접시에 먹이가 나오면 강화를 받게 된다. 이후에 지렛대를 누르면 먹이가 나오는 긍정적인 결과가 반복되면서, 지렛대와 먹이의 관계를 학습한 쥐가 이제는 의도적으로 지렛대를 누르는 행동(DR)을 하는 것으로 변화된다. 이와 같이 조작적 조건형성에는 강화 reinforcement의 개념이 사용되는데, 보상이나 긍정적인 강화를 받은 행동은 반복되고, 강화가 주어지지 않거나 처벌을 받은 행동은 다시 하지 않을 확률이 커진다.

Skinner는 부적강화 negative reinforcement나 벌과 같이 불쾌한 자극에 기초한 행동통제를 적용하는 과정에서 아동은 부정적인 정서와 행동을 모방할 수 있음을 제시하였다. 예를 들어, 아이에게 소리를 지르지 말라고 어머니가 때리는 행동은 아이의 소리 지르는 행동은 감소시킬 수 있지만, 아이로 하여금 때리는 행동을 모방하게 할 수 있고 혹은 물건을 던지고 짜증을 내는 등 다른 부적응적인 행동을 유발할 수도 있다고 설명한다.

(4) 평가

학습이론에서는 자극과 반응의 관계를 중심으로 행동의 변화를 연구하는데, Watson의 행동주의는 인간의 심리에 대해 과학적으로 접근했다는 데 기여하였고, 특히 Skinner는 조작적 조건형성을 통해 학습이론의 적용 범위를 확장하였다.

하지만 인간의 보이는 행동에 대해서만 접근하였다는 점과 어떤 행동이든지 조건형성이 이루어질 수 있다고 함으로써 인간을 기계로 설명하여, 인간의 인지적인 측면과 발달에서의 능동적인 역할을 간과했다는 비판을 받는다. 한편, 조작적 조건형성 이론의 강화나 행동조성의 원리는 실제 적용이 쉽다는 평가를 받으며(Crain, 2005), 학습지도나 행동수정 등의 원리로 적용되고 있다.

2) Bandura 사회학습 이론

전통적 학습이론에서 조건형성을 통하여 학습이 이루어진다고 보는 관점과 달리, Bandura(Albert Bandura : 1925~)의 사회학습 이론 social learning theory은 아동의 인지

A. Bandura

적 과정이 학습에서 중요한 요인이 된다고 주장한다. 즉 직접적인 보상이나 벌이 없어도 아동은 사회적인 관계에서 관찰과 능동적인 인지과정을 통해 학습하는 것이 가능하다고 설명한다. 예를 들어 아이는 어머니의 말투를 흉내 내어 말하고, TV에 나오는 인기 있는 사람을 관찰하여 행동을 모방하기도 한다. Bandura의 공격성 실험(1967)은 TV에 나타난 모델의 모습을 통해 아동이 공격성을 관찰하고 모방하여 학습하는 과정을 보여주었다.

(1) 주요 개념

■ 관찰학습(observational learning)

아동은 다른 사람의 행동을 관찰하고 모방하는 과정에서 관찰한 내용을 그대로 모방하는 것이 아니라, 인지적으로 주의를 기울이고 기억하여 재현하는 과정을 거쳐 학습을 한다고 설명한다. 관찰학습에는 주의, 기억, 운동재생, 동기유발의 네 가지 과정이 필요하다.

- **주의** attention : 관찰을 통해 모델의 행동에 주의를 집중하는 과정에서 학습이 이루어지게 된다. 모델에 대한 애정, 유사성(성, 연령, 인종 등), 사회적인 힘(지위, 유능함, 인기) 등의 요인은 모델에 대해 주의를 집중시키는 작용을 한다.
- **기억** memory : 행동이나 사건의 중요한 형상을 상징적인 형태로 기억하는데, 언어적 부호화나 시각적 과정은 기억을 내면화하고 순서를 재생하도록 도와준다.
- **운동재생** motoric reproduction : 관찰로 알게 된 새로운 반응은 운동기술 연습을 통해 본인의 것으로 획득하게 된다. 이전에 관찰한 내용을 신체적으로 수행하는 과정에서 스스로 교정하면서 연습하여 모델의 행동과 일치하도록 반복한다.
- **동기유발** motivation : 새로운 행동을 학습한 것에 대해 행동을 유발하는 강화요인이 있을 때 행동화된다. Skinner의 이론에서 강화는 학습에 필요한 요소이나, Bandura의 이론에서 강화는 습득된 행동을 실제 수행하도록 하는 역할을 한다.

■ 상호결정론 모델(reciprocal determinism)

사회학습 이론에서는 학습과 행동의 원동력으로서 환경 자체보다 개인과 환경 간의 상호작용을 강조한다. 발달은 능동적인 개인 Person과 환경 Environment 그리고 행동 Behavior의 세 요소 간 상호작용에 의해 이루어진다 그림 2-1. 개인(P)은 자신의 성장과 발달에 영향을 미치는 환경(E)을 형성하는 데 능동적으로 작용한다. 개인은 자신이 원하는 환경을 선택(P→E)하고 행동을 선택하며(P→B), 이러한 행동은 다시 자신의 느낌이나 태도에 영향을 미친다(B→P). 또한 환경은 가족, 친구, TV 등 다양한 영향을 개인에게 미치게 된다(E→P). 사회학습 이론에서 발달은 개인과 환경 간의 계속적인 상호작용에 의해 이루어지며, 개인은 인지적 사고과정을 통해 능동적으로 발달에 기여한다고 설명한다.

(2) 평가

학습이론에서는 강화와 환경을 강조하는 데 비해, 사회학습 이론에서는 아동이 새로운 행동을 학습하는 과정에서 자신이 능동적인 역할을 한다는 점과 인지적 요인의 역할을 설명하였다. 또한 공격성, 친사회적 행동, 자기 규제 등의 사회화 과정에서 관찰학습이 중요하다는 점을 부각시켰다. 그렇지만 주로 실험실 연구에 의해 발달된 사회학습 이론의 원리들이 일상생활의 상황에는 어느 정도 적용이 가능한가에 대한 비판을 받기도 한다(이성태, 2007).

그림 2-1
Bandura의 상호결정론 모형

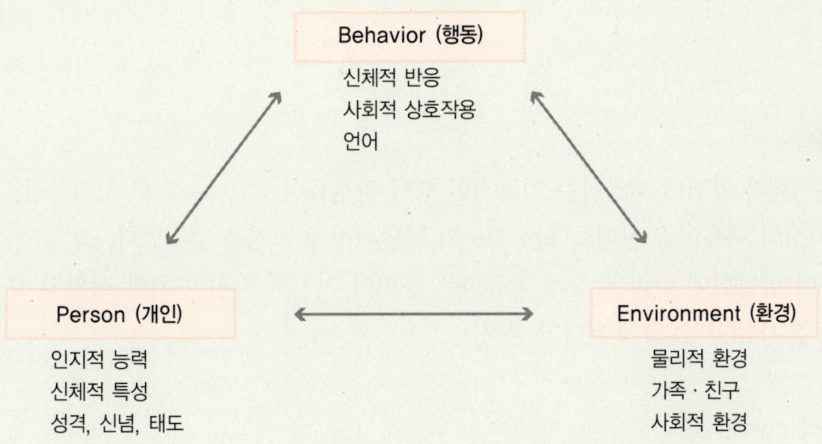

3 인지발달 이론

인지발달 이론은 인간에 대해 세상을 조작하고 탐색하면서 지식을 적극적으로 구성하고 환경에 적응하는 능동적인 존재person as a knower로 인식한다. 따라서 아동의 인지구조의 내용과 정신과정의 질적인 측면에 많은 관심을 갖는다.

1) Piaget 인지발달 이론

J. Piaget

Piaget(Jean Piaget: 1896~1980)는 인지발달 이론cognitive developmental theory에서 아동에 대한 면접과 관찰을 통해 아동의 사고과정은 지적 수준이 낮은 것이 아니라, 성인과 완전히 다른 사고과정을 가지고 있음을 밝혔다. 또 아동은 보상이나 강화에 의해 학습한다고 보지 않고, 능동적으로 인지구조를 구성해 나간다고 하였다. Piaget의 인지발달 이론은 아동의 인지구조가 어떻게 발달하며, 문제를 어떻게 인식하고 해결해 나가는지의 과정을 설명하고 있으며, 인간의 성장에 따라 인지과정이 질적으로 변화한다는 것을 시사한다.

(1) 주요 개념

■ 지능

유기체가 환경에 적응하는 기본적인 생활 과정basic life process으로 정의하여, 획득된 지식의 내용이나 상태보다는 지능의 발달과정에 초점을 맞추었다. 즉, 유기체는 지능이 발달함에 따라 환경에 적응하는 능력이 커져서 자신이 처한 상황의 요구에 보다 잘 대처할 수 있게 된다고 본다.

■ 도식(scheme)

인지구조를 의미하는데, 아동이 경험을 통해 사고나 행동의 조직화된 유형으로 구성해 나가는 것이다. 예를 들어 반사적으로 빨던 신생아는 차차 엄마 젖을 빨면서 '빨기' 에 관한 행동 도식을 발달시켜 나가며, 우유병을 쥐고 빠는 경우에 손과 입의 사용에 대해 좀 더 복잡한 도식을 갖게 된다.

■ 적응(adaptation)

환경과의 상호작용을 통해 도식이 변화해 가는 과정을 의미하며, 동화와 조절의 상호보완적인 활동이 포함된다.

■ 동화(assimilation)

새로운 대상이나 정보를 기존의 인지구조에 맞게 받아들이는 과정을 의미한다.

■ 조절(accomodation)

어떤 대상이 기존의 인지구조에 맞지 않을 경우에 자신의 인지구조를 변화시켜 나가는 과정을 의미한다.

■ 평형(equilibrium)

유기체가 인지적인 불균형을 경험할 때의 평형상태를 유지하려는 성향을 의미하는데, 동화와 조절 작용을 통해 보다 진전된 인지구조의 평형을 유지하게 된다.

■ 발달

아동의 능동적인 행동을 통해 보다 분화되고 포괄적인 인지구조cognitive structure를 만들어가는 능동적인 구성과정이다.

■ 조작(operation)

논리의 출발점으로 되돌아가는 능력으로 정보의 전환을 이해하는 정신능력이 있을 때 가능하다.

(2) 인지발달의 단계

Piaget는 인지발달에 대해 내적 성숙이나 외적 교육에 의해 이루어지기보다 아동의 능동적인 행동을 통해 보다 분화되고 포괄적인 인지구조를 형성해 가는 과정으로 보았다. 인지발달의 단계로 감각운동기, 전조작기, 구체적 조작기, 형식적 조작기의 단계를 제시하였다.

기본 가정

- 아동은 각 단계를 동일한 순서로 거쳐나간다.
- 아동에 따라 각 단계를 다른 속도로 통과한다.
- 단계와 연관된 나이는 중요하지 않다.
- 단계는 그 이전 단계의 구조들이 통합되어 나타나기 때문에 단계를 뛰어넘을 수 없고, 다음 단계는 이전 단계에 비해 질과 수준에서 차이가 있다.

Piaget가 제시한 인지발달단계는 다음과 같다 표 2-3 .

표 2-3 / Piaget 인지발달단계

단계	발달시기	특징
1단계 감각운동기 (sensory-motor stage)	출생~2세	• 감각 경험과 신체활동을 통해 외부 세계를 인식한다. • 대상영속성이 발달한다.
2단계 전조작기 (preoperational stage)	2~7세	• 상징과 내적 이미지를 사용하여 사고한다. • 자기중심적인 특징을 가진다. • 언어발달과 상상놀이가 시작된다.
3단계 구체적 조작기 (concrete operational stage)	7~11세	• 구체적인 사물과 행위에 대해서 조작하는 능력을 가진다. • 보존개념 · 탈중심화 능력이 발달한다.
4단계 형식적 조작기 (formal operational stage)	11세 이후	• 추상적인 사고를 한다. • 가설적인 수준에서 논리적 · 체계적으로 사고하는 능력이 발달한다.

1단계는 감각운동기 sensory-motor stage로 출생에서 2세까지에 해당하며, 영아는 눈 · 손 · 귀 · 입을 사용하여 빨기 · 쥐기와 같은 신체적인 행동 도식들을 통해 외부 세계를 탐색하고 인식한다. 초기의 반사 행동은 차차 도식을 형성함에 따라 도식에 의해 통제되는 행동으로 변화하며, 이 시기에 대상영속성이 발달한다.

2단계인 전조작기 preoperational stage는 2~7세에 해당하며, 조작기의 전단계이다. 정신적 표상인 상징과 내적 이미지를 사용하여 사고하는 것을 배우며, 언어발달과 상상놀이가 시작된다. 비논리적이며 아직 타인의 조망을 고려하지 못하는 '자기중심성 egocentrism'을 나타낸다.

3단계 구체적 조작기 concrete operational stage는 7세에 시작하여 11세, 12세 혹은 이후까지 계속된다. 보존개념을 획득하고 사물의 관계성을 고려하여 분류하고 나열하지만 논리적인 조작은 구체적인 사물에 한정된다.

4단계 형식적 조작기 formal operational stage는 청소년기 이후에 계속 발달하는데 구체적인 상황을 넘어서 상징적인 추론을 할 수 있고, 자료를 과학적으로 조직하고 추리하며, 가설을 설정 · 검증하는 것이 가능하다.

(3) 평가

Piaget 이론에서 아동은 환경과의 상호작용을 통해 스스로 인지구조를 구성해 나가는 능동적인 학습자이다. 또한 아동은 성인과 다른 사고의 과정을 가지고 있음을 보여주며, 인지발달의 질적인 측면을 강조한다. 한편으로는 과학적 연구방법의 측면에서 결함이 있다는 지적과, 영아와 유아의 지적능력을 과소평가하였다는 비판을 받기도 한다.

2) 정보처리 이론

인지에 대한 정보처리적 information-processing 접근은 1970년대 이후로 Flavell에 의해 발전되었는데, 인간의 인지과정을 컴퓨터의 정보처리과정을 통해 설명하는 이론이다. 정보처리 이론에서는 개인이 주위 환경에서 들어오는 정보를 조작하고 처리하여 기억을 통해 정보를 저장하는 과정, 정보를 전환하는 과정, 또한 필요한 경우에 정보를 효율적으로 인출하는 정보처리의 과정을 밝히는 데 역점을 둔다.

(1) 주요 개념

■ 정보처리 과정

정보처리 이론에서는 개인이 문제를 해결하고 과제를 완성하기 위해 정보처리가 이루어지는 과정을 다음과 같이 설명한다 그림 2-2. 개인이 감각을 통해 얻는 자극들은 정보투입 과정을 통해 두뇌에 들어와 감각기억 과정을 거치게 된다. 다음으로, 감각기억 과정에서 특별한 주의를 기울이는 정보는 단기기억으로 넘어가며, 단기기억에 들어온 정보는 조직화 및 부호화, 반복연습, 의미부여 등의 과정을 거쳐 장기기억으로 전환되어 저장되거나 잊히게 된다.

이 이론에서 인지발달은 연령이 증가함에 따라 정보처리 과정의 효율성이 증가하는 것으로 설명한다. 즉 연령이 증가하면서 특정 자극에 선택적으로 집중하여 주의를 기울이고, 정보를 효과적으로 기억하는 능력이 발달하며, 아동이 가진 정보의 내용이 확장되면서 정보인출과정에서 기존의 정보와 새로운 정보를 쉽게 연결시켜 주기 때문에 학습이 잘 이루어진다고 본다. 또한 성장해가면서 전략을 선택하는 과정의 효율성이 더 높아지기 때문에 문제해결을 잘해나가게 된다고 설명한다.

정보처리 과정 연구자들은 개인이 과제 해결에 사용하는 정교한 흐름도를 제시하는데, 아래의 그림 2-3은 아동이 과제를 해결하는 과정을 보여준다.

아동의 과제는 크기, 모양, 무게가 다른 블록을 사용하여 바닥 매트에 그려진 '강'을 건너는 다리를 만드는 것이다. 이 다리는 하나의 블록으로 만들기에는 너무 넓다. 5세 아동은 두 개의 넓은 널빤지 모양을 사용하여 평형을 유지하고 양 끝을 고정하기 위해 다양한 방식을 시도하였으나 실패한다. 그러나 아동은 반복된 시도를 통해 널빤지 위에 블록을 쌓아서 고정시키는 방식을 찾게 된다(Thornton, 1999).

그림 2-2

정보처리 과정

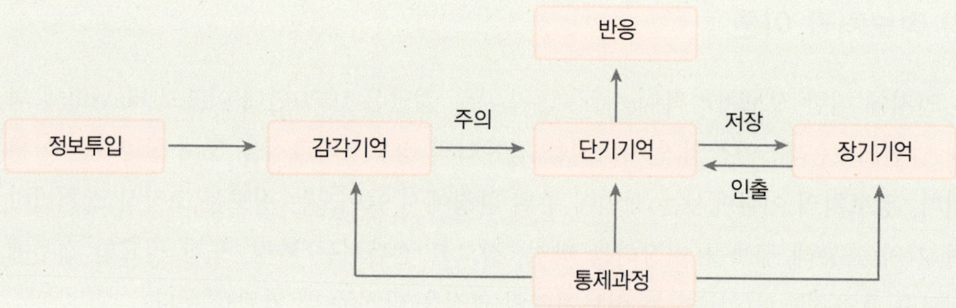

그림 2-3

5세 아동이 과제해결에 사용한 단계를 보여주는 정보처리 흐름도

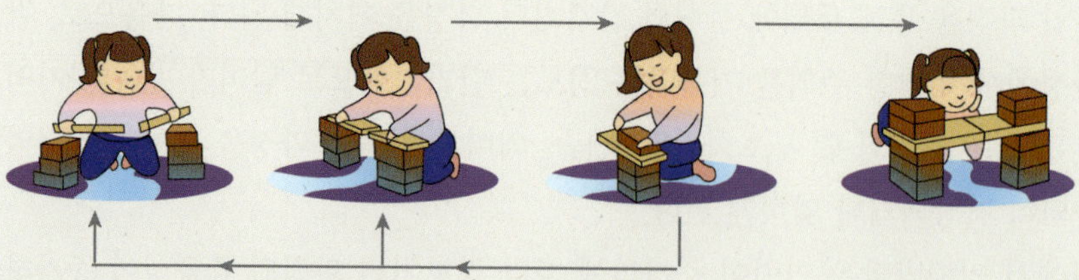

아동은 다양하고 반복된 시도를 통해 다리의 평형과 균형을 맞추는 방법을 발견한다. 화살표는 성공적으로 평형을 맞춘 후에도 이전의 실패한 책략으로 돌아간다는 것을 보여준다. 이것은 아동이 어떻게 평형을 유지하는지를 이해하도록 도와준다.

출처 : Berk(2007)

(2) 평가

정보처리 이론은 엄격한 연구방법을 사용하여 아동과 성인이 인지과제를 다루는 과정을 정확히 설명하고자 하였다. 또한, Piaget의 인지발달이론과 마찬가지로 인간이 능동적으로 정보를 처리하는 발달을 이루어간다고 보지만, Piaget의 이론과는 달리 발달단계를 설정하지 않고 발달을 연속적이고 계속적인 과정으로 제시한다. 한편, 과제의 처리기제나 과정에만 초점을 맞추었고 정보처리과정이 일어나는 맥락이나 개인의 욕구, 능력 등의 관련성은 간과했다는 비판을 받고 있다. 특히 아동의 창의력이나 상상력과 같은 비논리적인 인지적 측면은 무시되고 있다는 지적을 받는다(이성태, 2007).

Vygotsky 사회문화적 이론 4

Vygotsky(Lev S. Vygotsky: 1896~1934)는 사회문화적 이론 sociocultural theory에서 인지발달에 대한 사회문화적 요인의 기여를 강조했는데, 문화의 가치나 신념, 기술 등이 다음 세대로 전수되는 과정에 관심을 가졌다. 즉 아동은 지식을 더 많이 가진 구성원과의 상호작용을 통해 그 문화에서 필요한 능력과 삶의 방식을 배운다고 주장하였다. 사회문화적 이론은 발달에 대해 개인 내부로부터 나타나는 자연적 경로 natural line와 외부로부터 영향을 주는 사회문화 및 역사적 경로 social-historical line 사이의 상호작용을 설명하고자 했다.

L. Vygotsky

1) 주요 개념

■ 근접발달 영역(zone of proximal development, ZPD)

아동은 주어진 과제를 혼자 처리할 수 있기 전에, 다른 사람의 지도와 지원이 제공되면 과제를 잘 수행할 수 있게 된다. Vygotsky는 근접발달 영역을 독립적으로 문제해결을 할 수 있는 실제 발달수준과, 성인의 지도나 더 능력 있는 또래와의 협력과 상호작용을 통해 문제해결이 가능한 잠재적 발달수준과의 거리 또는 중간 영역이라고 정의했다 그림 2-4.

그림 2-4

Vygotsky 근접발달 영역

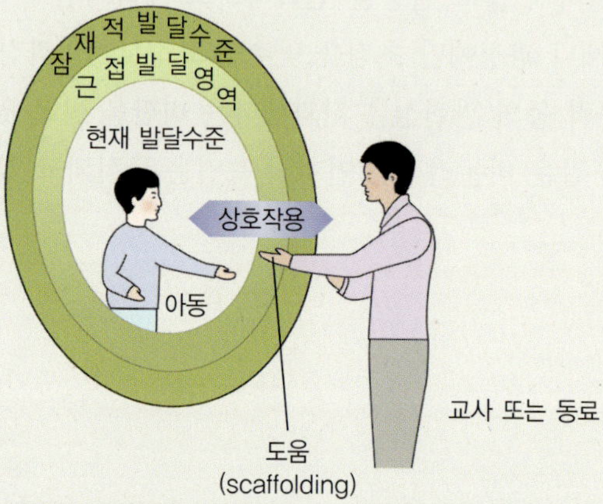

■ 비계(scaffolding, 飛階)

비계는 건축할 때 임시로 사용하는 발판을 의미하는데, 교사나 또래가 아동의 현재 발달 수준을 이해하고 학습과정에 자발적으로 참여하도록 적절한 비계를 설정해 주어 발달을 지원할 수 있다고 설명한다.

■ 사고와 언어의 발달

Piaget는 아동의 사고가 먼저 발달하고 인지발달을 기초로 하여 그것을 표현하기 위한 수단으로 언어가 발달한다고 설명한다. 이에 비해 Vygotsky는 언어발달은 인지발달을 촉진하며, 언어는 사고를 인도하는 역할을 한다고 본다. 즉, 일반적으로 아동의 사고와 언어는 초기에는 상호관련성이 없이 개별적으로 존재하지만, 성장에 따라 언어가 사고 발달에 지대한 영향을 주고, 나아가 언어와 사고 영역이 서로 영향을 줌으로써 사고는 말이 되고 언어는 논리적으로 된다. 즉 사물의 추상적인 개념을 습득하여 언어적 사고verbal thought를 하게 됨을 의미한다.

2) 평가

Piaget의 이론에서는 아동이 독립적으로 노력하여 능동적으로 인지발달을 이루어 가며, 모든 아동이 동일한 발달단계를 거치는 인지발달의 보편성을 강조하였다. 이에 비해, Vygotsky는 아동의 인지발달에서 문화적인 특수성을 갖는다고 설명한다. 즉 세대를 거치면서 전수되는 가치관, 신념, 관습, 사회관계의 기술 등 아동이 살고 있는 사회의 문화적 · 역사적 맥락이 아동 자신의 발달에 중요한 역할을 한다고 주장한다. 또한 학습에서 교사, 부모와 같은 성인과 또래의 도움과 가르침을 포함하는 사회적 상호작용을 중시한다. 근접발달 영역의 개념은 전통적인 지능개념과 다르게 인지발달의 개인차를 설명해 주는데, 즉 지능지수나 학업성취도 등에서 비슷한 지적 능력을 보이는 아동도 근접발달 영역의 크기가 다르면 다른 인지발달 수준을 가지고 있다고 본다. 한편으로는 인간발달에서 유전이나 뇌의 성장과 같은 생물학적 측면을 간과했다는 점과, 근접발달 영역의 개념과 측정이 모호하다는 비판을 받고 있다.

생태학적 체계 이론 5

U. Bronfenbrenner

생태학적 체계 이론ecological systems theory은 인간발달에 대해 유기체와 환경과의 관계, 환경적 맥락과 연계하여 사회문화적 관점에서 이해해야 한다고 주장한다. Bronfenbrenner(Urie Bronfenbrenner: 1917~2005)에 의하면, 아동은 주변에 인접한 구조로부터 확산된 구조를 가진 생태계와의 상호작용 가운데 발달하고 있다. 그의 모델은 아동의 생활에 직접적 · 간접적으로 작용하는 사회적 환경들의 연계성을 보여주고 있는데, 발달에 직접적으로 작용하는 부모, 가정 등의 요인뿐 아니라 좀 더 넓은 영향으로서 포괄적이고 간접적인 사회, 정치, 문화의 영향력에 대해서도 체계화하여 설명하고 있다.

1) 주요 개념

생태학적 체계 이론에서는 상호 관련되는 4가지 요소를 제시하는데 ① 개인과 환경 간의 발달적 과정 process, ② 생물학적 · 인지적 · 정서적 · 행동적 특성을 가진 개인 person, ③ 인간발달 생태계의 상호관련된 수준들 nested level or systems, ④ 일시성의 다양한 차원과 관련된 시간 time 등이 있다.

각 체계는 양방향으로 상호작용하며, 각 체계의 관계와 영향은 인간의 발달에 따라 변화된다. 예를 들어 신생아에게는 가장 가까운 미시체계에 속한 부모가 주요한 영향으로 인식되는 데 비해, 성장함에 따라 청소년기에는 또래문화와 유행, 대중매체 같은 외체계와 거시체계의 영향력도 커지게 된다.

■ 미시체계(microsystem)

아동을 둘러싼 근접환경과 즉각적인 환경으로서의 미시체계는 얼굴을 마주 보는 상호작용과 물리적인 특성을 포함한다. 미시체계로는 아동의 가족, 친구, 학교, 이웃이 포함되며 또한 집의 크기, 근처에 있는 학교 도서관의 장서, 운동장 등도 포함된다. 미시체계 내에서 아동은 대부분 직접적인 상호작용을 경험하게 된다.

그림 2-5

생태학적 체계 이론

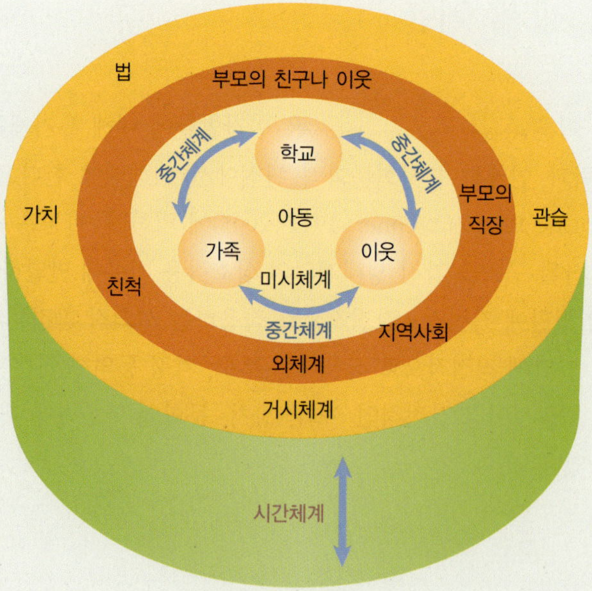

출처 : 박성연(2008)

■ 중간체계(mesosystem)

중간체계는 미시체계들 간의 상호관계를 의미한다. 즉 부모와 교사와의 관계, 부모와 또래 친구와의 관계 등을 예로 들 수 있는데, 중간체계가 밀접할수록 아동의 발달에 유익하다. 때로는 중간체계에 속한 여러 미시체계 간에 일치하지 않는 반응이 나타나기도 하는데, 한 예로 아동이 친구들과 즐겁게 하는 행동에 대해 부모는 좋지 않게 평가하는 경우를 들 수 있다.

■ 외체계(exosystem)

외체계는 아동이 직접 참여하지 않지만 아동에게 영향을 미치는 사회적 환경을 의미하는데 부모의 직업, 정부기관, 교육제도 등이 포함된다. 부모의 직업은 아동이 직접 참여하지는 않지만 부모의 휴가, 전근, 근무시간, 퇴직 등이 아동의 발달에 영향을 미치게 된다. 예를 들어 부모가 직장에서 스트레스를 받은 날에는 집에 돌아와서 자녀에게 따뜻한 보살핌을 제공하는 데 어려움을 느낄 수 있다. 또한 토요일에 자녀의 학교는 쉬지만 부모가 직장에 출근해야 한다면 자녀는 혼자 주말을 보내게 된다. 교육제도는 아동이 직접 결정에 참여하지 않지만, 교육 과정이나 입시 정책에 변화가 생기면 아동의 생활에도 영향을 미치게 된다.

■ 거시체계(macrosystem)

거시체계는 미시체계, 중간체계, 외체계를 포함하며 문화, 관습, 전통, 태도 등의 환경도 포함한다. 거시체계는 비개인적이며 간접적 방식으로 지속적인 영향을 미치게 된다. 거시체계의 성격은 오랜 시간에 걸쳐 안정적이지만 때로 급격한 사회 변화에 의해 변화를 가져오기도 한다.

■ 시간체계(chronosystem)

시간체계는 시간의 경과에 따라 역동적이고 계속 변화하는 성질을 갖는다. 이 변화는 개인 내부로부터 전 생애에 걸쳐 일어날 수 있고, 외부의 사회 · 역사적인 환경에서 일어날 수도 있다.

■ 생태학적 전이(또는 전환) (ecological transition)

하나 또는 둘 이상의 체계가 주요한 전환을 겪는 중대한 변화를 의미하는데, 생태학적 전이는 자연스럽게 이루어지기도 하고 민감성과 불안성을 증가시키기도 한다.

생태학적 전이는 역할의 변화와 관련 있다. 즉 초등학교 입학, 졸업, 결혼, 이사 등과 같은 생태학적 전이는 새로운 변화에 대한 역할과 적응이 필요하다.

2) 평가

기존의 이론이 아동의 환경을 협소하게 설명한 데 비해 생태학적 체계 이론은 아동을 둘러싼 환경을 체계화하였고, 각각의 환경과 발달 간의 관계를 제시하고 있어서, 수많은 요인이 발달에 미치는 영향과 방식을 설명해 주었다는 평가를 받고 있다.

한편, 이론적으로는 모든 맥락을 고려하고 있으나 실제 연구를 수행하기는 어려운 점이 많다고 할 수 있다. 최근에는 발달에서 아동 자신의 생물학적 영향을 첨가하여 생물 생태학적 모델 bioecological model로 명명하였으나, 대체로 발달에서 아동의 능동적인 역할이나 생물학적 영향력은 상대적으로 간과하고 있다는 지적과 함께 인지과정에 대한 관심이 부족하다는 비판을 받기도 한다.

6 동물행동학 이론

동물행동학 ethology적 관점은 Darwin의 진화론에 근거하고 있다. 즉 모든 유기체는 생존적 가치를 높이는 종(種) 특유 species-specific의 행동을 선택하면서 환경에 적응적인 방식으로 발달한다고 본다. 이 이론에서는 인간 발달에서 생물학적 역할을 강조하며 주로 적응적인 행동의 유전에 관심을 가지며, 한편으로는 성공적인 적응을 위해 적절한 환경이 필요하다는 사실도 인정한다.

1) Lorenz 각인 이론

K. Lorenz

Lorenz(Konrad Lorenz: 1903~1989)는 동물의 행동 관찰을 통해 선천적으로 생존 가능성을 높이는 행동 패턴이 있음을 발견했다. 대표적인 개념인 각인 imprinting은 태어나서 처음 접하는 대상에게 애착을 형성하는 선천적인 특성으로, 거위 같은 새들의 새끼가 부화된 직후부터 어미 새를 따라다니는 종 특유의 행동이다. 이러한 행동을 통해 새끼는 어미와 가까이 있게 되므로 먹이를 얻어먹고 보호받을 수 있기 때문에 생존 가능성이 높아진다.

(1) 주요 개념

■ 결정적 시기(critical period)

각인에 대한 연구를 통해 새끼가 태어난 직후 일정한 기간에만 어미에게 애착을 가지게 되는 것이 밝혀졌는데, 이러한 특정 기간이 결정적 시기 critical period가 된다. 청둥오리의 경우 부화 후 13~16시간이 각인에서 가장 민감하며, 이 시간에 자신이 본 움직이는 물체를 어미로 인식한다. 또한 이 기간에 각인이 되지 않으면 이후에는 그 행동을 습득할 수 없다.

인간발달을 설명하는 데 있어서 생물학적으로 특정 시기에 요구되는 발달이 잘 이루어지도록 준비되는 최적의 시기가 있는데, 예를 들어 태내기와 같이 이후의 발달에까지 중요한 영향을 미치는 시기는 결정적 시기보다는 민감한 시기 sensitive period 또는 최적의 시기 optimal period의 개념으로 사용할 수 있다. 즉 민감한 시기는 특정 능력이 출현하는 적정의 시기로서 인간이 환경의 영향에 특별히 민감한 반응을 보이는 시기이다.

(2) 평가

각인 이론은 인간이 아닌 동물에 대한 발견을 통해 발달에 대한 생물학적 · 환경적 영향 이외에 진화론적인 개념과 관점을 확장하였다. 특히 Lorenz는 동물 관찰을 통해 각인이 결정적 시기에 일어난다는 것과 종에 따라 각인의 대상과 범위가 다르다는 사실을 밝혔다(Crain, 2000).

한편으로는, 발달에서 학습의 역할을 무시했다는 비판과 함께 아동의 언어나 사고 등 특정 부분의 발달에 대해서는 관심을 기울이지 않았다는 지적을 받는다.

2) 애착 이론

J. Bowlby

Bowlby(John Bowlby: 1907~1990)는 1960년대에 동물행동학적 이론을 인간 유아와 어머니의 애착관계에 적용하여 애착 이론을 발전시켰으며, Ainsworth(Mary Ainsworth: 1913~1999)에 의해 이루어진 '낯선 상황 실험'을 통해 애착의 유형을 구분하였다.

애착은 특정 개인에 대한 애정적인 유대로, 영아의 생존과 심리적 안정을 위해 필수적인 것으로 여겨진다. Bowlby는 애착 행동을 하나의 적응과정으로 보고, 영아가 위협을 받았을 때 보호받기 위해 항상 성인과 가까이 있으며, 양육자와 가까이 있도록 하는 몸짓과 신호들을 발달시켜 왔다고 본다.

애착은 영아와 주양육자 간의 상호작용을 통해서 시간을 두고 진행되어 깊은 애정관계를 형성하는데, Bowlby는 이 애착관계가 인간관계에서 일생에 걸쳐 영향을 준다고 생각하였다. 또한, 애착과 영유아가 경험하는 양육의 질과는 깊은 관련이 있다고 주장하였다.

(1) 주요 개념

■ 애착의 특징

- 영아는 애착 대상과 접촉을 유지하려고 노력한다.
- 애착 대상의 부재 시에 영아는 슬픔을 나타낸다.
- 애착 대상과 함께 있으므로 이완되고 안락하게 느낀다.
- 애착 대상을 환경 탐색을 위한 안전기지secure base로 사용한다.

■ 애착 유형

Ainsworth는 영아를 대상으로 '낯선 상황 실험'을 실시하여 애착 유형을 구분하였다.

- **안정형 애착** : 낯선 상황에서 영아는 어머니를 확인하며 주위를 탐색한다. 어머니의 부재 시에는 불안해하며 울거나 어머니를 찾고, 어머니가 다시 돌아오자 반기면서 안정을 얻는다.
- **불안-회피형 애착** : 영아는 낯선 상황에서 독립적으로 탐색하며 어머니의 존재를 안전기지로 삼지는 않는다. 어머니가 나가도 불안해하지 않으며 다시 돌아왔을 때도 가까이하지 않았다.
- **불안-양가형 애착** : 영아는 낯선 상황에서 어머니와 떨어지지 못하고 거의 탐색을 하지 않는다. 어머니가 방을 나가면 심하게 불안해지며, 되돌아왔을 때 아이는 어머니에게 다가가는 형태도 있고 어머니를 밀쳐버리는 반응을 보이는 경우도 있다.

(2) 애착 형성 단계

Ainsworth(1973)가 제시한 애착 형성 단계에 의하면, 아기는 생후 3개월까지 대부분의 사람에게 비변별적인 유사한 반응을 보이다가, 이후 2단계에 해당하는 6개월까지는 차차 낯익은 사람에게만 선택적으로 반응한다. 3단계인 6개월 이후가 되면 아기는 어머니에 대해 분리불안 separation anxiety을 보이고 강한 애착을 나타내며, 낯선 사람에게는 배타적인 성격을 갖게 된다. 차차 영아는 신체의 이동이 가능해짐에 따라 애착 대상에게 능동적으로 접근을 추구하게 된다. 4단계에서 유아는 작동모델 working model이 형성되면서 부모가 떠나는 행동을 예상하고 계획하게 되므로 동반자와 같은 관계로 행동한다 표 2-4.

M. Ainsworth

표 2-4 / 애착 형성 단계

단계	발달시기	특징
1단계	출생~3개월	비변별적 반응: 빨기, 젖찾기 등의 각종 반사, 미소, 응시, 눈마주치기 등 양육자와 근접을 유지하려고 하며 감각적으로 접촉하여 양육자의 특성을 알아간다.
2단계	3개월에서 6개월	낯익은 사람에게 초점 맞추기: 친숙한 성인에 대해 선택적인 반응으로 표현한다.
3단계	6개월에서 3~4세	능동적 접근 추구: 애착 대상에 대해 능동적으로 접근하려는 목적을 가지고 행동한다.
4단계	3~4세 이후	동반자 행동: 부모에 대해 근접과 사랑을 유지하기 위해 부모의 행동에 영향을 줄 수 있는 다양한 행동을 시도한다.

애착 이론은 영아기에 형성된 애착이 성장 이후에도 유지되는지, 그리고 발달에 어떤 영향을 주는지에 대하여 많은 관심을 갖고 있다. Bowlby가 제안한 내적작동모델 internal working model에 기초하여 이루어진 연구에서, 안정 애착아의 경우 이후 발달에서 초등학생의 리더십과 관련이 나타났으며, 대학생의 경우 스트레스 상황에서 부모를 안전기지로 삼고 도움을 구하는 방식으로 애착 행동을 보여준다(Kenny, 1987). 성인의 경우는 낭만적인 사랑을 경험하는 방식과도 관계가 나타나(Hazan & Shaver, 1987), 어릴 때 형성된 애착은 전 생애 동안 지속되며, 다음 세대로 전달될 가능성도 보여주고 있다.

(3) 평가

동물행동학 이론은 영아의 단순한 표현 행동으로 보았던 울음과 미소 같은 행동들이 부모의 사랑과 보살핌을 유발하는 자기 생존을 위한 반응행동으로서 중요성을 인식하게 해주었으며, 입양이나 아동의 양육, 심리치료 등에서 접촉과 관계형성에 대한 중요한 기초 자료를 제시하였다. 한편으로는 동물행동학에 기초를 둔 Bowlby의 이론은 생물학적 기초와 결정적 시기를 지나치게 강조한다는 비판을 받고 있다.

표 2-5 / 각 이론의 개념 및 기본 가정의 비교

이론적 접근	주요 개념	기본 가정	유전 대 환경	연속 대 비연속
Freud 심리성적 이론	무의식, 원초아, 자아, 초자아, 심리성적 갈등	유기체적 관점	상호작용	비연속성
Erikson 심리사회적 이론	전 생애 발달, 위기, 발달 과업, 정체성	유기체적 관점	상호작용	비연속성
학습 이론	조건형성, 학습, 강화	기계론적 관점	환경강조	연속성
Bandura 사회학습 이론	인지학습, 모방, 대리강화	기계론적 관점	환경강조	연속성
Piaget 인지발달 이론	도식, 인지, 동화, 조절, 적응	유기체적 관점	상호작용	비연속성
정보처리 이론	감각수용, 단기 · 장기기억, 통제, 문제해결 과정	맥락적 관점	상호작용	연속성/ 비연속성
Vygotsky 사회문화적 이론	근접발달영역, 언어와 사고	맥락적 관점	상호작용	연속성
생태학적 체계 이론	미시, 중간, 외, 거시, 시간 체계	맥락적 관점	상호작용: 환경을 더 강조	언급 없음
동물행동학 이론	각인, 애착, 진화적 적응	유기체적 관점	상호작용	연속성/ 비연속성

DISCUSSION POINTS

토의요점

01 | 정신분석 이론 가운데 Freud와 Erikson 이론의 공통점 및 차이점은 무엇입니까?

02 | Piaget 인지발달 이론의 단계를 설명해 봅시다.

03 | 가족이 한국에서 미국으로 이민을 가는 경우, 아동 발달에 영향을 주는 변화에 대해 생태학적 체계 이론으로 설명해 봅시다.

Chapter 3

생의 시작

인간의 발달은 성세포인 여성의 난자와 남성의 정자가 만나는 수정의 순간부터 시작된다. 23쌍의 염색체를 지닌 단일 세포인 수정란은 38주 동안의 태내기를 거치면서 신체기관 및 구조가 형성되고 발달한다. 따라서 태내기 동안의 발달은 출생 후 인간발달의 기본적인 토대가 되는 한편, 인간발달의 그 어떤 시기보다 급속한 성장발달이 이루어지기 때문에 환경적인 여건이 좋고 나쁨에 따라 한 개인의 발달에 큰 영향을 미칠 수 있는 시기이다.

Chapter

3 생의 시작

임신 1

임신이란 정자와 난자가 만나 수정란을 형성하고 세포분열을 이루면서 자궁내막에 착상하는 순간부터 시작하여 태아가 산모의 몸 밖으로 나오는 출산 전까지의 과정을 의미한다. 정상적인 출산일 경우 임신 기간은 38주이며, 이 기간에 태아는 여러 단계를 거치면서 세포에서부터 시작하여 인간의 모습을 갖추어 간다.

1) 임신의 과정

(1) 임신을 위한 조건

임신이 이루어지기 위해서는 정자와 난자가 만나 수정이 이루어져야 한다. 정자는 남성 생식기의 중심인 고환(정소)에서 만들어진다 그림 3-1. 정자는 남성호르몬인 테스토스테론과 뇌하수체에서 분비되는 황체형성호르몬 및 난포자극호르몬에 의해 사춘기 무렵부터 만들어지기 시작한다. 성숙한 정자는 정관을 통해 정낭으로 이동하며, 사정을 하게 되면 정낭에서 생성되는 액체와 함께 섞여 정액으로 배출된다(이진용 외, 2005). 남성의 1회 사정 시 정자의 수는 약 3~5억 마리 정도이며, 여성의 질을 거쳐 자궁 내부에 도착할 수 있는 정자 수는 약 1백만 마리 정도이다. 그리고 이 중단 한 마리의 정자가 난자와 수정을 하게 된다.

그림 3-1

남성과 여성의 생식기

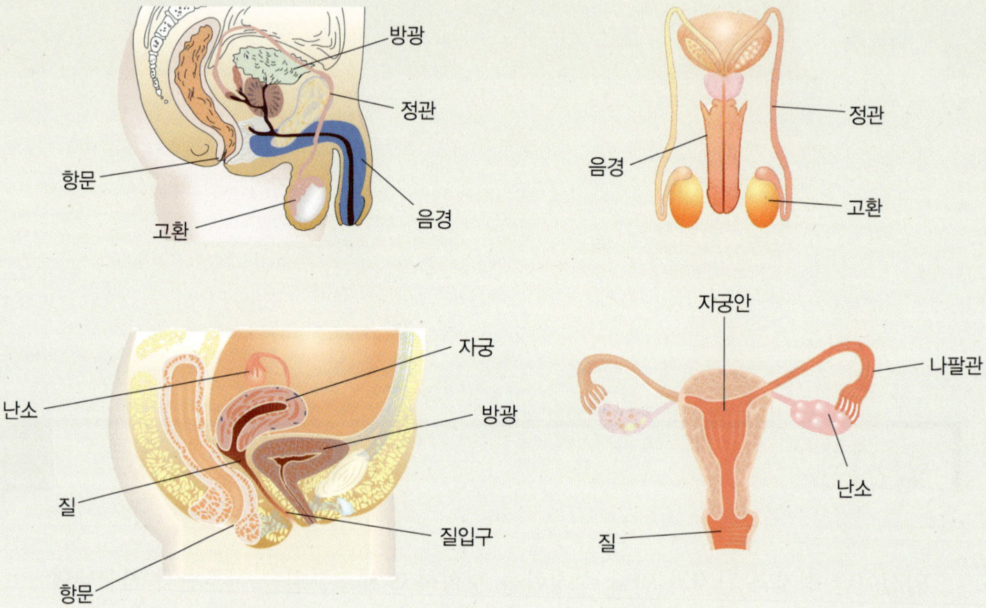

난자는 인간의 신체 세포 중 가장 큰 세포로 정자의 약 40배 크기이다. 사춘기부터 생성되는 정자와 달리 난자는 태내기에 만들어지며, 여성은 출생 시 100만~200만 개의 난자를 가지고 태어난다. 그러나 연령의 증가에 따라 그 수가 줄어들어 여성의 가임 기간인 약 40년 동안은 400~500개 정도의 난자만이 성숙한 상태로 배출된다. 난자는 가임기 동안 약 28일의 주기로 성숙화되어 2개의 난소에서 한 개씩 번갈아 방출된다(대한산부인과학회, 2015). 이와 같은 성숙한 난자의 배출을 배란이라 한다.

(2) 임신가능주기

임신은 난자가 정자를 만나 수정란을 형성하고 자궁내막에 착상하면서부터 본격적으로 시작된다. 한편, 배란된 난자가 정자를 만나지 못하면 자궁내막과 함께 몸 밖으로 나오게 되는데, 이것을 월경 menstruation이라고 한다. 월경주기는 호르몬 생산과 자궁내막의 증식을 통해 수정란이 자궁내막에 착상하는 것을 준비하는 기간이며, 만약 착상이 이루어지지 않으면 다음번 착상 기회를 위해 새로운 주기가 시작된다. 일반적으로 월경주기는 21~35일이며, 월경 기간은 2~6일이다(대한산부인과학회, 2015).

임신은 기본적으로 정자와 난자가 만나야 이루어질 수 있다. 정자의 경우는 매일 생성되기 때문에 임신가능 시기에 제한이 없지만, 난자는 배란되는 시기가 정해져 있기 때문에 실제적인 임신가능 시기는 여성의 배란과 관련된 월경주기에 결정적인 영향을 받는다. 월경주기는 난소주기와 자궁내막주기로 설명된다. 그림 3-2에서 보는 바와 같이, 난소주기 중 난포기는 하나의 난포가 성숙하여 배란되기까지의 시기를 의미하며, 약 10~13일이 걸린다. 황체기는 배란에서부터 다시 월경을 시작하는 기간으로 평균 14일 정도이다. 황체는 임신이 되지 않을 경우 자궁내막과 함께 몸 밖으로 나오지만, 임신이 되면 임신을 유지시켜 주는 매우 중요한 호르몬인 프로게스테론을 분비하는 역할을 한다. 한편, 자궁내막주기 중 증식기는 월경 후 얇아진 자궁내막이 다시 두꺼워지는 시기로 임신을 유지하기 위해 필요한 자궁 내 환경이 만들어지는 시기이다. 증식기의 기간은 개인에 따라 차이가 커서 5~30일 정도로 매우 다양하다. 분비기는 배란 후 자궁내막의 조직에 변화가 생기는 시기로 평균 12~14일 정도이다.

배란된 난자의 생존기간은 약 24시간 정도이며, 따라서 임신가능기간은 난자가 배란된 후 나팔관에 머무르다가 퇴화되기 전까지의 기간에 해당한다. 그러나 난자와

그림 3-2

월경주기

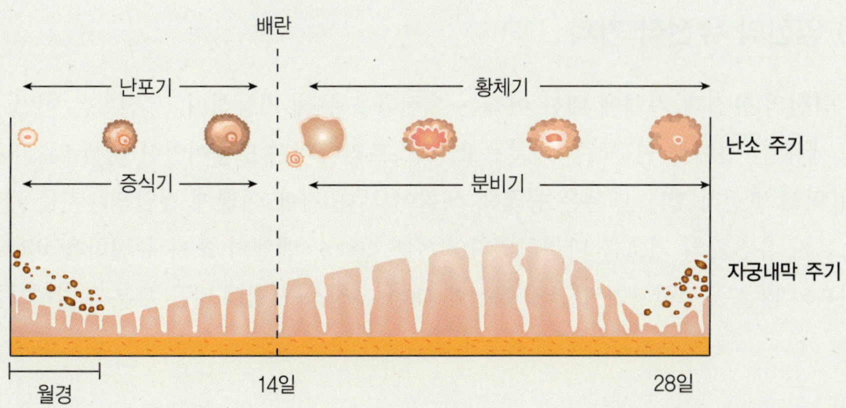

달리 정자의 생존기간은 3~4일 정도로 길기 때문에, 실제 임신이 가능한 기간은 배란 전 여성의 몸속에서 생존할 수 있는 정자의 생존기간을 감안하여 대략 5일 정도이다.

(3) 수정

난자와 가장 먼저 접촉하게 되는 한 마리의 정자는 난자의 표면을 뚫고 들어가 난자의 핵과 만나게 되는데, 이를 수정 fertilization이라 한다. 정자는 꼬리부분에 있는 화학물질의 작용을 통해 난자의 바깥층에 있는 외곽을 붕괴하고 난자 안으로 들어가게 되며, 이때 정자의 꼬리부분을 제외한 머리부분만이 난자 안으로 들어가 난자의 핵과 결합하게 된다.

(4) 착상

수정으로 형성된 하나의 세포를 접합체 zygote라 한다. 접합체는 수정의 순간부터 나팔관을 통과하여 자궁에 도착할 때까지 지속적으로 세분분열을 한다. 수정 후 7일째가 되면 성장과 분열을 반복하면서 세포분열을 하던 배아세포는 자궁 안으로 이동하여 자궁내막에 뿌리를 내리게 되는데, 이를 착상 implantation이라 한다.

착상의 과정 중, 접합체를 감싸고 있던 바깥쪽의 영양막이 자궁내막을 뚫고 들어가 모체로부터 영양분과 산소를 흡수하게 되는데, 이것이 나중에 태반을 형성한다. 태반은 태아의 호흡 및 영양공급, 임신유지에 필요한 호르몬 합성 등의 기능을 담당한다(대한산부인과학회, 2015).

2) 임신의 유전적 기제

임신의 유전적 기제에 대한 이해는 유전학을 통해 가능하다. 유전학은 어떤 특성의 세대 간 전이를 연구하는 학문으로, 오스트리아의 수도승이었던 멘델 Gregor Mendel에 의해 발전하였다. 멘델은 콩꽃의 색깔이 세대 간에 어떻게 전달되는지를 관찰함으로써 유전학의 기초를 마련하였다(정옥분, 2006). 멘델의 초기 유전학을 바탕으로 이후의 많은 유전학자가 인간의 특성에 대한 유전적 기제의 많은 부분을 밝혀냈다.

(1) 유전자 배열

인간은 수조 개의 세포로 이루어져 있다. 모든 세포는 염색체를 포함한 핵을 가지는데, 염색체는 유전적 정보를 저장하고 전달하며 개개 인간의 모든 특성과 발달을 결정하는 중요한 역할을 담당한다. 염색체의 수는 종마다 달라, 침팬지는 48개의 염색체를 가진 반면, 말은 64개, 쥐는 40개, 그리고 인간은 46개의 염색체를 가진다. 염색체는 유전물질인 DNA가 길게 꼬여 있는 나선형 모양을 이루며, 성염색체를 제외한 모든 염색체는 크기와 모양, 그리고 유전적 기능이 서로 동일한 쌍으로 이루어져 있다.

비록 인간의 염색체 수는 다른 동물들과 같지 않지만, 염색체를 구성하는 DNA구조 내의 유전인자는 다른 동물들과 매우 유사하다. 인간의 몸을 구성하는 유전인자의 배열을 밝히는 인간게놈human genome 연구에 의하면, 인간과 침팬지의 유전자는 거의 99% 일치한다(Papalia, Olds, & Feldman, 2006).

(2) 유전인자의 전달

인간의 세포를 구성하는 염색체는 부모로부터 각각 하나씩을 물려받아 쌍으로 형성된다. 정자와 난자가 만나 수정이 이루어지면, 정자와 난자가 각각 가지고 있던 23개씩의 염색체는 복제와 결합을 통해 46개의 염색체 쌍을 형성하게 된다.

① 성의 결정

성은 부모로부터 물려받은 염색체 쌍 중 23번째 염색체인 성염색체에 의해 결정된다. 그림 3-3에서 보는 바와 같이, 여성은 두 개의 X염색체를 가지며, 남성은 X염색체와 Y염색체를 각각 하나씩 가진다. 성염색체 역시 부모로부터 하나씩 물려받게 되는데, 남자아

그림 3-3
성의 결정

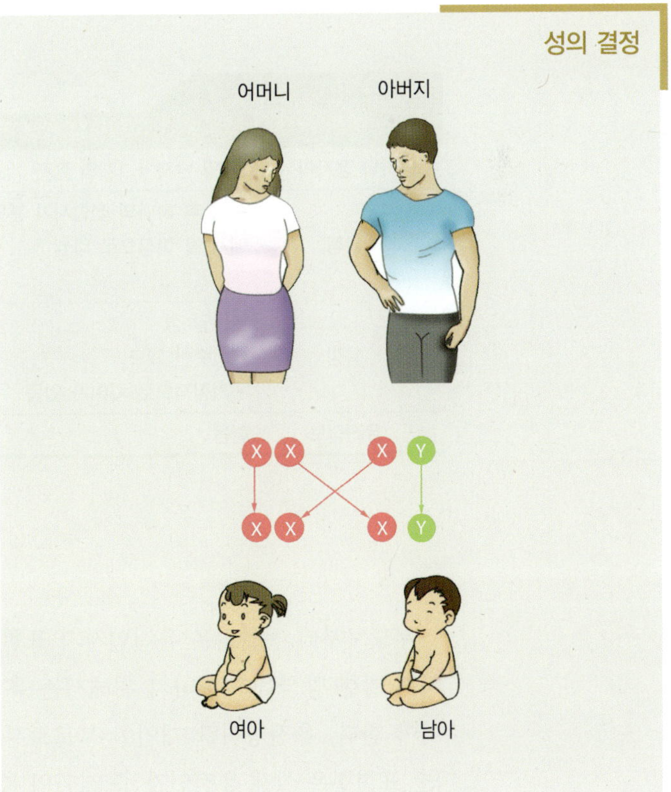

이의 경우 어머니로부터 X염색체를, 아버지로부터 Y염색체를 물려받아 XY염색체를 이루게 되는 반면, 여자아이는 어머니와 아버지 모두에게서 X염색체를 하나씩 물려받아 XX염색체를 형성하게 된다.

② 다태 형성

인간 개개인을 구성하는 유전인자는 부모로부터 물려받은 독특한 특성이기 때문에 모든 인간은 서로 다른 유전자형을 갖는다. 그러나 다태아의 경우 형성과정에 따라 동일 유전자를 갖거나 혹은 서로 다른 유전자를 갖기도 한다 표 3-1 . 하나의 난자와 하나의 정자가 만나 하나의 접합체를 형성한 후 이 접합체가 둘로 분리되는 경우에는, 동일한 유전인자를 갖는 일란성 쌍생아로 자란다. 이들은 동일한 유전인자를 공유하기 때문에 매우 유사한 발달과정을 경험하게 된다. 반면, 이란성 쌍생아는 두 개의 난자가 동시에 배란되어 각각 서로 다른 정자와 수정하게 될 때 형성되거나, 혹은 하나의 난자가 둘로 나뉘어 각각 다른 정자와 수정할 때 형성된다. 이들은 전혀 다른 유전인자를 보유하기 때문에 태내발달에서의 환경만 동일할 뿐 전혀 다른 발달적 특성을 보이게 된다(Papalia et al., 2006).

표 3-1 / 다태 형성의 유형

	일란성 쌍생아	이란성 쌍생아
난자와 정자의 수	1개의 난자 + 1개의 정자	2개의 난자 + 2개의 정자
과정	수정 후 하나의 접합자가 분열하는 과정에서 둘 이상으로 나뉨	2개의 서로 다른 난자가 서로 다른 정자와 수정하거나, 혹은 하나의 난자가 둘로 나뉘어 2개의 정자와 각각 수정
특징	• 동일 성 • 비슷한 외모 • 기질적으로 차이가 있음	• 동일 성, 다른 성 모두 가능 • 다른 외모 • 다른 기질
유전정보	같음	다름

(3) 유전적 특성의 발현

부모로부터 전달받은 유전인자가 표현되는 방식은 매우 다양하다. 이러한 유전인자의 발현 방식을 이해하기 위해서는 유전형 genotype과 표현형 phenotype의 개념을 알아야 한다. 유전형이란 개인이 부모로부터 물려받은 실제 유전인자를 의미하는 반면, 표현형은 실제 유전인자 중 개인의 특성으로 관찰 및 측정이 가능한 형질을 의미한다. 따라서 표현형이 같더라도 유전형은 다를 수 있으며, 유전형에서의 차이는 다음 세대에 전달되는 유전인자의 차이로 나타난다.

개인은 아버지와 어머니로부터 각각의 유전인자를 전달받기 때문에 대립된 특성의 유전인자를 동시에 보유할 수 있다. 이때 실제 개인의 특성은 이들 대립형질 중 일부 혹은 두 가지 모두에 의해 나타난다(Papalia et al., 2006). 이처럼 한 개인이 나타내는 유전적 특성은 단일유전자 법칙 single-gene inheritance, 성유전자 법칙 sex-gene inheritance, 그리고 다유전자/다인자성 법칙 polygenic/multiple-gene inheritance 등 몇 가지 유전자 법칙에 의해 발현된다(Shaffer & Kipp, 2010).

① 단일유전자 법칙

단일유전자 법칙은 인간의 유전적 특성이 하나의 유전자에 의해 결정되는 법칙을 의미한다. 여기에는 우성-열성 유전자 법칙과 공동우성 유전자 법칙이 있다.

■ 우성-열성 유전자 법칙

우성-열성 유전자 법칙은 대표적인 단일유전자 법칙이다. 우성-열성 유전자 법칙에 의하면, 부모로부터 각각 물려받아 하나의 쌍을 이룬 유전자 중 우성 유전인자가 있을 때에는 우성 유전자의 특성이 발현되는 반면, 두 유전인자가 모두 열성일 때

표 3-2/ 우성-열성 특성 및 질병의 예

우성	열성
곱슬머리	직모
검은색 머리	금발 머리
보조개	없음
정상	근시
원시	정상
정상	적녹색약
정상	백색증(Albino)
A형 혈액형	O형 혈액형
B형 혈액형	O형 혈액형
Rh+ 혈액형	Rh- 혈액형
정상	겸상적혈구 빈혈증(Sickle cell anemia)
정상적인 단백질 대사	페닐케톤뇨증(Phenylketonuria)
정상적인 중추신경계 발달	테이색스병(Tay-Sachs disease)

출처 : Shaffer & Kipp(2010)

에는 열성 유전자가 발현된다. 표 3-2 는 인간의 신체적 특성 중 우성-열성의 법칙에 의해 유전인자가 표현되는 몇 가지 예를 정리한 것이다. 우성인 곱슬머리와 열성인 직모, 두 가지 머릿결의 예를 들어보면, 부모 중 어느 한쪽만 곱슬머리여도 자녀는 곱슬머리일 확률이 높고, 부모 모두가 직모인 경우에만 자녀는 직모의 특성을 갖게 된다.

공동우성 유전자 법칙

공동우성codominance 유전자 법칙은 두 개의 유전자가 함께 표현되는 법칙을 의미하며, 대표적인 예로 혈액형의 A타입과 B타입을 들 수 있다. ABO식 혈액형에서 A형과 B형 혈액타입은 두 가지 모두 우성이므로 두 유전자가 만나게 될 때 AB의 표현형이 나타나게 된다. 또한 공동우성 유전자 법칙은 두 개의 유전자 중 하나가 우성이고 다른 하나는 열성이지만 열성의 효과가 사라지지 않고 표현되는 경우에도 해당된다. 겸상적혈구 빈혈증sickle cell anemia은 이러한 형태의 예로, 정상적인 동그란 모양의 적혈구와 함께 낫 모양(겸상)의 비정상적인 적혈구가 존재하여 나타나는 빈혈증상이다.

② 성유전자 법칙

성유전자 법칙은 특정 유전인자가 성염색체에 위치함으로써 표현 여부가 성염색체에 의해 결정되는 특성을 갖는다. 대부분의 성유전자 법칙은 X염색체의 유전인자와 관계가 깊어서 여성보다는 남성에게서 표현되는 경향이 높다.

적녹색약은 성유전자 법칙을 따르는 대표적인 예이다. 즉 적색과 녹색을 구분하지 못하는 열성유전자는 X염색체로 유전되며, 따라서 X염색체를 하나만 갖는 남성이 어머니로부터 적녹색약 유전인자를 물려받은 경우 적녹색약의 특성이 표현될 확률은 100%이다. 그러나 여성의 경우는 부모에게서 각각 한 개씩의 X염색체를 물려받기 때문에 아버지와 어머니 모두 적녹색약인 경우를 제외하고는 적녹색약이 될 확률은 100%가 되지 않는다. 실제로 백인의 경우 남성은 100명당 8명꼴로, 여성은 144명당 1명꼴로 적녹색약이 나타난다(Burns & Ottino, 1989).

③ 다유전자/다인자성 법칙

인간의 특성은 단순히 한두 개의 유전인자가 작용해서 나타나기보다는 여러 개의 유전인자가 함께 작용하여 나타나는 경우가 많다. 이처럼 많은 유전자 조합에 의해 특정 형질이 만들어지는 것을 다유전자/다인자성 법칙이라 한다. 인간의 키, 몸무게, 지능, 피부색 등 대부분의 특성은 이 법칙을 따르는 것으로 이해되지만, 현재까지도 명확하게 얼마나 많은 유전형질이 작용하여 각각의 인간 특성을 형성하는지에 대해서는 밝혀진 바가 없다(Berk, 2003).

태내기 발달 2

1) 태내발달 단계

태내발달은 정자와 난자가 만나는 수정의 순간부터 시작된다. 하나의 세포로 이루어진 수정체가 어머니의 자궁 안에서 약 9개월 동안 지속적인 변화를 통해 수조 개의 세포로 이루어진 하나의 개체가 되는 태내발달의 과정은 크게 다음의 세 단계로 나눌 수 있다(Berk, 2006 ; Papalia et al., 2006).

(1) 배종기

배종기는 수정 후 대략 2주까지의 기간을 말한다. 이 기간에 수정된 정자와 난자는 접합체를 형성하고 세포분열을 거치면서 자궁내막에 착상한다. 착상이 이루어진 후, 자궁의 융모돌기가 자궁벽을 파고들면서 태반이 형성되기 시작하며, 태반은 탯줄을 통해 수정체와 연결된다.

태반은 태아에게 산소와 영양분을 공급하며, 모체 내 호르몬 합성 등에 관계하여 임신을 유지하게 하는 기능을 한다. 따라서 태반형성과정에서 이상이 있을 경우 유산이나 태아사망, 임신중독증 등의 합병증이 발생할 수 있다.

(2) 배아기

착상으로부터 8주까지의 기간을 배아기라 부르며, 이 시기의 수정체를 배아embryo라고 한다. 이 6주의 기간에 모든 신체적인 구조와 체계의 기초가 형성되기 때문에 태내발달 중 가장 빠르고 극적인 변화가 일어나는 시기이다.

이 시기의 배아는 내배엽, 중배엽, 외배엽의 3개 층으로 이루어져 있다. 그중 내배엽은 소화기관과 호흡기관으로 발달하고, 중배엽은 순환기관과 생식기관 및 배설기관으로 발달하며, 외배엽은 감각기관과 신경계조직 및 피부조직으로 발달한다.

(3) 태아기

임신 8주 이후부터 출산 전까지의 기간을 태아기라 한다. 이 기간에 태아는 양적인 성장을 하게 되는데, 특히 9~20주의 기간에는 태아의 크기가 엄청난 비율로 자란다 그림 3-4.

태아기는 다시 세 단계로 구분할 수 있는데, 첫 번째 단계는 3개월까지의 기간에 해당한다. 이 단계에는 태아의 기관, 근육, 신경체계들이 조직화되고 서로 연결되기 시작한다. 또 외부생식기가 정교화되어 약 12주경에는 태아의 성별을 알 수 있게 된다. 이 밖에도 손발톱과 머리카락이 생기는 등 신체의 모든 부분이 형성된다.

두 번째 단계는 4~6개월의 기간이다. 이 단계 중 16~20주경이 되면 산모가 태아의 움직임을 느낄 수 있을 정도로 태아의 크기가 자라게 되며, 5개월경 태아의 크기는 신장 25cm, 무게 400~450g으로 신생아의 절반 정도에 이르게 된다. 두 번째 단계부터는 이전에 생긴 신체의 모든 부분이 성숙되어 가는 과정이라 할 수 있다. 따

그림 3-4
태아의 크기 변화

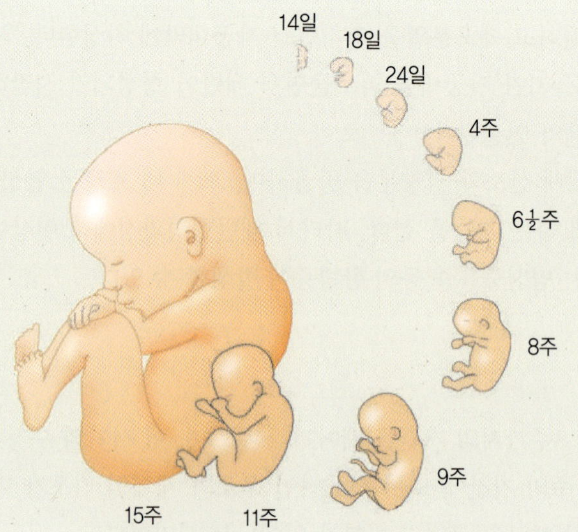

표 3-3/ 개월 수에 따른 태내발달의 특징

단계	개월 수	크기와 무게	발달적 특징
배종기	1개월 (만 0~3주)	키 0.5~1cm 몸무게 1g	수정란이 착상한다. 신경, 혈관, 순환계의 기초조직이 완성된다. 3주 말쯤 심장박동이 시작된다.
배아기	2개월 (만 4~7주)	키 1.5~2.5cm 몸무게 3~5g	눈, 귀, 입이 생긴다. 뇌가 급속도로 발달한다. 심장이 좌심실과 우심실로 분리된다. 폐 발달의 1단계로 기관지가 생긴다. 손가락과 발가락이 생기기 시작한다.
태아기	3개월 (만 8~11주)	키 8~10cm 몸무게 15~25g	꼬리가 없어지고 하반신이 발달한다. 외부생식기가 뚜렷하게 나타난다. 치아가 생기기 시작한다. 뇌하수체에서 호르몬이 생성되기 시작한다.
	4개월 (만 12~15주)	키 16~18cm 몸무게 110~135g	태반이 완성된다. 성대가 완성된다. 다리가 팔보다 길어진다. 귀가 바깥쪽으로 발달한다.
	5개월 (만 16~19주)	키 20~25cm 몸무게 300~340g	손발과 전신운동이 활발해진다. 태아 몸에 지방이 생기기 시작한다. 청각기관이 발달하기 시작한다. 뇌와 척수가 생기기 시작한다. 손발에 지문이 형성된다.
	6개월 (만 20~23주)	키 28~33cm 몸무게 570~650g	태지가 분비된다. 소화기 계통이 기능을 발휘한다. 소장이 이완과 수축을 시작한다. 폐혈관이 발달한다.
	7개월 (만 24~27주)	키 35~37cm 몸무게 900g~1kg	뇌의 사고력이 발달하기 시작한다. 망막이 발달하고 안구운동을 한다. 호흡동작을 시작한다. 뇌 표면에 홈과 톱니 모양이 형성된다.
	8개월 (만 28~31주)	키 40cm 몸무게 1.5kg	청각발달이 완성된다. 폐와 소화기관이 거의 완성된다. 방광에서 소변을 내보낸다.
	9개월 (만 32~35주)	키 45~46cm 몸무게 2.3~2.6kg	신장의 기능이 성숙된다. 피부의 주름이 줄어든다. 손톱이 완전히 자라고 발톱이 생긴다. 머리 골격이 단단해진다. 피하지방이 생성된다.
	10개월 (만 36~39주)	키 50cm 몸무게 3kg	몸의 균형이 잡히고 4등신이 된다. 병에 대한 면역력을 갖게 된다. 폐의 기능이 성숙된다. 신체의 모든 기관이 준비를 마친다.

출처 : 이진용 외(2005)

라서 비록 모든 기관을 갖추고는 있으나 이 시기에 태아가 조산이 되면 폐와 중앙신경체계의 미성숙으로 생존가능성이 희박하다.

세 번째 단계는 이전의 6개월과 달리 이 시기에 태아가 조산될 경우 생존가능성이 점차 증가하게 된다. 이 단계는 이전에 형성된 신체기관의 성숙 및 신체크기의 양적인 증가와 함께, 특히 출생 후 적응에 필요한 발달이 이루어지는 시기이다. 예를 들어 바깥 환경에 맞는 체온조절 능력을 위해 피하지방이 생기며, 9개월에는 모체의 혈액으로부터 다양한 종류의 면역력을 얻어 바깥세상에 적응할 수 있는 상태를 갖추게 된다. 또한 출산을 준비하는 단계로 마지막 몇 주 동안 대부분의 태아는 머리를 아래로 두고 다리를 위에 두는 자세를 취하게 된다.

2) 태아의 감각 발달

(1) 촉각

피부는 태아의 감각기관 중 가장 먼저 발달한다. 태아는 피부를 통해 외부의 자극을 느끼며 이는 뇌발달에 영향을 미친다. 태내발달 단계에서 태아가 피부를 통해 느끼는 대표적인 외부 자극으로는 모체의 자궁수축을 들 수 있다. 자궁은 평상시 1분에 한 번씩 규칙적으로 수축하기 때문에 일정한 강도와 빈도의 자극은 태아에게 안정감을 준다. 그러나 어머니가 심한 운동을 하거나 흥분을 하게 되면 자궁이 불규칙한 수축을 하게 되고, 그 강도가 태아에게 스트레스를 야기할 수 있다.

(2) 청각

태아의 청각은 소리를 듣고 구분하고 기억하는 여러 기관의 발달과 관련이 있다. 이소골이라는 청각기관은 임신 7주경부터 시작하여 태내기에 완전히 발달하기 때문에, 출산 4개월 전 태아의 청각은 기본적인 기능을 할 수 있다. 또한 태내발달 4개월경 뇌 속에 생기는 해마는 모든 감각정보를 저장하는 기능을 하는데, 이를 통해 반복적으로 듣는 소리를 기억함으로써 특히 태아가 가장 자주 듣게 되는 소리인 엄마의 목소리를 기억하는 것이 가능해진다(조복희, 2007). 이처럼 청각발달의 초기 단계에는 소리를 듣기만 하고 구별할 수는 없지만, 점차 소리의 강약과 높낮이를 구별할 수 있게 된다.

(3) 미각과 후각

태아의 혀는 3개월부터 시작하여 7개월까지 꾸준히 발달하며 출생 전에 완성된다. 태아의 미각은 혀의 발달과 함께 이루어질 것으로 예측되지만, 맛의 구분능력에 대해서는 아직까지 일관된 경험적 증거가 있지는 않다. 다만 동물실험을 통해 태아가 단맛과 쓴맛을 구분하는 능력이 있음을 알 수 있다.

냄새는 공기 속에 떠다니는 냄새입자를 콧속에 있는 취모를 통해 느끼게 되는데, 태아의 경우 공기가 아닌 양수 속에 있기 때문에 후각발달에 대한 실험에는 한계가 있다. 다만, 취모로부터 신호를 받아들이는 작용을 관장하는 뇌 부분의 발달은 태내발달 20주 정도부터 시작된다.

(4) 시각

시각은 다른 감각기관에 비해 가장 늦게 발달하는 기관이다. 시각은 멀고 가까운 것, 진하고 옅은 것뿐 아니라 색을 구분해야 하는 복잡한 기능을 필요로 하는 고등 감각기관으로, 태어날 때까지는 완성되지 못하고 8세 정도가 되어야 완전히 발달한다.

태내발달 단계에서의 시각 발달은 명암을 느끼는 정도까지만 가능하다. 태아는 태내발달 6개월경 기본적인 시각기관을 완성하며, 8개월경부터는 빛에 대한 강한 반응과 감지가 가능해진다. 그러나 태아는 자신의 눈을 통해서 명암을 느끼는 것이 아니라, 모체의 눈을 통해 멜라토닌이라는 호르몬 양이 조절됨으로써 태아의 뇌가 명암을 느끼게 된다고 한다(이진용 외, 2005).

3) 태내발달과 유전적 영향

태내발달 단계를 거치면서 태아는 다양한 영향요인에 노출된다. 태내발달은 생물학적 기초에 의해 이루어지므로 특히 유전적 영향은 기본적이고 중요한 발달적 영향요인으로 여겨진다. 아래에서는 태내발달에 심각한 영향을 초래할 수 있는 유전자 결함의 대표적인 예를 소개한다(박성연, 2007 ; 조성연 외 2009 ; 최경숙 · 박영아, 2006 ; Papalia et al., 2006 ; Shaffer & kipp, 2010).

(1) 다운증후군

다운증후군 Down's syndrome은 대표적인 상염색체 이상 질환으로, 21번째 염색체의 이상으로 나타난다. 21번째 염색체가 정상인보다 1개 더 존재하는 삼체형 trisomy 21과 21번째 염색체와 15번 염색체의 자리가 바뀐 전위형 translocation 15.21의 두 가지 형태가 일반적이다(최경숙 · 박영아, 2006). 다운증후군은 외형적으로 구분이 가능한데, 목이 굵고 짧으며 코가 낮고 혀가 두껍고 갈라졌으며 손과 발이 짧고 뭉뚝하다. 또한 눈 안쪽에 처진 주름이 있고 머리가 둥근 특징을 보인다(조성연 외, 2009).

다운증후군은 신생아 출생 600명당 1명 정도의 비율로 발생하는데, 다운증후군 아기의 94%가 정상 부모에게서 태어난다는 점에서 그 원인이 부모로부터의 유전만은 아님을 알 수 있다(Pennington et al., 2003). 다운증후군의 위험은 부모의 나이가 많을 때 높아지며, 특히 어머니의 나이가 35세 이상일 때 발생비율이 높아진다(Papalia & Olds, 1989).

다운증후군 영아들의 뇌는 출생 시 정상이지만, 성인 초기까지 뇌의 크기가 줄어들어 지적발달에서 지체를 보인다. 대개 2세가량이 되면서 지적발달에서의 문제가 나타나며, 눈맞춤을 제대로 못하고 언어발달에도 어려움을 보인다(최경숙 · 박영아, 2006).

(2) 성염색체 이상

① XYY증후군

XYY증후군은 성염색체 중 Y염색체가 하나 더 있는 XYY유전자형을 가지고 있다. 따라서 남성에게만 나타난다. XYY증후군의 경우 외형적으로는 비정상적으로 키가 큰 특징을 보인다. 또한 IQ가 다소 낮으며, 특히 언어발달에서 문제를 보인다. 반면 2차성징의 발달은 정상이고 생식도 가능하다. 발생빈도는 남아 1,000명당 1명 정도로 나타난다.

② 트리플X 증후군

트리플X 증후군은 성염색체의 유전자형이 XXX형으로 여성에게서만 나타난다. 이러한 염색체 이상은 어머니의 생식세포 분열 시에 X염색체의 비분리로 인해 나타나는데, 임신부의 연령이 높을수록 발생빈도가 높아진다. 트리플X 증후군의 경우 외형적으로는 정상과 다르지 않으나 지능이 낮으며 학습장애나 정신지체의 특성을 보인다. 여아 1,000명당 1명 정도의 발생비율을 보인다.

③ 클라인펠터 증후군

클라인펠터 증후군 Klinefelter syndrome은 남성의 성염색체 중 X염색체가 하나 더 있는 XXY유전자형을 가진다. 발현되지 않은 성염색체 X의 영향으로 신체적 특성이 여성적이며 작은 음경을 갖는 특성을 보이고 2차성징도 나타나지 않는다. 또한 지적으로는 학습장애를 보인다. 발생빈도는 남아 1,000명당 1명 정도이다.

④ 터너증후군

터너증후군 Turner syndrome은 여성의 성염색체 X의 일부가 상실되어 XO의 유전자형을 갖는 증후군이다. 신체적인 특징으로는 작은 키와 거미집 모양의 목, 생식기관의 미분화 등을 들 수 있다. 또한 월경이 없고 불완전한 2차성징이 나타나는 특징을 갖는다. 지적으로는 공간능력이 떨어지는 특징을 보인다. 1,500~2,500명당 1명 정도로 발생한다.

4) 태내발달과 환경적 영향

태내발달 단계에서 태아는 그 발달에 장단기 영향을 미치는 다양한 환경적 요인에 노출된다. 태내발달에 영향을 미치는 환경적 요인은 대개 모체의 특성과 직접적인 관계를 갖는다. 어머니의 연령과 건강상태, 감염성 질병뿐 아니라 임신 중의 영양, 어머니의 정서상태 등도 태아발달에 영향을 미치는 주요 요인들이다. 어머니의 영향력과 더불어 아버지의 특성 또한 태아의 발달에 영향을 미친다(Bigner, 2006).

(1) 어머니의 영양

임신 중의 어머니는 평소보다 300~500칼로리의 영양분을 더 섭취해야 한다. 태아는 발달에 필요한 영양분을 모체에 전적으로 의존하기 때문에 임신부는 영양의 양적인 면뿐 아니라 질적인 면도 고려하여 식품을 섭취해야 한다. 예를 들어 임신부는 단백질 식품을 충분히 섭취해야 하고, 특히 엽산의 섭취를 늘려야 한다. 엽산의 영향력에 대한 연구는 최근에 밝혀지기 시작했는데, 엽산의 결핍은 태아의 신경관 손상이나 이분척추증을 야기할 수 있어 그 중요성이 더욱 강조되고 있다(최경숙 · 박영아, 2006).

임신 중에 충분한 영양을 섭취하지 못해 생기는 영양결핍은 태아의 성장에 장기간의 영향을 미치게 된다. 특히 임신 초기인 3개월 이내에 생기는 영양결핍은 태아의 두뇌발달에 영향을 미쳐 이후 청소년기에 반사회적 성격장애가 나타날 가능성을 증가시킨다(Papalia et al., 2007). 임신 중의 체중 증가량은 임신부의 키, 골격구조, 임신 중 영양상태에 따라 다르지만, 일반적으로 11~16kg 정도가 적절하다.

(2) 어머니의 건강

① 어머니의 건강상 문제

평소에 건강상 문제를 가진 어머니는 태아의 발달에 부정적인 영향을 미칠 수 있다. 임신 전부터 당뇨병, 단백질 신진대사 이상인 페닐케톤뇨증, 갑상선 이상 등의 증세를 가진 어머니는 선천성 기형이나 정신지체를 가진 아이를 낳을 확률이 정상인보다 높으며, B형 간염에 걸린 어머니의 자녀 역시 만성 B형 간염 보균자가 될 가능성이 크기 때문에 이에 대한 주의를 기울여야 한다(조성연 외, 2009). 예를 들어 인슐린의존성 당뇨병의 경우, 태아의 신체기관이 형성되는 임신 초기 3개월 동안 혈당수치를 조절한다면 이러한 선천성 기형을 예방할 수 있다. 그러므로 건강상 문제가 있는 여성은 임신 전부터 주기적인 의학적 검진을 받는 것이 바람직하다.

② 감염성 질병

모체의 건강 문제는 임신 전부터 가지고 있던 병에만 국한되는 것은 아니다. 임신 중에 새로 걸릴 수 있는 질병 역시 태아의 발달에 치명적인 영향을 줄 수 있다. 따라서 임신 기간에는 단순한 감기부터 성병까지 모든 종류의 감염성 질환에 걸리지 않도록 주의해야 한다.

일부 감염성 질환들은 임신 중에 감염되면 특히 치명적인 결과를 초래하는데, 대표적인 예로 풍진을 들 수 있다. 임신 초기 11주 이내에 모체가 풍진에 걸리면 심장결함이나 선천성 난청이 있는 아기를 낳게 된다. 그러나 풍진은 임신 전 선별검사와 예방접종으로 충분히 예방할 수 있다. 이 밖에도 결핵균이나 톡소포자충증, 거대세포바이러스 같은 감염성 질환들 역시 태아의 뇌손상과 신체결함 등을 야기할 수 있기 때문에 이들 감염성 질환에 노출되지 않도록 주의를 기울여야 한다. 톡소포자충이라 불리는 감염균은 고양이의 장이나 양과 돼지에 기생하는데, 임신 중에 이것에 감염될 경우 모체에는 심각한 영향을 미치지 않지만 태아에게 뇌손상과 시각장애를 일으킬 수 있으며, 사산이나 유산 같은 태아사망의 원인이 되기도 한다. 톡소포자충에 감염되지 않기 위해서는 생고기 섭취를 삼가고, 생고기를 만진 후에는 손을 깨끗이 씻어야 한다. 특히 고양이를 키우는 집에서는 고양이 배설물을 만지지 않도록 해야 한다(정옥분, 2012).

③ 성병

단순 감염성 질환과 더불어 성적으로 감염되는 질환 역시 모체는 물론 태아에게 치명적인 영향을 미칠 수 있다. 후천성면역결핍증AIDS은 인간면역결핍바이러스HIV에 의해 나타나는 질병으로, 어머니가 HIV를 보유하고 있을 경우 태반을 통해 태아에게 전달될 수 있으며, 출산 후에도 모유수유를 통해 감염될 수 있다. 따라서 HIV에 감염된 어머니에게는 분유수유를 권장하며, 자연출산 과정 중의 감염가능성을 줄이기 위해 제왕절개 분만을 권장한다. 이와 더불어 최근에는 새로 개발된 약물AZT치료를 통해 바이러스가 태아에게 전달되는 비율을 낮출 수 있다. 태아가 HIV에 직접 감염되지 않은 경우에도 AIDS에 걸린 어머니에게서 태어난 아기는 머리가 작고 신경발달이 지체되는 특성을 보인다(Papalia et al., 2006).

성적인 접촉을 통해 감염되는 매독은 태아에게 시각장애나 피부손상과 같은 결함을 야기할 수 있다. 특히 매독균은 임신 초기보다는 중기 이후에 감염될 때 더 치명적인 영향을 미친다. 한편, 생식기 포진에 의한 감염 역시 출산 과정에서 태아에게 영향을 미쳐 시각장애, 뇌손상, 신경계 발달지체, 사망 등을 야기할 수 있다. 생식기 포진은 특별한 치료방법이 없기 때문에 출산 과정 중 발생하는 태아감염을 막기 위해서 제왕절개 분만을 권장한다(최경숙 · 박영아, 2006).

(3) 어머니의 연령

어머니의 연령은 임신가능성 그 자체는 물론 태아의 발달에도 중대한 영향을 미치는 요인이다. 어머니의 연령에 따른 태아발달에서의 문제는 10대 소녀의 임신과 같이 어머니의 연령이 낮은 경우와, 반대로 어머니의 연령이 높은 고령임신의 두 가지 경우에서 나타날 수 있다.

① 10대 임신

10대 소녀의 임신은 임신부의 빈혈, 태아성장제한, 조산, 높은 영아사망률과 관계가 있으며, 임신 기간에도 성매개질환의 발생이 높다(양우열 외, 1998). 10대의 임신은 대부분 계획 없이 이루어지기 때문에 임신 사실에 대한 어머니의 정서에도 부정적인 영향을 미칠 수 있다. 뿐만 아니라 청소년기의 임신으로 10대 소녀는 학업의 중단은 물론 또래들과는 전혀 다른 경험을 하기 때문에 사회적 지지체계로부터 소외

될 수 있다. 특히 이러한 사회관계망의 축소는 임신유지나 출산 이후 자녀양육을 위한 정보습득 시에도 어려움을 야기할 수 있다는 점에서 이차적인 문제를 내포한다.

② 고령 임신

만 35세를 기준으로 하는 고령임신 역시 태아발달에 영향을 미치는 요인이다. 고령임신은 낮은 연령대의 임신보다 임신성 당뇨병이나 임신성 고혈압, 전치태반, 태반조기박리 등의 발생가능성이 더 크다. 또한 태아의 발달에도 직접적인 영향을 미쳐서 고혈압과 당뇨에 의한 조산이나 사산, 다태임신에 의한 태아성장장애, 태아의 염색체 이상 등이 증가한다(이종학, 1987 ; 허혁 외, 2004).

앞서 살펴본 다운증후군의 염색체 이상 역시 어머니의 연령이 높을수록 그 비율이 급격히 증가한다. 실제로 어머니의 연령에 따른 다운증후군 발생빈도를 살펴보면, 어머니의 초산 연령이 29세 이하인 경우 1,000명당 1명꼴로 다운증후군 아기를 출산하는 반면, 35~39세는 220명당 1명, 40~44세는 65명당 1명, 45~49세는 25명당 1명꼴로 그 발생비율이 매우 높아짐을 알 수 있다(Shaffer, 1999). 어머니의 연령과 관련된 또 다른 예로, 태아사망률 역시 40세 이상의 경우 그 비율이 급격히 증가

그림 3-5

모체의 연령별 태아사망률

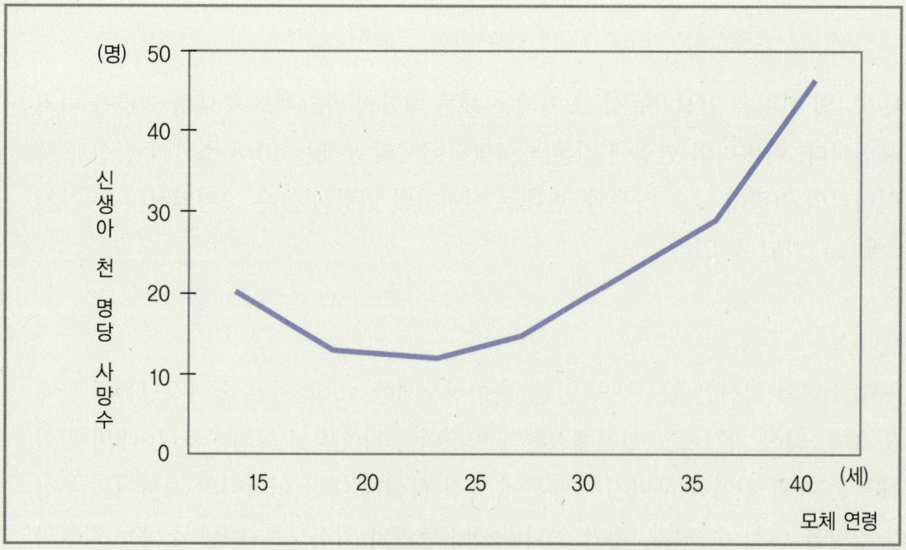

출처 : Shaffer(1999)

한다 그림 3-5. 하지만 최근 들어서는 고령임신의 비율이 증가함에 따라 사전 의학적 검사를 권장하고 있으며, 그 결과 결함 있는 아기의 출생 비율은 감소하고 있는 추세이다(홍성훈, 2002).

(4) 약물과 화학물질

① 의약품

일부 의약품의 경우, 임신부가 섭취하면 태아의 발달에 즉각적인 영향을 미치는 것은 물론 출산 이후의 발달에까지 치명적인 영향을 미칠 수 있다. 대표적인 의약품으로 탈리도마이드 thalidomide라는 신경안정제가 있다. 임신 중 어머니가 탈리도마이드를 복용할 경우 태아에게 심각한 얼굴기형이나 사지기형, 기관결함 등의 현상이 나타난다. 이처럼 태아기형을 유발할 수 있는 의약품에는 특정 항생제, 수면제, 마취제, 항암제뿐 아니라 여드름치료제, 아스피린, 진통제 등과 같이 평상시에 자주 사용하는 약품들도 있다. 아스피린의 다량복용은 태아발달지체는 물론 태아의 운동신경에 문제를 야기할 수 있으며, 심한 경우 신생아 사망으로 이어지기도 한다(Barr et al., 1999). 진통제 중 일반적으로 많이 사용되는 이부프로펜 ibuprofen 역시 임신 후기에 복용하면 출산지연을 일으키고 신생아에게 폐질환과 고혈압 등의 증상이 나타날 수 있다(조성연 외, 2009 ; Papalia et al., 2006). 따라서 임신 중에는 가능한 한 의약품의 복용을 삼가야 하며, 필요시에는 반드시 의사와의 상담을 통해 복용해야 한다.

② 음주

임신 중의 과도한 음주는 태아에게 직간접적으로 영향을 미친다. 음주를 통해 나타날 수 있는 치명적인 기형으로 태아알코올증후군 fetal alcohol syndrome을 들 수 있다. 태아알코올증후군을 가진 아기는 소두증과 얼굴 및 사지결함, 심장기형, 관절이상 등의 신체적 결함은 물론 발작, 정신지체, 과잉행동장애 같은 특성을 보이기도 한다(Shaffer & Kipp, 2010). 또한 출생 후 발달에 있어서도 이들 중 약 90%는 청소년기 및 성인 초기에 적응상에 문제를 보인다는 연구결과도 있다(Asher, 2002 ; Shaffer & Kipp, 2010).

③ 흡연

임신 중의 흡연은 임신부와 태아의 혈액에 니코틴과 탄소산화물을 생성시켜 산소와 영양분이 태반을 통해 태아에게 전달되는 과정에 장애를 일으킨다. 흡연하지 않는 임신부에 비해 흡연모의 태아와 신생아는 사망률이 더 높으며, 조산이나 저체중아를 출산할 가능성도 더 높다(최경숙 · 박영아, 2006). 또한 흡연을 하는 임신부에게서 태어난 아기는 구순구개열 같은 얼굴기형을 나타낼 수 있으며 폐기능 이상, 고혈압 등의 만성질환을 보일 수 있다(Shaffer & Kipp, 2010).

흡연이 출생 이후 발달에 미치는 영향력에 대해서는 그 정도가 명확하게 밝혀지지는 않았으나, 많은 연구에서 그 부정적 영향력이 보고되고 있다. 즉, 흡연하는 임신부에게서 태어난 아기는 아동기에 주의력결핍과잉행동장애 ADHD를 보이고 학업수행능력이 다소 떨어지는 특징을 보였으며, 청소년기에도 외향적 문제행동을 보인다고 한다(Cnattingius, 2004 ; Shaffer & Kipp, 2010).

④ 카페인

임신 중에 소량으로 섭취한 카페인은 태아의 발달에 큰 영향을 미치지는 않는 것으로 알려져 있다(Leviton & Cowan, 2002). 그러나 하루 5잔 이상의 커피를 지속적으로 섭취하는 등 다량의 카페인에 노출되면 자연유산의 위험이 증가하고, 출생 직후 영아돌연사증후군의 가능성이 높아진다(Klebanoff, 1999). 그러므로 임신부는 커피, 차, 초콜릿, 탄산음료 등에 함유된 카페인의 섭취를 조절할 필요가 있다.

⑤ 환각제 등 마약류

임신 중에 마리화나나 코카인 같은 환각제를 복용하는 것은 임신부는 물론 태아에게도 치명적인 영향을 미친다. 코카인의 경우 모체와 태아의 혈관에 작용하여 혈압을 상승시킬 뿐 아니라 태반을 통해 영양분과 산소가 공급되는 것을 차단함으로써 태아가 유산되거나 조산될 수 있다. 또한 코카인에 중독된 임신부에게서 태어나는 아기는 두뇌 및 인지발달 영역에서 출생 후까지도 그 악영향이 장기적으로 나타난다(Shaffer & Kipp, 2010). 뿐만 아니라 이러한 아기들은 성격적으로 까다롭고 덜 민첩한 특성을 보이며, 주 양육자와 안정된 유대감을 맺는 것에서도 어려움을 겪는 등 정서적인 문제를 보여(Scher, Richardson, & Day, 2000), 마약류는 출생 후 아기의 발달적 적응면에서도 큰 위험요인이다.

⑥ 기타 화학물질과 환경호르몬

일상생활에서 쉽게 노출될 수 있는 다양한 화학물질은 일반적으로는 그 영향력이 적을 수 있으나 화학물질이 내포하고 있는 잠재적인 독성 때문에 태아에게 치명적인 영향을 미칠 수 있다. 이러한 화학물질들에는 여성이 자주 사용하는 화장품이나 염색약은 물론 인식하지 못하고 섭취하는 다양한 식품첨가물과 인공감미료 등이 포함된다. 더불어 최근 문제의 심각성이 제기되고 있는 환경호르몬은 태아기형을 야기할 수 있다는 점에서 주의를 기울여야 한다(Timims, 2001). 표 3-4는 일상생활에서 접하게 되는 다양한 종류의 화학물질과 그 영향을 정리한 것이다.

표 3-4/ 태내발달에 영향을 미치는 화학물질 및 환경호르몬

분류	종류	영향	노출원인, 장소
중금속	납	비정상 정자형성, 생리불순, 유산, 사산, 정신지체	납배관, 배터리, 페인트, 도자기, 용광로
	수은	태아의 운동 및 정신 발달장애	온도계 · 거울제조, 염료, 염색, 잉크, 살균 · 살충 · 제초제
용제	벤젠, 클로로포름, 트리클로로에틸렌	선천성결함	드라이클리닝 용제, 기름제거제, 페인트제거제
플라스틱	비닐 클로라이드	임신율 감소, 염색체 이상, 유산, 사산, 선천성 결함	플라스틱 제조공장
오염물질	비페닐	저체중아, 사산	살충 · 살균제, 고무화학제품, 방화제
살충, 살균제	유기인산염	선천성 결함, 유산, 저체중아	농장, 농사, 가정의 살충제
	일산화탄소	저체중아, 사산	배기가스, 난방로, 흡연, 등유난로,
가스	마취용제	임신율 감소, 유산, 선청성 결함	치과, 수술실, 화공업
방사선	방사선 사진, 물질	불임, 선천성 결함	병원, 치과, 전자산업

(5) 혈액 타입의 불일치

혈액 타입 불일치에 의해 태아발달에 이상이 생기는 경우는, Rh^-인자를 가진 여성과 Rh^+인자를 가진 남성이 자녀를 낳을 때 나타난다. 즉 Rh^- 어머니와 Rh^+ 아버지의 자녀는 우성인자인 Rh^+를 가지게 되는데, 대개 첫아기에게는 문제가 나타나지 않는다. 그러나 임신 중에 태아의 Rh^+항원이 태반을 통해 어머니의 혈액 속에 전달되거나 출산과정에서 태아의 혈액과 어머니의 혈액이 섞이게 되면 모체에 항체가 형성된다. 모체에 형성된 항체는 다음번 임신 시 새로 태어나는 아기에게 치명적인 영향을 미친다. 그 결과, 둘째 아기는 심각한 빈혈, 황달, 저체중, 심장결함, 뇌손상 등을 동반한 태아적혈구증식증erythroblastosis fetalis을 일으킬 수 있으며, 심한 경우 유산이나 사산될 수 있다(Bigner, 2006).

이러한 혈액 타입 불일치에 의한 문제는 임신 전 여성의 혈액검사를 통해 Rh^-인자 보유 여부를 먼저 확인함으로써 대비할 수 있다. 또한 임신 후에는 Rh 면역글로불린 주사로 예방할 수 있는데, 접종시기는 임신 28주에서 32주 사이와 분만 후 3일 이내에 이루어져야 한다(조성연 외, 2009).

(6) 정서상태와 스트레스

임신부의 정서적 안정은 건강한 태아발달을 위해 중요하다. 임신 중의 다양한 경험은 임신부의 정서상태에 영향을 미치는데, 이는 호르몬 작용을 통해 태아발달에 영향을 주기 때문이다. 특히 아드레날린 같은 호르몬은 태반벽을 통해 태아의 혈류에 전달되어 태아의 활동성을 증가시킬 뿐 아니라, 자궁으로 유입되는 혈류를 제한하고 산소가 태아에게 공급되는 것을 방해하기 때문에, 임신부는 부정적인 정서적 경험을 줄이도록 노력해야 한다(박성연, 2006 ; 최경숙 · 박영아, 2006).

한편, 임신부가 느끼는 스트레스는 오히려 태아의 활동성을 감소시키고 심장의 불규칙한 운동을 증가시킴으로써 부정적인 영향을 미친다. 임신부의 스트레스는 태아발달뿐 아니라 출생 후까지도 영향을 미치는데, 임신 12~22주에 심한 스트레스를 경험한 임신부의 아기는 아동기에 ADHD나 외향적 문제행동, 불안 등의 문제를 보일 가능성이 있다(van der Bergh & Marcoen, 2004). 따라서 임신 기간에는 스트레스를 적절히 조절하여 정서적 안정감을 유지하는 것이 매우 중요하다.

(7) 아버지와 관련된 영향요인

태내발달에 영향을 주는 환경적 요인은 어머니와 관련된 요인들이 대부분이다. 그러나 아버지와 관련된 요인들 역시 태아의 발달에 영향을 미칠 수 있다. 대표적인 예로, 아버지가 납이나 농약에 자주 노출되거나 마리화나나 담배를 피우거나 또는 알코올을 과량 섭취할 경우, 비정상적이거나 활동성이 낮은 정자를 생산하게 되어 태아의 발달에도 부정적인 영향을 미치게 된다. 납에 대한 노출은 저체중아 출산이나 태아성장 지체 등의 결과를 초래하기도 한다. 아버지의 흡연은 두 가지 경로로 태아에게 영향을 미치는데, 아버지의 직접적인 흡연이 태아의 생식기 이상을 야기할 수 있으며, 동시에 어머니의 간접흡연은 저체중아 출산이나 출생 후 암의 발병률을 높인다(Papalia et al., 2006). 이와 더불어 아버지의 영양섭취 역시 태아에게 영향을 줄 수 있다. 즉 비타민 C의 섭취가 부족할 경우 출생 시 결함을 갖는 아기를 낳을 확률이 높아진다.

아버지의 연령 역시 중요한 영향요인이다. 30대 후반 이후에 자녀를 갖게 되는 경우, 왜소증이나 다운증후군의 아기를 출산할 확률이 높아진다. 이는 나이가 증가함에 따라 남성 세포의 돌연변이가 증가하기 때문이다(Bigner, 2006).

5) 태내발달의 결정적 시기

태내발달에서의 결정적 시기란 태아의 신체기관들이 각각 특정 시기에 환경적인 요인에 의해 더욱 영향을 받는 것을 의미한다. 앞서 살펴본 여러 종류의 환경적 영향 요인들을 테라토겐 teratogen이라 하는데, 이는 발달하는 배아나 태아에게 악영향을 미치는 감염균이나 질병, 약물, 환경적 요인들을 의미한다(Shaffer & Kipp, 2010). 이러한 테라토겐의 영향은 신체적 기형이나 심각한 지체, 시각장애나 뇌손상 등의 출생결함은 물론 유산과 사산을 초래할 수 있다. 그러나 테라토겐이 태내발달 단계 중 어떤 시기에 영향을 미쳤는지에 따라 그 결과의 유형이나 심각성에 차이를 보이기 때문에, 테라토겐에 노출되는 시기는 태내발달에서의 결정적 시기와 직결된다. 다음은 테라토겐이 태내발달에 영향을 미치는 몇 가지 특성을 정리한 것이다(Shaffer & Kipp, 2010).

- 테라토겐의 영향은 태아의 신체기관이 가장 빠르게 형성되는 시기에 가장 치명적인 결과를 초래한다.
- 테라토겐의 영향력은 모든 태아에게서 동일하게 나타나지는 않는다.
- 테라토겐에 대한 취약성은 태아나 모체의 유전적 특성이나 태내환경의 질에 따라 다르다.
- 하나의 테라토겐이 여러 유형의 결함을 야기할 수 있으며, 동시에 여러 개의 테라토겐이 동일한 결함을 야기할 수도 있다.
- 일부 테라토겐은 출생 이후에 그 결과가 나타나기도 한다.

태내발달에서의 결정적 시기를 나타낸 그림 3-6에 의하면, 배아가 가장 빠르게 성장하는 배아기(임신 3~8주) 때 테라토겐의 영향도 치명적인 것을 알 수 있다. 그리고 배아기 내에서도 각 신체기관에 따라 결정적 시기가 더욱 세분화되기도 한다. 예를 들어, 태아의 심장은 임신 3~6주에 테라토겐에 노출될 때 가장 심각한 결함을 보인다. 그러나 외부생식기는 임신 7~9주에 테라토겐의 영향이 크게 나타나며, 중추신경계의 발달은 16주까지도 심각한 영향을 받는다. 따라서 태내발달에 영향을 미치는 환경적 요인들은 임신 기간 전체를 통해 주의를 기울여야 한다.

그림 3-6

임신의 결정적 시기 : 테라토겐의 효과

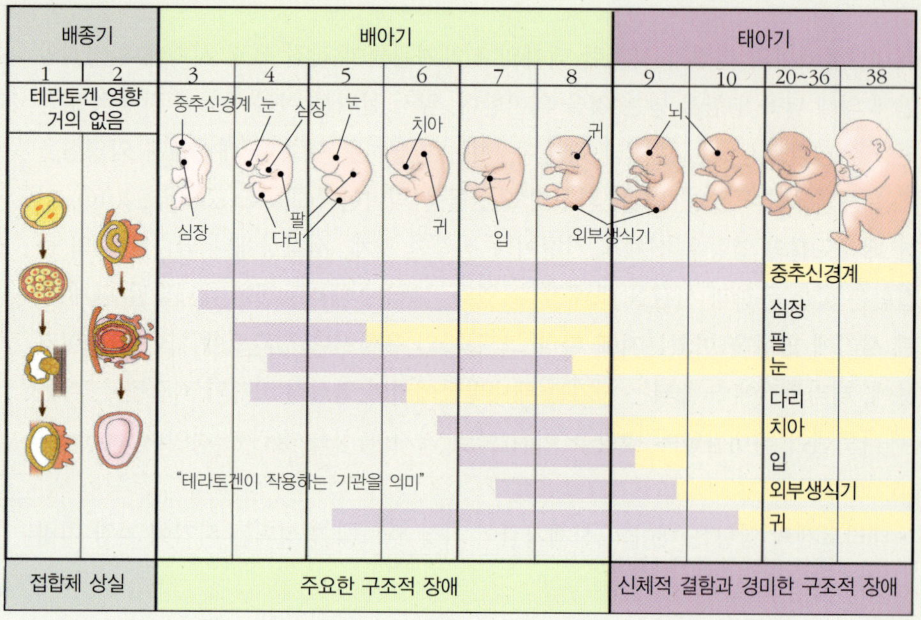

출처 : Moore & Persaud(1993)

6) 태내발달 진단

임신기 동안의 의학적 검사와 관리는 태내발달에 영향을 주는 요인들의 효과를 감소시킬 수 있는 중요한 과정이다. 따라서 지속적인 출산 전 관리가 필요하며, 태내기 진단은 임신 28주까지는 월 1회, 28~38주에는 월 2회, 38주 이후에는 주 1회가 적당하다(Bigner, 2006). 출산 전의 의학적 검사와 관리는 임신부의 체중과 혈압을 확인하는 단순한 검사는 물론, 태아의 비정상적인 발달을 발견하기 위해 실시하는 다양한 종류의 검사를 포함한다. 태내발달의 정상 여부를 판별하는 대표적인 검사에는 초음파검사와 AFT검사, 양수검사, 융모막검사 등이 있다(박성연, 2006 ; Bigner, 2006 ; Shaffer & Kipp, 2010).

(1) 초음파검사

초음파검사는 태내발달 진단법 중 가장 일반적이고 안전한 검사방법이다. 초음파검사는 고주파를 사용하여 자궁 내 태아의 형태를 시각적으로 보여주는 검사방법으로, 임신 14주 이후부터 사용하는 것이 효과적이다. 초음파검사는 태아의 상태를 시각적으로 나타내 주기 때문에 태아의 월령이나 성별은 물론, 다태임신 여부를 가장 쉽게 알 수 있는 방법이다. 또한 태아의 신체적인 기형이나 이상발달을 판단할 때 사용된다. 최근에는 3D 초음파 사진과 동영상이 일반화되어 태아의 움직임을 더욱 자세히 관찰할 수 있다.

그림 3-7
초음파를 통해 본 태아의 모습

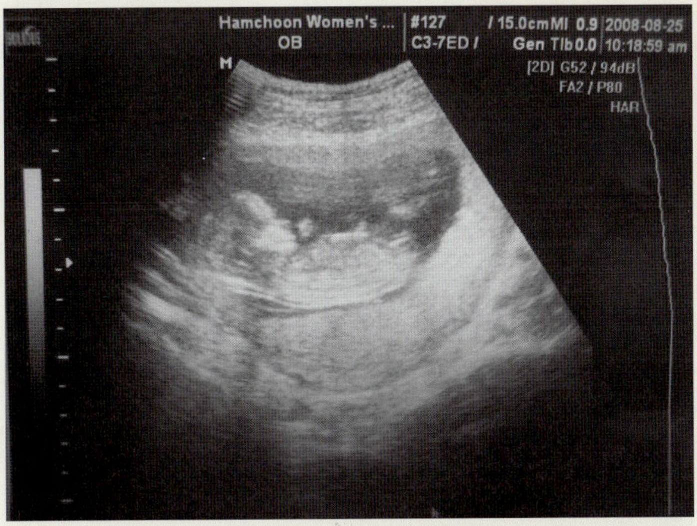

(2) AFT검사

AFT검사는 모체의 혈액 내에 알파태아단백질 Alpha Fetoprotein 성분이 어느 정도 함유되어 있는지를 분석하는 검사방법으로, 임신 16주경에 실시할 수 있다. AFT검사 결과 알파태아단백질의 수준이 높으면 태아의 발달에 척추이분증, 신장질환, 식도의 이상폐쇄, 무뇌증 등의 결함이 있을 가능성이 있다고 판단한다(최경숙 · 박영아, 2006). 그러나 AFT검사는 상대적으로 오진 비율이 높아 다른 검사와 병행하여 사용하는 것이 더 정확한 결과를 얻을 수 있다(Bigner, 2006).

그림 3-8

양수검사의 방법

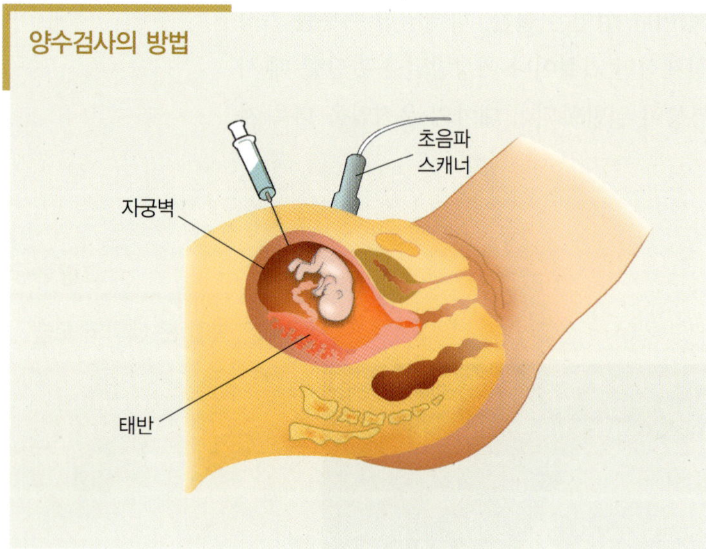

(3) 양수검사

양수검사는 태아를 둘러싸고 있는 양수를 채취하여 분석하는 방법이다. 양수검사는 임신부의 복부에 바늘을 삽입하여 양수를 채취하는 방식으로 이루어지기 때문에, 검사과정 중 초음파를 이용하여 태아의 위치를 파악하는 과정을 거친다. 양수검사는 임신 16주경에 가능하며, 특히 다운증후군 같은 염색체이상이나 근위축증, 당뇨병, 겸상적혈구빈혈증, 혈우병 등과 같은 유전적 질환의 조기발견이 가능하다.

그림 3-9

융모막검사의 방법

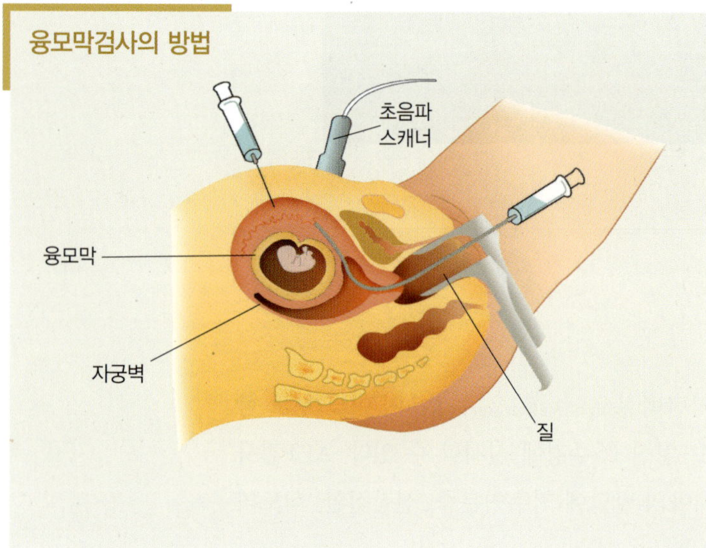

(4) 융모막검사

융모막검사는 태반이 발달하기 전에 형성되는 융모돌기를 착상 후 초기 배아조직에서 추출하여 검사하는 방법으로, 임신 9~11주에 실시할 수 있기 때문에 양수검사보다 태아발달의 문제점을 더 빨리 진단할 수 있다. 융모조직의 채취는 임신부의 질을 통해 작은 관을 삽입하거나 또는 복부에 바늘을 삽입하여 이루어진다. 융모막검사는 태아의 염색체 이상이나 유전적 질환을 조기 발견하는 데에 도움이 되지만, 양수검사에 비해 유산의 가능성이 높고 사지기형을 유발할 위험이 있어 제한적으로 권장되고 있다(Berk, 2007).

3 출산

출산은 성숙한 태아가 분만의 단계를 거쳐 바깥세상으로 나오는 과정이다. 출산의 과정은 분만 시 임신부가 느끼는 진통과 밀접한 관계가 있는데, 진통은 자궁수축을 통해 태아가 나오는 과정을 돕는다. 현대의학은 이러한 진통의 기제를 크게 두 가지 가설로 설명한다. 즉 출산이 가까워지면 태아로부터 전달된 신호가 이완상태에 있던 자궁을 긴장시켜 진통이 일어난다는 가설이 있으며, 다른 견해에서는 자궁수축물질의 영향으로 진통이 일어난다고 설명하기도 한다(대한산부인과학회, 2015).

1) 분만 단계

분만의 과정은 분만진통을 위한 휴지기(제0기), 분만준비기(제1기), 분만진통기(제2기), 그리고 산욕기(제3기)의 네 단계로 나눌 수 있다. 그중 분만진통기는 다시 세 단계로 나눈다(대한산부인과학회, 2015).

(1) 휴지기

휴지기는 전체 임신 기간의 95%에 해당한다. 이 휴지기의 자궁은 임신 지속을 위해 자궁근육에 수축성이 없고 자극에 대해 반응하지 않는 상태를 유지한다. 임신 후반기에 자궁의 상태가 출산을 위한 준비상태로 변화하면서 자궁이 이러한 무반응의 상태에서 깨어나게 되는데, 이것이 바로 진통의 시작을 의미한다.

(2) 분만준비기

분만준비기는 분만진통을 위해 자궁이 무반응의 상태에서 깨어나는 시기이다. 이 시기는 임신 마지막 6~8주로 자궁에 여러 변화가 오는데, 자궁경부는 강한 수축력이 있는 상태로 변화하고 자궁근육도 빈번한 수축을 통해 분만을 준비한다.

분만준비기의 마지막 2~3주에는 출산이 가까워졌음을 알리는 여러 신호가 나타난다. 예를 들어 질의 분비물이 증가하고, 태아의 하강에 따라 소변횟수가 증가하고, 태아의 움직임이 적어지는 등의 현상이 나타날 수 있다. 또한 분만준비기의 끝에는 분만의 시작을 알리는 증상이 나타날 수 있다. 대표적인 분만시작 신호로 진통을 들 수 있으며, 이와 함께 질 분비물에 소량의 피가 섞인 이슬이 나오거나, 양막이 터져 양수가 흐르는 경우도 있다.

(3) 분만진통기

분만진통기는 실제 출산이 이루어지는 시기로, 분만의 진행 정도에 따라 다시 3단계로 구분할 수 있다. 제1기는 태아의 만출을 위해 자궁경부가 열리는 개구기이며, 제2기는 자궁경부가 10cm가량 열린 후부터 태아가 분만되기까지의 시기를 의미하는 만출기이다. 제3기는 태반과 태아막이 배출되는 시기인 후산기이다.

① 개구기

개구기는 자궁경부가 열리기 시작하는 단계로, 자궁의 수축이 15~20분 간격으로 일어나며 약 1분가량 지속된다. 자궁의 수축은 자궁경부를 확장하게 하여 아기의 머리가 통과할 수 있도록 기능한다. 개구기는 초산의 경우 대개 12시간 이상이 소요되고, 경산의 경우는 3~8시간 소요된다. 이 단계가 진행되면서 자궁수축 간격은 점차 짧아지고 처음 15~20분 간격이던 진통이 2~3분 간격으로 줄어들며, 개구기가 끝날 무렵 자궁경부는 약 10cm가량 열리게 된다.

② 만출기

두 번째 단계인 만출기는 아기의 머리가 자궁경부와 산도를 통해 나오기 시작해서 아기의 몸이 완전히 밖으로 나올 때까지의 기간을 말한다. 만출기는 초산인 경우 약 1시간~1시간 30분, 경산인 경우 약 30분~1시간이 소요된다. 이 단계의 자궁수축은 매분마다 이루어지는데, 만약 만출기가 2시간 이상 지속될 경우에는 태아의 머리를 기계로 흡입하여 출산을 돕는 인공적인 조치가 필요하다.

③ 후산기

분만진통기의 마지막 단계인 후산기는 신생아 출산 이후, 산모의 몸속에 남아 있던 태반과 탯줄, 그 밖의 막 조직들이 분리되어 나오는 시기이다. 이 단계는 약 5~30분 정도 소요된다.

그림 3-10

분만진통기의 세 단계

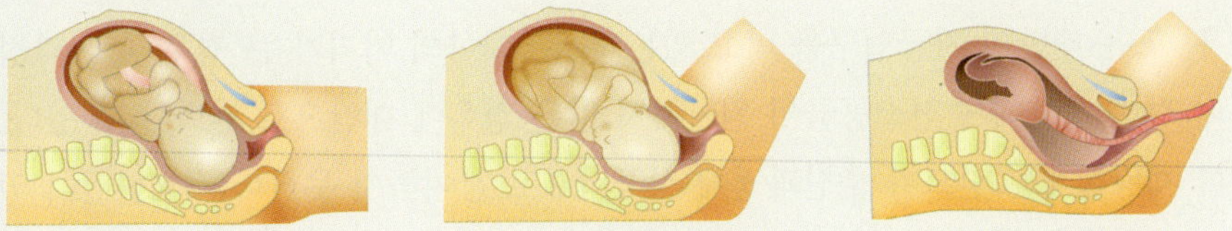

(4) 산욕기

산욕기는 태아가 자궁 밖으로 나온 후부터 다시 임신이 가능해질 때까지의 기간이다. 이 시기에는 임신과 출산으로 변화되었던 자궁이 서서히 이전의 상태를 회복한다.

2) 분만 유형

출산의 과정 중 개구기와 만출기 동안에 발생하는 자궁수축에 의해 태아가 산모의 질을 통해 출산되는 분만유형을 자연분만(질분만)이라 한다. 그러나 자연분만 외에도 다양한 의학적인 도움을 통한 분만 방법이 있다. 대개 분만유형의 선택은 산모와 태아의 건강과 안전을 기준으로 한다. 이와 함께 최근에는 태아의 인권이나 출산에서의 가족역할 같은 사회심리적 가치를 기준으로 분만유형을 선택하기도 한다. 최근 많이 선택되고 있는 분만의 대안적 방법들은 다음과 같다.

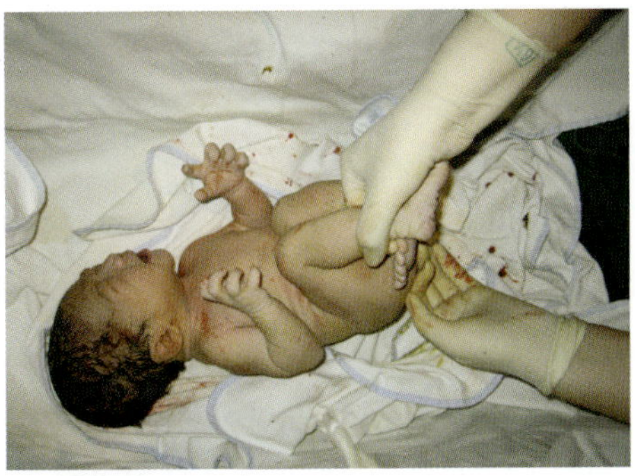

자연분만 직후의 신생아

(1) 제왕절개

고대 로마의 황제인 줄리어스 시저가 태어난 방법이라는 데에서 이름 붙여진 제왕절개는 산모의 복부를 절개하여 태아를 꺼내는 의학적인 분만방법이다(Bigner, 2008). 제왕절개는 일반적으로 산모의 질을 통해 출산하는 것이 산모와 태아의 안전상 위험하다고 판단될 때 사용한다. 즉, Rh 혈액타입 불일치와 같이 산도를 통해 출산하는 것이 태아에게 문제를 야기하는 경우나, 태아의 위치가 거꾸로 되어 있는 경우, 또는 태반이 자궁입구를 막고 있는 경우, 태아의 머리가 큰 경우, 출산과정이 오래 걸려 태아에게 산소공급이 원활하지 않은 경우에 대안으로 선택할 수 있다. 그러나 제왕절개는 산모가 출산과정에 적극적으로 참여하지 못한다는 제한점이 있으며, 의학적 수술인 탓에 감염 같은 더 큰 위험이 따르고 회복기간도 오래 걸린다는 단점이 있다(조복희, 2007).

2012년도에 우리나라에서 시행된 제왕절개 분만율은 36.9%로 임신부 3명 중 1명이 제왕절개로 자녀를 출산한 것으로 나타났다(건강보험심사평가원, 2013). 우리나라의 제왕절개 분만율은 OECD 국가 중 최고이며, 네덜란드(12%)와 스웨덴(15%)은 물론 미국(29%) 등 다른 선진국들보다 상당히 높은 것으로 분석된다. 뿐만 아니라 세계보건기구WHO의 권장 분만율인 5~15%와 비교할 때 그 수치가 심각한 수준이다.

우리나라에서 제왕절개 분만율이 높은 이유에 대해 몇 가지 가능한 해석이 있다. 먼저, 의료기관의 방어진료로 인한 제왕절개 분만 남용을 들 수 있다. 이와 함께 제왕절개 분만율의 증가는 산모의 고령화에 따른 결과로도 해석할 수 있다. 실제로 35세 이상 고령산모 비율은 매년 증가하여 2001년 전체 산모의 8.4%를 차지하던 비율이 2012년에는 21.6%로 2.57배나 증가한 것으로 조사되었다. 이 밖에도 과거에 비해 임신부의 영양상태가 좋아짐에 따라 과체중아가 증가한 것도 제왕절개 분만이 증가하는 또 하나의 원인이라 할 수 있다.

(2) 무통분만

약물을 이용하여 출산과정 중 산모가 느끼는 고통을 완화하는 분만 방법으로 무통분만이 있다. 무통분만은 대개 국소마취제를 사용하여 산모의 자궁과 골반, 그리고 질 부분의 감각을 차단하는 방식으로 산모의 고통을 최소화한다.

많은 경우 산모들은 국소마취를 통해 고통이 완화되길 원한다. 하지만 무통분만에 사용하는 마취제가 태아에게 어떠한 영향을 미치는지에 대해서는 완전하게 밝혀지지 않았기 때문에, 무통분만의 선택 여부는 신중하게 고려하여야 한다. 비록 적은 양의 약물사용은 태아에게 거의 영향을 미치지 않는 것으로 보고되지만(Field, 1997), 일부 연구는 분만 동안 사용된 약물이 앉기, 걷기, 말하기 등 영아발달에서의 지체와 같은 장기 효과를 나타낸다고 주장하기도 한다(Studd, 2004 ; Bigner, 2006).

(3) 르봐이예 분만법

르봐이예 분만법은 국내에서는 폭력 없는 분만 혹은 인권분만으로 불리는 분만법으로, 기존의 전통적인 분만과는 달리 의사 중심이 아닌 태아 중심의 분만법이다(조복희, 2007). 프랑스의 산부인과 의사인 르봐이예Frederik Leboyer에 의해 처음 시작된 이 방법은 태아가 출산과 동시에 받게 되는 충격과 스트레스를 최소화하여 바깥세상에 잘 적응할 수 있도록 돕는 것을 주요 목표로 한다.

따라서 출산과정 중 태아가 경험하는 충격을 가장 최소화할 수 있는 분만환경을 조성하는 것이 르봐이예 분만법의 출발점이다. 즉, 자궁 내 환경과 유사하게 조명이 어두운 분만실 환경을 조성함으로써 태아의 시력을 보호하고 태아의 스트레스나 공포감을 가급적 줄여준다. 또한 분만실 내 소음을 줄이고 평소에 산모가 듣던 조용한 음악을 틀어 산모와 태아가 모두 정서적인 안정감을 느끼게 한다. 출생 직후에는 어머니의 체온을 느끼며 심장소리를 듣게 할 뿐 아니라, 인위적인 자극으로 호흡을 유도하기보다는 태아 스스로 폐호흡에 익숙해질 수 있는 시간을 준 후 탯줄을 자르는 것도 르봐이예 분만법에서 소개하는 한 방식이다. 또, 탯줄을 자른 후에는 태아를 다시 양수와 동일한 온도의 물에 담가 바깥 공기와의 접촉에 대한 정서적 불안감을 줄여주기도 한다.

(4) 라마즈 분만법

라마즈 분만법은 Pavlov의 고전적 조건화 개념에 기초하여 러시아에서 고안한 방법을 프랑스 의사인 라마즈Fernand Lamaze가 서구사회에 소개하면서 알려지기 시작하였다. 라마즈 분만법은 약물을 사용하지 않는 무통분만의 한 유형으로 볼 수 있는데, 출산을 준비하는 단계에서부터 산모에게 호흡법과 이완법, 연상법을 훈련시켜 분만 시 고통을 최소화하는 방식이다. 즉 분만과정에서 경험하는 부정적 자극인 진통에 대해 호흡을 조절하는 이완법과 정적이며 편안하고 기분 좋은 사건과 상황을 상상하도록 하는 연상법을 통해 긍정적으로 조건화된 반응을 유도하는 정신예방적 분만법이다. 이러한 훈련은 출산 전 준비과정과 분만과정 모두에서 산모와 배우자의 적극적인 참여를 강조하는데, 특히 배우자로부터의 지지를 경험하게 하고 분만에 대한 두려움을 감소시킨다는 점에서 효과적이다(Vontver, 2003). 또한 산모들도 적은 합병증과 빠른 회복률을 보이는 등 긍정적인 효과가 있는 것으로 알려져 있다(Bigner, 2006).

4 임신과 출산의 의미

1) 아기의 관점에서

임신은 태어나는 아기의 관점에서 볼 때 생의 시작을 의미한다. 정자와 난자의 결합에 의해 수정란이 형성되고 이 수정란이 자궁내막에 착상하는 임신의 과정이 생물학적인 측면에서 생의 시작이라면, 어머니의 태내에서 10달을 성장한 후 모체 밖으로 나오는 출산의 순간은 사회적인 생의 시작점이라 할 수 있다. 따라서 임신과 출산, 이 두 사건은 모두 태아에게는 생의 시작점이라는 공통점을 갖는다.

태내기는 아기에게 생물학적으로 완전하고 정상적인 인간이 되는 결정적 시기이다. 부모의 유전적 특성과 태내환경의 여러 요소의 영향에 따라 이 기간 중 태아는 선천적인 출생결함은 물론 사망에까지 이를 수 있기 때문에, 임신과 출산 사이의 태내발달 기간은 아기의 이후 생에 대한 결정적 시기의 의미를 갖는다.

2) 부모의 관점에서

임신과 출산의 또 다른 당사자인 성인의 관점에서 임신과 출산의 의미는 심리적인 의미와 현실적인 의미, 두 가지로 살펴볼 수 있다. 먼저 심리적인 면에서 임신과 출산은 자신의 생산성을 확인할 수 있는 중요한 사건이다. Erikson(1980)은 인간의 발달단계 중 30~40대에 해당하는 성인기의 주요 발달과업으로 생산성 대 침체기를 제시하였다. 그리고 이러한 생산성 획득의 보편적인 예로 자녀출산을 설명하였다.

현실적인 면에서, 임신과 출산은 이전의 다양한 역할에 더하여 부모라는 새로운 역할이 부여되는 사건의 의미를 갖는다. 인간은 전 생애 발달 과정 중 다양한 사람과 관계를 맺고 상호작용하며 시간과 장소에 따라 여러 역할을 수행한다. 이 중 부모역할은 몇 가지 측면에서 다른 역할들과 차이를 보인다. 즉, 부모역할은 단기간에 이루어지며 그 역할범위가 뚜렷하지 않을 뿐 아니라 자발적으로 그만둘 수 없다는 점에서 다른 사회적 역할들과 구별된다. 더욱이 부모는 자녀에 대한 최종적인 책임을 져야 한다는 점에서 그 역할에 대한 부담과 책임이 매우 크다고 하겠다(박성연 외, 2003). 임신과 출산에 대한 개인의 결정권이 확대된 현대사회에서 출산율 감소현상이 두드러지게 나타나는 것은 이러한 부모역할의 어려움과 관계가 있다. 따라서 임신 기간에 부모로의 전환을 준비함으로써 그러한 부담을 줄여야 한다. 그 일환으로 최근에는 임신부를 위한 다양한 형태의 부모교육이 이루어지기도 한다.

한편, 출산은 실제로 부모역할이 시작되는 시점을 의미한다. 출산이라는 사건은 막연했던 부모 준비기에서 벗어나 현실에서의 전혀 새로운 가족생활을 시작하게끔 한다. 가족생활주기를 연구하는 많은 가족학자가 첫 자녀의 출산을 가족생활주기 변화의 주요한 기준으로 삼는 것은 자녀의 존재로 말미암아 변화되는 생활패턴 및 가족생활가치 때문이다(Robert, 2011).

3) 사회의 관점에서

인간발달의 측면에서 생의 시작은 수정의 순간부터라고 할 수 있다. 그러나 사회적인 존재로서의 시작은 하나의 생명체가 세상에 나오는 시점인 출산과 함께 시작된다. 국가와 사회의 관점에서 출산은 세대확장 및 계승을 의미하며, 이는 단순히 노동력의 재생산뿐 아니라 국가 및 사회의 존속이라는 기본적이면서도 가장 중요한 의미를 가진다.

최근 우리 사회에서 저출산 현상이 심각한 사회문제로 인식되고 있는 이유가 바로 이 때문이다. 즉 출산율의 저하는 지속적인 인구의 감소를 야기하며, 이는 인구의 구성비율 중 젊은 세대의 감소에 의한 고령화사회로의 변화를 의미한다. 심각한 저출산의 결과는 국가경쟁력 상실은 물론 더 나아가 국가 자체의 존폐 위기와 직결될 수 있다. 실제로 우리나라의 출산현황을 살펴보면, 15~49세의 가임여성 1명당 평균출생아 수를 나타내는 합계출산율이 1960년도에 6명이었던 데에 비해, 1990년에는 1.59명으로 급감하였고, 2000년에는 1.47명, 2014년에는 1.21명으로 여전히 세계 최저 수준을 보이고 있다 그림 3-11 . 이러한 심각한 저출산 현상은 2015년부터 인구수의 감소라는 현실적인 문제로 확대될 것이다. 이에 국가적인 차원에서 임신과 출산을 적극적으로 지원하고 개인의 인식을 긍정적으로 변화시키는 노력이 행해지고 있다.

그림 3-11

연도별 합계출산율(여자 1명당 출생아 수) 추이

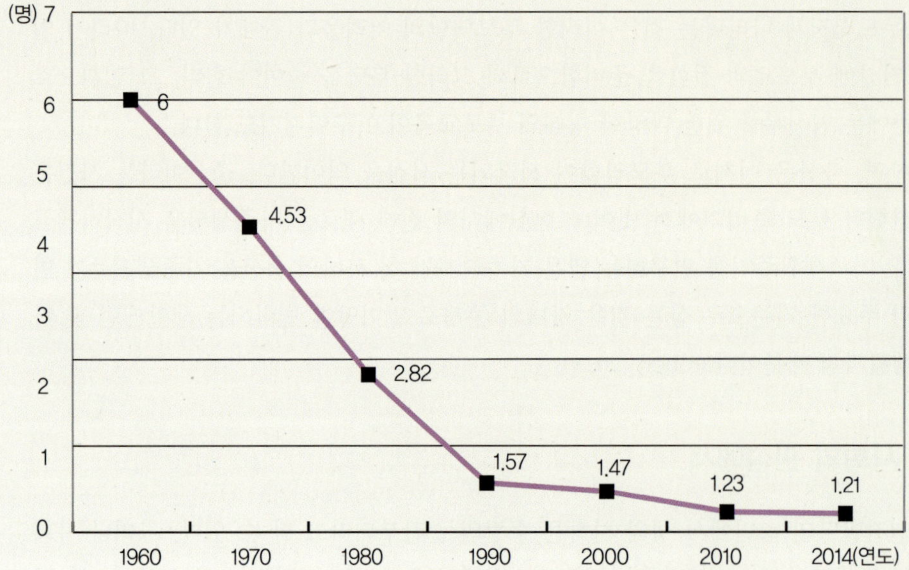

DISCUSSION POINTS

토의요점

01 | 출산 전에 초음파진단, 양수검사, 융모막검사 등을 통해 태아의 이상 여부는 물론 태아의 성별을 확인하는 것이 인공중절수술에 의한 낙태를 증가시킨다고 생각합니까? 만약 그렇다면 이러한 산전 진단을 어디까지 허용해야 한다고 생각하는지 논의해 봅시다.

02 | 테라토겐의 영향에 대한 연구는 임신 기간의 신체적 · 심리적 태교의 중요성을 강조합니다. 임신부에게 권장할 수 있는 심리적 · 정서적 태교에는 어떠한 것들이 있는지 예를 들어봅시다. 또한 아버지가 함께 참여할 수 있는 태교에는 어떠한 것들이 있는지 생각해 봅시다.

03 | 다양한 분만법의 종류를 정리해 보고 각 분만법의 장단점을 중심으로 산모의 입장에서, 그리고 태어나는 아동의 입장에서 가장 권장할 수 있는 분만법이 무엇인지 논의해 봅시다.

Chapter

4

영아기와 걸음마기

01 신체발달

02 인지발달

03 정서사회 발달

04 영아기, 걸음마기 발달과 가족

생후 1년 내지 1년 반 정도의 기간 또는 만 2세까지를 영아기라고 한다. 이 시기는 신체적 · 정서적 보살핌이 매우 중요한 시기로서, 이 시기의 발달은 이후 발달에 매우 중요한 영향을 미친다. 한편 영아기 이후부터 유아기 직전까지인 생후 18~36개월을 걸음마기로 구분하는데, 걸음마기 아동은 보다 활동적으로 주변 환경을 탐색하기 시작한다. 특히 현저한 언어발달은 걸음마기의 발달특성으로, 아동은 의사소통의 기본인 언어를 사용할 수 있고, 보다 독립적으로 활동하고 고집 센 행동을 자주 보이는데, 이 때문에 '미운 네 살'이라고도 한다.

Chapter

4 영아기와 걸음마기

신체발달 1

1) 신체적 특징

생후 첫 1년 동안, 평균적으로 영아의 신장은 출생 시의 50% 정도인 25cm 이상 자라고, 체중은 출생 시의 3배를 넘어 10kg 정도가 된다. 골격도 좀 더 단단해지고, 근육의 힘도 강해진다. 출생 시 신장은 대략 50cm인데, 2세에 약 87.5cm 정도로 성장하여 성인 평균 신장의 절반 정도 크기가 된다. 신체 비율도 변화하여, 만 1세까지

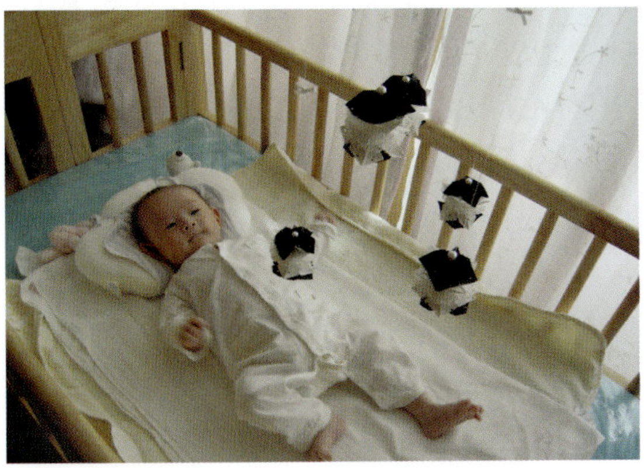

영아기 아기

걸음마기 아동

는 머리가 몸에 비해 상대적으로 여전히 크지만 몸통이 가장 빠르게 성장하고, 만 2세부터는 팔과 다리가 빠르게 성장한다. 갓 태어난 신생아는 머리가 전체 신장의 25% 크기로 머리가 상당히 커 보이지만, 만 2세경에는 신장의 20% 정도가 되고 이후 성인이 될 때까지 머리가 차지하는 비율이 점차 줄어든다.

2) 운동기술

영아의 머리 들기

영아의 운동기술은 근육과 신경조직 그리고 골격의 성숙에 기초하여 발달하게 되는데, 이러한 기술은 태내기의 신체적 성장 모습과 비슷한 순서로 발달한다. 먼저, 운동능력은 머리로부터 발끝을 향해 발달하여, 정밀한 운동기술은 처음에 빨기와 눈의 움직임에서 나타나고, 그 이후 걷기에서 나타난다. 또한 운동기술은 몸의 중앙으로부터 바깥 부분으로 발달하여 머리를 움직이고 나서 팔을 움직이고, 그 다음 손을 움직이게 된다. 이러한 발달 양상은 운동기능을 관장하는 피질, 운동을 통제하고 습관적인 동작 프로그램을 저장하는 신경, 운동신경을 자극하는 두뇌 영역이 성숙하는 속도에 따라 달라진다. 15개월이라는 짧은 기간에 아기는 혼자 이동하지 못하는 상태에서 스스로 이동하여 환경을 탐색할 수 있는 상태로 발달한다.

걸음마기 아동은 의도적으로 적절하게 움직이는 능력인 운동조절이 가능해진다. 운동조절은 영아가 의식적으로 특정 신체부분을 사용하기 시작하면서, 생후 첫 3년 동안 급속도로 지속적인 발달을 한다. 인간의 운동능력 중 가장 독특한 두 가지는 엄지손가락과 다른 손가락으로 원을 만들 수 있는 것과, 두 다리로 걸을 수 있는 능력이다. 두 가지 능력 중 어느 것도 태어나면서부터 있는 것은 아니며, 둘 다 점진적으로 발달하는 것이다. 예를 들어, 영아는 먼저 손 전체를 사용하여 물건을 쥐다가, 다음에는 엄지손가락과 집게손가락으로 작은 물건을 집을 수 있을 정도로 매우 섬세한 잡기 움직임이 가능해진다. 팔, 다리, 발 각각의 동작에 대한 통제력을 얻고 나서, 이러한 동작들을 통합하여 걸을 수 있는 준비를 한다. 이와 같은 과정을 거쳐, 걸음마기 아동의 손 통제는 점점 정교해져, 33개월경이 되면 평균적인 아동은 원을 제법 잘 그릴 수 있다. 또한 생후 2년이 되면, 아동은 한 번에 하나씩 계단을 오르기 시작한다. 처음에는 한 계단에 한 발을 놓고 다른 한 발을 올려놓은 후, 다음 계단으로 올라간다. 나중에는 발을 교대로 하여 올라갈 수 있고, 내려오는 것은 더 나중에 할 수 있게 된다. 생후 2년 아동은 달리거나 껑충껑충 뛸 수 있기 때문에 부모는 아동을 따라다니느라 지친다. 3세경 대부분의 아동은 한 발로 잠시 몸의 균형을 이룰 수 있고, 어떤 아동은 깡충깡충 한 발로 뛸 수도 있다(도현심 외, 2005).

걸음마기 아동은 손목조절 능력이 발달하여 숟가락 사용을 잘할 수 있다.

인지발달 2

1) 영아기 인지발달 특징

인지란 생각하고 추리하며 문제에 대한 해결을 모색하는 과정으로, 사고와 지능의 발달을 의미한다. Piaget는 출생부터 약 2세까지 영아는 감각적 경험과 운동활동의 관계를 학습함으로써 사물을 이해한다고 주장하였다. 영아는 처음에는 선천적으로 타고난 반사행동으로 환경에 적응하나 점차 자기주도적이고 목표지향적인 행동으로 발달해 간다.

Piaget는 이 첫 번째 시기를 감각운동단계라고 명명하였고, 인지발달은 단지 새로운 사실에 대한 수동적 습득의 결과가 아니라 아동이 세상을 이해하기 위한 체계를 적극적으로 구성함에 따라 진전되는 것으로 설명하였다(Piaget, 1952). 어느 특정 단계에 놓여 있는 아동은 현재 자신이 가지고 있는 인지적 구조에 국한하여 사물이나 현상을 이해하며, 여러 단계를 통과하면서 아동의 인지적 구조는 점차 발달한다. 영아가 자신의 인지발달에 적극적으로 참여한다는 것은 운동적 활동과 정신적 활동 둘

다를 포함하는 것이다. 영아는 어떤 일이 일어날 때까지 기다리지 않고, 자신이 할 수 있는 어떤 방법으로든 주변의 물건들에 대해 행동을 한 후(예: 물건을 잡고 만지고 입속에 넣어보는 행동들) 그 결과를 지각한다. 이때 영아는 세상에 대한 이해를 정신적으로 구성하게 된다. 이러한 과정을 완수하기 위해 영아는 정보를 단순히 흡수하지 않고, 세상을 움직이는 데 초보적 수준이나마 적극적으로 참여한다.

영아의 발달적 변화를 이해하기 위해서는 적응 adaptation과 평형 equilibration이라는 두 가지 개념을 알아야 한다. 적응은 한 개인이 어떤 상황에서 보다 효율적으로 기능하기 위해 변화하는 과정을 의미한다. 즉, 적응은 보다 효율적으로 기능하기 위해 개인이 이미 가지고 있는 능력을 변형하는 것이다. 평형은 유기체와 외부환경 간, 또는 유기체 내에서 경험하는 인지적인 요소들 간에 균형상태를 애써 유지하려는 성향을 말한다. 이러한 평형원리로 말미암아, 인지적인 불균형을 경험하는 아동은 균형상태를 유지하기 위해 새로운 인지적 요소 또는 정보를 기존의 인지구조에 동화하는 대신, 새로운 정보에 맞추어 기존 인지구조를 바꾸는 조정을 하게 된다.

적응이 어떻게 작용하는지 알기 위해서는 동화 assimilation와 조절 accommodation이라는 두 가지 하위 개념을 이해해야 한다. 동화는 기존의 능력을 다양한 상황에 적용하는 과정이다. 예를 들어, 태어난 직후 아동은 타고난 자동적 반응인 빨기 반사를 적용하여 젖꼭지를 빨게 된다. 시간이 흘러 손가락, 손, 장난감 등과 같은 다양한 물체가 곁에 있을 때, 아동은 자신의 빨기 전략을 변형시켜 여러 크기와 모양에 맞추는 것을 알게 된다. 조절은 아동이 세상을 계속해서 성공적으로 다루기 위해 이러한 변형을 하는 과정이다. 조절을 통해, 아동은 점차 자신의 유전적으로 주어진 빨기 반사를 여러 물체의 크기와 모양에 따라 세련된 빨기 양식으로 적절하게 변형시킨다.

위의 예를 통해 알 수 있듯이, 적응은 동화와 조절이 연합된 산물이며, 동화와 조절은 항상 함께 일어난다. 생후 첫 2년 동안, 동화와 조절을 통해 아동은 유전적으로 주어진 능력을 다양한 감각 기술과 운동 기술로 변형함으로써 다양한 상황에 적응할 수 있다. 이러한 기술은 실제로 감각 및 운동 정보를 조절하기 위한 인지적 구조들이다. Piaget는 다양한 상황에 적용될 수 있는 이러한 인지구조를 도식 schemes이라고 명명했다. 영아의 인지구조에는 빨기 도식, 파악 도식, 바라보기 도식 등이 포함된다. 한편 영아는 환경과 상호작용하면서 기본적인 사고과정을 발달시키는데, 영아의 사고과정에 대한 이해를 위해서는 지향행동과 습관화, 주의집중, 대상영속성, 상징사용, 감각운동적 지능 및 기억능력에 대해 살펴볼 필요가 있다.

■ 지향행동과 습관화

지향행동 orienting behavior은 갑자기 주어진 자극이 있는 쪽으로 향하는 행동을 말한다(김경희, 2003). 예를 들어, 갑자기 믹서를 돌리는 소리가 크게 나면 그 소리가 나는 방향으로 고개를 돌려서 보는 행동을 하는 것이 지향반응이다. 그러나 이 새로운 자극이 계속 반복되어 익숙해지면 지향행동은 점차 줄어들다가 사라지게 되는데, 이것을 습관화 habituation라고 한다.

■ 대상영속성의 개념

대상영속성 object permanence은 Piaget가 말한 감각운동기에서 이루어지는 중요한 발달과업이다. 대상영속성은 눈앞에 보이던 사물이 어떤 것에 가려져서 보이지 않더라도 그 사물이 사라지지 않고 지속적으로 존재하고 있다는 것을 인식하는 것으로, 12개월까지는 이 개념이 없다가 이후 점차 발달한다(Piaget, 1962). 예를 들어, 4개월 이전 영아는 눈에 보이지 않는 것은 찾지 않는데, 8개월 정도가 되면 없어진 놀잇감에 대해 찾으려고 하지만 물건이 완전히 사라지면 더 이상 찾으려고 하지 않는다. 12개월 된 영아는 완전히 감추어진 물건도 찾아낼 수 있지만, 위치의 이동은 이해하지 못하다가 24개월 정도가 되면 물체를 보이지 않게 이동해도 그 위치이동을 이해할 수 있다.

■ 상징 사용

걸음마기인 18개월 정도 되면 대부분의 아동은 말을 하거나 몸짓으로 자신의 생각을 표현할 수 있다. 즉 상징사용이 가능하다. 예를 들면, 우유를 마시고 싶을 때는 우유병을 들고 먹는 모양을 보이거나, 너무 신 음식은 싫어한다는 듯 찡그린 표정이나 고개를 젓는 행동을 하는 것은 상징을 사용하고 있음을 보여준다.

■ 감각운동적 지능

영아의 지능은 영아를 둘러싼 주변환경과의 상호작용을 통해 발달한다. 생의 초기 단계에서는 반사행동을 통해 환경을 알아가고, 이 과정에서 경험이 반복되면서 다양한 반사행동을 통합하여 의도적으로 세상을 알기 위한 행동을 한다. 12개월경에는 새로운 물건을 보면 입에 넣고 만져보는 도구적인 행동으로 탐색하면서 세상을 알아간다.

■ 기억

영아기에는 전에 보았던 것을 다시 보고 알아채는 재인기억이 발달한다. 제한적이기는 하지만 기억으로부터 정보를 산출해 내는 회상능력은 유아기에 나타난다. 친숙하고 반복적인 사건에 대한 일반적인 기억인 일상적 기억은 2세경에 시작되며, 특별한 인상적인 상황에 대해 상세한 시간과 장소를 기억하는 상황적 기억은 유아기에 지속되는 형태로 나타난다. 상황적 기억의 한 부분인 자전적 기억은 자기 생애 역사에 특별한 의미를 지닌 기억으로, 3세 이전에는 자전적 기억이 드물며 4세경부터 시작하여 5~8세 사이에 증가하기 시작하며 수십 년간 지속된다. 특히 자전적 기억은 자신이 직접 참여한 경우, 그리고 부모가 어떠한 장면에서 그 경험에 대해 설명해 주었을 때 더 잘 기억된다(박성연, 2006).

2) 걸음마기 인지발달 특징

걸음마기는 사물에 대한 집중도가 더 높아지고 이전보다 더 다양한 방법으로 문제를 해결할 만큼 인지발달이 성장해 있다. 이 시기의 아동은 이야기를 기억하여 말할 수 있고 끊임없이 '왜' 라는 질문을 통해 정보를 알아간다. 언어는 사고, 기억, 추리, 문제해결 등 인간의 고등정신능력에 영향을 주는 중요한 요인이고, 아기가 세상과 의사소통을 하기 위한 중요한 발달과업이다.

걸음마기에 가장 두드러지게 나타나는 발달은 언어발달이다. 아동은 첫 단어를 사용한 이후 다음 단계로 여러 단어를 결합하여 문장으로 만들기 시작하며, 처음에는 두 개의 단어만을 사용하다가 점차 세 개, 네 개 등으로 사용하는 단어의 숫자가 증가된다. 첫 번째 이어문, 즉 두 단어로 이루어진 문장은 보통 18~24개월에 나타난다. 아동이 의미 있는 몸짓을 보이는 가운데 첫 단어가 나타나는 것처럼, 첫 번째 이어문 역시 아동의 몸짓과 함께 나타난다. 일단 이어문이 나타나면, 아동의 언어발달은 놀라울 정도로 급속히 진행되어, 그 후 1~2년에 현저하게 복잡한 문장을 만들어 낼 수 있게 된다(도현심 외, 2005).

아동이 성장하면서 언어는 점점 더 복잡해진다. 처음에는 시제, 소유격의 어미, 전치사 등을 빠뜨리며, 주어나 동사도 빠뜨린다. 그러다가 두 개의 기본적인 문장관계를 연결하여 보다 더 복잡한 문장구조를 만들어낸다. 생후 20~30개월에 아동은 통사론의 기초를 습득하여 전치사, 접속사, 복수, 과거시제 등을 사용하기 시작하며, 3세가 되면 아동의 언어는 보다 길고 복잡해진다. 아동은 언어의 일부분을 빠뜨리기는 해도, 자신의 생각을 전달할 수 있고 말을 유창하게 한다.

그런데 어떤 아동은 생후 8개월에 개개의 단어들을 말하기 시작하는 반면, 어떤 아동은 18개월이 되어서야 말을 한다. 또한 어떤 아동은 3년 혹은 그 이상이 되어서야 이어문을 사용한다. 그렇지만 말을 늦게 하는 아동도 나중에는 언어능력이 앞선 아동을 따라갈 수 있으며, 따라서 복잡한 언어를 말하게 되는 시기의 빠르고 늦음이 훗날의 IQ나 읽기 능력을 나타내는 것은 아니다. 예외적으로, 수용적인 언어가 매우 부진하면서 말을 늦게 하는 아동의 경우는 언어발달과 인지발달 간에 상관관계가 존재한다. 이러한 아동은 언어발달에서 부진하며, 일반적으로 인지발달에서도 그러한 양상을 나타내기 쉽다(Bates, 1993).

언어발달에도 개인차가 많이 나타날 수 있긴 하지만, 2년 6개월에서 3세까지 두

표 4-1 / 걸음마기 언어발달과정

월령	발달특징	발달에 도움이 되는 지침
12~18개월	• 실제적인 단어를 사용하기 시작한다. • 표현할 수 있는 단어보다 이해할 수 있는 단어가 더 많다. • '안녕!' 등과 같은 일상적인 표현을 사용한다. • 들어본 소리만 만들어낸다. • 제스처나 행동으로 자신의 욕구를 표현한다. • 사물의 이름 붙이기에 열중한다.	• 영아가 표현하는 것을 잘 들어준다. • 영아가 사용한 첫 단어를 그대로 유지하면서 영아가 표현하고자 하는 의미를 다시 말해 준다. (예: 무우? 아! 물을 먹고 싶구나.)
18~24개월	• 어휘가 폭발적으로 증가하여 하루에 12개의 단어를 습득할 수도 있다. • 두 단어를 조합하기 시작한다. • 의사소통 시 여전히 제스처나 얼굴표정을 더 많이 사용한다. • 운율이 있는 노래를 즐긴다. • 신체부위 명칭 서너 가지를 말할 수 있다. • 나, 너 등의 단어를 사용하기 시작한다. • 간단한 이야기를 집중해서 들을 수 있다. • 성인의 억양과 행동을 흉내 낼 수 있다.	• 영아가 제스처나 표정으로 표현하는 것들을 말로 바꾸어 준다. • 그림책을 보여준다. • 영아가 말하는 것을 이해하고 있음을 알려 준다. • 여러 가지 상황에서 영아가 어떻게 반응하는지 관찰한다. • 상황에 적합한 반응을 하도록 도와주고 모델링해 준다.
24~36개월	• 문법과 의미를 변형해서 사용하기도 하고 현재진행형, 복수형을 사용하기도 한다. • 이야기의 흐름을 이해하며 그림책 속의 많은 개념을 이해할 수 있다. • 사람들이 말하는 내용에 관심을 갖게 되어 대화를 주고받을 수 있고 질문을 많이 한다. • 250~300개 단어를 이해할 수 있고 약 50개의 단어를 사용할 수 있다. • 두 단어 문자를 사용한다.	• 영아의 이야기를 잘 들어주고 아이가 표현하는 것이 무엇인지 정확히 이해하고 있음을 알려준다. • 영아가 좋아하는 그림책을 반복해서 읽어준다. • 영아가 말한 문장을 길게 늘려 다시 이야기해준다.

출처 : 이영 외(2008).

단어를 결합해서 의미 있는 문장으로 말할 수 없을 때는 언어 습득에 이상이 있는지 알아보고 조기에 적절한 조치를 취하는 것이 필요하다. 언어발달상 문제가 있는 것으로 의심되어 전문적인 도움이 필요한 아동은 다음과 같다.

- 어느 정도 말을 기대할 연령에서 전혀 말을 하지 않는 아이
- 자기 연령에 비해 언어의 내용이 부적절한 아이
- 어느 정도 말을 했으나 일시적으로 또는 영구히 말을 잊어버린 아이

아동의 언어발달은 선천적 기제인 언어획득기제 language acquisition device 안에 올바른 언어적 자극과 내용이 주어질 때, 바람직한 방향으로 이루어질 수 있다. 즉 부모 및 주변의 인물들이 아동에게 적절하고 모범적인 언어모델이 되어 좋은 언어를 보여주고, 아동이 나타내는 언어에 대해 긍정적으로 보상을 제공해 줌으로써, 아동의 언어발달이 바람직한 방향으로 진행될 수 있다.

3 정서사회 발달

Erikson(1963)의 이론에 의하면 영아는 출생에서 12~18개월까지 신뢰감 대 불신감의 단계를 거친다. Erikson은 양육자의 민감한 양육행동을 중요시하면서 애정적 · 반응적 · 일관적인 태도나 행동을 통해 영아에게 신뢰감을 발달시켜 준다고 설명한다. 양육자의 반응적인 양육행동에 의해 영아는 세상에 대한 긍정적인 생각을 갖게 되고, 영아 자신이 주변 사람에게 영향을 줄 수 있다는 생각을 하게 되면서 자기 자신의 능력에 대한 신뢰감을 발달시킨다. 반면, 양육자의 비일관적이고 비반응적인 양육행동은 영아에게 자기 자신의 능력과 세상에 대한 불신감을 갖게 함으로써 영아가 성장한 후 사회적 또는 정서적 문제를 나타낼 수 있다.

한편, 급속한 인지발달과 더불어 걸음마기 아동은 어른이나 다른 아동과의 상호작용에서 점점 더 유능해진다. 영아와 비교해 볼 때, 이 시기의 아동은 다른 사람의 행동을 관찰 · 해석하고 모방하며, 다른 사람과의 상호작용에서 순서를 지킬 수 있는 능력이 크게 향상된다. 더구나 이 시기의 아동은 다른 사람, 특히 또래와의 상호작용에 관심이 매우 많아진다.

Erikson은 이 단계를 두 번째 위기의 단계, 즉 '자율성 대 수치심 및 의심' autonomy vs. shame and doubt으로 명명하였다. 18~36개월에 아동은 스스로 결정하며 자기를 억제하기 시작한다. 따라서 걸음마기의 중요한 쟁점은 자기조절 self-regulation 및 자아통제 self-control 대 외부조절 및 외부통제이다. 이상적으로 첫 번째 발달단계에서 세상에 대한 기본적 신뢰감을 획득했다면, 걸음마기 아동은 이제 자기 자신의 판단을 신뢰하고, 부모의 판단 대신 자신의 판단을 사용하기 시작한다. 이 시기 부모가 보여주는 애정적이고 반응적인 태도나 자녀의 능력에 대한 적절한 기대는 걸음마기 아동에게 자율감과 자아통제력 등을 길러주고, 나아가 건강한 인성발달을 촉진한다.

1) 정서사회적 발달

(1) 영아기

영아기의 정서는 일차정서와 이차정서로 구분되는데, 일차정서는 선천적인 정서로서 생의 초기에 나타나고 얼굴표정만으로도 정서상태를 쉽게 알 수 있다. 주로 기쁨, 분노, 슬픔, 공포, 분노, 놀람 등이 일차정서에 포함된다. 이러한 일차정서는 보편적으로 볼 수 있는 정서이므로 기본 정서라고도 한다. 생후 3개월에는 기쁨, 슬픔, 혐오가 나타나고, 2~6개월에는 분노감을 느끼고, 0~6개월에는 놀람을 느낄 수 있고, 6~8개월에는 두려움이 나타나는데, 특히 18개월경 절정을 보인다.

이차정서는 좀 더 복잡한 인지능력을 필요로 하기 때문에 일차정서보다 늦게 생후 12개월 정도 지나서 나타난다. 이차정서는 자아에 대한 인식이 필수적이며, 또한 이외에도 자신의 행동을 평가하는 능력도 필요하므로 이차정서를 자기의식적 정서라

영아들의 다양한 정서

고도 한다(Lewis, 1995). 이러한 자아인식은 자기 자신에 대한 평가능력이 수반되어 야단을 맞을 때 하지 말아야 할 행동을 했다는 죄책감을 느끼고, 어려운 일을 해냈을 때는 자랑스러워한다. 이차정서에는 당황, 수치, 죄책감, 질투, 자긍심 등이 포함된다. 이차정서의 출현 시기로는 1세반~2세에 감정이입 · 질투 · 당황함을 느끼고, 2세반 이후에는 자부심 · 수치심 · 죄책감 등이 나타난다.

(2) 걸음마기

걸음마기 아동의 가장 분명한 발달적 변화 가운데 하나는, 양육자에게 가까이 있으려는 성향이 감소하는 것이다. 스스로 움직여 다닐 수 있게 된 아동은 양육자로부터 쉽게 떨어져 주변을 탐색한다. 아동은 부모나 양육자로부터 과감히 떨어져 꽤 멀리 이동하기도 한다. 또한 아동은 다른 활동을 하다가 다시 좀 더 멀리 가기 전에 양육자에게 되돌아오기도 하지만, 점차 멀리 떨어져서 양육자에게 장난감을 보여주거나 소리를 내기도 한다. 즉 영아기에는 어머니와의 신체적인 접촉이 필요한 반면, 걸음마기의 아동에게는 점점 심리적인 접촉이 필요하다. 이러한 심리적 접촉은 신체적 접촉을 요하지 않는 상호작용으로서, 말을 하거나 미소를 보이고 혹은 서로 바라보는 행동을 의미한다. 특히 부모와 안정적 애착을 형성한 경우, 아동은 훨씬 수월하게 환경을 탐색한다. 아동은 멀리 보이는 양육자의 모습이나 양육자와의 심리적 유대로부터 지지를 얻을 수 있고, 이를 통해 더 독립적으로 성장할 수 있다.

양육자로부터 떨어져 놀 수 있는 것 외에도, 걸음마기 아동은 어린 영아에 비해 양육자가 일시적으로 떠나 있을 때에도 불안감을 덜 보인다. 실험실 상황에서 잠시 혼자 있게 될 때, 12개월 아동들은 어머니가 되돌아오면 강한 접촉을 요구하였던 반면, 18개월 아동들은 대부분 간단한 접촉만으로도 곧 안정을 되찾고 다시 놀기 시작했다. 이 시기의 아동은 다른 아동과의 상호작용을 많이 경험하거나 부모가 떠나는 것에 대해 설명해주면, 훨씬 덜 고통스러워하면서 부모와의 분리를 준비할 수 있다. 이러한 발달적 변화를 통해 걸음마기 아동의 독립심은 점차 발달한다.

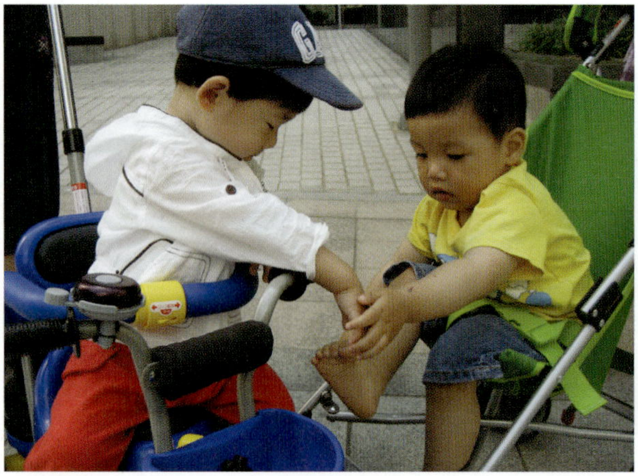

걸음마기 아동의 사회적 상호작용

걸음마기 아동이 사회적 세계로 나아가는 발달적 변화는 다른 아동과의 상호작용에 대한 관심이 증가하는 것으로 나타난다. 15~24개월에 아동은 놀이상대와 상호보완적인 방법으로 놀 수 있는 능력, 즉 상대의 행동방향을 따르는 식으로 반응할 수 있는 능력을 발달시킨다. 이러한 게임은 모방에 기초하여, 한 아동이 어떤 행동을 실행하고 다른 아동은 그것을 반복하며, 이러한 과정이 다시 반복되면서 아동에게 기쁨을 가져다준다. 영아에 비해, 걸음마기 아동의 상호작용은 훨씬 더 복잡하고 긍정적인 정서를 경험하여, 2세 아동은 여러 놀이친구 가운데 자기가 선호하는 친구를 명백히 구분한다(박성연 외, 2002). 그러나 걸음마기 아동의 상호작용은 대부분 물체 중심적이며, 따라서 두 명의 아동이 동일한 주제를 가지고 함께 노는 경우는 거의 드물다. 생후 3년째가 되면 이들이 관심을 갖는 주제는 좀 더 확실하게 되며, 이 시기에 혼자 하는 가상놀이 solitary pretend play와 사회적 가상놀이 social pretend play가 출현한다(Howes et al., 1989).

2) 기질

(1) 기질의 개념

기질이란 개인의 행동양식과 정서적 반응유형을 말하는 것으로 정서, 운동, 주의집중, 반응성, 자기조절 등에서의 개인차에 기초한 것으로 정의한다(Rothbart & Bates, 2006). 기질은 태어나면서부터 나타나는 개인의 안정적이고 일관된 특성이며, 외부의 상황이나 사람에 대해 예측된 방식으로 반응하는 개인적 경향이다(Goldsmith, 1993). 예를 들어, 어떤 아이는 순하게 잘 자고 잘 먹으면서 잘 웃고 행복해하는 반면, 어떤 아이는 잘 자지 못하고 잘 먹지 않고 떼쓰는 모습을 보인다.

외부 환경적 요소나 사람에 대한 반응으로서 기질에서의 개인차가 선천적인 유전의 영향을 받는다는 것에는 많은 연구자가 동의하고 있으나, 이러한 선천적인 유전의 영향에 대해서는 의견이 다르다. 영아기의 기질이 성인이 되어서도 동일하게 나타난다는 초기 기질의 안정성을 주장하는 많은 연구(Kagan, 1998 ; Pesonen et al., 2002)가 있지만, 이러한 지속성은 주로 매우 극단적인 수준의 특성(예: 억제, 외향성, 극도의 수줍음)에서만 나타나는 경향을 보인다는 연구 결과도 있다(이영 외, 2008). 이것은 생의 초기의 기질적인 특성이 환경적 경험이나 양육행동에 의해 변화될 수 있다는 점을 시사한다.

(2) 기질의 구성요소

기질의 차이는 대개 행동억제 inhibition, 적응 능력, 활동 수준, 까다로움 정도, 미소의 빈도 등을 통해 나타난다(Kagan, 1989). 아동이 자신의 환경에 얼마나 잘 적응하는가에 따라 기질은 순한 아동 easy child, 까다로운 아동 difficult child, 느린 아동 slow-to-warm-up child의 세 가지 유형으로 구분된다(Thomas & Chess, 1984) 표 4-2 . 순한 아기는 일반적으로 긍정적인 기분상태에 있고 수월하게 잠이 들고 깨며, 수유 또한 규칙적이다. 반면, 까다로운 아기는 전반적으로 부정적으로 반응하여 자주 울고 불규칙한 수면과 식사습관을 보인다. 느린 아기는 활동성 수준이 낮으며 환경에 반응하는 수준이 낮다. 느린 아기들은 새로운 상황으로부터 회피하는 경향이 있긴 하나, 그 방법이 온순하다. 또한 이들은 순한 아기들에 비해 변화에 적응하는 데 시간이 좀 더 많이 걸린다.

표 4-2/ 기질의 세 가지 유형

범 주	순한 아동(easy child)	까다로운 아동(difficult child)	느린 아동(slow-to-warm-up child)
식습관과 수면습관	규칙적임	불규칙적임	어느 정도 규칙적임
새로운 환경에 대한 적응	쉬움	느림	처음에는 조심스러우나, 곧 적응함
낯선 사람에 대한 반응	미소	두려움	처음에는 수줍어하나, 곧 적응함
좌절에 대한 반응	어느 정도 보채지만, 곧 수용함	짜증을 부리거나 혹은 위축됨	부정적 반응을 보이나, 결국에는 회복됨
정서	일반적으로 긍정적이며, 그 강도는 다소 혹은 보통 정도임	부정적이고 강렬하며 빈번한 경향이 있음	다소 강렬하며 긍정적 · 부정적 정서 둘 다 보임

출처: 도현심 외(2005)

순한 아기

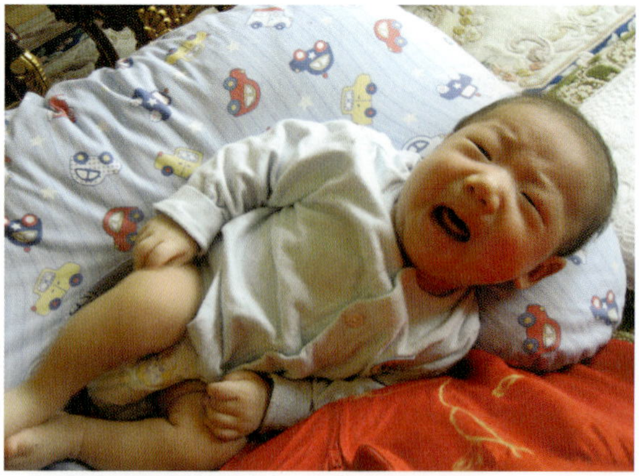

까다로운 아기

한편 Thomas와 Chess(1977)는 출생 후 아기가 나타내는 이러한 기질차원을 근거로 기질유형을 분류한 결과 연구대상이 된 아기들 중 65%가량은 어느 한 유형에 속하는데, 순한 기질이 40%, 까다로운 기질이 10%, 느린 기질이 15%, 그리고 나머지 35%는 여러 기질 특성이 혼합된 모습으로 나타났다.

3) 애착

(1) 애착의 개념

애착은 영아와 주 양육자 간의 친밀하고 강한 정서적인 유대관계로서, 영아는 부모와 같은 양육자와의 상호작용을 통해 자신이 돌봄을 받을 존재인지 혹은 자신을 돌봐줄 것인지에 대한 기대를 형성하게 된다. 영아는 애착 대상이 없을 때는 애착대상을 찾으며 그의 주의를 끌려고 하고, 애착대상과의 분리 시 당황하고 불안해한다. 애착은 생후 6~8개월 정도에 발생하는 것으로 알려져 있다.

영아 애착에 대한 이론은 여러 가지가 있다. 먼저, 정신분석 이론에서는 성 에너지가 아동의 발달단계에 따라 신체의 어느 한 부분에 집중되며, 생후 1년 동안 쾌락의 주요한 부분은 입이 되는데, 영아는 음식에 대한 욕구를 갖게 되고, 이러한 욕구를 만족시켜 주는 사람에게 애착을 형성하게 된다. 즉, 이 단계에서 영아는 자신의 배고픔을 만족시켜 주는 물체나 사람에 대해 애착을 형성하게 된다. 이때 어머니는 대부분 영아를 먹여주게 되며, 따라서 영아가 애착을 형성하는 최초의 사람은 보통 어머니이다. Freud에 의하면, 아동은 사회적 환경, 특히 자신을 돌봐주는 사람들과의 초기 상호작용을 통해 이후 인성 및 사회성 발달의 유형이 결정된다. 어머니에 대한 애착은 아동이 훗날의 발달단계들을 통해 나아갈 때 아동의 인성 형성에 중추적 역할을 한다. 따라서 성인의 경우, 이 시기에 어머니와 가졌던 관계는 모든 애정관계의 원형이 된다.

Bowlby(1989)의 동물행동학 이론에 의하면, 영아와 양육자 간의 애정적 유대는 생물학적 기초를 가지며, 이는 진화론적 맥락에서 이해될 수 있다고 주장하였다. 즉, 약자는 강자 가까이에 머무르고자 하는 경향을 가지고 있는데, 부모로부터 분리된 아동은 그렇지 못한 환경 때문에 불안해하고 심리적으로 위축된다. Bowlby에 따르면, 양육자와 영아 간의 애착은 영아의 생존을 위해 가장 중요하다. 예를 들면, 시설에 보호된 영아들을 관찰한 Spitz(1945)에 의하면, 영아들은 기저귀를 갈아주고 잘 먹여주는 등 신체적으로는 양호한 보살핌을 받았으나, 양육자가 영아들을 먹일 때나

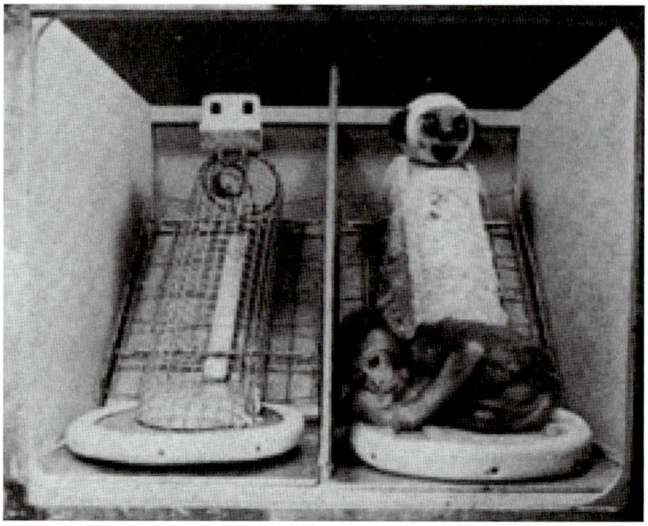

Harlow의 실험

재울 때 애정적인 스킨십을 받지 못하거나, 양육자와 영아 간 애정적인 상호작용이 잘 이루어지지 않았다. 이것은 애착을 형성하는 과정에서 결정적인 결함이 될 수 있다. 이처럼 영아를 안아주거나 만져주지 않는 극단적인 상황에서, 영아는 제대로 발달하지 못하고 병에 걸리거나 심지어 죽음에 이르기도 하였다.

한편 영아가 애착을 형성하는 근거에 대한 동물행동학적 증거는 매우 흥미롭다. Harlow(1969)가 아기 원숭이들을 대상으로 하여 실시한 실험결과는 Freud의 정신분석 이론과 Bowlby의 진화론적 설명을 비교해 볼 수 있는 흥미로운 연구이다. 즉 Harlow는 생후 7일 된 아기 원숭이를 어미 원숭이로부터 분리한 후 아기 원숭이들의 행동을 관찰하였다. 실험실 상황으로 두 마리의 어미 원숭이 모형을 만들었는데, 하나는 철사로 만든 어미 원숭이 모형에 우유병을 매달아 놓았고, 다른 하나는 부드러운 천으로 감싼 어미 원숭이 모형이었다. 그 결과 165일에 걸쳐, 아기 원숭이들은 음식을 먹을 때를 제외하고는 천으로 만든 어미 원숭이 곁에 머무렀는데, 이를 통해 천으로 만든 어미 원숭이를 분명히 선호하는 것을 알 수 있었다. 이러한 실험 결과는 영아가 주 양육자에 대해 애착을 형성하는 데 신체적 접촉과 즉각적 안락이 중요하다는 것을 입증하는 것이다. 또한 대리모에 대한 애착이 영아의 탐색에 대해 영향을 미치는지를 살펴보고자, 우리 안에서 드럼을 치면서 앞으로 행진하는 곰 인형을 놓아두었다. 이때 놀란 아기 원숭이들은 철사 어미가 아니라 천으로 된 어미 원숭이에게로 달려갔다. 아기 원숭이들은 자신의 몸을 천 어미 원숭이에게 문지름으로써 공포를 극복하게 되면, 호기심을 가지고 곰 인형을 바라보려고 몸을 돌렸고, 어떤 아기 원숭이는 천 어미 원숭이의 보호를 떠나서 곰 인형에게 가까이 가는 행동을 보이기도 하였다. 이러한 행동들은 안정된 애착이 탐색활동과 밀접한 관련이 있음을 시사한다.

(2) 애착유형

Bowlby의 애착이론은 Ainsworth(1969)에 의해 검증되었는데, Ainsworth와 Wittig는 생후 1년 말(대략 12~18개월)에 애착의 차이를 평가하는 낯선 상황 절차 strange situation procedure를 고안하였다. 이 실험 절차는 각 3분으로 구성된 총 8개의 에피소드로 이루어져 있다. 먼저, 낯선 이가 들어와서 어머니에게 이야기를 하고 아기와 상호작용을 한다. 그 다음 어머니가 방을 떠나는데, 이때 아기들은 대개 울음을 터뜨리게 된다. 8개의 상황은 표 4-3 에 요약되어 있다. Ainsworth는 낯선 상황 동안 영아가 보이는 행동에 근거해서 애착유형을 네 가지로 구분하였다.

표 4-3 / 낯선 상황 절차

상황	참여자	내용
1	주 양육자, 영아, 실험자	관찰자가 실험 상황을 설명하고 나간다.
2	주 양육자, 영아	주 양육자가 있는 상황에서 영아가 낯선 환경을 탐색할 때 관여하지 않는다.
3	낯선 이, 주 양육자, 영아	주 양육자가 있는 상황에서 영아의 낯선 이에 대한 반응을 체크한다.
4	낯선 이, 영아	첫 번째 분리상황으로 영아가 낯선 이와 함께 있는 상황에서 낯선 이에 대한 반응을 체크한다.
5	주 양육자, 영아	첫 번째 재결합 상황으로 주 양육자와의 재결합에 대한 영아의 반응을 본다.
6	영아	두 번째 분리상황으로 영아가 혼자 남았을 때 분리에 대한 반응을 본다.
7	낯선 이, 영아	두 번째 분리의 연속으로 영아가 낯선 이와 함께 있을 때 낯선 이에 대한 반응을 본다.
8	주 양육자, 영아	두 번째 재결합 상황으로 주 양육자와의 두 번째 재결합에 대한 반응을 체크한다.

① 안정애착(B유형)

안정애착 유형의 영아는 주 양육자를 탐색활동을 하기 위한 안전기반으로 사용하여, 어머니와 분리되었을 때 울거나 매달리지 않고 재결합 시에 어머니에게 달려가 안기고 쉽게 달래지는 행동특성을 보였다. 연구대상의 약 65%가 안정애착 유형에 해당하였다.

② 회피애착(A유형)

회피애착 유형의 영아는 주 양육자와 함께 있어도 별 반응이 없으며, 어머니가 떠나도 괴로워하지 않고 낯선 이에게도 주 양육자에게 하는 행동과 비슷하다. 재결합 시에는 주 양육자를 피하거나 마지못해 반기는 행동을 보이고, 안아주면 매달리지 않는 모습을 보였다. 연구대상의 약 20% 정도가 이에 해당하였다.

③ 저항애착(C유형)

저항애착 유형의 영아는 주 양육자와 분리 전에도 주 양육자와 가까이 있으려 하기 때문에 탐색활동을 하지 못하고 재결합 시 주 양육자에게 화를 내고 저항하거나 때리거나 밀쳐내는 행동을 보였다. 안아주어도 계속 울고 쉽게 달래지지 않으며 낯선 사람을 매우 경계하기도 한다. 연구대상의 약 10% 정도가 이 유형에 해당하였다.

④ 비조직적 애착(D유형)

비조직적 애착 유형의 영아는 가장 불안정한 애착으로 주 양육자와 재결합 시 비조직적이고 모순된 행동을 보인다. 이 유형의 영아는 낯선 상황에서 큰 스트레스를 받아 두려워하는 모습을 보이거나 멍한 모습을 보이는 등 모순된 행동을 보이고, 주 양육자가 다시 돌아와 안아주어도 무표정한 얼굴로 먼 곳을 본다. 연구대상의 약 5~10% 정도가 이 유형에 해당하였다.

(3) 애착유형에서의 문화적 차이

낯선 상황 실험은 영아의 애착 안정성을 측정하는 가장 널리 알려진 도구로 사용되고 있으나, 낯선 상황에서의 영아의 행동은 문화에 따라 다르게 해석될 수 있음을 유의해야 한다. 즉, 문화권에 따라 양육방법에 차이가 있으므로 미국과 다른 문화권에서 자란 영아가 낯선 상황실험에서 보이는 반응으로 과연 애착의 안정성이나 애착유형을 측정할 수 있는가에 대한 의문이 제기되었다. 예를 들어 Ainsworth가 수행한 미국 중류층 가정의 12개월 된 영아들을 대상으로 한 연구에서 안정 애착아는 66%, 불안정-회피아는 12%, 그리고 불안정-저항아는 22%로 나타난 반면 (Ainsworth et al., 1978), 다른 문화권의 연구에서는 그 비율이 미국의 연구결과와 다소 다르게 나타났다. 즉 독일의 경우, 안정애착아는 57% 정도, 회피아는 35% 정도, 저항아는 8% 정도이며, 일본의 경우, 안정아는 68% 정도, 저항아는 27% 정도, 그리고 회피아는 5% 정도였다(Grossman et al., 1990). 그러나 이러한 문화적 다양성에도 불구하고 안정애착은 가장 보편적인 애착유형임을 알 수 있다.

영아기, 걸음마기 발달과 가족 4

1) 영아기 아동과 부모역할

영아기의 부모역할은 애정적인 양육자로서 아동에게 기본적인 신뢰감을 주고 긍정적인 자아개념을 형성시켜 주는 역할 nurturant caregiving, 사회적인 상호작용 social reciprocity을 발달시키는 역할, 발달을 위한 자극 stimulation을 제공하는 역할로 구분할 수 있다(박성연, 2006).

영아기의 양육자 역할은 보육자 caregiver로서, 보육자는 영아를 보살피는 데 책임이 있는 사람을 의미한다. 최근 들어, 아버지의 역할이 점점 강조되고, 어머니의 취업과 더불어 보육시설에 맡겨지는 영아가 많은 점을 볼 때, 영아는 어머니 외에도 다른 어른에 의해 양육될 가능성이 많다. 그럼에도 불구하고, 전통적으로 주 양육자의 역할은 주로 어머니가 담당한다. 이 시기 주 양육자인 어머니는 아기가 울거나 어떤 신호를 보낼 때 즉각적이고 일관적으로 반응을 하여, Erikson이 말한 신뢰감이라는 발달과업을 이룰 수 있도록 민감한 양육태도를 취하는 것이 중요하다.

부모와 영아 간의 관계는 몇 가지 중요한 요인들에 의해 결정된다(Naylor, 1970). 즉, 부모가 어렸을 때 받은 보살핌과 같은 부모 자신의 초기 경험의 질, 가족의 안정성이나 부부관계, 직업의 안정성, 건강, 일상생활에서 경험하는 스트레스 정도 등과 같은 현재 상황, 그리고 영아 자신의 특성 등에 따라 부모와 영아는 다양한 관계를 형성하게 된다.

2) 걸음마기 아동과 부모역할

아동이 자라면서, 부모는 이전까지 해왔던 자신의 행동이 더 이상 적절하지 않음을 발견하게 된다. 즉 이전에는 그저 누워 있는 아이에게 시간에 맞춰 먹을 것을 제공하고 기저귀를 갈아주며 자야 할 시간에 재워주는 것이, 아이를 보살피는 것의 대부분이었다. 그런데 이제는 걷고 뛰어다니는 아동을 위험으로부터 보호해야 하고 아동의 끊임없는 호기심을 충족시켜 주기 위해 신체적 · 정신적으로 매우 왕성한 에너지가 필요하다. 따라서, 이 시기의 부모는 아동을 새로이 지휘하고 상호작용하는 방법을 발견해야 하며, 그 방법을 잘 활용해서 능동적이고 지칠 줄 모르는 호기심 많은 아동을 잘 지도해야 한다. 부모는 아동이 점차 증대되는 자율성과 보다 확대된 학습능력을 발휘할 수 있도록 안전한 환경을 제공하는 것이 매우 중요한데, 유리나 못 또는 부엌용품 등 유아에게 위험이 될 수 있는 환경으로부터 보호하는 보호자 protector 역할을 해야 한다. 즉, 아동이 자신의 공간을 확장시켜 학습경험을 넓힐 수 있는 안전한 환경구성이 필요함을 시사한다.

이 시기의 부모는 지금까지의 경험상 걸음마기 아동의 안전에 대해 잘 알지 못하고, 이들을 돌보는 것은 육체적으로 매우 힘든 일이라는 것을 깨닫는 시기이므로, 이전까지 해왔던 보육자 역할에서 보호자로의 역할 전환이 어려울 수 있다. 따라서, 이 시기 아동의 어머니는 아이에게 너무 많은 에너지를 쏟게 되므로 배우자로서의 역할을 감당하기 힘들어하고, 경찰처럼 아동을 늘 감독 보호해야 하는 역할에 대해 많은 스트레스를 경험한다. 즉, 온종일 아동을 돌봐야 하는 주 양육자는 아동으로부터 해방되고 싶은 마음이 간절하고, 배우자의 요구에 민감해질 수 있는 시기이므로, 걸음마기 자녀가 있는 부부는 역할 분담이 어느 한쪽으로 너무 치우치지 않도록 서로 배려하는 마음이 필요하다.

걸음마기 아동은 배변훈련을 통해 자신이 배변을 자율적으로 할 수 있다는 자신감을 형성하거나, 혹은 배변을 잘하지 못하여 자신에 대해서 수치감이나 자기능력에 대해 의심을 가질 수도 있다. 또한 이 시기 아동은 걸음마를 배우기 위하여 스스로 노력하므로 양육자의 지도 방법에 따라 자율성의 정도가 달라질 수 있다. 만약 이 시기에 부모의 과보호로 스스로 문제를 해결해 볼 기회를 갖지 못하면 자기능력에 대한 의심을 갖게 되고 평생 자신감을 갖지 못할 수도 있다.

걸음마기 아동은 자신이 걷고 기고 열고 닫고 떨어뜨리고 밀고 잡아당길 수 있음에 자부심을 느끼게 된다. 즉, 걸음마기 아동은 모든 것을 스스로 하고자 하는데, 무슨 일이든지 "내가"라는 표현과 함께 행동으로 이를 보여준다. 이런 경우 어른의 입장에서 볼 때 아동의 행동이 대부분 불안하고 잘못된 행동으로 보이는 경우가 많으므로, 부모의 참을성이 더욱 많이 요구되는 시기이기도 하다. 만약, 부모가 참을성이 부족해서 아동이 할 수 있는 것을 대신해주게 되면, 아동은 부끄러움 · 수치감 · 의심을 느끼게 되므로 주의하여야 한다. 부모가 일관적으로 과보호적이거나 비판적이면, 아동은 주변 세계를 통제할 수 있는 자기 능력에 대해 의심을 하고 다른 사람에 대해 수치심을 느끼게 되는 어려움에 빠질 수 있다. 따라서 부모는 따뜻하고 수용적인 양육태도 가운데 어떤 행동은 해도 되고 어떤 행동은 하면 안 되는지에 대한 한계를 정해 주고, 그것을 일관적으로 지켜나가야 한다.

부모는 걸음마기 아동이 스스로 할 수 있는 학습경험을 제공해 주는 것이 중요하다. 먼저, 아동은 자조 기술을 습득해야 하는데 그 능력이 완벽하게 준비되지 않아도, 아동은 스스로 무언가를 해결하고자 하는 욕구가 강하기 때문에 일상생활에 필요한 기본 생활양식을 배울 수 있다. 예를 들면, 음식을 혼자 먹어 보려고 시도하는 아동에게, 먹기 쉬운 음식을 주거나 수저를 줌으로써 혼자서 먹는 방법을 터득할 수 있도록 도와주는 것이 필요하다. 또한 옷 입기도 아동이 다루기 쉬운 간편한 복장을 마련해서 시간이 걸리더라도 혼자 벗거나 입을 수 있도록 도와준다. 대소변훈련은 급하게 할 필요가 없기 때문에 수용적인 분위기에서 실시하되, 대소변훈련을 하나의 학습경험으로 인식하는 여유가 필요하다.

또한 이 시기에는 사회적 · 지적 학습이 필요한 시기로, 또래와의 상호작용 경험을 충분히 제공해서 사회적 기술을 습득하도록 도와주어야 한다. 언어발달은 생후 1년 반~3세에 급속도로 발달하게 되는데, 사용 단어가 약 20여 개에서 900여 개로 급속한 증가를 보인다(김경희, 2003). 부모는 이 시기에 친숙한 물건들의 이름붙이기, 아동의 간단한 언어를 완성시켜 주기, 언어사용을 강화하기 등을 통해 모델링을 제공해 주는 것이 가장 중요하다. 많은 연구에 의하면, 아동의 언어발달은 가정에서 사용하는 언어의 양 및 질과 정적 상관이 있는 것으로 나타났다(Golinkoff, 1993 ; Kail, 2008). 언어발달의 속도는 여러 요인에 의해 결정되는데, 선천적 요인과 후천적 요인이 함께 영향을 미친다. 부모가 아동과 끊임없이 이야기를 하고 눈을 맞추면서 말을 시키는 대화나 상호작용을 통해 아동의 언어능력이 달라질 수 있다. 성별도 말하는 속도에 영향을 주는데, 대개 여아가 남아보다 언어발달이 빠르다. 또한 아동이 걷기 시작하거나 활동 범위가 넓어질 때 언어 발달이 지연될 수 있고, 손위 형제들이 대신 말을 해주면 아동의 말이 늦어질 수도 있다. 유전적 영향으로 부모가 말이 늦었다면 아이도 늦기 쉽다. 때로는 아동이 말을 하기 시작할 때 집안에 갑작스러운 변화(예: 양육자가 바뀌거나, 동생이 생기거나, 누군가 아프거나, 부모가 여행을 가거나, 어머니가 직장을 다시 다니기 시작하는 등의 변화)가 생기면 퇴보하기도 한다. 걸음마기 아동은 호기심이 많으며,

자녀와 놀이친구가 되어주는 아버지

이러한 호기심은 언어발달과 밀접한 관련이 있다. 아동은 언어사용이 가능해지면서 주변 환경에 대한 개념을 형성하게 되는데, 부모는 안전한 환경에서 다양한 물체와 경험을 제공해서 아동의 지적 · 사회적 능력의 확장을 최대화할 수 있도록 도와야 한다.

결론적으로, 아동의 독립은 부모의 믿음에 달린 문제이다. 아동은 계속해서 끊임없이 발달한다. 부모는 아동의 성장에 대해 인내심과 믿음을 가지고, 서두르지 않는다면 부모와 아동 모두 좀 더 행복해질 것이다. 아동이 새로운 발전을 보이면, 부모는 반갑게 맞이하되 참을성을 갖고 다음 단계를 기다려야 한다. 아동이 처음 혼자서 일어설 때처럼 독립을 향한 행보가 갑작스럽고 극적으로 보일 수 있다. 그러나 매일 부모가 미묘한 변화를 눈치채지 못한다고 해도 아동은 신체적으로 점점 강해지고 발달한다. 부모는 자녀가 잘 자라왔고, 앞으로도 잘 자랄 수 있다는 것을 믿고 있다는 신념을 아동에게 전해 주어야 한다.

발달에 영향을 미치는 대중매체

다른 동물과 달리 인간의 두뇌는 태어난 후에 성장한다. 태어나서 3년까지는 빠르게 뇌가 성장하는 시기이다. 하재근(2012)에 따르면 3세까지의 시기는 정서와 감정을 담당하는 대뇌변연계가 성장을 하는데, 이 시기에 TV를 보면서 성장한 아이들은 정서적 문제를 가질 확률이 높다고 한다. 그는 어른이 무심코 틀어놓은 TV를 영아들이 보게 되는 TV 간접시청에 대해서도 경고하면서 “교육적인 TV프로그램을 보는 것보다 가족과의 상호작용이 아이에게 더 도움이 된다”고 주장하였다. 최근 조부모들이 아동을 양육하면서 종일 TV를 켜 놓는 경우가 많은데 이에 대한 주의가 요구된다.

더 타임즈(2009.10.31.)에서는 2세 미만 영아들의 TV시청은 활동적인 놀이나 타인과의 사회적 접촉 및 언어발달을 위한 시간을 줄일 수 있으며, 시선 이동범위를 저해하고 집중력을 떨어뜨릴 수 있기 때문에 유해하다고 경고하였으며, 2006년 미국소아과협의회에서는 만 2세 미만의 아이는 절대 TV를 봐서는 안 되고, 부모는 소아과 의사를 찾아가야 할 때 아이의 병력과 함께 TV, 인터넷 등의 접촉 경력도 함께 말해야 한다고 권고했다. 이 밖에도 영유아기 TV시청은 훗날 ADD/ADHD 장애와 비만을 유발할 위험성을 가중시키며 뇌의 회로를 혼란시킨다는 연구 결과 등이 속속 발표되었다.

이에 더해 최근에는 스마트폰이나 태블릿 PC와 같은 스마트 기기들의 유해성이 보고되고 있다. 어린 영유아들의 투정을 그치게 하거나 교육용으로 이들 기기를 주는 경우가 많아지면서 유모차에 사용하는 스마트폰 거치대까지 등장했다. 이처럼 어린 시기부터 스마트 기기에 중독된 아동들은 우측 전두엽의 활동이 떨어지는 것으로 나타났으며 이는 주의력 결핍장애 등을 겪고 있는 아이들에게 흔히 나타나는 현상이다(SBS 뉴스, 2012.2.19.).

출처: 영아발달(파워북, 2013)

DISCUSSION POINTS

토의요점

01 | 직장을 다니는 엄마들인 경우 자녀가 불안정애착이 형성될까 걱정이 많은데, 맞벌이 부모가정에서 안정애착이 형성되는 데 방해가 되는 환경적요소가 무엇인지 생각해 봅시다. 또한 유급 또는 무급 육아휴직제도가 아동의 안정애착을 형성하는 데 어떤 도움을 줄 수 있는지 생각해 봅시다.

02 | 24개월 이전에 보육시설에 아이를 맡기는 것이 영아기나 걸음마기 아동의 발달에 득이 되는 부분과 실이 되는 부분으로 나누어 토의해 봅시다. 또한, 영아기와 걸음마기의 아동발달에 최적의 환경조건은 무엇인지 생각해 봅시다.

03 | 저출산 문제를 해결하기 위한 가장 최선의 사회적 노력에는 어떤 방법들이 있는지 생각해 봅시다.

Chapter 5

유아기

01 신체발달

02 인지발달

03 정서사회 발달

04 유아기 발달과 가족

유아기는 생후 3년부터 초등학교에 들어가기 전 만 6세 미만의 시기로서, 학령전기에 해당하는 시기이다. 이 시기의 신체발달은 영아기만큼 급속도로 이루어지지는 않으나 꾸준한 성장을 보인다. 유아는 인지발달 측면에서 자기중심적이거나 비논리적 추론 같은 한계를 가지고 있으나 급속한 의사소통 능력의 발달, 자아개념 및 정서조절 능력의 성장과 학습으로 말미암아 보다 다양한 또래관계와 가족관계를 이루게 된다. 또한 이 시기 부모의 특정 양육방식은 유아의 인성 및 사회성에 많은 영향을 미치게 된다.

Chapter

5 유아기

신체발달 1

1) 신체적 성장 및 변화

영아기의 급격한 신체 성장속도에 비해서 유아기의 신체 성장속도는 느린 편이다. 하지만 유아기에도 꾸준한 신체적 성장을 이루는데, 신장은 매년 5~7cm가량 자라며 체중은 2~3kg씩 증가한다. 또한 남아의 신체가 여아보다 조금 더 큰 경향을 보인다. 6세 남아의 평균 신장은 113.3cm, 여아의 평균 신장은 110.4cm이며 남아의 평균 체중은 19.6kg, 여아의 평균 체중은 19.1kg이다.

신장과 체중의 꾸준한 증가는 신체 비율의 변화를 가져와 영아기 때 보이던 큰 머리, 볼록 나온 배, 짧은 팔다리의 모습에서 길고 홀쭉한 모습으로 변화한다. 또한 신체 각 부분의 다른 성장속도는 유아의 신체비율을 변화시키는 원인이 된다. 대체로 여아는 남아보다 지방조직이 많고, 남아는 여아보다 근육조직이 많아지게 된다.

이 시기는 신체 크기에서의 개인차가 영아기나 걸음마기보다 현저하게 나타난다. 하지만 일반적으로 대부분의 유아는 신체비율과 신체적 능력 면에서는 비슷한 특징을 나타낸다.

영아기 때부터 진행되어온 골격의 변화는 유아기에도 지속된다. 2~6세에 약 45개의 새로운 골단 epiphyses 또는 성장센터가 나타나며 연골 속의 성장중추가 단단해

표 5-1 / 소아 발육 표준치(체중, 신장, 머리둘레)

연령	체중(kg)		신장(cm)		머리둘레(cm)	
	남	여	남	여	남	여
2~2.5세	13.14	12.50	89.38	88.21	49.06	48.08
2.5~3세	14.04	13.42	93.13	91.93	49.66	48.71
3~3.5세	14.92	14.32	96.70	95.56	50.10	49.18
3.5~4세	15.91	15.28	100.30	99.20	50.43	49.54
4~4.5세	16.97	16.30	103.80	102.73	50.68	49.82
4.5~5세	18.07	17.35	107.20	106.14	50.86	50.04
5~5.5세	19.22	18.44	110.47	109.40	51.00	50.21
5.5~6세	20.39	19.57	113.62	112.51	51.10	50.34

출처: 질병관리본부, 대한소아과학회. 소아 · 청소년 신체발육표준치 제정위원회(2007년 소아 및 청소년 표준 성장도표)

져 경골화됨으로써 신체적으로 더욱 단단해지게 된다. 의학적으로는 성장센터에 대한 방사선 촬영을 통해 유아의 골격 연령 skeletal age이나 신체적 성숙과정을 측정함으로써 성장장애 진단에 도움을 얻고 있다(Berk, 2007).

또한 유아기 말부터는 유치(젖니)가 빠지면서 영구치가 나기 시작한다. 유치가 빠지는 시기는 유전적 또는 환경적 영향에 따라 다르며 성별에 따라서도 차이를 보인

그림 5-1

신체적 성숙의 비동시성

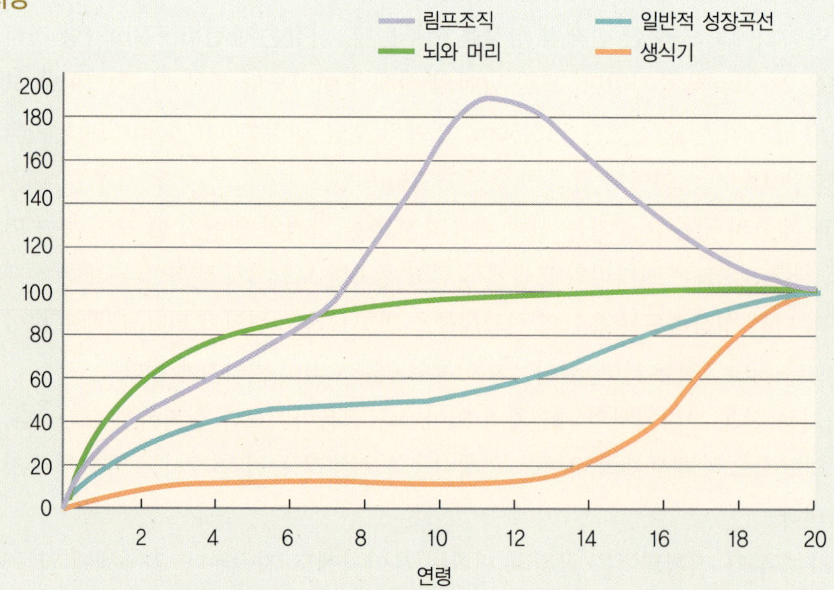

출처 : Berk(2007)

다. 보편적으로 여아가 남아보다 신체발달이 빠르며 유치도 더 일찍 빠진다. 유치는 임시적인 치아이기는 하나 영구치의 건강과 관련이 있으므로 영아기 때부터 이를 잘 닦고 단 음식을 피하는 습관을 갖도록 해주는 것이 필요하다.

한편 신체적 성숙은 비동시적 asynchronous 이어서 신체크기와 다양한 내부기관은 일반적 성장곡선(영아기 때는 급격히 성장하고 아동 초 · 중기에는 완만한 성장을 하다가 청소년기에 다시 급격히 성장하는 패턴)을 보이나, 생식기관은 출생에서 4세까지 서서히 발달하고 아동 중기에 조금 변화하며 청소년기에 급격히 발달하는 패턴을 보인다. 림프샘은 영 · 유아기에는 아주 빠른 속도로 성장하다가, 청소년기에는 성장률이 감소하는 패턴을 보인다. 특히 영 · 유아기에 빠른 속도로 성장하는 림프조직은 병원균의 침입을 막고 영양소의 흡수를 도와 유아의 건강과 생존을 돕는 역할을 한다(Berk, 2007).

2) 두뇌 발달

2~6세에 뇌의 무게는 성인 뇌의 70%에서 90%로 증가한다. 뇌의 무게가 증가하는 것과 더불어 뇌의 신경계는 수많은 시냅스 synapse 형성과 수초화 myelination 가 진행된다. 수초화란 신경섬유에서 정보전달 부위인 축삭이 지방질 세포로 감싸여, 마치 전선에 피복을 입히는 것처럼 결과적으로 신경전달을 신속하게 해주는 변화를 뜻한다. 4세경에는 전두엽 frontal lobe 영역의 시냅스의 수가 거의 어른의 2배가 될 정도로, 유아기 때에는 시냅스가 과잉생산된다. 이런 과잉생산된 시냅스는 두뇌의 가소성과 관련되어 뇌의 특정 부위가 손상되더라도 다른 부위에서 그 기능을 대신 수행해 유아가 특정 능력을 습득하는 데 도움이 되도록 한다.

그러나 유아기 후반에서 아동기에 걸쳐 시냅스의 가지치기 synapse pruning 가 이루어진다. 이는 자극을 거의 받지 않는 뉴런들이 그것들을 연결하는 섬유질을 상실하여 시냅스가 감소되는 현상을 말하는 것으로, 자극을 받는 뉴런들은 구조가 더 정교해지고 보다 많은 공간을 요하나 잘 쓰이지 않는 뉴런들은 사라지거나 밀도가 감소하여 두뇌의 가소성이 줄어들게 하는 역할을 한다. 시냅스의 가지치기는 환경적 자극 여하에 따라 달라진다.

또한 언어처리에 중요한 세 가지 피질영역인 일차청각영역 primary auditory area, 브로카영역(Broca' s area : 언어생성과 관련된 영역), 베르니케영역(Wernicke's area : 언어 이해와 관련된 영역)의 연령 증가에 따른 시냅스 밀도의 변화를 보면, 시냅스 밀도가 생애 첫 3년 동안 증가한 후 시냅스 가지치기로 인해 10세경이 되면 성인 수준으로 떨어진다. 이는 언어이해와 언어산출 능력이 3세 이전에 급속한 발달을 보이나,

사춘기 이후에는 대뇌피질의 가소성이 줄어들며 새로운 언어를 배우는 능력이 감소하게 됨을 나타낸다.

한편 좌반구 · 우반구에서 대뇌피질의 발달 속도가 차이가 나는 것은 각 반구가 담당하는 기능이 분리되어 있으며, 그 기능이 점점 전문화되어 가는 과정(국소화 또는 편재화 : lateralization)임을 나타낸다. 유아기 동안의 국소화 예는 왼손잡이 혹은 오른손잡이에서 살펴볼 수 있는데, 한쪽 손이 우세한 것은 1세 영아들 중 10%에서만 현저히 나타나나 이는 유아기 동안 강화되어 5세 유아의 90%는 한쪽 손을 다른 쪽 손보다 많이 사용한다(Ozturket et al., 1999). 한쪽 손이 우세하다는 것은 숙련된 운동근육의 활동에 있어서 한쪽 뇌, 즉 개인의 우세한 뇌 반구의 수용능력이 크다는 것을 의미한다. '왼손잡이 혹은 오른손잡이는 유전인가?' 하는 논쟁에서는 우세한 손이 결정되는 데는 경험의 영향이 크다는 견해가 지배적이다.

대뇌피질 이외에 뇌의 다른 부분 중 신체 움직임의 균형과 조정을 돕는 소뇌는 대뇌와의 연결 섬유질의 성숙이 4세경에 완성되므로 유아 말기가 되면 운동조정 능력이 크게 증대된다. 또한 척수로부터 받은 정보를 대뇌피질로 보내는 그물처럼 생긴 신경망인 망상체 reticular formation는 민첩성과 의식을 유지하는 역할을 하는데, 유아기를 지나 청소년기에 들어갈 때까지 시냅스를 생성하며 수초화한다. 좌우의 대뇌반구 사이를 연결하는 신경섬유인 뇌량 corpus callosum은 3~6세에 수초화가 최고조에 이르

그림 5-2

언어처리에 중요한 세 가지 피질영역 및 대뇌 편재화

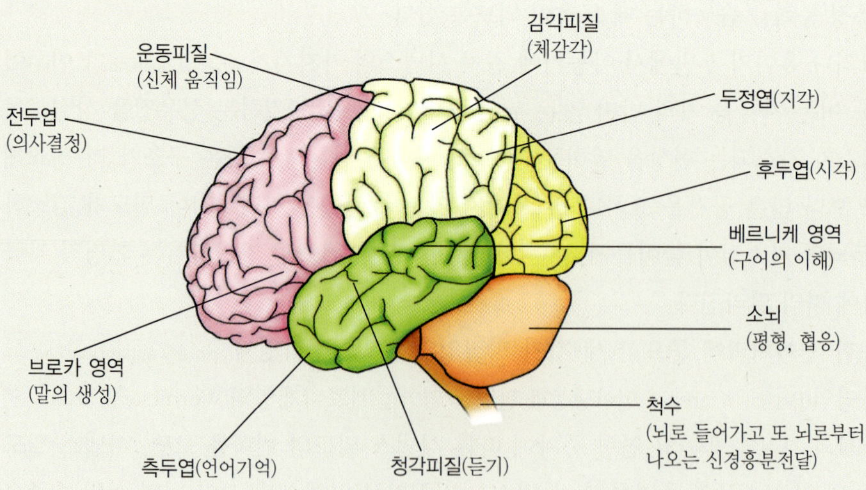

출처 : Shaffer(2007)

고, 아동기와 청년기까지는 느린 속도로 증가한다. 뇌량(좌뇌와 우뇌가 만나는 부분에 활 모양으로 밀집되어 있는 신경섬유 집단)은 사지 협응, 주의 지각, 기억, 언어, 문제해결 등 사고를 통합하는 기능을 한다(Thompson et al., 2000).

3) 신체적 성장 및 건강에 영향을 미치는 요인

유아기의 신체적 성장과 건강에 영향을 미치는 요인은 크게 유전적 요인과 환경적 요인으로 나뉜다. 유전적 요인은 태아기, 영아기에도 영향을 미치는 주요인이고 유아기에도 여전히 중요한 역할을 한다. 환경적 요인으로는 양육자와의 관계나 정서적 안정감, 영양상태, 편안한 수면, 질병 · 상해로부터의 안전 정도 등이 있다.

유전적 요인의 영향으로 부모와 관련된 유전자는 신체의 호르몬 분비를 조절하여 유아의 신체크기나 성장속도에 영향을 미치게 되는 것을 들 수 있다. 특히 뇌하수체 pituitary gland에서 분비되는 성장 유도 호르몬인 성장호르몬growth hormone과 갑상선자극호르몬 thyroid-stimulating hormone은 유아의 정상적 발달과 신체 크기에 영향을 미친다. 또한 유전적 영향의 예로 인종에 따라 신체 성장속도에 차이가 나기도 하는데, 흑인이 백인에 비해 성장속도가 빠른 편이다.

한편 유아의 신체적 성장이나 건강은 영양상태나 수면습관에 의해 영향을 받는다. 특히 유아기는 많은 유아가 편식을 하는 시기이다. 이 시기에 편식을 하는 이유는 유아의 성장속도가 느려졌기 때문이므로 유아가 새로운 음식이나 먹는 양이 일정하지 않은 것은 어느 정도 당연한 일이라고 할 수 있다. 그러므로 유아가 적게 먹더라도 영양가 높은 음식을 먹여야 하며, 특히 단백질 · 칼슘 · 비타민 등 영양소를 골고루 섭취하도록 해야 한다. 지방이나 염류, 당분이 많은 음식은 소아비만이나 성인병의 조기 발병과 관련이 있으므로 적절한 양을 섭취하도록 해야 한다. 또한 수면습관도 중요한 요인인데, 특히 아이가 잠자고 있는 동안 성장호르몬이 분비되므로 충분한 잠과 안정적인 수면습관은 유아의 성장발달을 돕는 역할을 한다. 유아기에는 총 수면시간이 줄어드는데 4~6세는 10~11시간 정도 잠을 자며, 어린 유아는 낮잠을 1~2시간 자기도 한다. 유아는 때때로 밤에 악몽을 꾸거나 공포감을 보이기도 하는데 현실과 환상을 구별하기 어려운 인지적 특성 및 많은 신체적 활동량 때문인 경우가 대부분이므로, 유아가 잠들기 전에 안정적인 정서 상태로 잠들 수 있도록 조용한 환경을 조성해 주고 음악이나 이야기 등을 들려주는 것도 도움이 된다.

영아기와 마찬가지로 유아기에도 정서적 안정감이나 스트레스 정도는 유아의 신체성장에 영향을 미쳐 부모의 불화나 이혼, 경제적 빈곤으로 인한 심한 스트레스 상황은 유아의 성장호르몬의 생성을 방해하여 심리사회적 왜소증psycho-social dwarfism을 초래할 수 있다. 이 왜소증은 신장이 아주 작고 호르몬 분비가 감소하고 연령에 비해 골격이 미성숙하고 적응에 문제를 가지는 증상을 보인다.

또한 유아기에 노출될 수 있는 각종 질병이나 상해는 유아의 생명 및 건강을 해칠 수 있는 주요인이 되기도 한다. 홍역, 볼거리, 풍진, 수두, 호흡기질환 등은 유아의 건강과 성장을 방해하는 질병들이다. 그러므로 적절한 시기에 면역접종을 하고 질병을 예방하기 위한 건강관리 수칙들을 지켜야 한다.

유아기에 일어나는 각종 안전사고는 유아의 생명과 건강을 위협하는 요소로서, 안전하지 못한 주거환경이나 교통환경, 바쁜 생활로 말미암은 부모나 양육자의 관심 · 감독의 소홀, 유아의 제한적인 인지 특성 등으로 일어나는 경우가 많다. 특히 남아, 여아에 따른 차이도 있어 활동성이 강하고 모험을 즐기는 남아가 여아보다 1.7배 정도 높은 안전사고를 나타낸다(한국보건사회연구원, 2004).

그러므로 유아를 위한 안전사고 예방법과 예방대책이 더 강화되어야 하며 부모나 양육자는 유아의 인지적 · 행동적 특성을 더 많이 알고 주의 깊게 관찰 · 감독해야 한다. 특히 유아기에는 유아교육기관에서 유아를 대상으로 안전교육을 실시하는 것이 필수적이며, 안전사고에 대한 인식과 예방행동 숙지를 할 수 있도록 유아의 눈높이에 맞춘 교육이 필요하다.

표 5-2 / 사망의 외인에 의한 연령별 사망률 추이, 2013~2014년

(단위: 인구 10만 명당)

연 령 (세)	2013년 (명)	2014년 (명)	사망의 외인						
			운수[1] 사고	추락[2] 사고	익사 사고	화재 사고	중독 사고	자 살	타 살
0	13.8	12.4	1.7	1.4	1.0	–	–	–	1.4
1–9	5.0	4.0	1.2	0.6	0.4	0.1	0.0	0.0	0.9

1) 운수사고는 사람이나 화물을 운반하기 위한 기계장치와 관련된 사고를 의미하며 육상, 수상, 항공의 교통 및 비교통 사고(논밭의 트랙터 사고 등)를 포함
2) 미끄러지거나 넘어지는 사고를 포함

출처: 통계청(2014)

4) 운동능력

(1) 대근육 운동능력

유아는 그동안 발달된 단순한 동작들을 기초로 보다 복잡하고 다양한 역동적인 운동능력들을 발달시키게 된다. 이는 상체가 가벼워지고 무게의 중심이 몸통의 아래쪽으로 이동하여 균형감각이 크게 발달하면서 가능해진다. 이전보다 안정된 달리기, 뛰어오르기, 뛰어내리기, 깡충깡충 뛰기뿐만 아니라 공 던지고 받기, 세발자전거 조종하기, 그네타기 등을 할 수 있게 된다. 즉 영아기에는 자신의 신체적 움직임 자체를 발달시켰다면, 유아기에는 그러한 움직임을 정교화하면서 다른 물체와 신체적 움직임 간의 관계와 관련된 기술들을 발달시킨다. 2세 유아는 던진 공을 잡을 때 두 발을 모아 선 채 팔을 뻗기 때문에 공을 제대로 잡지도 못하고 던지지도 못한다. 3세 유아는 가슴으로 받으려고 팔을 다소 구부리기는 하나 몸을 적절히 움직이지 않아 잡기가 힘들다. 4~5세 유아는 몸체를 돌려 공을 던지고 손으로 공을 잡게 된다. 5~6세경에는 팔꿈치뿐만 아니라 어깨를 움직이고 공의 움직임에 따라 몸체의 중심을 이동시키면서 가슴 대신 손이나 손가락으로 공을 잡게 된다. 유아기 후반으로 갈수록 신체와 물체의 협응이 원활해져 유아는 공, 자전거, 스케이트, 그네 등 각종 운동 도구에 흥미를 나타내거나 열심히 연습하려 한다. 유아기의 대근육 운동능력은 이후 아동기의 운동능력 발달에 영향을 미치며 사회적 활동에 참여하는 데 중요한 기반이 된다.

인라인 스케이트 연습을 하는 유아

(2) 소근육 운동능력

유아기 동안에는 손과 손가락의 조정능력이 발달하기 때문에 유아는 블록 쌓기, 퍼즐 맞추기, 자르고 붙이기, 그림 그리기, 구슬 꿰기 등의 세밀한 활동을 할 수 있게 된다. 이에 따라 유아가 자신의 신변을 돌보는 자조기술과 그림그리기, 색칠하기 등과 같은 미적 활동들도 더욱 정교해지고 다양해진다. 2세 유아는 간단한 의복을 입고 벗으며, 3세경에는 스스로 용변을 볼 수 있게 된다. 4~5세에는 도움을 받지 않고 옷을 입고 벗을 수 있고, 식사 때 숟가락을 사용하여 혼자서 먹을 수 있다.

유아는 자조기술의 습득을 통해 심리적 만족감과 자부심을 느끼게 되며 다른 새로운 기술들을 습득하는 데 동기부여가 된다. 그러나 유아의 자조행동은 때로는 능숙하지 않고 실수가 있으므로 어른들의 인내심이 필요하다. 즉, 유아가 자조기술을 습득하도록 하기 위해서는 성인은 유아에게 모범을 보이고 유아가 연습할 수 있는 시간적 여유를 주며 재촉하지 않고 기다려주어야 한다.

유아의 정신적 표상능력이 발달하면서 종이에 무언가 끄적거릴 수 있게 된다는 것은 중요한 의미를 갖는 다. 즉, 유아가 그림을 그릴 수 있게 된다는 것은 그림이 상징의 역할을 할 수 있음을 이해하고, 넓은 시각적 조망을 갖게 하는 계획하기와 공간에 대한 이해능력이 발달되어야 함을 뜻한다. 그러므로 유아가 그림을 그리는 것은 소근육 운동능력 발달과 인지발달에 도움을 줄 수 있다. 2세경의 유아는 끄적거리는 표현을 하면서 제스처를 취하기도 한다. 3~4세에는 어떤 모양을 그리고, 4~5세에는 알아볼 수 있는 그림을 그린다. 유아의 자유롭고 창의적인 표현은 운동능력 발달이나 인지발달뿐만 아니라 스트레스 해소와 정서 발달에도 도움을 줄 수 있다.

혼자 옷을 입어보려는 유아

(3) 운동능력의 개인차

운동능력에도 개인차가 있다. 특히 정교한 작업이나 시각과 손의 협응이 필요한 과제에서는 유아가 실패와 좌절을 할 수 있다. 그러므로 운동능력을 발달시킬 수 있는 기회를 주고 적절한 도구를 제공하며 격려를 해주어 성공할 수 있는 시간적 여유를 주는 것이 필요하다.

그림 5-3
연령에 따른 그리기 능력의 발달

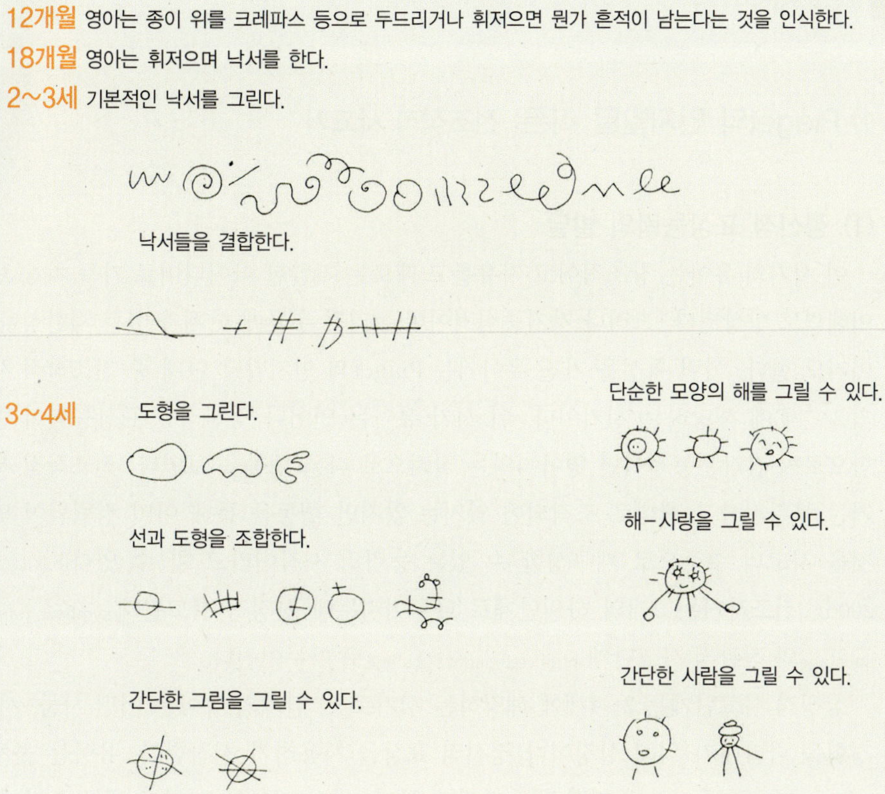

출처 : 박성연(2006)

운동능력은 성에 따른 차이를 보여, 힘과 능력이 더 필요한 기술들은 여아보다 남아가 더 먼저 발달하여, 남아는 달리기나 뜀뛰기 등 대근육 운동에서 두드러진 발달을 보인다. 그러나 여아는 미세한 근육의 운동능력과 깡충 뛰기처럼 몸의 균형과 발 움직임의 연합이 필요한 대근육 운동능력이 남아보다 우세하다.

개인차나 성차는 타고난 유전적 요인에 의한 것이기도 하나 유아를 둘러싼 환경에 영향을 받기 때문에 운동능력을 연습할 기회나 격려 그리고 문화권의 특성에 따라 개인차가 나타난다.

2 인지발달

1) Piaget의 인지발달 이론: 전조작적 사고기

(1) 정신적 표상능력의 발달

이 시기의 유아는 창조적이고 자유롭고 때로는 기발한 아이디어로 가득 차 있으며 이해력도 향상된다. 그러나 자기중심적이며 논리적 추론에 한계가 있는 제한성을 보이기도 한다. 이런 특성을 가진 유아기는 Piaget의 인지발달 단계 중 전조작적 사고기(2~7세)에 해당하는 시기이다. 이 시기 유아는 언어나 정신적인 표상능력이 발달함으로써 감각운동적이던 영아기와는 질적으로 다른 행동을 보인다. 전조작적 사고기는 불완전하고 제대로 조직되어 있지는 않지만 행동을 통해 이미 정립되어 있는 것을 사고의 수준으로 재구성할 수 있는 능력의 시작이라고 할 수 있다(Santrock, 2006). 전조작기는 2개의 하위단계로 나누어지는데 상징적 사고단계 symbolic function substage와 직관적 사고단계 intuitive thought substage로 나누어진다.

상징적 사고단계는 2~4세에 해당하는 시기로 이 단계의 유아는 어떤 사물, 사건, 경험을 나타내기 위해 상징이나 정신적 표상을 사용하기 시작한다. 유아는 물체를 지칭하는 단어나 형태, 이미지를 알고 있기 때문에 자기 눈앞에 현재 어떤 사물이나 그것에 관련된 단서가 없어도 어떤 물체의 특성과 모습을 그려내고 단어로 표현할 수 있다. 예를 들면, 며칠 전 동물원에 갔다 온 한 유아는 집에서 그림책에 나온 돌고래를 보며 "동물원! 동물원!" 하며 외친다. 즉, 이 유아는 동물원에서 보았던 돌고래를 기억하고 동물원에 대한 심상을 떠올린 것이다. 이런 표상을 사용하는 능력이 발달함에 따라, 유아는 행동하기 전에 예상되는 결과를 예측해 보고 행동하는 목표지향적 행동이 발달하며 이에 따라 시행착오는 점차 줄어든다.

가상놀이 하는 유아

또한 상징적 사고력의 발달로 가상놀이를 많이 하며 전에 보았던 것을 기억했다가 나중에 모방하는 지연모방이 나타난다. 그리고 종이에 무언가 열심히 끄적거리며 "나비야 안녕!" 하고 중얼거리는 모습도 보인다. 물활론적인 사고를 가지고 있어 무생물이 생명체적인 특성을 갖고 있다고 생각하기도 한다. "달님이 얘기했어. 내일 또 올 거라구" 하며 자연스럽게 얘기하는 유아를 쉽게 만나볼 수 있다.

전조작적 사고기의 후기 단계인 직관적 사고단계는 4~7세 유아에 해당한다. 이 시기의 유아는 원시적인 추론을 하기 시작하여 보이는 대로 사물이나 현상을 이해하려 하며 모든 종류의 질문에 대한 답을 알고 싶어하기도 한다. 즉 보존개념, 분류능력, 서열화 능력에서 한계를 보이며 사고는 비논리적이다. 또한 끊임없이 "왜?" 라는 질문을 하기도 한다. 그러나 사물에 대한 탐색활동, 사람과의 상호작용, 경험에 대한 사고과정을 통해 능동적으로 여러 가지 개념이나 정신적 조작에 대한 이해를 구축해 간다.

(2) 전조작적 사고기의 한계점

① 자기중심적 사고와 물활론적 사고

유아기 사고의 가장 두드러진 제한점은 유아가 자신의 관점과 타인의 관점을 구분하지 못하는 자기중심적 사고를 한다는 것이다. Piaget에 의하면 유아는 자신의 관점에만 초점을 두는 사고의 중심화 경향으로 인해 다른 사람의 관점을 이해할 수 없다. 이런 유아의 특성을 Piaget는 "세 개의 산three mountains 과제"로 설명한다. 널빤지에 크기와 모양이 다른 세 개의 산 모형을 배치한 후 유아로 하여금 그 주위를 돌아보게 하여 모양과 크기 등 산의 모습을 보도록 한다. 그 후 한쪽 면 의자에 유아를 앉게 한 후 다른 한쪽 면에는 인형을 앉힌다. 그리고 유아에게 인형이 보는 산의 모습이 어떤 것인지 몇 개의 그림 중 고르게 하면 3~4세 유아는 인형이 보는 위치에서의 산의 모습을 고르는 대신, 자기가 보는 산의 모습을 선택한다. 따라서 전조작적 사고기의 유아는 자기중심적으로 사고한다고 할 수 있다. 그러나 이 실험은 유아에게 친숙하지 않고 어렵기 때문에 그런 결과가 나온 것이라는 비판도 있다. 실생활에서 2~3세 유아도 친구들 앞에서 자기 그림을 설명할 때는 친구들이 그림을 볼 수 있도록 배려한다는 것으로 보아 과제의 친숙성에 따라 유아의 자기중심성도 다르게 나타남을 알 수 있다(박성연, 2006). 또한 이 시기의 유아는 무생물에도 생명이 있다고 믿는 "물활론적 사고"를 하기 때문에 때로는 유아의 이야기가 비논리적으로 들리기도 한다. 유아의 이러한 사고 특성은 상상력을 더욱 풍부하게 해주는 역할을 하기도 한다.

② 비논리적 사고

Piaget는 전조작적 사고기의 유아는 일련의 사건이나 정보의 주된 요소에 초점을 맞추지 못하기 때문에 어떤 사건의 원인과 결과를 논리적으로 사고하지 못한다고 하였다. 예를 들어, 어떤 유아는 자신이 아끼는 신발을 잃어버린 것이 자기 마음씨가 나쁘기 때문이라고 생각한다. 이렇듯 관계없는 사건들을 관련지음으로써 상황에 적절하지 않은 감정 표현을 하기도 한다. 그러나 익숙하고 구체적인 상황에서는 3세 유아일지라도 원인과 결과 간에 논리적 연결이 가능하다는 보고도 있다(Gelman, Bullock, & Meck, 1980).

③ 보존개념 이해의 제한성

보존개념은 외형적으로 변화되어도 원래의 상태에 아무것도 더하거나 감하지 않으면 수, 양, 무게, 질량, 부피가 변화되기 이전과 동일하다는 개념이다. Piaget에 의하면 전조작적 사고기의 유아는 이 보존개념을 이해하지 못한다. 예를 들어, 유아 A와 B는 똑같은 모양과 개수의 사탕을 받았다. 그러나 유아 A가 사탕을 바닥에 흩트

그림 5-4

Piaget의 보존과제

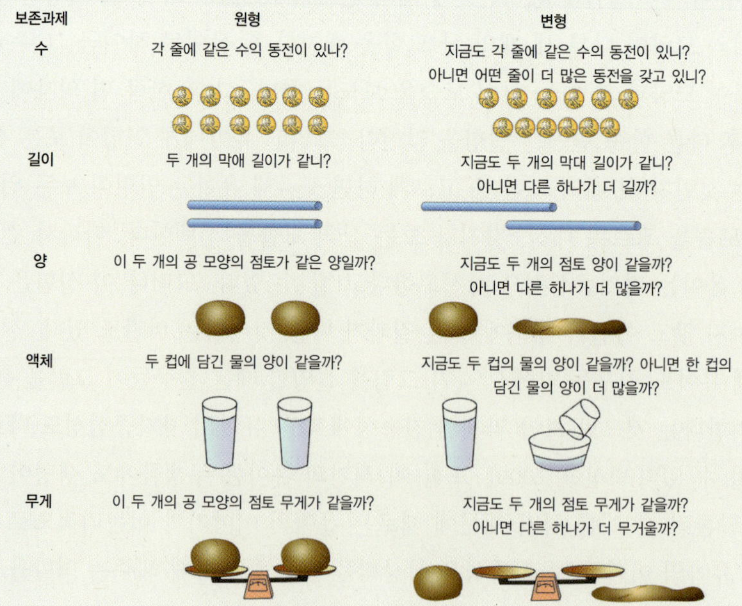

출처 : Berk(2007)

려 놓자 유아 B는 "A가 더 많잖아요" 하며 울음을 터뜨려 버렸다. 이런 행동은 유아 B가 아직 수에 대한 보존개념의 이해가 안 된다는 것을 뜻한다. 이런 현상은 수, 길이, 양, 무게에 대해서도 나타난다.

유아가 보존개념을 갖지 못하는 것은 자기중심화 경향, 비가역적 사고, 외양과 실체의 구별이 힘든 점, 변환이 이루어지는 과정보다는 변환된 마지막 상태나 결과에만 관심을 두는 전조작적 사고기의 특징에 기인한다.

④ 위계적 분류능력의 제한성

유아는 논리적 사고력, 즉 사물의 공통점과 차이점을 인식하는 능력 및 상위유목과 하위유목 간의 포함관계 이해가 부족하여 위계적 분류능력에서 제한성을 보인다. 어린 유아일수록 분류하는 기준이 복잡하면 쉽게 산만해져서 분류하기를 힘들어한다. 그러나 분류하는 대상의 친숙성 정도에 따라 3세 유아도 분류를 잘하는 것으로 보고되어 있다(Waxman & Gelman, 1986). 또한 단순한 과제의 경우, 3~4세경에는 한 가지 기준(색 또는 모양)에 의해 물체를 집단으로 분류할 수 있는 능력을 보이며, 4~5세경에는 두 가지 이상의 기준(색과 모양)에 의한 분류도 가능해진다. 그러나 4~5세 유아는 길이가 다른 여러 개(6~8개 이상)의 물체를 순서적으로 나열하는 서열화 과제에서는 사물 간 관련성을 잘 이해할 수 없기 때문에 길이 순서대로 정리하는

그림 5-5
서열화

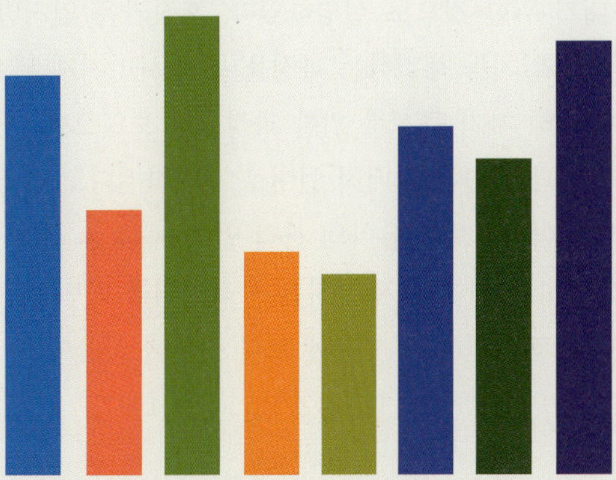

유아는 6개 이상의 길이가 다른 막대를 2~3개 정도는 길이 순서대로 나열하나, 여섯 개 모두를 순서대로 나열하지는 못한다.

출처 : 박성연(2006)

데 어려움을 나타내는 비일관성을 보인다.

⑤ 외양과 실체 구별능력의 제한성

Piaget에 의하면 5~6세 이전의 유아는 사람과 사물을 이해할 때 모양 · 크기 · 외양이 변해도 같은 것이라는 본질에 대한 인식, 즉 겉으로 그렇게 보이는 것과 실체 간의 구별능력이 부족하다. 예를 들어, 동물 모습이나 만화 캐릭터의 모습으로 분장한 사람을 보면 유아는 겉으로 보이는 모습과 실제의 모습을 구분하지 못해 두려워하거나, 혹은 자신이 좋아하는 동물이나 캐릭터라고 믿고 마냥 좋아하는 표정을 나타낸다. 그러나 유아가 외양과 실체를 구분하는 과제 수행에 어려움을 경험하는 것은 Piaget의 설명처럼 외양과 실체를 구분하지 못하기 때문이 아니라 과제에서 사용되는 언어를 이해하는 데 어려움이 있기 때문이라는 보고도 있다(Deak, Ray, & Brenneman, 2003).

2) Vygotsky의 인지발달 이론: 유아기 인지발달에 대한 사회문화적 영향

(1) 유아의 사적 언어

Piaget는 유아의 혼잣말을 자기중심적 언어라 명명하며, 유아가 타인의 관점을 수용하는 데 어려움이 있기 때문에 누군가 듣고 이해하는가를 상관하지 않은 채 자신의 생각을 쏟아내기 위한 것으로 설명하였다. 혼잣말은 인지발달과 사회적 경험을 통해 특히 또래와 불일치를 해결하는 과정을 통해 사라지게 된다. 한편 Vygotsky는 유아의 혼잣말에 대해 자기 규제를 위한 과정으로 보았으며, 연령이 증가하면서 유아의 혼잣말은 자신과 대화하는 내적 언어로 내면화된다고 하였다. 즉, 유아의 혼잣말은 자기중심적 언어라기보다 유아의 사적 언어 private speech로 이해해야 한다(Berk, 2007). Berk와 Spuhl 외의 여러 연구자는 사적언어를 빈번히 사용하는 유아가 그렇지 않은 유아보다 도전적인 과제 수행에 보다 주의를 기울이며 성공적이라고 주장한다(Berk & Spuhl, 1995 ; Winsler, Diaz, & Montero, 1997).

(2) 유아기 인지발달에 대한 사회문화적 영향

Vygotsky는 유아의 인지발달은 근접발달영역(혼자 해결하기는 어려우나 유능한 타인의 도움을 받아 해결할 수 있는 과제 영역) 내에서 일어난다고 하였다. 즉 유아의 인지 발달은 유능한 성인이나 또래와의 효율적인 사회적 상호작용을 통해 이루어지며, 이 과정에는 상호주관성 intersubjectivity이 필요하다. 상호주관성이란 서로 다른 이해를 갖고 상호작용을 시작했다 하더라도 결국 공통된 이해에 이르는 과정을 의미하는 것으로, 어머니와 아기가 서로 응시하고 정서적 교감을 나누는 어린 시기부터 시작될 수 있다. 언어발달은 상호주관성을 촉진하며 결국 대화를 통해 유아는 타인의 도움을 더 많이 요구하게 된다. 3~5세의 유아도 또래의 말에 동의를 표하고 새로운 아이디어를 더하여 놀이가 지속되도록 가능한 한 상호협조와 기여를 한다. 이러한 과정에서 서로의 관점을 공유하고자 노력하며 서로의 근접발달 영역을 만들어간다(Berk, 2007). 또한 학습 시 유아의 현재 성취수준에 맞게 지지를 적용하는 비계설정 scaffolding은 일단 유아가 이해하기 시작하면 도움을 줄여 유아 스스로 성취해 내도록 하는 기회를 제공함으로써 유아의 문제해결 능력 같은 지적발달을 돕게 된다.

3) 정보처리 이론

정보처리 이론은 인간이 어떠한 과정을 거쳐 감각적 정보를 이해하고 사용하는가에 관심을 갖고 있는 이론으로서, 정보를 입력하고 반응을 산출하기까지의 과정에서 나타나는 입력과 산출의 관계 및 정보처리의 효율성 등에서 나타나는 발달적 차이를 규명하고자 한다.

유아기에는 자신의 행동을 안내하는 능력이나 정신적 표상능력이 보다 더 발달하게 되는데, 이를 통해 효과적이고 융통성 있는 주의집중 능력과 정보처리 능력 및 문제해결 능력이 나타난다. 그러나 아직까지 유아는 학령기 아동보다는 과제에 집중하는 시간이 짧고 쉽게 주의를 다른 곳으로 돌리는 등 정보에 대한 주의집중력, 기억용량, 기억전략 등 여러 정보처리 능력이 제한적이다.

유아는 눈에 띄는 자극에는 곧 주의를 기울이나 주의력은 쉽게 분산된다. 또한 물체나 과제의 핵심에 초점을 맞추지 못하고 불완전하고 비체계적인 방법으로 탐색한다. 전반적인 지식이 부족하여 무엇을 어떻게 기억 · 회상해야 하는지 잘 모르기도 한다. 특히 기억용량, 기억방법이 충분하지 않을 뿐 아니라 반복적인 암송 등 기억방법을 알려준다 해도 그때마다 알려주지 않으면 효율적인 전략을 자발적으로 활용하지 못한다. 이는 어떤 전략이 어떻게 유용하게 쓰일 수 있는지를 모르기 때문이며, 유아의 작업 기억용량이 전략 사용을 감당하지 못하기 때문이다. 아동에게 일련의 숫자를 제시하고 이를 기억하게 하는 수 기억과제를 통해 유아의 작업 기억용량의 범위를 알아본 결과, 2세 반경에는 2개의 숫자를, 7세에는 5개의 숫자를 기억하는 것으로 나타났다(Kail, 2003).

유아는 새롭거나 혹은 어려운 문제를 해결하기 위해 우선은 다양한 전략을 시도해 보면서 어떤 전략이 효과적인가 또는 비효과적인가를 확인하고, 점차 가장 정확한 해결 전략을 찾아내어 마침내 쉽게 옳은 답을 말하게 된다. 처음에는 물건을 헤아릴 때 일일이 다 세어보나 시간이 경과하면 점차 덧셈을 사용하여 계산해 낼 수 있게 된다. 즉 문제를 해결하기 위한 전략은 그 사용횟수가 증가했다가 감소하는데, 이는 유아가 어떤 전략이 가장 효과적인가를 확인하는 과정이다. 이런 중복파동을 그리면서 유아는 가장 효과적인 전략을 발견하게 된다. 그러므로 유아의 문제해결 능력을 발달시키기 위해서는 연습, 새로운 도전, 성인의 도움 등이 필요하며 다양한 방법을 시도해 어떤 전략이 효과적인지 아닌지를 유아로 하여금 경험해 보게 하는 것이 중요하다.

4) 언어능력

유아기의 언어발달은 급속하며 획기적인 진전을 보인다. 유아기의 급속한 언어능력의 발달은 유아가 세상을 이해하고 상호작용하며 자신을 표현하는 데 중요한 역할을 한다.

(1) 어휘력 및 문법

3~5세의 유아는 폭발적인 어휘력의 증가를 보여 평균 매달 약 50개의 새로운 단어를 습득함으로써 3세에는 900~1,000개, 4세에는 1,500~1,600개, 5세에는 2,100~2,200개, 6세에는 2,600개의 단어를 말하고 20,000개 이상의 단어를 이해한다(Papalia, Gross, & Feldman, 2003). 어떻게 유아는 이렇게 빨리 새로운 어휘들을 습득할 수 있는가? 유아는 새로운 단어를 접하면 그 단어와 단어가 갖고 있는 의미를 연결시킬 수 있는 순간설정 fast mapping을 하기 때문인 것으로 학자들은 설명한다(Akhtar & Montague, 1999). 이와 관련하여, 보편적으로 행동을 나타내는 동사보다는 사물의 이름인 명사를 강조하는 문화권(주로 서구권)에서는 명사를 더 빨리 습득한다(Bloom, 1998).

유아기에는 문법도 상당히 발달하는데 매년 문장의 길이가 증가하게 되어 간단한

몇 개의 단어만을 사용하던 문장이 더욱 복잡한 수준의 문장으로 발전한다. 3세에는 복수, 소유물, 과거시제, 형용사, 부사, 대명사, 전치사 등을 알지만 문장의 길이는 짧고 단순하며 문법적으로 틀리는 경우도 있다. 그러나 4~5세 유아는 4~5개 단어로 된 문장을 구사하고 접속사 또는 절을 포함한 복문을 사용하며, 평서문은 물론 부정문, 의문문, 명령문을 사용한다. 5세 이후에는 수동태의 문장과 능동태의 문장을 사용하기 시작하지만 복잡한 문장의 경우는 그 의미를 잘못 이해하는 경우도 있다. 이러한 문법 규칙의 습득은 40개 이상의 다른 언어권을 대상으로 유아의 언어발달 과정을 연구한 결과(Slobin, 1985), 모든 언어권의 유아가 동일한 패턴과 기본전략을 사용하여 언어발달을 이루어 나가는 것으로 보고하여 언어발달의 보편성을 시사하고 있다.

(2) 의사소통 능력

다른 사람과의 의사소통은 사회적 관계의 기초가 되며 유아에게는 자신의 욕구를 표현하고 가족, 또래와의 관계를 형성하는 데 중요한 역할을 한다.

2세 유아는 다른 사람과의 관계에서 자신의 의사를 표현하려고 애쓰나 그 주제로 대화를 계속 이끌어가기는 힘들다. 그러나 3세는 말이 많아지고 상대방이 알아듣는가에 대해 관심을 두기 때문에 상대방 역시 유아의 말을 알아듣기 쉽다. 4세경에는 자신보다 어린 아기에게 말할 때는 단순하게 말함으로써 상대방의 연령에 따라 대화방식을 조절한다. 5세가 되면 상대방이 아는 내용에 맞추어 자기가 하는 말을 조절하며, 자기가 알거나 관심을 가지고 있는 내용에 대해 상대방과 편안하게 대화를 주고받는다(Owens, 1996).

그러나 상위 의사소통 능력 meta communication(의사소통이 이루어지는 과정에 대한 지식)이 덜 발달하여 자기가 들은 내용을 이해하지 못해도 잘 이해하지 못한다는 것을 모른다. 따라서 유아와 대화를 나눌 때는 유아가 당연히 이해할 것이라고 생각하지 말고 구체적으로, 반복적으로 주지시켜야 한다.

성인의 직접적인 가르침 없이 자연적으로 언어를 터득하게 되는 것으로 보아 언어 습득은 선천적이기는 하나, 의사소통 능력의 발달은 아동의 경험과 환경에 의해 영향을 받는다. 따라서 성인과의 상호작용이나 언어능력이 더 발달한 아동과의 놀이는 유아의 의사소통 능력을 발달시키는 데 중요하다.

(3) 유아기 언어발달을 촉진하기 위한 도움

언어적으로 유능한 성인 또는 부모와의 상호작용은 유아의 언어발달에 중요한 영향을 미친다. 즉 양육자나 부모는 유아의 언어 능력을 촉진하기 위해 보다 세심한 피드백을 줄 필요가 있는데 이러한 피드백에는 유아가 말한 것을 다시 표현해 주는 변경하기 recasting, 확장해 주기 expanding, 명명하기 labeling 방법 등이 있다. 유아가 부정확하게 말한 것을 다시 표현해 주는 방법은 "강아지가 어제 짖고 있어"라고 말했을 때 "그래, 강아지가 언제 짖는 것을 보았니? 음… 어제 짖는 것을 보았구나" 라고 말해 주며 유아의 관심사를 우선 표현하게 하고, 유아가 말한 것을 설명을 통해 좀 더 부연하는 것이다. 그러나 과도하게 지시적으로 아이들과 대화하는 것은 오히려 해로울 수 있다. 또한 확장해 주기 방법은 유아의 단순한 표현을 좀 더 복잡하고 정교하게 확장해 주는 것으로 아이가 "저기 공이 굴러가요" 하면 "그래, 골목길 아래로 빨간색 공이 데구르 굴러가네" 라고 확장해 줌으로써 유아가 자연스럽게 정확한 표현에 익숙해지도록 하는 것이다. 명명하기 방법은 사물의 이름을 명명해 주는 것으로, 어휘를 많이 획득하는 시기에 도움을 줄 수 있다(Santrock, 2006). 그러나 언어발달을 촉진하는 방법들은 유아의 언어적 실수를 지적함으로써 유아로 하여금 말하는 것에 대한 두려움을 갖게 할 수도 있으므로 주의해서 사용해야 하며, 유아가 또 다른 언어적 표현을 경험하고 시도할 수 있는 기회로 활용되어야 한다. 또한 풍부한 언어적 환경을 제공하여 유아가 자연스러운 상황에서 말하고 듣고 표현할 수 있도록 격려하는 것이 필요하다. 무엇보다 성인 또는 부모는 유아의 말을 주의 깊게 많이 들어주고 올바른 언어 모델이 되어 주어야 한다.

3 정서사회 발달

1) 정서 발달

(1) 정서의 개념과 기능주의적 관점

정서적인 상태를 정확히 구분하는 것은 어려우므로 정의하는 데 어려움이 있으나 정서는 심리적인 각성(예: 빠른 심장박동), 의식적인 경험(예: 누군가와의 사랑에 대해 생각하는 것), 행동적 표현(예: 얼굴의 미소 또는 찡그림)을 불러일으킬 수 있는 느낌 또는 감정으로 정의될 수 있다(Santrock, 2006).

정서에 대한 최근의 연구는 정서를 개인 내적인 특성으로만 이해하지 않고 개인 간의 관계에서 특별한 맥락적 요구에 적응하고자 하는 개인의 시도로부터 나타나는 반응으로서 기능주의적 의미를 가진 것으로 이해하고 있다(Campos, 2001). 즉 정서는 대인관계에서 일어나며 목적지향적인 것으로 정서표현을 통해 다른 사람에게 자신의 감정상태를 알려주는 한편, 사회적 관계에서 자신의 행동을 조절하기도 한다. 예를 들면, 아기는 엄마를 보면 반갑다는 표시로 미소를 지으며 다가가려 한다. 이때 엄마가 무반응적이면, 아기는 울거나 화를 내며 슬그머니 피하기도 한다. 또한 자신이 목표로 하는 행동은 특정 정서를 불러일으키기도 한다. 예를 들면, 상대방의 위협을 피하고 싶다고 생각하면 두려움을 느끼게 되며, 감추고 싶은 행동이 있으면 수치심을 느끼게 된다. 따라서 유아의 정서발달은 또래관계, 부모자녀관계 및 다른 사회적 발달특성과 밀접하게 관련된다.

(2) 정서 이해

유아기에는 정서표현 어휘가 급격히 발달하며, 자신과 타인의 감정의 원인과 결과를 이해하거나 표현한다. 특히 유아기 초기에는 정서의 원인 · 결과 · 행동적 신호에 주의를 기울이고, 이는 시간이 지나면서 더욱 정확하고 복잡해진다. 4~5세 정도의 유아는 "엄마가 보고 싶어서 슬퍼요," "그 친구는 인형을 가지고 있어서 행복해요" 라고 정서의 원인을 정확하게 판단한다. 또한 유아는 친구가 정서를 분명하게 표현하면 어떤 행동을 할 것인지를 예측할 수 있다. 4세가 되면 화난 아이는 누군가를 때리고 행복한 아이는 즐겁게 나눠 갖는다는 것을 안다. 뿐만 아니라 유아는 다른 사람의 부정적인 감정을 없애주는 방법도 생각해 낼 수 있다. 그러나 유아는 서로 다른 모순된 단서가 있는 상황은 잘 이해하지 못하기 때문에 주로 상황보다는 정서에 근거하여 이해한다. 예를 들면, 부서진 자전거와 행복한 모습의 사진을 보여주고 어떤 일이 일어났는지 물으면 4~5세 유아는 "그 아이는 행복해요. 자전거 타기를 좋아하니까요" 라고 대답하나, 더 나이 든 아동은 "그 아이는 행복해요. 아빠가 자전거 고쳐주기로 했으니까요" 라고 대답한다.

사회적 경험 또한 유아의 정서이해에 영향을 미치는데, 특히 자녀의 정서적 반응을 이해하고 다양한 정서를 가르치는 부모의 자녀는 다른 사람의 정서를 더 잘 판단할 수 있다(Denham & Kochanoff, 2002). 이러한 부모와 자녀 간의 정서이해에 대한

유아의 정서 이해

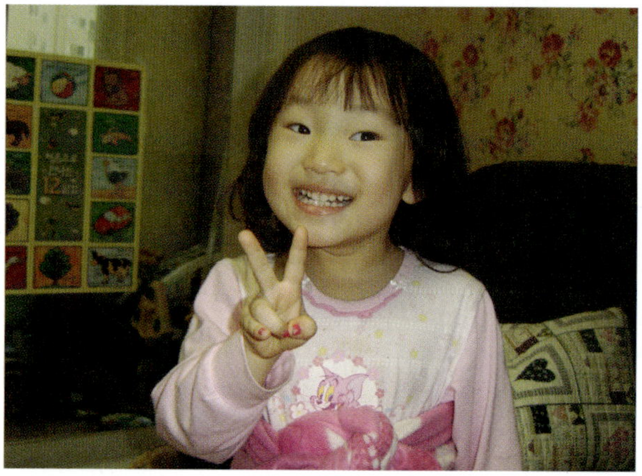

자부심을 표현하는 유아

대화는 성숙한 의사소통 기술을 모델링하는 동안 아동이 정서의 원인과 결과에 대하여 더 잘 이해하고 적절한 행동과 표현을 할 수 있도록 돕는다.

(3) 자의식적 정서

자아개념이 발달함에 따라 유아는 칭찬이나 벌에 점차 민감해진다. 그러므로 유아는 자아에 대한 지각을 더 증진하거나 감정의 손상을 더 자주 경험하게 된다. 유아는 대체로 부모나 어른의 평가에 의존하기 때문에 특히 유아의 가치에 계속 반응해 주는 부모 예를 들면, "그건 나쁜 일이야. 난 네가 착한 아이라고 생각한단다"처럼 반응해 주는 부모의 아이는 강한 자의식적 정서를 경험하게 되어 실패한 후에는 더욱 강한 수치심을 느끼고 성공한 후에는 더욱 강한 자부심을 느낀다. 반면 "너는 이런 방법으로 했구나. 다음에는 저런 방법으로 해보자" 하는 식으로 반응해 주는 부모의 경우는 더 적응적인 수준의 수치심과 자부심을 느끼게 된다. 그러므로 지나친 수치심이나 죄책감, 또는 자부심이나 자만심을 갖지 않도록 부모의 주의가 필요하다.

(4) 정서조절 능력

어떤 상황에 처해 자신의 상태와 정서적 반응을 이해하고 감정이나 행동을 조절하는 능력인 정서조절 emotion regulation 능력(Thompson, 1994)은 유아의 정신건강이나 사회성 발달에 중요한 역할을 한다. 무서운 것을 보거나 소리를 들었을 때 자신의 눈과 귀를 가리는 행동이나, 또래 아이들이 안 놀아주려 할 때 재미없다며 놀고 싶지 않아 하는 아이의 행동은 자신의 정서를 편안하게 만들려 하는 조절능력이 있음을 보여주는 예이다.

유아는 연령이 증가함에 따라 부모의 지시나 통제에 의존해서 정서를 조절하던 것에서 자기 스스로 감정을 다스리게 되는 자기통제, 즉 내적인 정서조절을 하게 된다. 즉 유아는 상대방의 표정이나 행동을 참고하면서 자신의 부정적인 정서를 스스로 조절하거나 정서조절을 잘하는 부모를 관찰함으로써 정서조절 전략을 배우게 된다. 따라서 부모가 화나 분노 등을 조절하지 못하고 긍정적인 정서를 표현해 주지 않으면 유아는 정서조절에 어려움을 겪을 수 있다.

한편 연령이 증가하면서 인지적인 정서조절 전략이 증가하는데, 3~4세 유아는 어른이 못 만지게 한 장난감에 대한 호기심을 다른 장난감으로 관심을 돌리거나 다른 생각을 하여 스스로 마음을 달랜다(Thompson, 1990). 더불어 갈등관계에서 부정적 정서를 최소화하거나 스트레스를 처리할 수 있는 능력을 발달시키게 되어 점차 성질부리기 같은 감정적 폭발은 거의 나타나지 않는다.

(5) 감정이입과 공감

감정이입은 유아기에 보편적으로 나타나며 친사회적 행동이나 이타적 행동의 동기가 되는 중요한 요소이다(Eisenberg & Fabes, 1998). 유아는 자신의 감정이입적 느낌을 전달하는 단어를 더 많이 사용한다. "엄마, 괜찮을 거예요. 힘드시죠?" 등 다른 사람을 배려하는 말을 더 잘할 수 있게 된다. 즉 다른 사람에 대한 지각능력이 향상되면 감정이입 반응도 증가하게 된다. 그러나 항상 감정이입이 반드시 다른 사람의 어려운 처지에 대한 관심 또는 슬픔의 감정인 공감을 일으키거나 친절하고 도움이 되는 친사회적인 행동을 초래하는 것은 아니다. 친사회적 행동 또는 이타적 행동을 촉진하기 위해서는 유아에게 공감 모델링을 보여주어야 하며, 타인을 배려하는 태도나 행동에 대해 설명하고 모범을 보여주는 것이 필요하다.

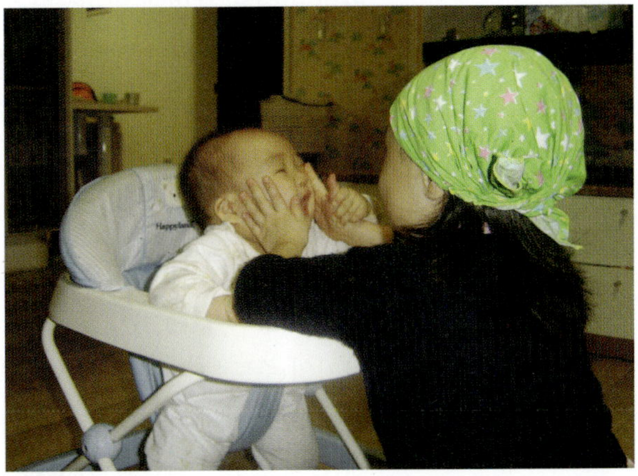

동생을 달래는 유아

2) 사회적 발달

(1) 자아개념

자아개념self-concept은 자신의 독특한 특성이나 특질에 대한 지각으로 인지적 요소와 정서적 요소를 포함하며 신체, 가족, 외모, 능력 등 자신의 어떤 특정 측면에 대한 자기평가 또는 자신의 능력이나 특성에 대해 가지고 있는 생각이나 느낌을 말한다.

유아는 언어발달과 더불어 자기와 타인이 서로 독립된 존재라는 행동주체로서의 자기에 대한 인식I-self을 보다 많이 표현하며, 점차 평가의 대상인 객체로서의 자기에 대한 인식me-self을 보다 발달시키게 된다. 3~5세 유아에게 자신에 대해 말해 보라 하면 "나는 영민이에요. 나는 키 커요, 나는 노란색 옷 입었어요. 나는 레고 블록 만들어요" 등 매우 구체적으로 표현한다. 또한 "나는 진영이랑 노는 게 좋아요. 나는 어른들과 함께 있는 것이 싫어요" 등 자신의 독특한 심리적 특성을 이해하기 시작한다. 유아는 자아 정의self-definition가 강할수록 "내 거야" 라는 식의 소유욕이 더 강한 경향이 있다. 이는 이기적인 태도가 아니라 자아발달의 한 양상이며 자신과 다른 사람의 영역을 분명히 하려는 노력이라 볼 수 있다.

또한 유아기에는 자신의 가치감에 대한 판단 및 이와 관련된 감정인 자아존중감self-esteem이 발달한다. 유아의 자아존중감은 신체, 능력, 친구 등에 관한 것인데 이런 특성에 관한 평가는 유아의 정서적 경험이나 행동에 영향을 미치고, 장기적으로는 심리적 적응에 영향을 미친다. 그러나 유아는 희망하는 능력과 실제 능력을 잘 구분하지 못하기 때문에 자신의 능력에 대해 과대평가하고 과제의 어려움은 과소평가하는 경향이 있다. 높은 자아존중감은 새로운 기술과 능력을 터득해 가는 시기인 유아기의 주도성 발달에 기여하므로 사소한 실수나 잘못을 자주 꾸짖거나 지나치게 높은 기대를 하는 것은 긍정적 자아존중감의 형성을 방해한다. 그러므로 부모는 유아의 노력을 긍정적으로 강화해 주고, 유아로 하여금 기술을 증진할 수 있도록 도와주는 것이 필요하다.

(2) 또래관계

① 또래관계 특성

유아기에는 자아에 대한 이해와 인식이 점차 커지면서 다른 사람과 더욱 효과적으로 의사소통하고 타인의 생각과 감정을 잘 이해하며 또래와 상호작용하는 능력이 급속히 발달한다. 또래관계를 통해 유아는 부모와의 관계에서 얻을 수 없는 수평적 ·

사회적 관계를 경험하면서 타인의 입장을 이해하거나 공평함에 대한 이해를 더 잘할 수 있게 된다. 그러므로 또래관계는 유아가 자기 연령에 적합한 여러 가지 학습경험을 할 수 있게 하고, 또래와 함께 공통의 관심사로 특징지어지는 특별한 관계인 우정을 형성하도록 해준다.

또래에 대한 관심은 이미 영아기부터 시작되나 친구와 함께 놀기 시작하는 것은 3세경부터이다. 3~5세 유아는 자기와 비슷한 놀이를 하거나 좋은 경험을 했던 소수의 친구들과 노는 경향이 있다. 그러나 유아의 우정은 지속적인 것이 아니어서 어떤 친구와 재미있던 날은 그 아이가 친구이지만, 갈등이 있던 날은 그 아이가 친구가 아니라고 말하기도 한다.

한편 또래 간에 일어나는 사소한 갈등은 유아에게 사회적 문제해결을 연습할 수 있는 학습기회를 제공한다. 3~5세 유아는 종종 빼앗고 때리고 다른 아이에게 자기 명령에 따를 것을 주장한다. 반면 5~7세 유아는 우호적인 설득과 타협에 의존하는 경향이 있고, 첫 번째 전략이 통하지 않을 경우 대안 전략을 생각하며 어른을 개입시키지 않고 의견의 불일치를 해결하려는 경향이 있다(Chen et al., 2001 ; Mayeiux & Cillessen, 2003). 그러므로 또래 간 갈등을 긍정적으로 해결할 수 있는 기회와 방법을 알려주는 지도가 필요하다.

② 수줍음과 행동억제

또래와 잘 어울리지 못하거나 또래로부터 거부되는 유아는 외로움을 느끼며 사회적 부적응을 나타내기 쉽다. 이런 유아는 기질적으로 수줍음이나 행동억제를 보이는 아이로서, 새로운 상황이나 사람에 대해 불안감이나 두려움을 나타낸다. 수줍음은 사람에 대한 불안이나 두려움으로 쉽게 다가가지 못하는 특성이며, 행동억제는 보다 포괄적인 개념으로 친숙하지 않은 사람이나 상황에 대한 불안감인 두려움을 말한다.

수줍음이나 행동억제는 유아가 또래와 어울려 활동하거나 새로운 환경을 탐색하는 기회, 그리고 학습 기회도 제한받게 한다. 따라서 수줍움이나 행동억제를 보이는 유아는 친절하고 친사회적 행동을 보이는 유아에 비해 점점 더 뒤처진 발달을 보이게 된다.

수줍움과 행동억제는 유전에 기초한 타고난 특성으로 인식되나 부모의 양육에 의해 변화될 수 있다. 지나치게 우려하고 비판적이며 통제적일 경우 행동억제를 조장하며(정옥분 등, 2002 ; Rubin, Stewart, & Chen, 1995), 부모가 아동의 행동억제에 대해 애정적인 태도와 민감성을 보일 때 행동억제가 감소한다는 보고(Engfer, 1993)로 미루어볼 때 아동의 행동억제에 반응적으로 대하되 적절한 통제를 하여 행동억제를 감소시킬 수 있도록 격려해 주는 양육행동이 필요하다. 즉, 기질과 조화를 이룬 양육행동이 중요하다.

③ 놀이

놀이는 아이에게 생활의 즐거움이자 신체 · 정서 · 인지 · 사회적 발달에 중요한 요소이다. 유아는 놀이를 통해 스트레스나 축적된 긴장을 해소할 수 있으며 또래관계를 맺을 수 있다. 특히 가상놀이는 유아의 창의력에 도움이 되며 극놀이는 인지발달과 사회적 발달에 도움이 된다. 또한 놀이는 탐색을 통해 아동의 무한한 호기심을 충족시켜 준다.

Parten(1932)은 2~5세의 유아에게서 상호작용놀이 능력, 연합놀이 능력이 연령과 더불어 향상되는 것을 발견하고, 유아의 사회적 발달은 비사회적 놀이, 제한된 사회적 놀이, 사회적 놀이의 3단계로 진행된다고 하였다. 이에 해당되는 놀이의 종류는 다음과 같다 표 5-3 .

표 5-3 / Parten의 유아놀이 분류

비사회적 놀이	비참여적 놀이 (unoccupied play)	사실상 놀이라고 할 수 없는 놀이의 형태이며, 한 지점에서 방 안을 둘러보거나 어떤 뚜렷한 목적 없이 배회한다.
	혼자놀이 (solitary play)	혼자서 독립적으로 놀고 자기가 하는 놀이에 푹 빠져 있는 듯 보이며 다른 것에 대해 별 관심이 없다. 2~3세 유아가 주로 하는 놀이이다.
	방관자로서의 놀이 (onlooker play)	다른 아이의 놀이를 관심 있게 보며 이것저것 묻거나 이야기를 하지만, 정작 놀이에 끼어들지는 않는다.
제한된 사회적 놀이	병행놀이 (parallel play)	흉내를 내듯 다른 아이와 같은 장난감을 가지고 놀지만 서로 독립적으로 논다. 나이 어린 유아들이 주로 하는 놀이이다.
사회적 놀이	연합놀이 (associative play)	여럿이 같이 하는 놀이로서 장난감을 주고받거나 같이 몰려다니며 노는 등 조직적이지는 않지만 다른 아이와의 사회적인 상호작용을 즐기는 형태이다.
	협동놀이 (cooperative play)	아이들 간에 그룹을 지어서 경쟁적 · 조직적인 활동을 하는 놀이이다. 나이 어린 유아보다는 나이 든 유아에게서 볼 수 있는 놀이이지만 유아기에는 그리 흔하지 않다.

출처 : 박성연(2006)

연령이 증가함에 따라 비사회적 놀이에서 사회적 놀이로 대체된다는 Parten의 의견과는 달리, 최근에는 유아기에 모든 유형의 놀이가 공존하다는 견해가 지배적이다. 따라서 혼자놀이나 병행놀이의 양이나 빈도보다는 어떤 형태의 혼자놀이나 병행

놀이를 하느냐에 관심을 두어야 한다.

현대적인 놀이분류에서는 인지 · 사회적 발달을 동시에 고려하여 어떤 형태의 놀이든 연령이 증가함에 따라 유아는 인지적으로 보다 성숙된 모습을 보여 단순 반복적인 기능적 놀이(2세까지)에서 점차 만들고 구성하는 놀이(3~6세) 및 유아기에 가장 흔하고 인지 · 사회적 발달이 결합되어 나타나는 상상놀이 또는 가상놀이(2~6세)로 발달해 간다(Rubin, Fein, & Vandenberg, 1983).

병행놀이를 하는 유아

(3) 성역할 발달

① 성유형화

성 역할의 발달과정 또는 사회에서 가치 있게 여기는 성과 관련된 선호와 행동을 성유형화 gender typing 라고 한다. 성유형화는 유아기 초기에 자연스럽게 진행된다. 유아는 자신의 성을 일관성 있게 구분하기 전에, 성차와 성 고정관념에 관심을 기울이며 자신의 성에 맞게끔 행동하려 한다.

18~30개월의 유아는 '남자', '여자' 란 단어를 사용하며 자신의 성과 다른 성을 분류하기 시작한다. 이런 분류가 시작되면 유아는 빠르게 장난감, 옷, 도구, 가사도구, 놀이, 작업, 색을 성과 관련짓는다(Poulin-Dubois et al., 2002 ; Ruble & Martin, 1998). 또한 놀이뿐만 아니라 성격에서도 신념에 따라 행동하려고 한다. 남아는 보다 활동적 · 충동적 · 단정적이고 때로는 공격적인 반면, 여아들은 공포심이 많고 의존적이며 사려 깊고, 감정적으로 민감하며 관련 있는 것에만 공격적인 경향이 있는 것으로 보고되기도 한다(Eisenberg & Fabes, 1998). 유아기 동안 이런 성차는 사회화 과정을 통해 여자 또는 남자로서의 인식인 성정체감 gender identity 을 형성하게 된다.

성고정관념 gender stereotype 은 남자와 여자의 행동에 대한 일반화된 관념인데, 이는 2세반이나 3세경부터 시작해서 점차 증가하며 5세경 가장 심해져서 남아는 강하고 빠르다고 생각하고 여아는 두려워하거나 힘이 없다고 생각한다(Ruble & Martin, 1998).

② 성유형화에 영향을 미치는 요인

■ 생물학적 영향

성차가 나타나는 원인을 생물학적 접근방법으로 보면 유전적 차이나 호르몬, 신경계의 발달 차이로 설명하는 입장이다. 태아기에 남성호르몬인 안드로겐 호르몬 수치가 높았던 여아들에 대한 연구를 살펴보면, 이 여아들은 남성적인 행동을 많이 보였다. 인형보다는 트럭과 블록놀이, 조용한 놀이보다는 활발한 놀이, 그리고 놀이친구로 남아를 더 선호하였다(Hines et al., 2002). 또한 여아는 언어적 유창성과 관련된 두뇌의 뇌량이 더 크기 때문에 좌뇌와 우뇌 간의 협응을 도와줌으로써 언어적 능력이 우월하다는 결과도 있다(Halpern, 1997). 앞의 연구결과들은 성차에 대한 생물학적 영향력의 중요성을 시사하는 것으로 볼 수 있다. 하지만 생물학적인 설명에 대한 논쟁 또한 지속되고 있다.

■ 환경적 영향

아동의 성유형화는 자기가 속한 가족이나 학교, 또래집단에 의해 영향을 받는다는 견해이다. 많은 부모는 자녀가 '성에 적합한' 장난감을 가지고 놀기 원하며 자녀양육에 대해 질문받았을 때 아들은 성취, 경쟁, 감정 조절이 중요하고 딸은 온화함, 여성스러운 행동, 잘 통제된 행동이 중요하다고 설명한다. 부모의 믿음은 실제 부모의 양육행동에 영향을 미쳐 남아에게는 경쟁을 강조하는 장난감, 즉 총, 공구, 축구공 같은 것을 제공하는 한편, 여아에게는 돌봄, 협동, 신체적 매력을 강조하는 인형, 소꿉놀이세트, 장신구 등을 준다(Leaper, 1994).

또한 유아가 동성의 또래와 더 많이 놀면 놀수록 장난감 선택이나 활동수준, 공격성 등에서 성에 따른 차이는 점차 더 커진다(Martin & Fabes, 2001). 유아는 자기와 동일한 성을 가진 집단을 더 긍정적으로 받아들이고 이성집단을 더 부정적으로 생각한다(Nesdale & Flesser, 2001). 이런 자기 성 편파주의는 남아와 여아로 구분된 사회를 한층 더 강화시킨다.

이 외에도 TV나 비디오, 컴퓨터 게임 등을 통해서도 성 고정관념을 강조하는 내용들에 의해 영향을 받는다. 그러나 성유형화에 대한 사회적 보편적인 가치관의 변화는 유아의 성유형화에 또 다른 영향을 미치고 있다.

(4) 도덕성 발달

① 도덕적 정서

도덕성이란 인간으로서 당연히 해야만 하는 어떤 규칙이나 가치에 대한 생각 thinking이나 행동 behavior, 정서 feeling를 포함하는 개념이다. 가정에서 집 밖으로 생활 범위가 넓어지는 유아기에 도덕성은 다른 사람과 함께 조화를 이루는 데 관련된 중요한 영역이다.

3세경까지 나타나는 감정이입, 수치심, 죄책감 등의 정서는 도덕성 발달의 기초가 된다. Freud 정신분석 이론에 의하면, 도덕성 발달은 오이디푸스 콤플렉스나 엘렉트라 콤플렉스를 극복해 가는 과정에서 이루어진다. 유아는 자신과 다른 성의 부 또는 모를 소유하려 하지만 처벌 또는 부모의 사랑을 잃는 것을 두려워해 동성의 부모를 동일시함으로써 초자아 또는 양심을 형성하게 되고, 이는 유아가 나쁜 짓을 하려 할 때 불쾌한 정서인 죄의식을 피하기 위해 초자아에 따라 행동하도록 하는 근원이 된다.

또한 감정이입은 다른 사람과 비슷한 감정상태로 반응하는 것으로 친사회적 행동의 기초가 된다. 걸음마기에 나타나기 시작하는 감정이입 능력은 유아기에 더욱 발달하며 다른 사람의 관점을 이해하게 되고 다른 사람의 고통에 보다 적절한 반응을 하게 된다. 유아의 감정이입은 이타적 행동의 동기가 되므로 중요하지만 항상 행동으로 이어지는 것은 아니다. 그러므로 유아가 이타적 · 도덕적 행동을 하도록 유아의 이해능력에 맞게 논리적으로 설명해 주어야 한다. "네가 그 친구를 밀면 넘어져서 다칠 거야" "그 친구 장난감을 돌려주지 않아서 그 친구가 슬프단다" 는 식의 설명과 모델링이 유아의 도덕성 발달을 촉진할 수 있다.

② 도덕적 사고

아동이 옳고 그름을 판단하는 도덕적 사고에 대한 대표적 이론은 Piaget와 Kohlberg의 이론을 들 수 있다. Piaget에 따르면 유아기는 타율적 도덕성의 시기로 공정함이나 규칙은 절대적이어서 불변하는 것이며 규칙을 어기면 벌을 받게 된다고 생각한다. 그리고 옳고 그름을 판단할 때 행동의 결과에만 초점을 맞춘다. 의도와 결과를 동시에 고려하지 못하는 이런 특성은 자기중심화 경향과, 외형에만 초점을 맞추는 전조작적 사고의 특성을 반영하는 것으로 볼 수 있다.

Kohlberg는 도덕성 발달 수준을 전인습적 수준, 인습적 수준, 후인습적 수준으로 나누고 있는데, 유아기는 전인습적 수준으로 처벌과 복종 지향의 도덕성을 보인다고 설명한다. 즉, 벌을 받으면 잘못한 것이고 벌을 받지 않으면 잘못한 것이 아니라고 생각하여 유아는 처벌이 두려워 어른의 말에 따르고 순종한다.

③ 도덕적 행동

사회학습이론에 의하면, 아동은 다른 사람을 모델링하거나 다른 사람의 격려를 통해 도덕적인 행동을 발달시킨다. 또한 부모의 애정적인 반응이나 일관성 있는 행동은 상호 신뢰 있는 부모-자녀관계를 형성하게 하고, 나아가 자녀에게 양심이나 순종 등 도덕적 행동을 발달시키게 한다. 즉, 유아가 부모와 협력적 관계를 형성할 때 책임감 있게 행동하고 공정하게 놀이하며 다른 사람의 행복에도 관심을 기울이는 등 양심이 더 확고하게 발달한다(Kochanska & Murray, 2000). 그러므로 부모 자녀 간의 상호존중이나 애정적 유대에 기초한 긍정적 훈육방법은 도덕적 행동발달에 중요한 요소가 된다.

한편 어떤 방식으로라도 처벌이 자주 사용되면 즉각적인 맹종은 나타나지만 행동의 지속적인 변화는 나타나지 않는다. 가혹한 처벌은 유아기와 청소년기에는 도덕적 규칙의 내면화가 불충분하고 억압, 공격성, 반사회적 행동, 낮은 학문적 수행 등의 문제를 초래하며 성인이 되면 범죄행위, 우울증 및 알코올 중독, 배우자와 자녀학대 등의 문제를 초래하는 결과를 가져올 수 있다(Gershoff, 2002). 그러므로 유아에 대한 비일관적이고 가혹한 처벌보다는, 일관적이면서 유아에게 잘못된 행동을 상기시키고 앞으로 어떻게 행동해야 할지를 설명해 주는 훈육이 필요하다.

4 유아기 발달과 가족

1) 유아기 신체발달과 부모의 양육

유아기의 신체발달은 영아기만큼 급속하지는 않으나 신체의 균형적인 발달을 이루기 위해서는 균형 잡힌 식사와 충분한 영양 섭취를 하는 것이 필요하다. 이를 위해서는 색이 다채롭고 매력적으로 준비된, 영양소가 풍부하고 골고루 들어 있는 음식을 주어야 하며, 특히 단 음식과 화학조미료가 많이 들어간 음식은 주지 않아야 한다. 또한 에너지 필요량을 충족시키기 위한 간식은 필요하나 한 번에 너무 많은 음식을 주면 과식을 하게 되므로 음식의 양을 조절해 주어야 한다. 즐겁고 편안한 식사시간이 되도록 하면 편식이나 특정 음식에 대한 거부감을 줄일 수 있으므로 너무 재촉하거나 강요하지 않도록 한다.

또한 유아기의 운동능력을 촉진하기 위해서는 지나치게 형식화된 수업보다는 놀이를 통해 자연스럽게 유아의 운동기술이 발달될 수 있도록 해주는 것이 필요하다. 그러므로 유아를 위한 놀이공간에는 유아의 신체 발달 수준에 적합한 놀이기구와 설비가 갖추어져야 한다. 소근육 운동발달은 옷 입고 벗기, 주스 따르기, 퍼즐 맞추기, 그리기, 자르기, 붙이기 등의 다양한 일상적인 활동을 통해 이루어질 수 있으므로 유아의 적극적인 참여를 유도할 필요가 있다. 그러나 유아가 다양한 활동에 참여할 때 지나치게 경쟁심을 유발하게 되면 자신감과 자존감이 낮아질 수 있으므로 재미있게 활동을 하도록 격려하는 것이 필요하다.

2) 유아기 인지발달과 부모의 양육

유아기의 인지발달을 촉진하기 위한 바람직한 가정환경의 특징들은 첫째, 유아가 가정에서 색깔, 크기, 형태를 잘 학습할 수 있는 장난감이나 게임, 도서를 제공해야 한다. 둘째, 언어적 자극을 풍부히 해주어야 한다. 셋째, 가정의 모든 공간은 가능한 한 정돈되고 조용하게 유지하는 것이 필요하다. 넷째, 부모는 자녀에게 온정적이고 애정적인 태도와 자긍심을 보여주도록 한다. 다섯째, 사회적으로 성숙해질 수 있도록 격려와 본보기를 보이도록 한다. 즉 부모가 솔선수범하여 가정을 방문한 손님이나 만나는 사람들에게 인사를 하고 소개를 해주는 태도를 보인다. 여섯째, 다양한 경험을 할 수 있도록 다양한 장소에 데리고 간다. 일곱째, 부모의 처벌적인 태도와 통제적인 가정 분위기는 유아로 하여금 긍정적인 학습의 기회를 갖지 못하게 하여 인지발달에 부정적인 영향을 미칠 수 있다. 그러므로 민주적인 태도로 자녀의 학습을 지도하는 것이 필요하다.

3) 유아기 정서사회 발달과 부모의 양육

유아기의 건강한 정서사회 발달을 위해서 부모와 가족은 긍정적 양육태도와 세심한 지도가 필요하다. Baumrind는 ① 수용과 개입, ② 통제, ③ 자율성부여 특성을 기준으로 권위 있는 양육태도, 권위주의적 양육태도, 허용적 양육태도, 방임적 양육태도의 4가지 양육유형으로 구분하였다.

특히 권위 있는 양육태도란 온화하고 세심하며 아동의 욕구에 민감한 태도를 보이며, 또한 성숙을 위해 합리적으로 요구하고 일관성 있게 설명하고 강화하며, 아동의 준비도에 따라 결정하도록 허용하는 태도를 말한다. 권위있는 양육태도는 유아의 명랑한 기분, 자기통제, 과제 지속성, 협동성과 관련 있으며 더 나이 든 아동은 높은 자아존중감, 사회 및 도덕적 성숙, 순조로운 학교수행능력과 관련이 있는 것으로 나타났다(Luster & McAdoo, 1996). 따라서 유아의 건강한 정서사회 발달을 위해서 부모의 권위 있는 양육태도가 무엇보다 중요하다.

예를 들어, 유아가 잘못된 행동을 할 경우 오히려 이때를 기회로 삼아 친사회적 행동을 하도록 동기화시키고 귀납적인 설명을 해주도록 한다. 그리고 규칙을 세울 때는 그에 대한 합리적인 이유를 제공하도록 하며 유아가 지시를 따르지 않을 때는 유아의 기분을 이해해 주고 타협을 제안하도록 한다. 유아에게 단호하면서도 친절하고 정중하게 대하는 것은 유아의 자발적인 협력을 증진시킨다. 또한 유아의 성취나 자신감, 노력에 대해 감사함을 표현하는 것, "도와줘서 고맙구나" 와 같은 어른의 격려는 유아의 자신감과 만족감을 촉진할 수 있다.

스마트폰에 빠진 유아 · 어린이, 뇌 발달 늦어진다!

'당신의 자녀, 건강하십니까'

서울 영등포구에 사는 주부 이모(35)씨는 요즘 스마트폰에 빠진 네 살 아들 때문에 속상하다. 재작년 겨울 스마트폰을 구입했는데, 그때부터 아이가 울면 만화 동영상을 보여주던 게 화근이었다. 샤워할 때나 요리할 때마다 아이가 스마트폰을 보고 있도록 쥐여 줬다. 어느덧 습관이 돼 이젠 밥 먹을 때도 스마트폰을 달라고 한다. 빼앗으려고 하면 울며 난리를 피워 다시 손에 쥐여 준다. 이씨는 "그 순하던 아이가 스마트폰을 뺏을 때는 정말 사악한 아이로 바뀐다. 눈빛이 완전히 달라진다" 고 말했다.

서울 동작구에 사는 최모(직장인 주부 · 38)씨도 마찬가지다. 초등학교 5학년인 딸 아이가 언제부터인지 집에서 말이 없어졌다. 밥 먹을 때도 스마트폰으로 게임을 하고, 화장실에서도 스마트폰으로 동영상을 본다. 지난 새벽엔 슬며시 방문을 열어봤더니 카카오톡으로 친구들과 단체 채팅을 하고 있었다. 성적이 떨어져 혼도 내봤지만 스마트폰 사용시간을 줄일 수 없었다. 휴대폰을 압수하자 따돌림을 당한다며 하루 종일 울었다.

어린이 스마트폰 중독, 어른보다 심각

2011년도 행정자치부의 '인터넷 중독 실태조사' 에 따르면 만 5~9세 유아 · 어린이의 인터넷 중독률은 7.9%, 10~19세 청소년은 10.4%였다. 20~49세 성인의 중독률 6.8%보다 높았다. 이홍석 교수는 "스마트폰 중독은 어린이에게 더 치명적"이라고 말했다. 3세 이전에 뇌발달 속도가 가장 빠르고, 그다음 초등학교 · 중학교 순이다. 또 뇌는 시기마다 집중적으로 발달하는 영역이 있는데 그때 한창 스마트폰을 쓰면 뇌가 발달할 기회를 놓쳐 버린다는 게 이 교수의 설명이다.

스마트폰을 쓰는 과정에서 아이의 머리는 어떻게 될까. 첫 번째는 뇌발달의 정지(停止)다. 이 교수는 "사람의 뇌는 예측할 수 없는 대상과 오감을 통한 상호작용에서만 고르게 발달한다. 이때 뇌의 회로가 촘촘하게 엮이고 기능이 강화된다"고 말했다. 하지만 스마트폰은 사람과의 접촉이 아니다. 뇌의 수만 개 회로 중 스마트폰이 전달하는 일방적인 영상을 받아들이는 단 하나의 회로만 움직인다. 그동안 다른 회로는 쓰지 못해 점점 퇴화한다. 이 교수는 "중독 수준인 아이는 한해에 절반 정도 뇌가 정지된 상태다. 그게 누적되면 그렇지 않은 아이에 비해 뇌 발달에 현격한 차이를 보인다"고 말했다.

감정 관할 영역 발달 안 돼

스마트폰을 지속적으로 사용하면 감정을 관할하는 뇌 영역도 붕괴된다. 이 교수는 "스마트폰 속에는 일방적인 사물의 움직임만 있을 뿐이다. 자신의 말이나 행동에 다른 사람이 어떤 반응을 보일까에 대한 생각을 하지 않는다"고 말했다. 자연히 타인의 감정을 읽는 능력이 떨어지고, 시 · 공간에 따른 감정조절 능력, 커뮤니케이션 능력도 떨어진다. 눈치도 없다. 참을성도 없고, 돌발행동이 빈번해지는 것은 이런 이유 때문이다. 이 교수는 "지금 유아기인 아이들이 어른이 되는 20여 년 후면 패륜아나 묻지마 살인사건 등이 더 많아질 것"이라고 말했다.

사고능력도 저하될 수 있다. 또 미래를 보고, 과거를 반성하며 현재에 집중하는 통합적인 사고 능력도 저하된다. 이 교수는 "진정한 인간으로 자라려면 뇌가 전체적으로 발달해야 하는데 그렇지 못하게 된다. 성적은 일시적으로 상위권을 차지할 수 있지만 인생 전반에 있어서는 하위권에서 벗어나기 힘들다"고 말했다.

아이 심심하게 하는 게 오히려 뇌 발달

이 교수는 일단 스마트폰을 아예 뺏어버리는 게 첫 번째 할 일이라고 강조했다. 술 · 담배 중독자에게 조금씩 끊으라고 하면 절대 못 끊는 것과 같다. 한 번에 확 끊어야 한다. 이 교수는 "아이가 1주일은 소리를 지르고 떼를 쓸 수 있지만 2주째는 스스로 포기한다. 3주째부터는 서서히 눈빛이 달라진다"고 말했다. 그렇게 하면서 스스로 다른 놀이를 찾는다.

중독 전 단계인 아이에게는 스마트폰 사용 일기를 쓰게 하는 것도 좋다. 하루 일과를 마치는 시간에 스마트폰을 몇 시간 사용했는지, 스마트폰으로 뭘 이용했는지 적다 보면 아이가 어느 정도 자제를 한다는 것이다.

유아의 경우 아예 처음부터 스마트폰을 접촉 못 하게 해야 한다. 특히 아이가 울 때 뽀로로 등의 동영상을 틀어줘 달래는 버릇을 들이면 안 된다. 차라리 울면 혼내든지 다른 사람이 주의를 주는 등의 커뮤니케이션을 해야 뇌가 빨리 발달한다.

향후 스마트폰 사용에 대비해 '예방 백신'도 준비해야 한다. 중독에 잘 빠지지 않는 자립심 강한 뇌를 만들어야 한다는 것.

이 교수의 첫 번째 처방은 아이를 심심하게 하라는 것이다. 이 교수는 "뽀로로 놀이동산에 가서 한번 놀아주는 것보다 산이나 들로 가서 아이를 방임(放任)하는 게 뇌 발달엔 더 좋고, 아이가 심심함을 느끼며 스스로 놀거리를 찾는 과정에서 뇌의 각 영역이 고루 발달한다"고 말했다. 이런 아이는 자신만의 호기심 영역이 발달돼 있어 스마트폰 등의 중독에 쉽게 빠지지 않는다. 카카오톡 단체 채팅과 같은 것에 열외(列外)돼도 크게 연연해 하지 않는다. 이 교수는 "한국은 인터넷이 너무 빨라 중독에 더 취약하다. 정부의 청소년 스마트폰 사용시간 제한 등의 특단의 조치가 필요하다"고 말했다.

우리 아이 스마트폰 중독 체크리스트

- 식사나 휴식 중, 화장실에서도 스마트폰을 사용한다.
- 스마트폰을 하다가 그만두게 하면 또 하고 싶어서 조를 때가 많다.
- 스마트폰을 못 하게 되면 초조하고 안절부절한다.
- 스마트폰을 보고 있을 때만 흥미진진해 보이고 생생해 보인다.
- 스마트폰을 하는 시간이 하루 중 가장 편안해 보인다.
- 스마트폰 때문에 잠을 못 자고 늦게 일어나는 등 생활이 불규칙하다.
- 스마트폰을 못 하게 하면 화를 내거나 짜증을 부린다.

* 이 중 4개 이상이면 중독 초기 / 7개이면 중독

한림대의료원 제공

출처: 중앙일보 2013.01.07.

DISCUSSION POINTS

토의요점

01 | 유아교육기관에서 교사로 근무하는 김 선생님은 점심시간에 새로 나온 반찬인 버섯볶음과 당근두부조림을 몇몇 아이들만 먹는 것을 보았습니다. 이 반찬을 아이들이 먹도록 도와주기 위해서는 어떻게 해야 할까요?

02 | 유아의 인지발달을 도울 수 있는 사회적 상호작용은 어떤 특징을 갖고 있습니까?

03 | 혼자놀이에 많은 시간을 보내는 유아 중에서 잘 적응하고 사회적 능력이 있는 유아와 적응에 어려움이 있는 유아를 구별하는 기준은 무엇입니까?

04 | 유아의 스마트폰 사용이 사회정서발달에 미치는 영향은 무엇이며 적절한 지도방법은 무엇입니까?

Chapter 6

아동기

아동기는 학교사회에 적응해야 하는 새로운 과업이 아동에게 주어지는 시기이다. 아동은 학교생활을 통해 사회적 자아를 발달시키고 학업을 통해 근면성을 발달시킨다. 또한 본격적인 또래관계를 시작하면서 가족관계에서도 변화를 경험하게 된다. 가족은 아동이 가족 내적 관계뿐 아니라 가족 외 사회적 관계에 적응하도록 돕는 기능을 하게 된다.

Chapter

6 아동기

신체발달 1

1) 신체성장

영유아기에 비해 아동기에는 신체의 성장속도가 완화된다. 팔과 다리가 길어져 유아기보다 더 날씬해진다. 신체기관과 뼈와 근육의 성장으로 체중이 증가하여 남아는 11세경에 성인 체중의 절반에 이르게 되며, 여아는 9세경에 성인 체중의 절반에 이른다(Cook & Cook, 2005). 아동 중기와 후기에는 근육이 증가하는데, 남아는 여아보다 근육세포가 더 많기 때문에 여아보다 근육이 강해지는 경향이 있다(Santrock, 2008).

신체비율이 다른 영아와 아동

2) 운동기능발달

아동기를 거치면서 균형감 · 힘 · 민첩성 · 유연성이 증가하며, 손과 눈의 협응이 더 잘 이루어지게 된다. 달리기 · 뛰기 · 공차기와 드리블 하기 · 배트로 공 치기 · 던지기와 받기 등의 기술로 놀이를 할 수 있게 될 뿐 아니라, 소근육의 발달로 손으로 보다 정교한 작업을 할 수 있게 된다. 자신의 신체를 통제하는 능력도 증가하여 장시간 앉아서 집중할 수 있다.

3) 건강

6세경을 전후로 유치가 빠지기 시작하고 영구치로 대체된다. 영구치는 모두 32개이며, 건강한 치아를 유지하기 위해서는 양치질 습관과 규칙적인 치아관리가 중요하다. 유럽과 미국에서는 많은 아동이 과체중이며 비만 아동도 크게 증가하고 있다. 이러한 현상은 도시화로 인한 운동부족과 육식 위주의 식습관 때문으로 파악되고 있는데, 국내에서도 식습관의 서구화와 운동량의 부족 때문에 아동기의 비만이 증가하고 있다. 아동기 과체중과 비만은 성인기 과체중으로 이어지는 비율이 높고, 각종 성인병의 위험이 커지기 때문에 이에 대한 예방과 조절이 필요하다.

표 6-1 / 아동기의 운동기능

대근육 운동기술	소근육 운동기술
• 달리는 속도가 초당 5m 이상으로 증가한다. • 깡충깡충 뛰기와 옆으로 걷기를 연속적으로 할 수 있다. • 던지고 차는 거리와 속도, 정확도가 증가한다. • 온몸을 이용해 배트로 공을 치며 속도와 정확도가 증가한다. • 이전에는 손바닥으로 어색하게 공을 치는 드리블을 하던 것이 연속적이고 편안하게 드리블을 할 수 있게 변화한다.	• 손의 움직임이 안정된다. • 그림을 작게 그릴 수 있다. • 머리를 잘 빗을 수 있다. • 크레파스보다 연필을 선호하기 시작한다. • 쥐는 힘이 강해진다. • 먼지털기와 쓸기 같은 집안일을 도울 수 있다. • 글씨를 작고 일정하게 쓸 수 있다. • 11세경이면 정교한 공예품을 만들 수 있게 된다.

출처 : Berk(2006), 최경숙 · 박영아(2005)

2 인지발달

1) Piaget의 구체적 조작기

아동기는 피아제가 제시한 구체적 조작기에 해당되는 시기로, 구체적 조작기에는 전조작기에 부족했던 지적 조작능력이 형성된다. 구체적 조작기에 나타나는 인지능력의 변화는 다음과 같다.

- 중심화 경향에서 벗어난다.
  중심화란 사물의 한 가지 측면에만 관심을 가지는 성향을 뜻한다. 아동기에는 탈중심화가 이루어져, 사물이나 사건을 다양한 측면에서 접근할 수 있다.
- 자기중심성이 감소한다.
  자신의 관점에서만 바라보던 경향이 줄어들고, 타인의 관점을 이해할 수 있게 된다.
- 보존개념을 획득한다.
  사물의 외양이 변하더라도 기본 속성은 변화하지 않는다는 것을 알게 된다.
- 가역적 사고가 가능해진다.
- 어떤 사물이 다른 모양으로 변하더라도 다시 원래대로 돌아갈 수 있다는 것을 알게 된다.
- 유목화, 서열화, 분류능력이 증가한다.
- 사물을 어떤 기준에 따라 나누거나 분류할 수 있다.

그림 6-1

보존개념

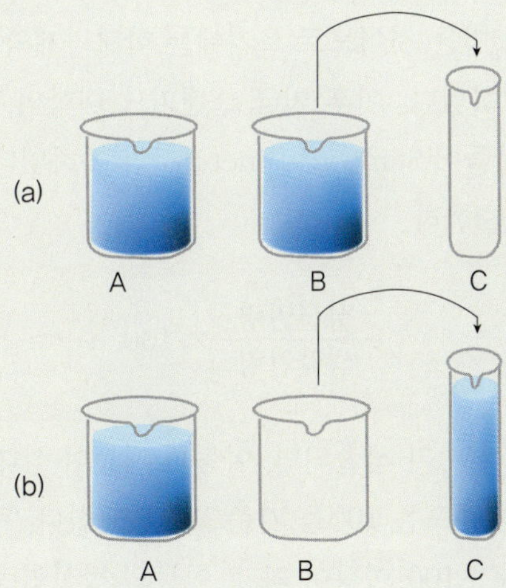

그림 6-2

유목화

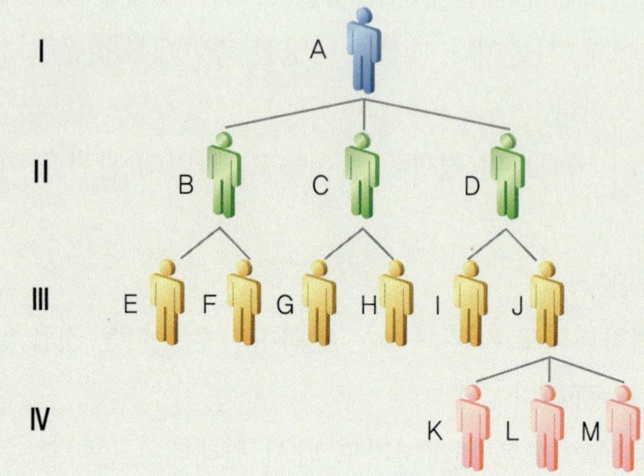

2) 지능

(1) 지능(IQ)의 측정

지능측정의 대명사로 알려진 IQ 검사는, 1905년 프랑스 정부가 학교에서 뒤처진 아동을 구별하기 위해 만든 것이므로 초기에는 학교과제와 유사하게 어휘력이나 수학적 추론능력을 측정하였다. 이후 미국 스탠퍼드 대학의 Terman과 동료학자들이 다소 수정한 검사를 만들어 Stanford-Binet검사라고 하였다. IQ검사는 다음의 공식을 통해 IQ 점수를 산출한다.

$$\frac{\text{정신연령}}{\text{생활연령}} \times 100$$

이 공식에 의해 IQ 점수가 산출되면, 아동의 지능이 상대적으로 어떠한지를 파악할 수 있다. IQ 점수의 분포는 100을 기준으로 판단한다. 즉, 아동의 정신연령이 실제연령보다 높으면 IQ가 100 이상이 되고, 아동의 정신연령이 실제연령보다 낮으면 IQ는 100 이하가 된다. 이는 현재는 사용하지 않는 기준이나, 이것으로 IQ 검사의 의미를 이해할 수 있다.

Stanford-Binet 검사 이후 개발된 아동용 지능검사로는 1974년 David Wechsler

그림 6-3

Stanford-Binet 검사문항의 예

왼쪽의 도안으로 만들 수 있는 상자는 오른쪽 중 어떤 것인가?

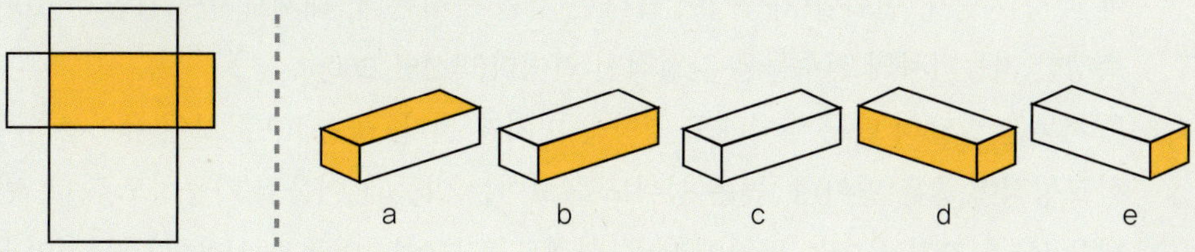

출처 : Santrock(2004)

가 개발한 지능검사가 있다. WISC에서 출발한 웩슬러의 지능검사는 개정판인 WISC-R 버전을 거쳐 현재는 WISC-III와 WISC-IV까지 개발되었다. 6세부터 16세까지 적용 가능한 WISC-III는 크게 언어성 검사와 동작성 검사로 구성되어 있다. 언어성 검사에는 언어적 능력을 측정하는 6개 유형의 문제들(예: 어휘, 공통점 찾기, 상식 문제)이 있다. 동작성 검사에는 비언어능력을 측정하는 5개 유형의 문제들(예: 블록짜기, 모양 맞추기, 그림차례 맞추기)이 있으며, 지능점수의 평균은 역시 100이다. 국내에는 한국형 웩슬러 지능검사가 있다.

그림 6-4

WISC III 검사문항의 예

왼쪽에 있는 4개의 블록으로 오른쪽의 패턴과 똑같이 만들어 보아라.

출처 : Santrock(2004)

(2) 지능의 속성

영유아기나 아동기에 측정한 지능으로 성장 후의 지능을 어느 정도 예측할 수 있을까? 연령이 높을 때 검사를 하면 이후의 IQ에 대한 예측력이 더 높아진다. 즉, 2세 때 측정한 IQ로 3년 뒤의 지능을 예측하는 것보다는, 9세 때 측정한 IQ로 3년 뒤의 지능을 더 잘 예측할 수 있다(Honzik, 1986). 이는 영아기 이후 경험하는 환경의 영향에 따라 지능이 변화할 가능성이 크다는 것을 뜻하는데, 대체로 아동기인 6~10세에 측정한 지능검사의 점수들은 안정적인 편이다(박성연, 2006).

지능은 발달의 다른 영역에도 영향을 미치게 된다. 높은 IQ를 보인 유아는 나중에 학교성적이 좋은 편이며, 높은 성취도를 보이는 아동과 어울릴 가능성도 많다. 반면, 낮은 IQ를 가진 유아는 나중에 낮은 성취도를 보이는 아동과 어울릴 가능성이 많다(Brody, 1997 ; Neisser et al., 1996).

(3) 지능에 영향을 미치는 요인

① 유전 대 환경

오래전부터 유전과 환경이 지능에 미치는 영향을 설명하기 위해 쌍둥이 연구와 입양아 연구가 이루어져 왔다. 쌍둥이 연구의 결과, 일란성 쌍둥이가 이란성 쌍둥이보다 지능점수가 비슷했고, 입양아 IQ가 양부모보다 친부모의 IQ와 더 유사하여 유전의 영향이 입증되었다.

반면, 환경의 영향을 지지하는 연구결과도 있다. 아래 표 6-2 에 제시되었듯이, 친부모와 양부모의 사회적 지위가 모두 청소년기의 지능과 상관이 있으므로, 유전의 영향과 함께 환경의 영향도 받는 것을 알 수 있다.

표 6-2 / 입양아의 청소년기 지능점수

		양부모의 사회적 지위	
		높음	낮음
친부모의 사회적 지위	높음	119.60	107.50
	낮음	103.60	92.40

출처 : Capron & Duyme(1989)

② 사회계층

가난하고 교육수준이 낮은 노동자 계층 가족의 아동은 중류층 아동보다 지능이 낮게 나타났다(Broman et al., 1975). 특히 빈곤이 지속되어서 그 영향이 누적될 경우, 지능에 부정적 영향을 미치게 된다(Smith et al, 1997).

③ 부모의 역할

아동의 지능을 높이기 위한 부모의 역할은 다음과 같다(Bee & Boyd, 2004).

- 아동의 발달단계와 연령에 적절한 놀잇감을 포함하여, 흥미롭고 복잡한 물리적 환경을 제공한다(Molfese, DiLalla, & Bunce, 1997).
- 아동에게 정서적으로 반응적이고 온정적이어야 한다(Murray & Hornbaker, 1997)
- 아동에게 다양하고 기술적이고 정확한 언어를 사용하여 이야기한다(Hart & Risley, 1995).
- 아동과 놀이를 하거나 상호작용을 할 때, Vygotsky의 근접발달영역을 적용하여 역할을 수행한다. 즉, 아동이 자신의 현재 수준보다 조금 높은 수준에 도달할 수 있도록 도와주어 새로운 기술을 습득하도록 한다(Landry, Garner, Swank, & Baldwin, 1996).
- 아동에게 과도한 통제 · 처벌 · 제한을 피하고, 대신 탐색할 기회를 준다. 실수를 경험해 볼 수 있는 기회도 제공한다(Murray & Hornbaker, 1997). 또한 지시하기

그림 6-5

사회계층, 어머니 교육정도, 초기 IQ의 관계

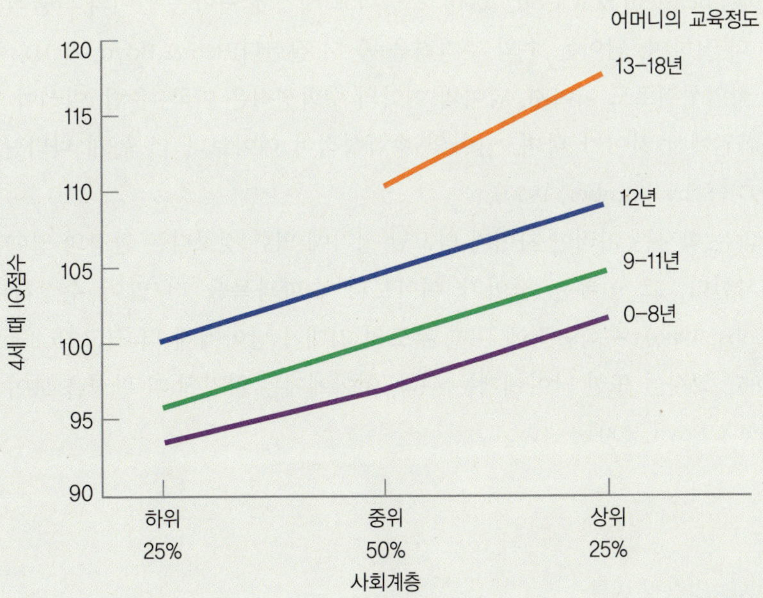

출처 : Broman 외(1975)

보다는 질문을 하도록 한다(Hart & Risley, 1995).

• 아동이 잘해 낼 것이고 빠른 속도로 성장할 것이라고 기대한다. 학업성취를 강조하고 격려한다(Entwisle & Alexander, 1990).

④ 학교환경

가정 이외의 환경으로 아동의 지능에 영향을 미칠 수 있는 요인으로는, 학교와 교사를 들 수 있다. 미국에서 Head Start를 비롯한 취학 전 프로그램에 참여한 경험이 있는 아동은 그렇지 않은 아동보다 IQ가 10점이 높았고, 이러한 차이는 초등학교 입학 후 1년에 걸쳐 점차 사라졌다(Zigler & Styfco, 1993). 이러한 연구결과는 지능에 대한 환경의 영향을 시사한다.

교사의 역할 또한 지능에 변화를 주는 요인 중의 하나이다. 아동이 스스로 교육목표에 도달할 수 있는 능력이 있다고 믿도록 교사가 도와준다면, 그 효과가 청소년기까지 유지된다(Slaughte-Defoe & Rubin, 2001).

⑤ 성

IQ 점수에서 전반적인 성차는 나타나지 않는다. 다만 영역별로 지능의 차이가 조금씩 보고되어 왔다. 남아의 공간지각력은 여아보다 높게 나타났다(Levine et al., 1999 ; Beilstein & Wilson, 2000). 초등학교 시기에 여아는 언어와 산술적 계산수행을 좀 더 잘하며, 남아는 수의 추리력을 좀 더 잘한다(Bee & Boyd, 2004). 이러한 차이는 학업성취로도 이어져, 남아와 여아의 수학성적은 미국, 유럽, 아시아 등 대부분의 문화권에서 차이가 나며, 남아의 수학성적이 여아보다 더 높게 나타난다(Halpern, 1997 ; Schweinruber, 1997).

많은 학자는 이러한 차이가 타고난 성차에 의한 것보다는 환경의 영향 때문이라고 해석한다. 그 이유는 남아가 여아보다 수학과목을 더 많이 수강하며(Eccles & Jacobs, 1986), 수학능력에 대한 부모의 기대가 남아에게 더 크고(Holloway & Hess, 1985), 교사들 또한 남아에게는 수학, 여아에게는 읽기에 더 관심을 보이기 때문이다(Bee & Boyd, 2004).

(4) 지능의 대안적 접근

① 지능의 3원 이론

Sternberg은 삼원이론을 제시하여 지능의 세 영역을 측정하였다. 세 영역은 맥락

context, 경험 experience, 정보처리기술 information-processing skills로 구분된다.

그림 6-6
지능의 3요소

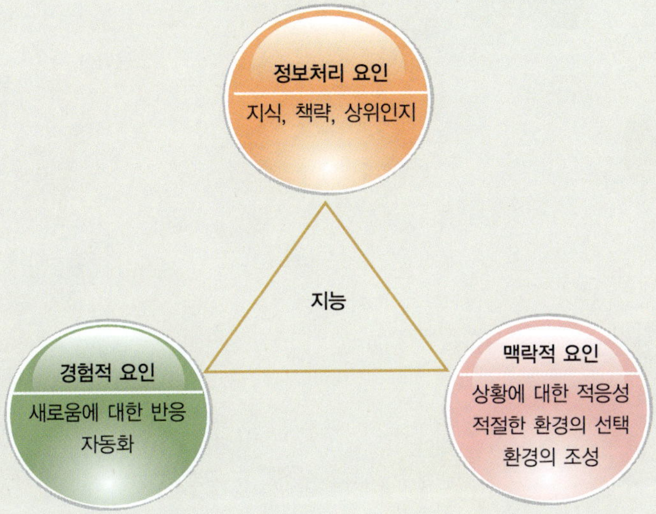

출처 : Shaffer(2002)

② 다중지능

Gardner의 다중지능이론은 지능을 다면적인 시각에서 바라보았으며, 이를 바탕으로 개인차를 보다 잘 이해하고자 하였다. Gardner(1998)가 제안한 다중지능의 영역과 내용은 그림 6-7과 같다.

3) 창의성

창의성은 현대사회에서 가치 있게 평가하는 정신 능력 중 하나이다. 예전에는 지능지수만을 지적 능력의 척도로 삼았지만, 최근에는 한 분야에서 탁월한 전문가가 된 사람들이 높은 IQ보다는 창의적 능력을 갖추었다는 사실에 주목하게 되었다.

창의성은 측정하기가 쉽지 않아 오랫동안 과학자들로부터 주목받지 못하다가, 1960년대에 이르러 심리측정가들이 이를 측정하기 시작하면서 연구의 대상이 되었

그림 6-7

Gardner의 다중지능

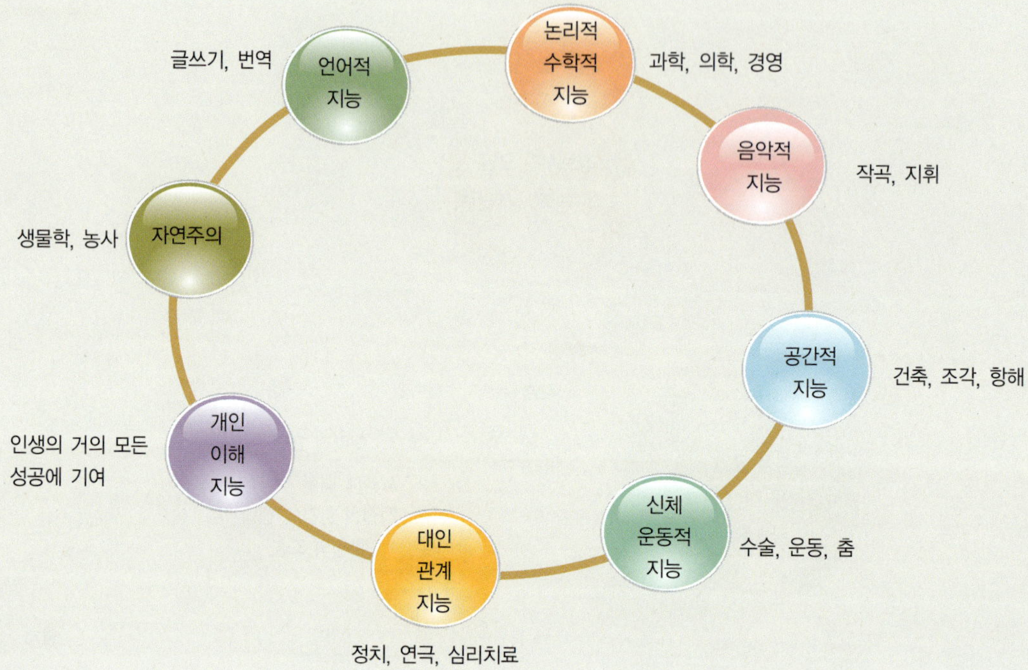

출처 : Gardner(1998)

다. 창의성이란 새로운 아이디어와 혁신적인 해결책을 찾는 능력, 즉 새로울 뿐 아니라 맥락에 적절하고 다른 사람들이 소중하게 여기는 결과물을 만드는 능력이다(Simonton, 2000 ; Sternberg & Lubart, 1996). 창의성 발달에 가장 중요한 시기는 10~14세의 시기로, 이때 아동이 개인적인 자아정체감을 활발하게 형성하기 때문이다(Cook & Cook, 2005).

(1) 창의적 사고

창의성은 대체로 남들이 하지 못하는 새로운 생각을 하는 능력이라는 점에서 사고력의 한 특성인 것으로 측정되었다. Guilford(1988)에 의하면 창의성은 수렴적 사고보다는 확산적 사고를 하는 능력이다. 수렴적 사고convergent thinking는 문제에 대한 하나의 정답을 생각해 낼 것을 요구하는 사고이며, 이는 IQ검사가 측정하고 있는 내용이기도 하다. 반면, 확산적 사고divergent thinking는 정답이 없는 문제에 대해 다양한 아이디어나 해결책을 생각해 내는 사고력이다. 그림 6-8에는 이미 잘 알려진 확산적 사고의 사례가 제시되어 있다.

그림 6-8
확산적 사고의 사례

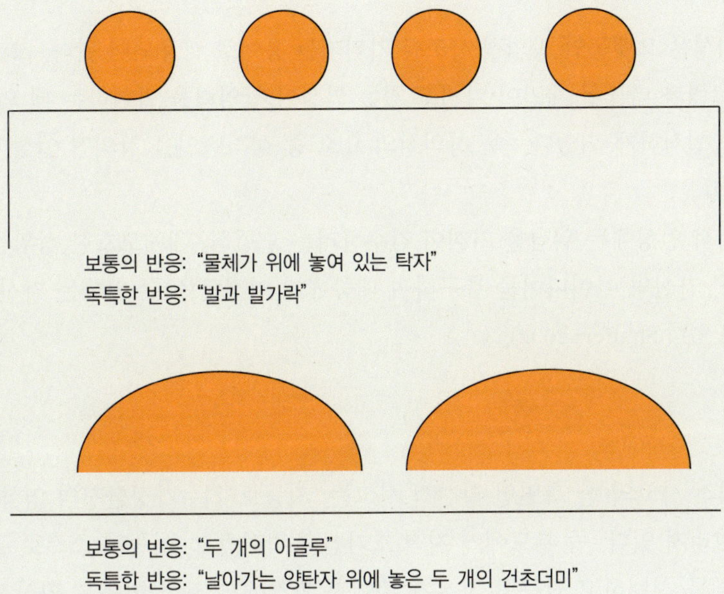

출처 : Wallach & Kogan(1965)

달리 확산적 사고를 측정하는 방법으로는, 예를 들면 옷걸이를 활용할 수 있는 방법을 가능한 한 많이 생각해 내도록 하는 것을 들 수 있다. 이 밖에 언어적으로는 한 단어를 제시하고 그 단어 속에 배열된 글자만으로 만들어질 수 있는 모든 단어를 생각해 내도록 하는 방법도 있다(Runco, 1992 ; Torrance, 1988 ; Shaffer, 2002). 그러나 확산적 사고는 창의적 사고의 한 부분이지만 창의성 전체를 설명하는 개념은 아니며, 확산적 사고만으로 성장 후의 창의성을 예측하기도 어렵다.

Guilford는 창의성을 유창성, 융통성, 독창성, 정교성 등의 네 가지 개념으로 분류하였다.

유창성 : 제한된 시간 내에 많은 아이디어를 내는 능력
융통성 : 사물을 여러 관점에서 보는 능력
독창성 : 기존의 방식과 다른 새로운 생각을 하는 능력
정교성 : 아이디어를 정교하고 세밀하게 구성하는 능력

(2) 창의적 인성

창의성은 오랫동안 창의적 사고를 가리키는 용어로 사용되어 왔다. 그런데 최근에는 사고력과 더불어 개인이 가지고 있는 인성이 창의력을 발현하는 데 의미 있는 요소임을 인식하게 되었다. 즉, 창의성의 요소 중 성격변인을 창의적 인성이라고 부르게 되었다.

창의적 인성에는 위험을 기꺼이 감수하려는 모험심, 애매모호한 상황을 견뎌내는 참을성, 자신의 아이디어를 추구하여 대중에게 인정받을 수 있다는 자신감 등이 포함되어 있다(Shaffer, 2002).

(3) 창의성 향상을 위한 환경

창의적 사고의 한 측면인 확산적 사고는, 지능보다는 가정환경의 영향을 받는 것으로 알려져 있다. 즉 부모에게 지적 호기심을 격려받고, 아동이 스스로 흥미를 느끼는 주제를 선택하고 탐구할 자유가 주어진 환경에서 자란 아동은 확산적 사고에서 높은 점수를 받았다.

일반적인 영재프로그램과 달리 아동의 창의성을 향상시키기 위해 실제로 적용 가능한 교육프로그램이 개발되어 있지는 않다. 현재까지 이루어진 방법으로는, Gardner의 다중지능이론에 근거하여 학교에서 강조하지 않는 지능을 성장시키려는 교육이 있다. 아동의 공간지능 향상을 위해서는 그림 그리기나 조각을 하게 하고, 신체-운동지능의 향상을 위해서는 춤이나 운동을 통해 교육하며, 언어지능의 향상을 위해서는 이야기 만들기 활동이나 다양한 경험을 아동에게 제공하는 것이다(Ramos-Ford & Gardner, 1997).

그림 6-9

창의성이 나타난 8세 아동의 그림

원이 그려진 종이를 주고 그림을 그리라고 했을 때, 확산적 사고 점수가 높은 8세 아동의 반응

출처 : Berk(2006)

정서사회 발달 3

Erikson이 제시한 아동기의 발달과업은 근면성이다. 아동기의 가장 큰 변화는 학교생활을 시작하는 것이다. 학교에서 아동은 학업과 함께 학교문화에 적응하기 위한 다양한 활동을 경험하게 되는데, 그 결과에 따라 만족하기도 하고 실망하기도 한다. 아동은 자신이 참여한 활동에서 성공하는 경험을 하면 만족감과 성취감을 느끼게 되고, 이는 더욱 적극적으로 활동에 참여하는 근면성으로 이어지게 된다. 하지만 실패하는 경험이 반복되면 열등감이 생기게 된다.

1) 정서

아동기에는 정서이해 능력과 정서조절 능력이 크게 성장한다. 한 가지 이상의 정서를 이해하는 능력이 증가하며, 특히 타인에 대한 반응보다는 자신에 대한 감정이 발달한다(Santrock, 2008). 예를 들면, 자신에 대한 자부심이나 수치심과 같은 복잡한 정서에 대한 이해가 발달하는 것이다. 또한 부정적인 정서반응을 억제하는 조절능력이 생기며 감정을 통제하기 위한 전략을 발달시킨다(Kuebli, 1994). 이 시기의 아동은 친구들과 다투고 슬픈 감정이 생기더라도 부모에게는 그 슬픔을 감추기도 한다.

2) 자아

아동기에는 스스로를 신체 특성이나 소유물 같은 외적 특성으로 정의하는 경향이 적어진다. 대신 자신이 선호하는 것이나 정서 같은 내적인 특성에 따라 정의하게 되면서 자신에 대해 보다 잘 이해하게 된다(Harter, 1999). 또한 자신을 다른 사람과 비교하거나 자신이 소속된 사회적 집단에 따라 자신을 정의하기도 한다. 이에 따라 아동은 자신이 할 수 있는 것이나 할 수 없는 것에 대해 이야기하기보다는, 다른 사람과 비교해 볼 때 자신이 더 잘할 수 있는 것 또는 더 잘하지 못하는 것에 대해 생각하는 경향이 많아진다. 이러한 사회적 비교는 연령과 더불어 증가한다. 자아존중감이 유아기에 비해 아동기에 조금 더 낮아지는 것도 자신을 또래와 비교하기 시작하기 때문이다.

그림 6-10

아동기와 청소년기의 자아개념

출처 : Shaffer(2005)

표 6-3 / 발달에 따른 자아개념의 변화

발달시기	초점	자신에 대한 생각
영아기	자신과 외부세상의 구분	"나는 다른 사람이나 세상으로부터 독립된 별개의 존재이구나"
유아기	신체특징, 소유물	"나는 금발이다" "나는 자전거를 가지고 있다"
아동기	선호하는 것 정서, 사회적 집단 또래와의 비교, 행동특성과 능력	"나는 축구를 좋아한다" "나는 행복하다" "나는 우리 반에서 달리기를 제일 잘한다"
청소년기	태도, 성격특성, 신념, 미래	"나는 조용한 편이다" "나는 보수적이다" "나는 의사가 되고 싶다"

출처 : Harter(1999)와 최경숙 · 박영아(2005)에서 수정 통합

3) 도덕성

도덕성의 발달은 전통적으로 인지발달의 측면에서 이해되어 왔다. 따라서 초기의 연구는 도덕적 사고에 대한 관심이 많았으며, 이는 인지발달과 더불어 진행되는 것으로 여겨져 왔다. 최근에는 도덕성의 정서적인 영역에 대한 관심이 증가하여 도덕적 정서의 영역도 함께 고려되고 있다.

(1) Piaget의 도덕성 발달단계

■ 타율적 도덕성의 단계

유아는 도덕적 판단을 할 때 행위자의 의도를 기준으로 삼지 않고, 결과를 중심으로 판단하는 성향이 있다.

■ 자율적 도덕성의 단계

아동기에 이르면 행위자의 의도를 파악할 수 있게 되어 의도를 고려하여 도덕적 판단을 하게 된다.

(2) Kohlberg의 도덕성 발달단계

Kohlberg는 Piaget의 도덕성 발달단계를 확장시켜 도덕적 추론에 근거한 6단계의 발달이론을 제시하였다.

Heinz의 딜레마

한 여성이 암으로 죽게 되었다. 이 부인을 살릴 수 있는 약은 최근 한 약사가 개발한 것으로, 약사는 약을 만든 값의 10배인 2,000달러에 그 약을 팔고자 하였다. 부인의 남편인 Heinz는 돈을 빌리려고 애썼으나 약값의 절반인 1,000달러만을 마련할 수 있었다. Heinz는 약사에게 부인이 죽어가고 있으니 약을 싸게 팔거나 나중에 지불할 수 있도록 해달라고 부탁했다. 그러나 약사는 자신이 개발한 약이므로 이를 거절하고 지불을 요구하였다. 실의에 빠진 Heinz는 부인을 위해 약국의 문을 부수고 들어가 그 약을 훔쳤다.

응답자는 Heinz의 딜레마를 듣고 Heinz의 행동이 옳은지 그른지를 판단하고, 왜 그렇게 판단하는지 그 근거를 설명한다. 그 판단의 근거에 따라 Kohlberg는 도덕성의 발달을 다음과 같은 6단계로 구분하였다.

표 6-4 / Kohlberg의 도덕성 발달단계

수준	단계	도덕적 판단의 근거
전인습적 수준	1단계 : 처벌과 복종 지향	처벌받지 않기 위한 맹목적 복종
	2단계 : 상호교환 지향	동등하고 공정한 교환
인습적 수준	3단계 : 착한 아이 지향	타인에 대한 신의, 배려, 충성
	4단계 : 법과 규범 지향	사회질서, 법, 정의
후인습적 수준	5단계 : 사회적 계약 지향	(다수가) 지향하는 가치, 권리, 원칙
	6단계 : 보편적 윤리 지향	보편적인 인간의 권리와 양심

(3) Eisenberg의 도덕성 발달단계

Eisenberg는 인지발달적 접근에서 소홀했던 도움, 나눔, 위로와 같은 친사회적 이슈에 대한 도덕적 추론의 발달을 다음과 같이 설명했다.

표 6-5 / Eisenberg의 도덕성 발달단계

수준	단계	발달
쾌락 지향	유아기	개인의 필요에 관심 "도와주면 파티에 못 가니까 못 도와줘."
욕구 지향	아동기	타인의 욕구를 인식하나, 도움을 주지 못해 느끼는 죄책감이나 공감은 적다. "내 도움이 필요하니까 도와야지"
승인 지향	아동기와 몇몇 청소년	선악에 대한 정형화된 개념을 가지고 있으며 사회적 승인에 관심이 있다. "도와주면 엄마가 안아주실 거야"
공감 지향	후기 아동기와 청소년기	공감의 감정 "힘들어하는데 도와주고 싶어"
내면화된 가치 지향	소수의 청소년	내면화된 가치와 규범 책임감 "수혜자들에게는 혜택이 가지 않고 모금과정에만 너무 낭비되는 것 같아서 나는 기부금 안 낼 거야"

출처 : Eisenberg 외(1983), Shaffer(2005)

4) 또래관계

(1) 또래수용

또래수용은 한 아동에 대해 다른 또래들이 받아들이고 호감을 느끼는 정도를 뜻한다. 또래수용을 측정하기 위해서는 아동에게 자신이 좋아하거나 싫어하는 또래가 누구인지를 질문하거나, 함께 놀고 싶은 정도를 평가하도록 하는 사회측정법을 주로 사용한다. 이 측정방법을 사용한 연구결과들은 또래지위를 인기아, 거부아, 고립아, 인기와 거부를 모두 경험하는 양면아 등으로 구분하고 있다.

'인기아'는 일반적으로 신체적 매력이 있고 지능과 자존감이 높으며, 사교적이고 리더십이 있다. '거부아'는 친구들이 싫어하는 유형으로 신체적 · 언어적 공격을 많이 하고 비행 같은 문제행동을 많이 하며, 학업성적이 좋지 못한 경향이 있다. '고립아'는 주위 또래들로부터 친한 친구 내지는 싫어하는 친구로도 지명되지 않으며, 수줍음을 잘 타고 자존감이 낮고 우울증과 같은 내적 문제를 지니기도 한다. '양면아'는 친한 친구 내지 싫은 친구로도 뽑히는 아동이며, 공격적 일면과 리더십을 동시에 갖춘 경우가 많다.

(2) 또래 괴롭힘

또래 괴롭힘 또는 따돌림은 아동기부터 시작되는 또래관계의 역기능 중의 하나이다. 또래 괴롭힘은 가해아와 피해아 간에 힘의 차이가 있다는 점, 가해행동이 집단으로 이루어진다는 점에서 개인의 공격성과는 구별된다. 또래 괴롭힘에는 가해아와 피해아가 있으며, 가해와 피해를 동시에 나타내는 공격적 피해아가 있다.

또래 괴롭힘의 결과는 매우 심각하며, 특히 세 집단 중 공격적 피해아의 손상이 가장 심각하여 품행장애, 학교문제, 관계문제를 보였다(Juvonen, Graham, & Schuster, 2003). 하지만 아동의 연령이 증가할수록 공격적 피해아는 줄어들고, 가해아와 피해아가 증가한다(Hanish & Guerra, 2004)는 보고도 있다.

또래 괴롭힘을 예방하기 위해 6~15세 아동들을 대상으로 실시한 한 프로그램은 또래 괴롭힘의 기회와 괴롭힘으로 얻는 보상을 감소시키는 것을 목적으로 하였다. 또한 학교 교사들로 하여금 또래관계를 증진시키고 학교를 더 안전한 환경으로 만들기 위한 방법을 교육받게 하였더니 또래 괴롭힘이 크게 감소하였다(Kallestad & Olweus, 2003).

(3) 우정

또래 집단과의 친밀한 유대관계를 우정이라고 하며, 우정의 특징은 발달단계에 따라 다르게 나타난다. 유아는 일시적 놀이상대로서 또래에게 관심을 갖는 반면, 아동기에 접어들면서 친한 친구가 생기고 이들과 지속적인 관계를 유지한다. 아동기 초기에는 흥미를 함께하는 형태의 우정을 나누다가, 아동기 중기에 접어들면 단지 같이 노는 것 이상의 소속감과 신뢰를 형성하며 때로는 배타성을 띤 또래 문화를 형성하기도 한다(Berk, 1996).

아동기의 우정

우정의 형태에는 다소간의 성차가 있다. 남아는 주로 집단을 이루어 친구를 사귀며, 운동경기처럼 함께하는 활동을 통해 친밀감을 형성한다. 반면, 여아는 단짝친구와 정서적 유대감과 신뢰감을 형성하는 경향이 있으며, 남아보다 소규모의 배타적인 친구망을 형성한다(Hartup & Overhauser, 1991). 아동기 후기에는 동성친구에 대한 친밀감이 큰 반면, 이성친구에 대한 부정적인 태도가 강하게 형성되기도 한다.

5) 학교적응

Erikson에 의하면 아동기는 근면성을 획득하는 시기로, 근면성 획득을 통해 아동은 학교에서 학업과제를 수행하고 또래 및 교사와 원만한 관계를 이루어나간다.

(1) 성취동기

학령기의 아동은 학교에서 다양한 과제를 부여받게 된다. 성취동기란 성취에 대한 높은 기준을 가지고 도전과제에 성공하고자 하는 열의를 뜻한다.

아동의 성취동기는 과제를 성공적으로 수행하도록 돕는 심리적 기저이다. 내부적 지향 intrinsic orientation의 성취동기는 개인의 능력에 대한 욕구를 만족시키기 위해 성취하고자 하는 욕망을 뜻하며, 외부적 지향 extrinsic orientation의 성취동기는 점수나 상, 타인의 인정과 같은 외부적 유인 incentives을 얻기 위해 성취하고자 하는 욕망이다(Shaffer, 2005). 내부적 지향의 성취동기를 가진 아동은 외부적 지향의 성취동기를 가진 아동보다 더 어려운 과제에 도전하기를 선호하며 스스로 학교과제를 잘 수행하였다(Deci, Koestne, & Ryan, 2001 ; Harakiewicz, 1998).

성취동기는 통제 소재와 관련이 있다. Weiner(1986)의 귀인 이론 attribution theory은 성취의 원인을 어디에 두느냐에 따라 내적 통제와 외적 통제로 구분하였다. 내적 통제는 결과에 대한 책임이 개인에게 있다고 여기는 것이며, 외적 통제는 개인이 결과를 통제할 수 없다고 여기는 것이다(Shaffer, 2005). Weiner는 성공을 노력과 같은 내적 요인 때문인 것으로 생각할 때 노력의 의지가 생긴다는 점에서 통제의 소재가 성취동기에 영향을 미친다고 하였다. 실제로 실패를 자신의 탓으로 생각하는 내적 통제의 아동은 실패의 원인을 운이나 다른 상황의 탓으로 여기는 외적 통제의 아동보다 학업성취가 뛰어난 것으로 밝혀졌다(Findley & Cooper, 1983).

(2) 아동기 스트레스

스트레스는 정신건강의 위험요인으로 알려져 왔다. 아동의 스트레스는 우울이나 불안과 같은 더욱 심각한 신체적·정서적 건강문제에도 영향을 미친다(김미예, 2005). 아동이 경험하는 스트레스는 연령에 따라 다양하며, 학령기 아동의 스트레스는 그 원인이 학교생활과 관련된 것인 경우가 많다(Torsheim & Wold, 2001 ; Skinner & Wellborn, 1997). 학교생활(전원주, 1997)이나 또래관계(배정현, 2003)가 아동의 스트레스 원인인 경우가 많고, 외모나 성격(김미예, 2005)도 스트레스 원인으로 꼽혔다.

최근에는 다양화된 가족형태에 따라 한부모 가정의 특성이나 이혼과정에서 겪는 스트레스(동승자, 2000 ; 이지선, 2007)와 부모의 과도한 학업기대(박경희, 2008 ; 안진아, 2006)에 따른 스트레스도 증가하고 있다.

아동기에는 스트레스 원인뿐 아니라 스트레스 대처방법 또한 유아기와는 다르게 발달한다. 아동은 유아에 비해 정서중심의 대처방법을 더 사용하여 정서적 스트레스를 조절하고자 한다(Compas et al., 2001). 문제중심의 대처방법 또한 더욱 기술적으로 발달하여 스트레스 상황의 원인을 조절하려 노력하게 된다(Compas et al., 1999).

아동기의 과중한 학업 스트레스

Freud에 의하면 아동기의 성적에너지는 잠복기에 들어가 아동기는 비교적 내적 갈등이 적은 시기이다. 대신 동성친구들과의 교류가 많아지며, 에릭슨이 설명한 사회적 과업이 중요해지는 시기로 학업을 수행하면서 근면성을 발달시킨다. 이러한 발달과업을 수행하는 아동들이 학업을 중시하는 우리 사회의 문화 때문에 스트레스로 크게 느끼고 있다는 보도가 잇따르고 있다. 초 · 중생이 스트레스를 가장 심하게 받을 때는 성적표를 부모님께 보여드릴 때인 것으로 조사됐다.

(주)노벨과 개미와 (주)교수닷컴은 공동으로 전국의 초1~중3 학생 1,586명을 대상으로 '성적 스트레스'에 대한 인터넷 설문조사를 실시하였다.

설문조사 결과 성적에 대한 스트레스가 가장 심한 때는 '성적표를 부모님께 보여드릴 때'였으며, 이는 '자신이 정해 놓은 목표를 달성하지 못했기 때문'인 것으로 응답했다. '성적에 대한 스트레스를 받고 있나'라는 질문에 "스트레스를 받고 있다"는 응답이 총 응답자 1,586명 중 1,282명으로 81%에 달했으며, 반면 "스트레스를 받고 있지 않다"는 19%에 그쳤다. "스트레스를 받고 있다"라는 응답이, 초등학생의 경우에도 응답자 1,191명 중 915명으로 77%에 달했다.

'성적에 대한 스트레스를 받는 이유는 무엇인가'라는 질문에는 "자신의 목표를 달성하지 못했기 때문에"가 총 응답자 1,586명 중 652명으로 41%에 달했고, "부모님의 기대 때문에"는 35%, "친구들과의 경쟁 때문에"는 12%, "잦은 시험 때문에"도 12%로 조사됐다.

성적에 대한 스트레스가 가장 심한 때는 언제인가요?

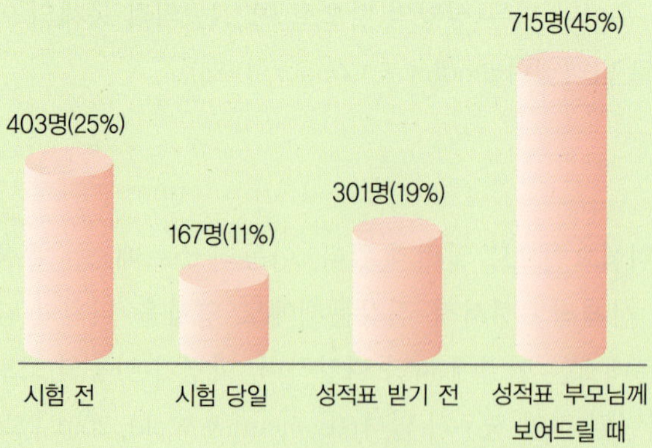

자료 : 경제투데이(2008. 11. 26.)

(3) 문제행동

최근 아동기에 나타나는 문제행동은 외현화 문제행동과 내면화 문제행동으로 구분하여 보고되고 있다. 외현화 문제행동의 대표적인 형태는 공격성이며, 학교규칙위반이나 분노표출과 욕설 등의 행동도 해당된다. 더 나아가서는 품행장애에 해당되는 절도와 폭력도 포함된다(Sterzer et al., 2005). 이러한 반사회적인 문제행동은 여아보다는 남아에게서 더 많이 나타나는 반면, 내면화된 문제행동은 주로 우울이나 위축 등의 심리적인 문제로서 남아보다는 여아에게서 더 빈번히 발생한다.

아동기의 문제행동은 시작시기가 이를수록 성인기까지 지속될 수 있다는 점에서 심각한 문제로 여겨진다. 실제로 한 연구는 8세에 공격적이고 적대적이었던 남아가, 30세에도 반사회적인 경향이 있음을 보고한 바 있다(Huesmann et al., 1984).

4 아동기 발달과 가족

1) 아동기의 부모역할

아동기 자녀의 부모는 영아기와 유아기 자녀의 부모에 비해 자녀와 상호작용하는 시간이 줄어들지만, 여전히 아동을 위해 정보를 제공하고 지도하는 감독자로서의 역할을 한다. 부모가 아동이 어디에서 무엇을 하는지를 알고 있는지, 아동에 대해 파악하고 있는지 여부를 부모의 감독monitoring이라고 한다.

부모는 아동을 통제하는 역할도 한다. 아동에 대한 행동통제behavioral control는 아동의 행동을 합리적인 훈육과 감독을 통해 조절하는 것이다. 또 아동에 대한 심리적 통제 psychological control는 아동의 감정을 무시하고 죄책감 또는 수치심을 불러일으키거나, 애정을 철회하는 심리적인 방법을 사용함으로써 아동의 행동에 영향을 미치려는 것이다(Shaffer, 2005). 부모의 행동통제는 아동이 또래와 일탈행동을 하지 못하도록 하는 데 도움이 되지만, 부모의 심리적 통제는 아동으로 하여금 우울, 불안, 일탈행위를 하는 또래와 어울리기 등 반사회적 행동을 불러일으킨다(Galambos et al., 2003 ; Olsen et al., 2002 ; Pettit et al., 2001).

우리 문화에서 아버지는 직장생활 때문에 양육참여를 제한받고 있다. 하지만 최근에 들어서면서 아버지의 영향이 강조되고 핵가족화가 보편화되면서 아버지의 양육참여가 점차 증가하고 있다. 아버지가 여가참여, 생활지도, 인지적 성취지도 등의 영역에서 양육참여를 많이 한 아동의 경우 또래수용이 높고 사회성 발달에 유리한 것으로 밝혀졌다(황영미 · 문혁준, 2006) .

2) 부부관계가 아동에게 미치는 영향

부모는 양육행동을 통해서뿐만 아니라 부부관계를 통해서도 아동에게 대인관계의 모델이 되기도 하고, 부부간의 문제에 따라 발생한 정서를 아동에게 투영하기도 하여 아동에게 영향을 미친다. 부모의 부부갈등이 높은 경우 아동의 분노와 수치심 및 죄책감 같은 부정적 정서와, 공격성 및 비행 같은 부정적 행동이 많아진다(이순욱 · 김춘경, 2006).

DISCUSSION POINTS

토의요점

01 | 아동기에 형성되는 자아에 대한 인식은 인지발달과 어떠한 상관이 있을까요?

02 | 부모의 통제와 감독이 아동기의 또래관계에 영향을 미칠 수 있을까요? 있다면 어떠한 경로를 통해 영향을 미치게 될까요?

03 | 아동의 창의성 증진을 위해 제공해야 할 학교 환경에는 어떠한 요소들이 있을까요?

Chapter 7

청소년기

인간의 삶을 명확한 단계로 구분하기는 어렵지만 청소년기는 자의식을 형성하기 시작하는 시기로부터 독립적 인격체로서 성인이 되기 전까지를 말한다. 따라서 청소년기는 더 이상 아동도 아니고 성인도 아닌 과도기적 시기라 할 수 있다. 이제까지 청소년기는 '질풍노도의 시기'라 하며 다소 부정적으로 설명되어 왔지만, 최근 연구들은 청소년이 특별한 어려움 없이 청소년기를 보내고 있으며 다른 생애주기와 동일한 스트레스와 어려움을 겪고 있다고 보고하고 있다.

Chapter

7 청소년기

신체발달 1

사춘기 puberty는 라틴어 'pubertas(of ripe age, adult)'에서 유래했으며 개인이 처음으로 아이를 낳을 수 있는 신체적 발달 상태로 정의된다. 사춘기는 청소년기에 시작되는 특별한 과정이나 단계가 아니라 태아기부터 시작되는 일련의 발달단계를 거치며 진행되는 것으로, 호르몬과 신체적 변화가 서로 상호작용하면서 성인으로서의 모습을 갖추게 되며 남녀 생식기관이 발달하게 된다(Grumbach & Styne, 1998). Marshall과 Tanner(1974)는 사춘기의 신체 내외적 변화를 다음의 다섯 가지 영역으로 구분하였다: ① 사춘기의 다른 변화들을 조절하는 호르몬/내분비계의 변화, ② 성장급등 growth spurt, ③ 이차성징과 생식기관의 성숙, ④ 순환기와 호흡기의 발달과 이에 따른 체력과 지구력 강화, ⑤ 체지방과 근육조직의 증가 혹은 재분포. 이러한 신체적 · 생리적 변화를 보면 알 수 있듯이, 사춘기는 하루아침에 일어나는 사건이 아니라 5~6년 정도에 걸쳐 일어나는 과정이다(Brooks-Bunn & Reiter, 1990). 모든 사춘기의 변화 과정은 유전, 영양상태, 그리고 호르몬 요소들의 상호작용의 영향을 받는다.

1) 내분비계의 변화

호르몬 조절의 변화는 사춘기의 시작과 더불어 더욱더 복잡해진다. 적당한 양의 갑상선호르몬과 부신호르몬은 정상적인 성장을 위한 필수조건이지만 성호르몬은 이제 점점 더 중요한 역할을 하게 된다(Brchibald, Graber, & Brooks-Gunn, 2003). 호르몬을 조절하는 내분비계에는 전체적인 호르몬 수준을 조절하는 뇌하수체 pituitary gland, 뇌하수체를 조절하는 뇌의 부분인 시상하부 hypothalamus, 그리고 생식선 gonad 등이 있다. 남자의 고환 testis과 여자의 난소 ovary가 이 생식선에 해당된다. 생식선은 안드로겐 androgens과 에스트로겐 estrogens이란 성호르몬을 분비한다. 안드로겐은 남성호르몬이고 에스트로겐은 여성호르몬이며, 남성과 여성 모두 두 호르몬을 각기 생성하며 지니고 있다. 그런데 청소년기 평균적인 남아는 에스트로겐보다 안드로겐을, 평균적인 여아는 안드로겐보다 에스트로겐을 더 많이 생성한다.

우리 몸은 일정량의 안드로겐과 에스트로겐을 유지하도록 되어 있으며, 시상하부는 이들 성호르몬의 양에 반응하게 된다. 체내 성호르몬의 양이 정해진 수준보다 떨어지면 시상하부는 뇌하수체를 자극하게 되고, 다음에는 뇌하수체가 생식선을 자극

그림 7-1
피드백 고리에 의한 성호르몬의 조절

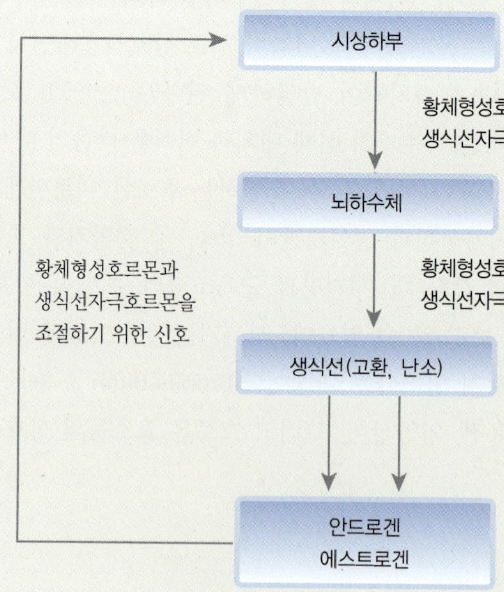

함으로써 성호르몬이 생성되게 한다. 성호르몬의 양이 정해진 수준에 도달하면, 시상하부는 뇌하수체를 더 이상 자극하지 않으므로 성호르몬은 적당한 수준을 유지하게 된다 그림 7-1.

2) 신체성장

사춘기 성장의 특징 중 하나는 성장급등이라 할 수 있다. 사춘기 직전에는 성장속도가 최저속도로 떨어지다가preadolescent dip 사춘기 중반부터 속도가 빨라진다. 성장급등은 여아가 남아보다 좀 더 빨리 시작되지만, 여아는 남아가 이 시기에 성장한 정도만큼 성장하지는 못한다. 평균적으로 여아의 키 성장의 절정은 12세로, 일 년에 9cm 정도 성장하여 사춘기 동안 총 25cm 정도 자란다. 한편 남아는 여아보다 2년 후인 14세로 일 년에 10.3cm 정도 성장하여 사춘기 동안 총 28cm 정도 자란다(Marshall & Tanner, 1970). 이러한 차이는 성인이 되어 남성과 여성 간에 평균 13cm의 키 차이를 낳게 된다(Tanner, 1989).

사춘기는 또한 체중이 증가하는 시기로 성인 체중의 50%가 청소년기에 증가한다. 체중 증가의 절정은 여아의 경우 키 성장이 절정에 이른 시기보다 대략 6개월 정도 늦은 12.5세로 일 년에 평균 8.3kg 정도 증가한다. 남아는 키 성장이 절정에 이른 시기와 유사한 14세로 일 년에 평균 9kg 정도 증가한다. 최근 우리나라 청소년의 성별, 연령별 신장과 체중의 추이는 표 7-1, 표 7-2 와 같다.

표 7-1 / 우리나라 청소년의 성별 · 연령별 신장의 추이

측정연도	6세		7세		8세		9세		10세		11세	
	남	여	남	여	남	여	남	여	남	여	남	여
1995	119.4	118.4	125.2	123.9	130.7	129.3	135.6	135.0	140.6	141.4	146.3	147.9
2000	120.1	118.9	125.8	124.9	131.3	130.1	136.6	136.0	141.9	142.3	148.1	149.2
2005	120.6	119.3	126.5	125.3	132.0	131.0	137.3	137.1	143.0	143.7	149.1	150.3
2007	121.6	120.4	127.4	126.1	132.9	131.8	138.6	138.4	143.7	144.7	150.4	151.1
측정연도	12세		13세		14세		15세		16세		17세	
	남	여	남	여	남	여	남	여	남	여	남	여
1995	152.6	153.2	159.5	156.2	165.3	158.2	168.8	158.9	170.4	159.4	171.5	159.8
2000	154.9	154.4	161.8	157.3	167.2	158.9	170.4	159.5	172.2	160.2	173.0	160.5
2005	156.4	154.9	163.2	157.9	168.5	159.3	171.6	160.2	172.8	160.7	173.6	161.0
2007	158.3	156.1	164.2	158.3	169.2	159.7	172.0	160.4	173.1	160.7	173.9	160.9

표 7-2 / 우리나라 청소년의 성별 · 연령별 체중의 추이

측정연도	6세		7세		8세		9세		10세		11세	
	남	여	남	여	남	여	남	여	남	여	남	여
1995	22.8	22.0	25.7	24.6	28.9	27.7	32.1	31.0	35.5	35.3	39.7	40.5
2000	23.3	22.4	26.4	25.4	29.9	28.5	33.6	32.2	37.8	36.3	42.0	41.8
2005	24.0	22.9	27.3	26.0	31.0	29.4	34.8	33.4	39.4	38.1	44.5	43.6
2007	24.4	23.3	27.9	26.4	31.7	29.9	35.9	34.2	40.2	38.9	45.1	44.0
측정연도	12세		13세		14세		15세		16세		17세	
	남	여	남	여	남	여	남	여	남	여	남	여
1995	44.6	45.4	49.8	48.8	54.8	51.9	59.1	52.8	61.4	53.5	63.4	54.4
2000	47.4	46.7	52.9	49.9	57.7	52.5	60.8	53.3	63.2	54.2	65.3	54.9
2005	50.2	47.8	55.7	51.0	61.0	53.1	64.1	54.4	66.1	55.2	68.1	56.1
2007	50.9	48.1	56.7	51.4	61.1	53.2	64.0	54.0	66.3	54.8	68.3	55.4

3) 성적 성숙

여아에게 유방의 발달은 첫 번째 성적 성숙의 표시로서, 일반적으로 8~13세에 일어난다(Kaplowitz et al., 1999). 음모의 발달은 흔히 유방의 발달 직후에 시작되지만, 대략 20%의 여아는 유방이 발달하기 전에 음모가 발달하기도 한다. 일찍이 Marshall과 Tanner(1969)는 유방과 음모의 발달과정을 5단계로 구분하였는데, 이는 아직까지도 사춘기 성적 성숙에 대한 기본이 되고 있다 그림 7-2, 그림 7-3. 여아가 사춘기를 시작한 시기와는 상관없이 유방이 발달하는 데 대략 4~5년이 걸린다(Brooks-Gunn & Reiter, 1990). 키의 성장속도가 빨라지기 시작하는 것과 비슷하게 유방도 발달하기 시작한다. 초경 menarche은 키의 성장속도가 절정에 달하면 시작하게 된다.

일반적으로 남아의 성적 성숙은 여아보다 1~2년 정도 늦게 시작된다. 여아처럼 외관상 드러나지는 않지만, 남아의 첫 번째 성적 성숙의 표시는 고환의 발달이라 할 수 있다. 여아의 유방발달 단계와 유사하게 Marshall과 Tanner(1969)는 남아의 음경과 음모의 발달단계를 제시했다 그림 7-4. 고환의 발달은 일반적으로 13~14세에 일어나는 키의 성장급등을 따르며, 이 시기에 발기가 가장 빈번하게 이루어진다. 이러한 이차성징의 발달 이외에, 목소리가 변성되고 턱수염이 나는 신체 변화도 생긴다.

그림 7-2

여성의 유방 발달 5단계

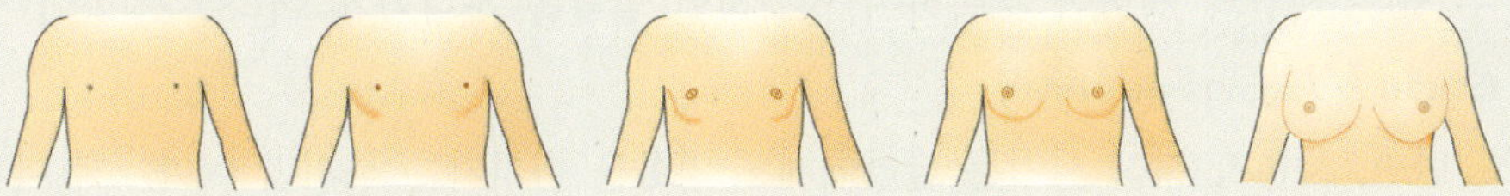

그림 7-3

여성의 음모 발달 5단계

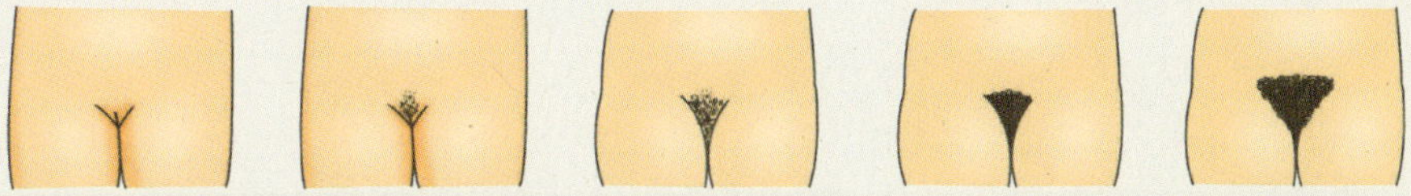

그림 7-4

남성의 생식기 발달 5단계

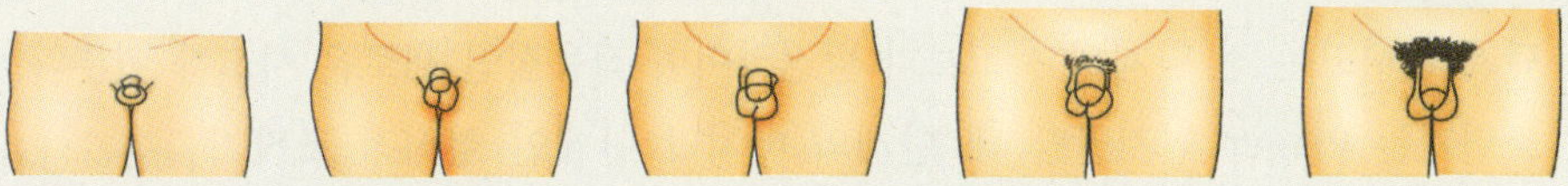

4) 사춘기 시작 시기

사춘기의 시작 시기는 청소년의 사회생활에 중요한 의미를 지니며, 이러한 사회적 경험은 그들의 심리적 발달에 영향을 미치는 것으로 알려져 왔다(Jones & Bayley, 1950). 청소년의 조숙과 만숙은 자신의 또래집단보다 빨리 혹은 늦게 사춘기 변화를 경험하는 것으로, 또래와는 다른 사람이 되는 것을 의미하기 때문에 사춘기 청소년에게 더 많은 스트레스를 줄 수 있다(Simmons & Blyth, 1987). 특히 조숙은 여아에게 다소 불리한 것으로 보이며, 조숙한 여아는 여아 집단 중 가장 스트레스를 많이 받는 집단이다. 너무 이른 시기에 조숙한 여아는 신체적으로는 성인처럼 성숙하게 보이기 때문에 성인의 규칙을 따르고 성인과 같은 행동을 하며 사회적 · 정서적 · 인지적으로 보다 성숙할 것을 강요받지만, 실제로 성숙한 외모가 요구하는 문제들을 해결할 수 있는 시간과 경험이 부족하여 정상적인 발달을 해나가기 어려운 경향이 있다(Stattin & Magnusson, 1990).

반면, 사춘기 시작 시기는 남아에게도 영향을 미치기는 하지만 여아에게 미치는 영향만큼 크지 않다. 조숙한 여아처럼 조숙한 남아도 약간의 심리적 문제를 나타내기도 하지만, 보통의 속도로 성숙한 남아와 비교해서 우울 증세나 흡연 문제가 덜 심각하다. 오히려 만숙이 남아에게 부정적인 영향을 미치는데, 만숙한 남아는 학업적 · 정서적 문제, 심각한 자의식 등을 지니는 것으로 보인다(Graber et al., 1997).

2 인지발달

1) Piaget의 인지 이론

Piaget의 인지발달 단계는 각 단계마다 특별한 유형의 사고로 이루어지며, 다음 단계의 사고는 전 단계의 사고보다 발전적이며 적응적인 새로운 사고를 이룬다. 청소년기는 Piaget 인지발달 네 단계의 마지막 단계인 형식적 조작기 period of formal operations에 해당되는 시기이다. 형식적 사고는 실제 상황뿐 아니라 가설적 상황에도 적용될 수 있으며, 구체적 사물뿐 아니라 추상적 개념도 효율적으로 다룰 수 있다.

Piaget는 형식적 조작기 사고의 중심은 명제적 논리 체계 propositional logic system의 사용이라고 보았다. 명제적 논리 체계란 이론적이자 형식적 논리 원칙에 바탕을 둔 체계이다. 형식적 조작기 사고인 명제적 논리의 사용은 아동의 사고와 청소년의 사고를 구분하는 가장 주된 특징으로, 청소년기에 나타나는 가능성에 대한 사고, 다면적 사고, 추상적 개념에 대한 사고의 근간을 이룬다(Moshman, 1998).

2) 정보처리 이론

청소년기 정보처리 능력에는 네 가지 변화가 있다(Steinberg, 1990). 첫째, 주의집중 능력이 증진한다. 이 때문에 한 가지 자극에만 집중하고 다른 자극은 무시할 수 있는 선택적 주의집중 selective attention이 가능해진다. 예를 들면 청소년이 학교 숙제를 할 때, 동생이 옆에서 비디오 게임을 하면서 내는 소리는 무시할 수 있게 된다. 반면 동시에 두 가지 자극에 주의를 기울일 수 있는 분리된 주의집중 divided attention도 가능해진다. 음악을 들으며 공부할 수 있는 것이 분리된 주의집중의 좋은 예이다. 둘째, 단기기억과 장기기억의 기억용량이 늘어난다. 청소년은 보다 많은 정보를 기억에 저장할 수 있기 때문에 여러 과제를 성공적으로 해결할 수 있게 된다. 셋째, 청소년은 보다 조직적인 정보처리 전략을 갖게 된다. 예를 들어 기억을 도와주는 전략을 비롯한 다른 조직적 전략을 이용함으로써 더 나은 문제해결이나 판단을 할 수 있게 된다. 넷째, 자신의 사고과정에 대한 지식이 증가한다. 청소년기에 메타인지 metacognition가 가능해짐에 따라 자신의 사고에 대해 생각을 할 수 있게 되는데, 이는 청소년기 증가된 자아의식을 설명해 준다.

3) 청소년 인지발달의 특징

인지발달 이론에 의하면 청소년은 아동보다 인지적으로 발달했다고 볼 수 있는데, 이는 청소년이 아동보다 단지 더 많이 알아서가 아니라 청소년이 보다 효율적이고 성숙한 사고를 할 수 있기 때문이다. 청소년의 인지발달은 다음의 다섯 가지 특징을 갖는다(Steinberg, 1990).

(1) 가능성에 대한 사고

아동의 사고는 매우 구체적이며 '지금 여기 here and now'에 국한되어 있어, 아동 자신이 직접 관찰할 수 있는 것에 대해서만 사고할 수 있다. 반면, 청소년은 가능한 것에 대해서도 생각할 수 있다. 다른 말로 하면, 아동에게 가능한 것은 현실적인 것이지만, 청소년에게 현실적인 것은 가능한 것의 일부에 지나지 않는다. 또한 청소년은 구체적인 것과 추상적인 것 사이를 쉽게 넘나들 수 있으며, 다른 가능성과 설명을 체계적으로 제시할 수 있고, 자신이 실제로 관찰하는 것과 가능하다고 믿는 것을 비교할 수 있다.

(2) 추상적 개념에 대한 사고

보다 체계적이고 추상적인 사고는 청소년기 인지발달의 두 번째 특징이다. 청소년의 추상적 사고는 사회적 · 관념적 문제에 대해 논리적으로 사고할 수 있게 한다. 이제 청소년은 대인 관계, 정치, 철학, 종교, 도덕에 대해(예: 우정, 신념, 민주주의, 공평, 정직 등) 많은 관심을 갖고 체계적이고 논리적으로 사고하게 된다.

(3) 사고에 대한 사고

세 번째 인지발달은 사고에 대한 사고로 흔히 메타인지metacognition라 불린다. 메타인지는 사고과정에서 일어나는 자신의 인지적 활동을 검토하는 것이다. 메타인지는 청소년기 증가된 '자기의식', '자기 반영', '지식화' 등을 통해 보이는데, 자기의식은 타인이 자신에 대해 어떻게 생각하는지를, 자기 반영은 자신의 감정에 대한 생각을, 지식화는 자신의 사고에 대한 생각을 뜻한다. 이들 세 과정은 청소년의 심리적 성장에서 매우 중요한 역할을 한다.

(4) 다면적 사고

아동은 한 번에 한 가지 관점으로만 생각하는 반면, 청소년은 보다 다양한 관점에서 사고할 수 있다. 청소년은 자신과 타인을 보다 복잡한 개념으로 이해할 수 있으며, 문제를 다양한 관점에서 볼 수 있다. 또한 사람의 성격이 한 가지 측면이 아닌 다양한 관점에서 해석될 수 있음을 이해하게 되어 청소년은 보다 복잡한 인간관계를 맺을 수 있게 된다.

(5) 상대주의

상대주의는 청소년이 사물을 보는 관점에 관한 것이다. 아동은 사물을 절대적인 관점(흑백논리)에서 이해하지만, 청소년은 상대적 관점에서 이해한다. 청소년은 타인의 주장에 대해 질문을 제기하기도 하고, 절대적인 '사실'을 수용하려 하지도 않으며, 많은 것에 대해 회의적이 된다. 실제로 청소년이 이전에 확신했던 것에 대해 의문을 갖기 시작하면서, 모든 것이 불분명하고 어떠한 지식도 완전히 신뢰할 수 없다고 느끼게 된다. 이처럼 청소년은 극단적인 회의의 시기를 거치면서 지식의 복합성을 점차 이해하게 된다.

4) 청소년기 자기중심성

청소년기 인지발달은 청소년 초기 자기중심성 egocentrism의 원인이 된다(Elkind, 1967). 형식적 조작기의 청소년은 자신의 생각뿐 아니라 다른 사람의 사고도 체계화할 수 있다. 그러나 청소년기의 급격한 신체적 · 정서적 변화는 청소년으로 하여금 자신의 외모와 행동에 몰두하게 만들며, 자신이 자신에게 관심이 있는 만큼 다른 사람들도 자신에게 관심이 있다고 생각하게 된다. 이렇듯, 청소년은 자신의 관심사와 타인의 관심사를 구분하지 못하게 되어 청소년기 자기중심성이 나타난다. 청소년기 자기중심성을 반영하는 상황은 '상상 속의 청중'과 '개인적 우화' 두 가지가 있다.

(1) 상상 속의 청중

청소년은 상상 속의 청중을 만들어내어 자신은 주인공이 되어 무대 위에 있는 것처럼 행동하고, 다른 사람들을 모두 청중으로 생각한다. 실제 상황에서 청소년이 관심의 초점이 아니라는 의미에서 '상상적'이며, 다른 사람들이 자신을 관심의 대상으로 생각한다고 믿기 때문에 타인들은 '청중'이다.

청소년들이 자의식이 강하고 대중 앞에서 유치한 행동을 하는 것 등은 모두 상상 속의 청중 때문이라고 할 수 있다.

상상속의 청중은 이성에 대한 행동에서도 종종 나타난다. 예를 들어, 두 시간 동안 거울 앞에서 머리를 손질하고 옷을 고르는 여학생은 아마도 남학생들로부터 열광적인 반응을 상상하지만, 실제로 남학생을 만났을 때에는 상대의 반응을 관찰하기보다는 자신이 어떻게 관찰되는가에 보다 더 큰 관심을 갖는다(Elkind, 1967).

(2) 개인적 우화

청소년기의 자기중심성을 반영하는 또 하나의 상황인 개인적 우화는, 청소년이 자신의 감정과 사고는 너무나 독특한 것이어서 다른 사람들은 이해할 수 없을 것이라고 생각하는 것이다. 즉 청소년은 자신이 너무도 중요한 인물이라는 믿음 때문에 자신을 매우 특별하다고 생각한다. 개인적 우화의 예로서 첫사랑을 들 수 있다. 어느 누구도 자신과 같이 아름답고 숭고하고 뜨거운 사랑을 경험하지 못했을 것이며, 그 사랑이 끝났을 때에 느꼈던 하늘이 무너질 것 같은 절망감은 아무도 이해하지 못할 것이라고 생각한다. 또 다른 예로, 청소년이 다른 사람들은 다 죽어도 자신은 영원히

죽지 않으리라는 불멸의 신념으로 위험한 행동을 하다가 크게 다치거나 죽음에까지 이르는 것을 볼 수 있다. 그리고 10대 소녀가 다른 사람들은 다 임신을 해도 자신은 임신하지 않을 것이라는 생각에 무모한 짓을 하는 경우를 볼 수 있다.

3 정서사회 발달

Erikson(1968)은 인생주기를 모두 여덟 단계로 구분하여 처음 네 단계는 아동기, 다섯 번째 단계는 청소년기, 나머지 세 단계는 성인기의 단계로 보았다. 각 단계는 위기 혹은 발달에서의 전환점을 나타낸다. 아동기의 네 단계들을 잘 보내면 비교적 안전한 세상에서 독립적이고 적극적이며 유능한 존재로서의 자아감 sense of self을 갖고 자아정체감을 형성하는 다섯 번째 단계인 청소년기에 도달하게 된다. 이 시기의 청소년은 자아정체감과 역할혼미의 양극 사이에서 해결책을 찾고자 한다. 자아정체감 형성은 이전의 정체감을 자신만의 새로운 형태로 통합하는 과정을 말하는데, 매우 도전적인 과정이기에 이전 단계에서 해결되지 않은 정체감 문제는 부정적인 결과를 초래하여 자아정체감 형성을 더욱 힘들게 할 수도 있다.

1) 자아정체감

인간은 아주 어릴 때부터 자기 자신에 대해 알고 싶어한다. 일반적으로 어린 아동은 자신을 이름, 집, 가족, 신체적 특징, 능력 등의 구체적인 개념으로 정의하다가, 좀 더 자라면서 성격, 신념 등의 추상적인 개념으로 자신을 정의한다. 그러다 청소년기가 되면 많은 청소년은 자아정체감 ego-identity을 자신을 위해 반드시 형성해야만 하는 것으로 보기 시작한다. 청소년에게 자아정체감이란 자신이 누구이고 장차 어떤 사람이 될 것인지를 결정하는 문제인 것이다.

Erikson(1968)은 자아정체감을 개인의 고유성에 대한 의식적인 지각뿐 아니라 경험의 연속성을 위한 무의식적인 노력이라고 보았으며, 최적의 자아정체감은 심리·사회적 행복감으로 경험된다고 보았다. 즉 자아정체감을 형성하게 되면 자신에 대해 편안함을 느끼고, 자신이 어디로 가고 있는지를 인식하며, 자신이 신뢰하는 사람들로부터 인정받고 있음에 대한 내적 확신을 갖게 된다(Kroger, 2003).

자아정체감을 형성한 사람은 '합리적 주체성' rational agency, '단일성' singularity, '연속성' continuity을 경험한다(Moshman, 2005). 주체성은 행동함으로써 세상에 영향을 미치는 것으로, 합리적 주체성이란 자신의 행동에 대해 합리적 이유를 가지고 자신의 행동을 결정하고 그에 대해 책임을 지는 것이다(Audi, 2001).

또한 자아정체감을 갖기 위해서는 자신을 단일한 존재로 인식할 수 있어야 한다. 물론 어떠한 자아도 완전히 일관되지 않으며, 자아정체감을 형성한다는 것이 자아의 일관성을 발견하는 것도, 완전히 일관된 자아를 세우는 것도 아니다. 하지만 그렇다고 해서 일관성이 자아정체감 형성에 무의미하다는 것은 아니다. 즉, 자아정체감을 형성한다는 것은 자아를 단일한 것으로 보기 위해 충분한 연속성이 있음을 확인하기 위한 노력이다(Schachter, 2002). 즉, 과거로부터 현재를 지나 미래까지의 일관된 자아개념을 갖게 되는 것이다.

2) 자아정체감 지위

Erikson은 자아정체감의 개념정리에 지대한 공헌을 하였지만, 그의 이론은 분명하지 않으며 체계적이지 않고 주로 일화에 바탕을 두고 있다. 이러한 Erikson의 이론을 분명하고 검증 가능한 이론으로 전환시킨 학자가 Marcia(1966)이다. Marcia는 자아정체감 형성에서 두 가지 차원, 탐색 exploration/crisis과 수행 commitment을 중요한 구성요소로 보았다. 먼저 탐색(위기)은 청소년이 발달적 기회와 정체감, 직업, 목표, 가치, 신념 등과 관련하여 개인적으로 적절한 대안을 찾기 시작하는 것을 의미한다. 수행은 자신이 선택한 포부, 목표, 가치, 신념 및 직업 등에 개인적으로 관련된 정도 및 충실한 정도를 의미한다.

이 두 차원을 중심으로 하여, 네 가지 자아정체감 지위가 구분되었다. '정체감 성취' identity-achieved는 이미 성인의 역할과 가치를 탐색한 후에 수행을 하는 상태이고 '정체감 유실' identity-foreclosed은 성인의 역할과 가치에 대한 탐색 없이 수행을 하는 상태이다. '정체감 유예' identity-moratorium는 성인의 역할과 가치를 탐색하는 과정에 있으나 아직 수행을 하지 않는 상태이고, '정체감 혼미' identity-diffusion는 성인의 역할과 가치를 찾는 데 관심이 없는 상태이다.

그림 7-5

자아정체감 지위

탐색/위기

수행	예	아니오
예	성취 (위기 해결)	유실 (위기 경험 없음)
아니오	유예 (위기 현재진행)	혼미 (위기 경험 없음)

Marcia의 자아정체감 지위에 사용된 탐색과 수행은 Erikson의 정체감 이론에서 직접 나온 개념이며 자아정체감 지위가 Erikson 자아정체감의 핵심 개념을 바탕으로 하고 있지만, Erikson의 정체감을 자아정체감 지위라는 하나의 구조로 정의하기는 힘들다. 실제로 Marcia의 자아정체감 지위는 비판을 받고 있기도 하다. 첫째, Blasi와 Glodis(1995)는 자아정체감 지위가 자아정체감의 현상학적인 측면, 개인의 근원적인 본질과 단일성을 제시하지 못했다고 하였다. 둘째, Cote와 Levine(1988)은 Erikson의 이론과 Marcia의 정체감 지위 사이에 이론적 틈이 있음을 지적하였다. 자아정체감 지위가 정체감의 중요한 한 요소인 수행에는 초점을 맞추고 있지만, 개인과 환경 간의 상호작용을 고려하지 못했다는 것이다. 셋째, 자아정체감 지위는 Erikson 이론의 핵심인 공간적 · 시간적 연속성spatial-temporal continuity을 간과하였다 (van Hoof, 1999).

3) 정서

오랫동안 청소년기는 정서적으로 혼란스러운 격변의 시기로 알려져 왔으며, 청소년을 기술하는 데 '소외된,' '절망적인,' '혼란스러운' 같은 용어가 많이 사용되었다 (Arnett, 1999). 일반적으로 청소년기는 성장통growing pains을 겪는 힘든 시기로 간주되며, 아동기에서 청소년기로 성장하면서 정서의 강도가 강해지고 정서적 불안정, 갑작스런 감정의 변화mood swings, 부적 감정을 많이 경험하며, 가족 간의 갈등, 불안감, 불안정, 우울과 관련된 문제를 많이 갖게 된다.

실제로 청소년의 정서적 경험은 아동의 정서와 다르다(Larson & Lampman-Petraitis, 1989). 초등학교 고학년에서 중학교 시기로 성장하면서 청소년의 평균적인 일상 기분은 점차 저하되며, 초기 청소년이 겪는 감정적 경험은 아동기보다 덜 행복하다(Arnett, 1999). 청소년의 정서를 자극한다고 여기는 사건도 아동기와 차이가 있다. 아동은 그 순간 참여하고 있는 활동이 정서에 영향을 준다고 여기는 반면, 청소년은 과거와 미래의 사건에 보다 반응적이고 민감하다. 또한 청소년은 아동보다 하루 동안 일어난 작은 사건에 민감하다. 이러한 차이는 청소년이 미묘한 암시에 주의를 더 기울일 수 있고 복잡한 사건을 기억하고 검토할 수 있으며, 미래 사건이 갖는 의미를 예측할 수 있는 인지적 발달과 관련이 있기 때문이다(Rosenblum & Lewis, 2003).

청소년기 발달과 환경 4

1) 청소년기 발달과 가족

(1) 청소년과 부모의 관계

① 부모-자녀 관계의 변화

부모-자녀 관계는 아동기를 지나 청소년기에도 계속해서 중요한 사회적 · 정서적 자원이지만, 청소년기 부모-자녀 관계에는 많은 변화가 일어난다. 이러한 변화의 원인은 청소년 발달의 여러 측면에서 살펴볼 수 있다. 먼저, 사춘기 호르몬의 변화로 인한 충동조절 문제, 불안, 반항심, 가족으로부터의 거리감이 원인이 될 수 있으며, 자아정체감의 형성이나 점차 증가하는 독립심이 원인이 될 수도 있다. 인지적 발달도 영향을 주게 된다. 청소년의 추상적이고 복잡해진 사고가 부모-자녀 관계의 상호적인 측면을 더 잘 인식하게 하여 부모와의 상호작용에서 보다 동등한 관계를 기대하게 되지만(Selman, 1980), 부모는 자녀와의 위계적인 관계를 평등한 관계로 바꾸기를 원치 않으므로 결국 청소년기 자녀와 갈등을 일으키게 되고 친밀감도 줄어들게 된다. 부모 자신의 발달상의 변화 또한 청소년기 부모-자녀 관계에 영향을 주게 된다. 부모의 경력, 자신의 인생목표에 대한 재평가, 미래에 대한 희망의 감소 등이 부모-자녀 간의 관계 변화에 따른 적응을 어렵게 한다(Collins, 1995).

그러나 청소년기 발달이 거의 다 이루어지게 되면 청소년은 부모와의 관계에서 자신의 역할을 성공적으로 재조정하게 되어, 청소년기가 끝나갈 무렵에는 부모와의 갈등이 줄어들고 친밀감이 커지게 되어 다시금 건설적인 상호작용을 하게 된다(Collins, 1995).

② 부모-자녀 간 친밀감과 갈등

친밀감이란 개인과 개인이 서로 영향을 주고받는 것으로 상호의존성, 신뢰감, 의사소통 등을 포함한다. 비록 청소년기 부모와의 상호작용, 감정, 인지에 변화가 있기는 하지만, 아동기 부모-자녀 관계에서의 긍정적인 측면인 친밀감은 청소년기에도 지속된다(Collins & Russell, 1991). 그러나 아동기에 친밀감을 표현하는 방식이었던 포옹하기, 함께 상호작용하기 등은 아동이 성장하면서 감소하고, 청소년기에는 정보에 관한 대화나 감정 표현 등이 증가한다. 비록 일상의 사소한 문제(예: 의상, 헤어스타일)에 관한 부모의 권위는 약해진다 할지라도, 중요한 의사결정에는 여전히 영향을 미치는 관계라 할 수 있다.

청소년기 부모와는 갈등이 증가하고 또래친구와는 친밀감이 증가한다. 일반적으로 갈등은 사람 사이의 불화나 다툼을 의미하지만, 여기서의 갈등은 의견의 불일치를 의미한다. 부모와의 갈등은 주로 일상적인 주제, 힘(권력) 관련 문제, 분노의 감정, 승패에 관한 것이다. 주제와 상관없이 청소년기 부모-자녀 간의 불일치의 대부분은 어느 한쪽의 항복이나 철회와 같은 방법으로 해결되며, 타협은 거의 이루어지지 않는다(Adams & Laursen, 2001).

(2) 청소년과 부모의 양육방식

부모의 양육방식 중에 자녀의 욕구와 능력을 가장 중시하는 동시에 자녀의 연령에 적합한 성숙도를 요구하는 양육방식은 민주적 authoritative 방식이며, 부모의 의견을 위해 자녀의 요구를 무시하거나 자녀가 따르기를 강하게 요구하거나 억압적인 방식을 쓰며 자녀의 잘못된 행동은 처벌하는 양육방식은 권위주의적 authoritarian 방식이며, 자녀의 방종을 묵인하거나 자녀에게 무관심하며 자녀를 방치하고 자녀에게 낮은 기대만을 가지고 있는 양육방식을 허용적 permissive 방식이라 한다.

일반적으로 부모의 민주적 양육방식은 청소년 자녀의 긍정적인 적응을 돕는다. 청소년의 독립심, 책임 있는 행동, 역할수용 능력 role taking skill, 자아 발달, 정체감 탐색, 사회적으로 바람직한 행동, 연령에 적합한 성숙도, 도덕성 발달, 사회적 책임감, 친사회적 행동, 자신감 등은 부모의 민주적 양육방식과 관련되어 있다. 반면, 비교적 높은 수준의 반사회적 비행, 약물 남용, 낮은 수준의 성숙도와 성취 등은 허용적 양육방식과 관련되어 있다(Steinberg et al., 1994).

(3) 개체화

청소년기 부모-자녀 관계의 또 다른 유형으로 개체화 individuation가 있다. 개체화는 부모와의 지원적이고 밀접한 관계 안에서 개체감 sense of individuality을 확립하는 것으로, 부모와 청소년 자녀의 연결과 분리의 상호작용이라 할 수 있다(백지숙, 1999). 먼저 연결은 청소년과 부모 사이에 지속되는 연결의 관계를 말한다. 분리는 청소년이 일을 수행함에 자신의 힘을 믿고 스스로 처리해 갈 수 있다는 신념과 부모가 아닌 청소년이 원하는 방식대로 하는 청소년의 행동을 의미한다.

연결과 분리를 바탕으로 네 가지 관계유형을 살펴보면 다음과 같다. 먼저 '개체화형' 은 부모와의 관계에서 높은 분리와 연결을 보이며, 자신의 삶을 스스로 꾸려나갈 준비가 되어 있으며 생의 도전을 맞이할 준비가 되어 있다. '가독립형' 은 높은 분리

그림 7-6
개체화의 네 가지 관계유형

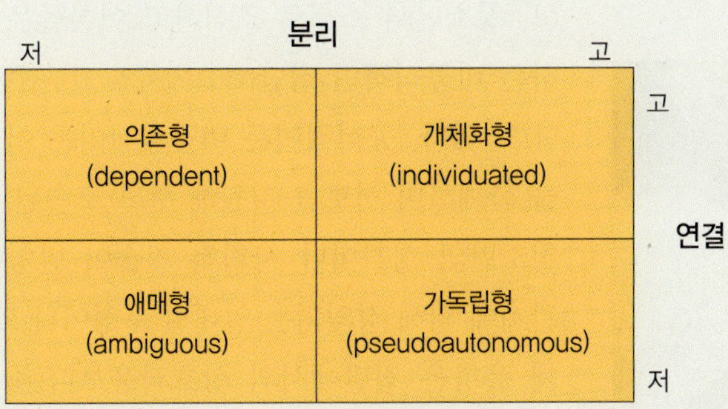

출처 : 백지숙 · 도현심 · 박성연(1998)

와 낮은 연결의 정도를 보이는데, 이들의 분리는 부모에 대한 무관심과 정서적 거리감에 바탕을 둔다. '의존형'은 낮은 분리와 높은 연결의 정도를 보이는데, 부모와의 친밀감에 안주하여 자신을 세울 노력을 미루며 대부분의 의사결정 시 부모의 조언을 구하고 따른다. '애매형'은 낮은 분리와 낮은 연결을 보이며, 부모의 도움 없이 일상의 문제를 스스로 해결할 수 없기에 부모에게 많이 의존하나 정서적으로는 멀리 떨어져 있다. 이들 유형 중 개체화형은 사회적 책임감이 있고 적응력이 높으며 자아정체감이 형성되었다고 볼 수 있다(백지숙, 1999)

2) 청소년기 발달과 친구관계

(1) 친구관계의 유형

청소년기는 일반적으로 가족으로부터 벗어나서 친구와 보다 가까워지는 시기로 알려져 왔다. 청소년은 친구와의 관계를 통해 사회적 삶을 형성해 가며, 정서적 · 물리적 지원을 받기 위해 친구와 더 많은 시간을 보내게 된다. 청소년기 친구관계의 중요성이 때로 과장되기도 하지만, 친구관계가 대부분의 청소년에게 중요한 관심사임에는 틀림없다(Larson et al., 2002). 청소년기가 시작되면, 친구관계의 체계는 보다 복잡해지며, 새로운 관계와 새로운 상호작용이 나타나게 된다.

청소년기 친구관계는 세 가지 유형으로 나누어 볼 수 있다(Brown & Klute, 2003). 첫 번째 유형은 일대일 dyadic 우정이다. 아동기를 거쳐 청소년은 친구와의 일대일 우정에 점점 익숙해지며, 이는 청소년의 친구관계 유형 중 가장 직접적이고 구체적인 관계이다. 다음 유형은 도당 clique을 이루어 집단 구성원들과 우정을 나누는 유형으로, 청소년은 소집단 내에서 상호작용을 많이 경험하게 된다. 이 중 스포츠 팀, 종교단체에서의 청소년 모임처럼 어른들에 의해 조직되고 감독되는 공식적인 집단도 있고, 청소년이 스스로 조직하고 어른들은 간접적으로만 감독하는 비공식적인 집단(학교에서의 친구집단, 이웃의 놀이친구집단)도 있다. 공식적이든 비공식적이든 이들 집단의 청소년은 늘 함께하며 서로를 지원해 주고 소속된 집단의 특성에 따라 청소년의 성격이나 사회적 기술이 반영된다. 상호작용이나 관계에 의해 정의되는 일대일 우정이나 도당과는 달리, 세 번째 유형은 집단에서의 상호작용보다는 친구들 사이에서의 평판에 바탕을 둔 유형이다. 학교나 지역사회에서 청소년은

무리crowds에 속해 있다. 이들 집단은 친구들 사이에서 같은 이미지나 정체성을 형성한 청소년들이 모여 이루어진다. 집단의 명칭은 집단 구성원이 갖는 두드러지는 특성을 반영한다. 예를 들어 거주지(산동네, 강남 스타일/강북 스타일), 친구관계 지위(짱[1], 왕따, 따순이[2]), 개인의 능력이나 관심(범생이[3], 꼬댕이[4], 날라리, 죽순이/죽돌이[5], 폭주족) 등이 있다. 소집단에서처럼 청소년은 하나 이상의 무리에 소속되는데, 이 때문에 그들 자신의 이미지가 불분명해지기도 한다. 또한 일부 청소년은 어떠한 무리에도 소속되지 않기도 한다.

(2) 청소년기 이전의 친구관계 영향

청소년은 아무런 준비 없이 새로운 친구관계를 시작하는 것은 아니다. 이전의 친구나 다른 사람들과 관계를 맺은 경험과 사회적 기술을 갖고 시작한다. 대부분의 청소년은 이미 친구를 사귀고 친구관계를 발전시키고 친구관계를 끝내는 경험을 해보았으며, 학교나 이웃에서 어느 정도의 인기도나 사회적 지위를 형성하였고 사회적 기술을 익혀왔다. 또 청소년은 부모나 다른 성인, 형제자매나 매스미디어(TV, 영화, 가요 등), 책을 통해 친구관계를 이해하는 기회를 갖는다. 이렇게 하여 여러 사회적 상황에서 청소년은 특정한 무리에 속하게 된다. 초기 청소년기는 아동기에 맺은 가까운 친구관계나 형식적으로 상호작용하는 집단이 지속되는 경향이 있다.

이러한 모든 것은 청소년이 친구관계의 새로운 측면에 적응하기 위해 사용할 수 있는 경험의 저장고가 된다. 그렇지만 최근까지 청소년기 이전의 친구와의 경험에 대한 연구는 많이 이루어지지 않았다. 그나마 이루어진 연구에서 밝혀진 것은 아동기 친구관계에서 그다지 성공하지 못한 아동들이 청소년기에서도 계속해서 친구관계에서 어려움을 겪는다는 것이다. Hodges와 동료들은(1999) 친구가 없던 아동이 청소년기 집단 따돌림의 만만한 목표물이 되며 이러한 집단 따돌림의 희생양이 됨으로써 친구관계를 맺을 기회를 잃게 된다고 하였다.

---

[1] 최고, 으뜸, 굉장하다, 집단의 우두머리
[2] 따돌림당하는 여학생
[3] 공부만 잘하는 학생, 모범생
[4] 공부도 못하고 놀지도 못하는 아이
[5] 한곳에 오래 죽치고 있는 사람

(3) 청소년기 친구관계의 발달

청소년기에 접어들면서 친구관계에 대한 기본적인 기대는 변화한다. 아동기에는 친구관계에서 활동을 공유하는 것이 중요했다면, 청소년기에는 비밀이나 걱정거리, 꿈 등을 나누기를 더 선호한다. 또한 친구관계가 더 넓어지고 깊어지면서 자신의 친구가 자기 이외의 다른 친구를 만난다거나 하는 것을 편안하게 받아들일 수 있게 된다. 즉 서로에 대한 통제와 일치는 줄어드는 반면, 개인적 특성은 증가하는 것이다(Shulman, Laursen, Kalman, & Karpovsky, 1997).

개인적 친구관계 이외에 또래집단 체계에도 많은 변화가 일어난다. 고등학교로 진학하면서 인기 있는 집단과 인기 없는 집단을 구분하던 견고한 체계는 점차 사라지며, 청소년은 선배에 의해 권위가 부여된 보다 많은 집단을 접하게 된다. 중학교 때 인기 있는 집단에 의해 따돌림을 받았던 청소년도 이러한 집단에 의해 받아들여지고 인기 있는 집단원들의 제제에서 벗어나면서 보다 강한 자아정체감을 회복하게 된다. 고등학교를 졸업할 때면 학교에서의 신분 서열이 거의 없어지고 청소년은 또래집단을 벗어나 가까운 친구를 보다 쉽게 사귈 수 있게 된다.

3) 청소년기 발달과 이성교제

(1) 청소년 이성교제의 중요성

청소년기 신체적 · 심리적 변화로 말미암아 청소년이 이성교제를 하는 것은 자연스러운 성장과정의 일부이며 보편적인 현상이다. 청소년의 이성교제 경험에 대해 살펴보면 청소년의 50% 이상이 이성교제의 경험이 있었고, 실업계 학생들이 인문계 학생들보다 이성교제의 경험이 많았으며, 여학생이 남학생보다 이성교제의 경험이 많았다(송명순, 2006 ; 안월분, 2002 ; 조승희, 2003 ; 탁미경, 2001). 처음 이성교제를 한 시기는 중학교 때가 가장 높게 나타났으며(고정자 · 박은령, 2001 ; 이선형, 2005), 이성교제 기간은 6개월 미만이 가장 많았다(임금자, 2005 ; 탁미경, 2001).

청소년기 이성친구는 청소년의 주된 지지원이 된다. 고등학교에 입학할 무렵이면 어머니만큼 중요한 지지원이 되며, 대학교에서는 남녀 학생 모두에게 가장 중요한 지지원이 된다(Furman & Buhrmester, 1992). 또한 이성친구는 동성 친구나 부모 혹은 학교 문제보다도 청소년의 감정에 더 큰 영향을 미친다. 이성교제에서 생기는 대부분의 감정은 정적이지만, 부적 정서도 상당 부분 있어 이성교제가 스트레스를 일으키는 원인이 될 수도 있다. 또한 이성교제는 자아정체감과 친밀감 형성에 영향을 준다(Wilson-Shockley, 1995). 이성교제를 통해 공유된 개인적인 피드백은 청소년이 자신에 대한 정의를 내리거나 수정하는 데 도움을 주고, 자아에 대한 정의를 명료화하도록 해준다. 또한 친밀감은 두 사람의 정체감 융합을 내포하기에, 정체감의 성취가 선행되어야 친밀감도 형성될 수 있다. 즉 합리적인 정체감이 확립된 후에야 이성친구와 진정한 친밀감을 맺을 수 있는 것이다(Erikson, 1968).

이처럼 이성교제가 청소년에게 주는 장점 이외에 이성교제에 따르는 위험도 있다. 무절제한 성관계 탓에 임신되거나 성병에 감염될 수도 있으며, 성폭력의 희생양이 될 수도 있다. 이성친구와의 헤어짐으로 말미암아 우울증에 걸릴 수도 있으며 자살을 시도할 수도 있다.

(2) 청소년기 이성교제의 발달

초등학교 시절 남학생과 여학생은 주로 동성 친구와 사귀고 이성친구와의 상호작용은 적극적으로 피했다면, 초기 청소년기의 남학생과 여학생은 이성친구에 대해 생각하기 시작하고 더 많은 활동을 함께하기 시작한다. Dunphy(1963)는 이성교제의 변화를 다음과 같이 다섯 가지 단계로 설명한다. 첫째 단계는 동성 친구집단의 형성이다. 이들 집단은 4~6명 정도의 비슷한 배경을 지닌 친한 친구로 구성되며, 초기 청소년기에 가장 중요한 사회적 집단이 된다. 둘째 단계는 남학생 친구집단과 여학생 친구집단이 집단을 배경으로 서로 상호작용하기 시작한다. 셋째 단계에는 보다 규모가 큰 이성친구 집단이 나타난다. 넷째 단계에는 이성친구 집단들이 서로 가깝게 교제하기 시작한다. 마지막 다섯째 단계에는 남학생과 여학생이 연인관계로 발전되기 시작하며, 친구집단은 와해되기 시작한다.

이처럼 청소년 초기에는 이성친구에 대해 주로 생각만 하며 시간을 보내다가 점차 이성친구와 실제로 많은 시간을 보내기 시작한다. 청소년 초기에서 후기로 갈수록 더 많은 청소년이 이성친구를 갖게 되며 이성친구와의 관계도 보다 강렬하고 중요하게 된다.

(3) 청소년 이성교제의 개인차

청소년의 이성교제는 이성교제의 시기, 이성교제의 정도나 이성교제 경험의 양, 그리고 이성교제의 질적인 면에서 매우 다양하다. 특히 불량 청소년들은 이성교제를 일찍 시작하기 쉬우며 이성친구와의 관계도 정서적 지지가 부족하고, 신체적 · 사회적 공격성으로 특징지어지는 경향이 있다(Connolly et al., 2000). 일찍 이성교제를 시작하는 청소년은 술을 마실 확률이 높으며 낮은 학업성취도를 보인다(Aro & Taipale, 1987). 그러나 일찍 이성교제를 시작하는 청소년들과 이들 문제의 인과관계의 방향은 명확하지 않다. 즉 이른 이성교제가 이러한 문제를 일으키는지 혹은 문제가 있는 청소년들이 일찍이 이성과의 교제를 시작하는지에 대해서는 더 많은 연구가 필요하다.

한편 이성교제를 늦게 시작하는 청소년에 대한 연구는 상대적으로 많이 이루어지지 않았는데, 청소년 후기에도 거의 이성교제를 하지 않는 청소년은 이성교제를 하는 청소년에 비해 여러 심리적 증후를 보이는 것으로 밝혀졌다(Furman, 2000). 따라서 이성교제를 일찍 시작하든 늦게 시작하든, 정상적인 일정에서 벗어나는 것은 심리적인 문제와 연결되어 있다고 하겠다.

일단 이성교제를 하는 것과 하지 않는 것이 고려되고 나면, 이성교제의 양적 측면인 교제를 하는 이성친구의 수, 지난해 총 교제 횟수, 현재 교제 여부 등은 청소년의 심리나 자아존중감과 관련되지 않는다(Furman, 2000). 유사하게, 청소년 중기에 이성교제를 하고 있는 청소년과 지난 6개월 동안 이성교제를 하지 않은 청소년은 행동상의 문제에서 다르지 않다(Kuttler, La Greca, & Prinstein, 1999).

양적인 측면과 달리, 청소년 이성교제의 질적인 측면은 중요한 역할을 한다. 예를 들어, 부정적인 상호작용과 상대방에 의한 지배적인 행동은 청소년의 여러 심리적 증상 및 낮은 자아존중감과 관련이 있다(Furman, 2000). 그러나 청소년의 이성교제의 정도와 이성교제의 질은 관련이 없어 보인다. 예를 들어 지난 일 년 동안 이성교제를 했는지 하지 않았는지는 청소년이 맺는 이성교제의 질과 관련이 없으며, 역으로 지난해 청소년의 이성교제의 질이 다음 해 이성교제를 하는지 여부와 관계가 없다(Connolly et al., 2000).

(4) 청소년의 이성교제에 영향을 미치는 요인

청소년의 부모-자녀 관계가 이성과의 관계에 영향을 준다는 것은 새로운 사실이 아니며, Freud(1964)도 어머니와 영아와의 관계가 이후의 모든 애정관계의 근간이 된다고 하였다. 부모가 청소년의 이성교제에 영향을 미치는 경로를 살펴보면 다음과 같다. 먼저, 부모의 양육태도이다. 부모의 관심 있고 반응적인 양육태도는 청소년의 자아존중감을 높여주며, 이성과의 새로운 관계에서 자신감을 갖게 해준다(Collins & Sroufe, 1999). 또한 부모의 민주적 authoritative 양육 방식은 청소년이 이성과의 관계를 맺을 수 있도록 도와준다(Gray & Steinberg, 1999). 청소년의 행동에 대한 부모의 효율적인 감독 monitoring은 청소년에게 자신이 지지받고 있다는 느낌을 주며, 이성과의 관계에 필요한 사회적 유능감 social competence을 발달시켜 준다.

두 번째, 부모는 자신과 타인에 대한 내적작동모델 internal working model 형성에 영향을 준다. Bowlby(1973)는 초기 주양육자와 영아와의 관계에서 자신과 타인에 대한 내적작동모델을 형성하게 되며, 이 모델이 그 후의 모든 관계에 영향을 준다고 하였다. 부모로부터 민감하고 일관된 양육을 받고 안정된 애착관계를 형성하게 되면, 친밀감을 얻게 될 것이라는 기대를 갖고 새로운 관계에 접근할 수 있다. 그러나 부모로부터 거부나 일관되지 못한 양육을 받게 되어 불안정한 애착관계를 형성하게 되면, 친밀한 관계에 대한 적절한 모델을 형성하지 못하게 되어 이성교제에서 많은 어려움을 겪게 된다.

세 번째, 부모의 결혼관계가 청소년의 이성교제에 영향을 미친다. 청소년은 부모의 결혼관계에서의 의사소통, 갈등해결, 정서적 지지 등의 방식을 자신의 이성친구와의 관계에서 모방하게 된다. 또한 부모의 결혼관을 자신의 새로운 이성관계를 해석하고 이해하는 데 사용하게 된다. 나아가 부모의 결혼생활은 부모-자녀 관계에 영향을 끼쳐 청소년의 이성교제에 간접적인 영향을 주게 된다.

청소년의 친구관계도 이성교제의 발달에 영향을 준다(Furman, 1999). 먼저, 친구집단은 이성친구와의 관계를 형성할 환경을 제공해 준다. 청소년의 친구는 이성친구를 소개시켜 주기도 하고 이성과의 경험을 해석해 주기도 하며, 때론 이성친구로부터의 거절이나 호의적이지 않은 경험으로부터 청소년을 보호해 주는 역할을 하기도 한다. 두 번째, 친구는 이성교제 자체에 영향을 준다. 청소년의 친구는 이성교제의 상대를 고르거나 그 상대를 대하는 행동에 영향을 준다. 마지막으로, 친구와의 상호작용은 이성교제에서의 상호작용에도 영향을 준다. 함께 관계를 만들어 가거나 동반자 의식, 친밀감과 같은 특징을 친구관계는 이성교제와 서로 공유한다. 따라서 친구관계에서 획득한 사회적 기술은 이성교제에서도 사용된다.

DISCUSSION POINTS

토의요점

01 | 청소년기가 아동기, 성인기와 다른 점은 무엇입니까?

02 | 청소년 인지발달의 특징에 대해 논의해 봅시다.

03 | Marcia의 네 가지 자아정체감 지위 중 자신에게 해당하는 지위가 무엇인지 생각해 보고 자신의 삶을 반추해 봅시다.

04 | 현재 자신의 부모와의 관계에서 분리와 연결의 정도를 생각해보고 자신의 개체화 유형에 대해 생각해 봅시다.

05 | 청소년기 이성교제의 긍정적인 면과 부정적인 면에 대해 논의해 봅시다.

PART 3

성인발달

Chapter 8

성인기 이론

과거에는 발달이 대체로 청년기에 절정을 이루고, 성인 중기인 중년기에는 안정을 유지하며, 후기인 노년기에는 거의 변화가 없거나 쇠퇴의 양상만이 남아 있는 것으로 인식되었다. 오늘날의 인간발달학에서는 발달이 전 생애에 걸쳐 진행된다는 견해를 받아들이고, 이러한 맥락에서 인간의 행동 양식과 성숙 및 쇠퇴를 연구한다. 일생을 통하여 발달이 이루어진다는 접근은 인간의 일상생활을 이해하는 데 몇 가지 중요한 시사점을 제공한다. 인간발달의 각 단계는 이전 단계에 의해 영향을 받고, 그리고 앞으로 다가올 단계에 영향을 미친다. 따라서 각 발달 단계는 고유한 가치와 특성을 가지고 있다. 이 장에서는 약 1950년대부터 활발히 진행되어 온 성인발달 및 노화 연구의 기반이 되는 사회학적, 발달심리학적, 그리고 노화와 환경과의 관계에서 발전된 이론들을 살펴본다.

Chapter

8 성인기 이론

신체가 완전히 성장하면 인성발달이 멈춘다고 믿는 사람은 거의 없다. 대부분의 발달론자는 인간은 살아 있는 한 변화하고 성장할 가능성이 있다고 확신한다. 이러한 성인기 발달의 두 가지 주요 접근법은 '단계 이론'과 '사건의 발생시기 이론'이다. Erikson의 정체감 위기 이론은 단계 이론의 한 예인데, 이 모델은 인간발달을 연령에 따라 사회적 · 정서적 변화와 같은 일정한 단계로 설명하고 있다. Erikson과 이 접근법을 따르고 있는 Levinson, Vaillant 등은 인간발달에는 내재된 순서가 있으며 누구든지 그것을 따른다고 믿는다. 사건의 발생시기 모델의 제안자들은 발달을 정해진 계획에 따른 결과나 위기의 시간표로서가 아니라, 개인의 인생에서 중요한 사건이 발생하는 시기의 결과라고 본다. 따라서 이 모델은 개인의 다양성을 좀 더 폭넓게 인정한다. 이 견해에 따르면 만약 생의 사건들이 예기했던 대로 발생하면 발달은 순조롭게 진행되고, 그렇지 않으면 발달에 영향을 미치는 스트레스가 발생할 수 있다고 본다. 실직 같은 예기치 않았던 사건이 발생하거나, 예기했던 사건이 예상보다 일찍 또는 늦게 발생하거나 아예 발생하지 않을 때 스트레스가 발생한다(예 : 40세에 결혼을 하지 않았거나, 그 나이에 사별했을 때). 그러므로 이 모델은 문화가 사람들에게 기대하도록 하는 규범과 관련이 있을 때에만 연령과 관련된다. 여기에서는 단계 이론에서 Erikson의 정체감 위기 이론, Vaillant의 성인기 적응 이론, Levinson의 인생구조 이론을 살펴보고, 사건 발생시기 이론에서는 Neugarten의 인생사건 발생시기 모델을 중심으로 인생사건에 대한 반응으로서의 발달을 살펴본다.

인간의 노화과정을 어느 한 관점에서만 조망하기 어려운 것과 마찬가지로 노화 이론의 형성도 다학제적 접근으로 이루어져 왔다. 다음에서 노화에 대한 설명으로 사회구조와 노인의 역할 차원에서 노인의 적응을 고찰한 노년사회학적 이론, 전 생애 발달을 가정한 발달심리학적 노화 이론, 그리고 개인과 환경의 상호작용의 결과로서 노화를 이해하는 생태학적 노화 이론을 알아본다.

1 단계 이론

인간의 성장을 이해하는 데 단계적 발달을 설명한 주요 학자로 Freud는 정신분석이론 psychoanalysis theory을 토대로 심리성적 이론 psychosexual theory을 제시하였다. Freud는 특히 인생 초기의 경험을 강조하며 이 시기의 의식수준, 성욕, 부모와의 관계로부터 인성발달이 영향을 받는다고 하였다. Freud는 출생부터 청소년기를 5단계로 나누어 설명하였으나, 청년기 이후의 발달단계는 제시하지 않았다. Freud의 영향을 받아 정신분석 접근을 사용하며, 이후 심리사회 이론을 발전시킨 Erikson은 사회환경이 한 개인의 성숙, 적응 및 정체성을 제공하는 데 결정적이라고 주장하였다. 그의 주요 업적은 청소년기 이후 성인기 발달 연구를 확장시켜 성년기, 중년기, 노년기의 3단계에 걸쳐 설명한 것이다. 또한 Erikson 이후 몇몇 학자들도 성인기를 단계나 인생의 어떤 국면에 초점을 맞추어 연구하였다. Levinson은 35~45세 남성을 대상으로 한 여러 차례의 심층면담을 통한 연구에서 인생단계를 계절적 주기로 표현하여 단계를 규정지었다. Vaillant는 60년 이상을 추적한 종단적 연구에서 18세 이후 성인의 삶의 적응기제에 대한 연구 업적을 남겼다.

단계이론에 의하면 발달에는 정해진 순서가 있으며 한 단계씩 진행된다.

1) Erikson의 정체감 위기 이론

E. Erikson

Erikson은 정체감 위기identiy crisis이론에서 인간의 내적 본능 및 욕구와, 외적인 문화적 · 사회적 욕구 간의 상호작용으로 말미암아, 심리사회적 발달이 전 생애를 통해 계속된다고 주장하였다. 그리고 내재된 '기초안ground plan'에 의해 발달이 이루어진다고 믿었다. Erikson에게 주요 개념은 자아정체감의 발달이다. 자아정체감을 확립하기 위해서는 일생을 통해 여덟 가지 발달 과업 또는 위기(갈등 상황)를 성공적으로 해결해야 한다고 하였다. 각 단계마다 '신뢰감 대 불신감'이나 '생산성 대 침체' 등과 같은 갈등 상황이 있으며, Erikson은 이러한 갈등을 현실적으로 해결할 수 있는 잠재력potencies 또는 덕목virtues에 대해 언급하고 있다 표 8-1 . 각 단계를 거치며

표 8-1 / Erikson의 심리사회적 발달 8단계

단계 및 연령	발달단계 위기	생명력 또는 잠재력	설명
영아기 (0–1세)	신뢰감 대 불신감	희망	영아는 기본 욕구를 충족시켜주는 양육자와 신뢰관계를 형성해야 한다. 그렇지 않으면 불신감이 형성된다.
유아기 (2–3세)	자율성 대 수치심과 회의감	의지	걷기, 잡기 등 신체적 기술을 발달시키는 데 에너지가 집중된다. 조절을 제대로 하지 못하게 되면 수치심과 회의감이 나타난다.
아동 초기 (4–5세)	주도성 대 죄책감	목적	주도권을 학습하는 시기이다. 주도권을 얻지 못하여 계속 시도하는 과정에서 죄책감을 느끼게 된다.
아동 후기 (6–12세)	근면성 대 열등감	능력	새롭고 복잡한 기술을 습득해야 한다. 그렇지 않으면 열등감을 느끼게 된다.
청년기 (13–20세)	정체감 대 역할혼란	충실	사회구성원, 성역할 등의 영역에서 자신이 누구인가에 대한 정체감을 확립할 필요가 있다. 그렇지 않으면 역할혼미를 경험하게 된다.
성인 초기 (21–40세))	친밀감 대 고립감	사랑	친밀한 관계를 형성하고 동반자를 발견한다. 그렇지 않으면 고립감을 경험하게 된다.
성인 중기 (41–64세)	생산성 대 침체감	배려	다음 세대를 지원하고 양성하기 위해 생산성의 욕구를 충족시키는 방법을 모색해야 한다. 그렇지 않으면 침체감을 겪게 된다.
성인 후기 (65세 이후)	자아통합감 대 절망감	지혜	이전 7단계의 위기를 잘 해결하면 있는 그대로의 자신과 인생을 받아들이게 된다. 그렇지 않으면 절망감을 느끼게 된다.

출처 : Erikson et al.(1986)

생성되는 긍정적인 결과는 갈등이 되는 상황들을 어떻게 현명하게 유지하는가에 달렸으며, 한 극단을 배제하는 것이 아니라 양 극단의 갈등을 이해하고 균형 있게 수용해야만 최상의 덕목을 성취할 수 있다고 주장하였다.

한편, Erikson은 특정 단계의 과업이나 갈등을 완전히 해결하지 않고서도 다음 단계로 진행될 수 있다고 하였으며, 어느 연령에 그 이전 단계의 갈등해결에 관계없이 도달하면 생물학적 성숙이나 사회적 압력에 의해 다음 단계로 진행된다고 보았다. 즉, 새로운 단계에서는 또 다른 갈등에 직면하게 된다고 하였다. 그러나 마지막 단계인 노년기가 되었을 때 이전 단계에서 해결하지 못한 과업이나 갈등의 결과는 절망감으로 이어져 이 시기의 발달과업인 자아통합을 이루고자 할 때 장애가 된다. 반대로 갈등의 해결로 축적된 생애의 마지막 단계에서는 삶을 돌아보고 자아통합을 성취하는 지혜를 얻게 된다. Eriskon의 이론에서 성인기를 3단계로 나누어본 발달과업과 갈등을 구체적으로 살펴보면 다음과 같다.

■ 성인 초기 – 친밀감 대 고립감

성인 초기 또는 성년기의 갈등상황은 친밀감 대 고립감으로서 이전 단계의 발달과업인 정체감 확립에 성공한 젊은이는 관계를 가질 수 있는 동반자를 만나서 친밀한 관계를 형성한다. 친밀한 관계는 사랑 · 우정 · 직업에서의 동반자적 관계 모두를 포함하며, 자신의 정체감이 확실할 때 타인과의 관계에서도 자신의 정체감을 유지할 수 있다. 그렇지 않고 정체감 혼란 때문에 이성교제나 직업 선택에 실패를 경험하게 되면 고립감을 겪게 된다. Erikson은 다른 단계에 비하여 이 단계에 머무는 시간이 길어질 수 있다고 했는데, 이는 젊은이들이 직업이나 결혼관계를 이루어 정착하지 않고 학교에 오랫동안 남아 있는 경향이 늘어나기 때문이라고 하였다.

■ 성인 중기 – 생산성 대 침체감

성인 중기에 접어들며 자녀를 양육하고 생산적인 일에 목적을 두고 실행함으로써 생산성을 느낄 수 있다. 생산적인 일이라는 의미는 사회적으로 다음 세대에 도움을 주고 타인과의 관계에서 보살핌을 제공하는 것이다. 단순히 자녀양육의 책임을 수행하고 이웃이나 사회에 공헌하는 경로를 찾지 못하면, 자신만의 이익과 만족을 추구하게 되면서 침체에 빠지게 된다.

■ 성인 후기 – 자아통합감 대 절망감

60대 이후 성인 후기에 이르러 지나온 생애를 돌아보며 life review 삶의 가치를 인정하고 죽음을 혼란, 두려움, 무력감 없이 맞이하게 된다면 자아통합에 근접하게 된다. 이 시기에 개인은 가족이나 친구들과 화해하고, 인생의 미진한 부분을 채우려는 노력을 기울인다. 그러나 노년기 이전 단계에서부터 쌓여온 갈등과 위기의 결과, 즉 고립감, 침체감, 분노, 원망 등이 겹쳐 인생을 실패라고 인식하게 되면 절망감과 우울을 경험하게 된다.

2) Vaillant의 성인기 적응 이론

G. Vaillant

1967년 Vaillant는 종단적 연구인 성인발달연구(자선사업가인 윌리엄 그랜트의 제의로 시작됨)에 참여하게 되었다. 이 연구는 1938년부터 시작된 하버드 대학교 학생을 대상으로 한 연구로서 Vaillant는 268명의 건강한 학생들의 직업, 가족, 일상생활(흡연, 운동, 여가 등)을 조사하였다. 이 학생들이 중년기에 이르렀을 때, 대부분은 신체적인 질병이 없었고, 안정된 가정과 직업을 갖고 있었다. 그러나 이들 가운데 누구도 축복받은 삶만을 영위한 것은 아니었으며 다른 사람들과 마찬가지로 많은 어려움과 절망감을 느끼고 있었다.

이러한 결과를 바탕으로, 이 연구의 목적은 사람들의 인생주기를 기술하고 성숙, 발달, 적응기제를 규명하는 것이 되었다. Vaillant는 이 연구에서 몇 가지 결론을 도출하게 되었는데, 첫째, 인생은 몇몇 위기적 사건에 의해 변하는 것이 아니라 의미 있는 타인 significant others과의 지속적인 관계의 질에 의해 형성된다. 둘째, 발달과 변화는 전 생애를 통해 일어난다. 생활사건에 적응하기 위해 사용되는 방어기제 defense mechanism가 그들의 정신건강 수준을 결정한다는 것이다(정옥분, 2008).

현실을 왜곡하는 건강하지 못한 방어기제

Vaillant는 발달의 기초로 Erikson의 단계를 바탕으로 하지만, 위기에 직면했을 때 개인이 사용하는 방어기제에 더욱 관심을 가지고 발달을 연구하였다. 그 결과, 방어기제를 어떠한 수준에서 사용하느냐에 따라 발달의 정도가 다르다고 보았다. 방어기제 수준이라는 개념을 제시한 Vaillant는 어느 사건에 대처하기 위해 인간은 여러 수준의 기제를 동시에 사용한다고 하였다. 그리고 모든 사람이 성숙한 방어기제를 사용하는 단계에 이르는 것이 아니기 때문에, Erikson

의 성인 후기에서 자아통합감을 이루지 못하는 개인이 있는 것과 마찬가지로 개인차가 존재함을 시사하며, 인간이 성숙하고 사건에 보다 적극적으로 대처할수록 높은 수준의 방어기제를 사용한다는 것이다. Vaillant가 분류한 방어기제의 네 가지 수준은 표 8-2 에 제시된 바와 같다.

표 8-2 / Vaillant의 방어기제 수준

수준	특성	사용유형
정신병적 기제	• 부정(denial) : 현실을 부정 • 망상적 투사(delusional projection) : 피해, 과대망상 • 왜곡(distortion) : 현실을 소원 등 자신의 욕구에 맞게 재구성	병리적 현상
미성숙한 기제	• 투사(projection) : 용납하기 어려운 감정을 타인 탓으로 돌림 • 정신분열적 공상(schizoid fantasy) : 갈등해결을 위한 공상 • 심기증(hypochondria) : 타인을 비난 · 원망하며, 관심받고 싶은 감정을 자신의 신체적 증상으로 표현 • 수동-공격적 행동(passive-aggressive behavior) : 타인에 대한 공격심을 간접적 또는 수동적으로 표현 • 행동화(acting out) : 무의식적 소망, 억압된 감정을 표현하나 수반되는 결과를 인식하지 못함	아동, 청소년기 또는 정서 · 성격장애
신경증적 기제	• 억압(repression) : 충격적인 경험, 비현실적 충동을 기억하지 못하거나 무의식적으로 거부 • 치환(displacement) : 원인이 된 대상 이외의 대상에게 에너지를 대체하여 감정 표출 • 반동형성(reaction formation) : 용납되지 않는 충동이 억압되어 정반대로 행동	정상 아동에서 성인 후기 또는 심한 갈등상황
성숙한 기제	• 이타주의(altruism) : 타인을 위한 건설적 봉사 • 지성화(intellectualization) : 종교나 지적 활동에 몰입하여 용납하기 어려운 충동에서 벗어남 • 합리화(rationalization) : 행위를 정당화하기 위해 이유를 만들어 이유나 동기를 숨김 • 억제(suppression) : 생각이나 충동을 억누르는 의식적 노력 • 승화(sublimation) : 본능을 사회적으로 바람직한 행동으로 표현	청소년기에서 성인 후기

출처 : Vaillant(1977), 장휘숙(2006), 정옥분(2008).

성인발달 연구가 60년을 넘어서면서 Vaillant는 이 연구의 참여자들의 삶에서 성공적인 노화와 관련된 변수들을 제시하였다. 즉 교육수준, 우정관계, 사회적 참여, 행복한 가정생활, 직업에서의 성공, 신체적 건강, 자기통제 또한 성공적인 노화에 중요한 요인으로 나타났으며 아동기나 성인 초기의 가족적, 정서 · 사회적 특성과는 상관이 없다고 하였다.

3) Levinson의 인생구조 이론

D. Levinson

Levinson은 35~45세였던 남성 40명을 대상으로 심층적 면담방법을 통해 인생사를 엮어내는 형식으로 성인발달 연구를 완성하였다. 이후 여성에 대해서도 동일한 연구를 수행하여 유사한 결론에 이르렀는데, 여성의 경우 평균수명이 더 긴 것에 의거하여 성인 후기에 한 단계(85세 이후)를 더 경험한다고 하였다.

Levinson(1978)은 출생에서 사망에 이르기까지 인생주기를 계절 season에 비유하여 표현하였다. 즉, 인생주기는 아동기와 청소년기, 성인 초기, 성인 중기, 성인 후기 등 사계절이 존재하며, 각 계절은 전체 인생주기에 독자적인 역할이 있다. 계절의 개념과 더불어 Levinson의 이론에서 핵심이 되는 개념은 '인생 구조 life structure,' 즉, 일정 시기에 개인 생활의 기반이 되는 양식이나 설계이며, 개인과 환경 · 사물과의 관계를 형성하는 열쇠이다. 인생구조의 중요한 구성요인은 결혼관계, 자녀, 직장동료 등 다양한 사람들과의 관계뿐만 아니라 인종 · 종교 · 전쟁 · 경제불황과 같은 역사적 사건이나 사회문제 또는 개인 경험과 같은 구체적인 것과 취미집단, 생명이 없는 대상과의 관계도 포함한다. 각 개인의 생애를 달리 만드는 이러한 관계들은 개인의 성격과 환경에 따라 다르므로 인생구조는 독특할 수밖에 없다. 그리고 인생구조 역시 성인기 동안 변하기 때문에 개인의 인생은 안정된 기간과 전환기를 겪게 되는 것이다. Levinson은 인생구조의 핵심요소로서 꿈, 직업, 결혼, 가족, 스승, 종교를 제시하였다. 이에 따라 인생 단계가 시작하는 시기와 끝나는 시기가 달라질 수 있다.

Levinson이 제시한 인생주기의 네 계절은 각각 20년 정도 지속된다. 그리고 각 계절은 대략 5년간의 전환기와 연결되어 있다. 이 전환기 동안에 사람들은 자신이 세운 인생구조를 다시 평가하고, 다음 계절의 인생을 구성할 가능성을 탐색한다. 네 계절은 다음과 같다.

- 아동기, 청소년기(0~17세) : 출생에서 청소년기까지의 인생 형성기
- 성인 초기(22~40세) : 인생에서 몇가지 중요한 선택을 하고 최고의 에너지를 발휘하지만, 또한 대부분 큰 스트레스를 경험하는 시기
- 성인 중기(45~60세) : 사회적 책임이 더 커지는 시기
- 성인 후기(65세 이상) : 변화하는 신체적 능력에 맞는 새로운 인생에 대비하는 시기

다음의 그림 8-1과 표 8-3은 Levinson의 발달단계에 따른 성인 초기 이후의 주요 과업을 보여준다.

그림 8-1

남성 인생의 계절

출처 : Levinson(1978)

표 8-3 / Levinson의 발달단계에 따른 성인기의 주요 과업

발달단계	연령 (세)	과업
성인 초기 전환기	17–22	아동기, 청소년기를 끝내고 성인기로의 전환기로 가능성 탐색의 시기이다.
성인기 진입	22–28	결혼, 가족, 직업, 스승, 꿈 등을 포함하는 첫 번째 주요 인생구조를 설계한다.
30세 전환기	28–33	첫 번째 인생구조의 결함을 인식하고 재평가한다. 앞 단계에서 한 선택에 대해 재고하고, 필요하다면 새로운 선택을 시도한다.
성인기 안정기	33–40	일, 가족, 우정, 지역사회에 대한 투자를 포함하는 두 번째 인생구조를 설계한다. 자신의 꿈을 실현하기 위해 노력하며, 사회에서 자신의 활동범위를 구축하여 사회에 기여하기 위해 노력한다.
성인 중기 전환기	40–45	성인 초기와 중기의 교량 역할을 한다. 전 단계에 수립했던 인생구조의 꿈과 목표 달성의 성공 여부를 평가하게 된다.
성인 중기 진입	45–50	새로운 직업이나 현재의 일에 대한 재구성 같은 새로운 인생구조를 수립한다.
50세 전환기	50–55	30세 전환기와 유사한 기능을 한다. 성인 중기 인생구조에 대한 약간의 수정이 있다. 만약 성인 중기 전환기에 위기가 없었다면 이때 위기가 올 가능성이 있다.

성인 중기 안정기	55–60	인생구조의 토대 구축을 끝낸 안정된 시기이다. 만약 자신과 자신의 역할변화에 성공적으로 적응했다면 특별히 만족스러운 시기가 된다.
성인 후기 전환기	60–65	성인 중기를 끝내고 성인 후기를 준비하는 시기이다. 은퇴를 준비하며, 성인 후기의 신체적 쇠퇴에 대비한다. 인생주기에서 또 하나의 중요한 전환점이다.
성인 후기	65^{+}	은퇴와 신체 쇠퇴에 적합한 새로운 인생구조를 수립한다. 질병에 대처하고 잃어버린 젊음에 대한 심리적 적응을 한다.

출처 : Levinson(1978), 정옥분(2008)

4) 단계 이론의 평가

전 생애에 걸쳐 연령의 증가에 따라 어느 정도의 발달 추이를 예측할 수 있다는 단계 이론의 주장은 두 가지 측면에서 설득력을 내포하고 있다. 하나는 불확실성과 다양성을 어우르는 인간의 생애에도 공통적으로 관찰이 가능한 삶의 부분들이 존재한다는 것이며, 또 다른 하나는 최근까지 관심을 받지 못해왔던 성인기 이후의 인생에도 성숙과 쇠퇴를 포함한 변화가 일어난다는 것을 제시하고 있다는 것이다. 인간발달이 본격적으로 연구되기 이전에는 청년기에 신체 · 인지 · 정서 · 사회 발달이 정점에 이르고 같은 수준을 유지하다가 노년기에 접어들면 대부분의 기능이 감퇴의 길을 걷는 것으로 인식되어 왔기 때문이다. 한편, 단계 이론이 발전하게 된 연구의 대상들이 대체로 1920년대와 1930년대에 출생한 중 · 상류 계층의 백인 남성들이었다는 것이 한계점으로 지적되고 있다(정옥분, 2008). 즉, 이 연구의 결과가 현대사회의 다른 지역, 다른 사회계층이나 인종까지 일반화되기에는 이 연구대상들이 경험한 위기나 해결책이 한정적일 수 있다. 특히 인간의 평균수명이 길어지고 노년기, 지연된 성인기로의 진입, 여성 취업율 증가 등으로 단계 이론은 지속적으로 검증 · 보완이 되어야 한다.

2 인생사건 발생시기 모델

1) Neugarten의 인생사건 발생시기 이론

B. Neugarten

Vaillant, Levinson과 함께 성인 및 노년기발달 연구에 큰 족적을 남긴 Neugarten은 앞에서 살펴본 발달의 단계 이론과는 다른, 생애 또는 인생사건 life events의 중요성을 강조하였다.

Neugarten은 성인기의 발달은 연령 그 자체를 따르는 것이 아니라 인생의 사건과 관련이 있다고 역설하였다.

생애 초기인 아동기와 청소년기에는 신체적 · 인지적 성숙이 발달의 기반을 이루며 동시에 지표가 된다. 그러나 성인기부터는 사회적 시간 social clock에 따른 과업들을 어떻게 수행했는가에 의해 발달이 영향을 받는다. 한 사회의 구성원들이 기대하는 결혼, 부모됨, 은퇴에 적절한 연령에 맞추어 살아왔는가? 그렇지 않았다면 발달에 지장을 초래한 것인가? 이러한 개념적 틀에서 발달을 연구한 관점이 인생사건 발생시기 이론이다.

사건의 하나로서의 졸업

사건 발생시기 접근법에 따르면, 발달은 연령보다는 개인이 언제, 어떤 사건을 경험하는가에 의해 더 많은 영향을 받는다. 즉, 많은 사람이 겪는 사건을 어떤 사람은 겪지 않을 수도 있거나 다른 시기에 경험할 수도 있는

부모됨의 적절한 시기가 존재하는가?

조부모 시기로의 전환

데, 이와 같이 기대나 발생시기에 따라 사건을 Neugarten은 규범적 사건과 비규범적 사건으로 구분하였다.

“어떤 나이를 말하는 건가? 내 해부학적, 심리적, 생리적, 도덕적, 아니면 달력 나이?”

성인기 대부분의 개인에게 일어나는 결혼, 부모됨, 사별 등은 규범적 사건이며, 사고 등은 비규범적 사건이다. 늦게 부모됨은 발생시기에 따라 비규범적으로 분류될 수 있다. 인생사건이 규범적 사건, 비규범적 사건이든 발달은 개인이 그에 대해 어떻게 반응하는가 하는 것이다. 어떤 사람에게는 활력을 주는 사건도 다른 사람에게는 좌절을 줄 수 있으며, 같은 사건이라도 그 사건에 대해 스트레스를 받거나 도전하는 정도가 다르다. 사건에 어떻게 반응하는가는 성격, 건강 등의 내적 요인들과 가족의 지원과 같은 중재요인 및 인생사건에 대한 개인의 대처방식, 그리고 사회적 · 문화적 맥락에 달려 있다(Santrock, 2008).

2) 인생사건 발생시기 이론 평가

인생사건 발생시기 이론은 여러 인생사건에 대한 개인의 반응을 중요시함으로써 발달이 연령의 증가에 의존한다는 단계 이론에 대하여 새로운 시각을 제공했다는 점에서 큰 의의가 있다. 그러나 사건 발생시기 이론 또한 특정 사회의 규범과 그 구성원의 적응에 초점을 맞추고 있기 때문에, 이 이론이 다른 사회나 시대에 적용될 수 있는가에 논란의 여지가 있다. 비록 비규범적인 사건을 포함하여 개인이 경험할 수 있는 인생사건을 폭넓게 다루며, 이에 대처하는 데 개인이 갖고 있는 내재적인 자원의 역할을 강조하고 있지만, 한편으로 일상생활의 만성적 스트레스와 대처, 즉 발달과정의 또 다른 적응대상을 간과했다는 문제가 있다(정옥분, 2008). 일상생활에서 지속되는 어려움 daily hassles도 스트레스와 행복, 심리적 복지감 psychological well-being에 중요한 영향을 미치기 때문이다(De Benedittis & Lorenzetti, 1992; McAvay, Seeman, & Rodin, 1996).

3 노년사회학적 이론

J. Rowe

R. Kahn

Havighurst(1963)는 노년기를 후기 성숙기 later maturity로 정의하였다. 이 후기 성숙기의 주요 과업은 직업 또는 양육 역할과 같은 이전 역할의 상실을 수용하고, 노인들이 독립성과 자존감을 유지하며 새로운 생애단계에 유연하게 적응하는 것이다.

노년기의 사회학적 연구는 성인 중기 이후에 지속되거나 새로이 나타나는 행동과 가족 및 사회와의 관계에 초점을 두고 있다. 이 이론은 인생 후기에 이르러 생산적이고 성공적인 삶을 영위하는 데 필요한 요소들과 노인들에 대한 사회의 책임이 무엇인지를 묻는다.

1) 활동 이론

인간이 은퇴나 역할 상실과 같은 연령과 관련된 변화에 어떻게 적응하는가를 설명하려는 초기의 시도 가운데 활동 이론 activity theory이 있다. 1950년대 미국 캔자스시티에 거주하는 성인 중기 및 후기에 해당하는 성인들의 생활을 연구한 결과에 근거하여 Havighurst(1963)는 노년기를 중년기의 연장으로 보았으며 노화에 대해 긍정적으로 대처하는 사람들은 다양한 영역에서 생산적이고 연령에 적합한 역할을 맡고 있다고 하였다. 그리고 Bengtson(1969)은 노년기에 활동적일수록 개인의 생활만족도가 더 높다고 했으며, Kalish(1975)도 노인들의 대인관계 및 사회참여에 대한 심리적 욕구는 연령이 증가함에 따라 오히려 증가한다고 하였다.

적절한 사회활동은 신체적 · 인지적 건강증진 모두에 기여한다.

성공적인 노화의 개념적 틀을 제공한 Rowe와 Kahn(1998)의 모델이나 현대사회의 노인을 위한 지역사회의 프로그램들은 활동 이론을 전제로 하고 있다. 즉, 질병이나 장애가 적고 인지능력이 높으며 사회와 가족관계에 적극적으로 관여하는 것이 성공적인 노화라는 것이다. 이때 활동 이론은 3

가지의 활동유형을 제시한다. 첫째 유형은 비정형적 활동으로 친구, 이웃, 친척과 연관된 활동이다. 둘째 유형은 친구나 친척보다 덜 친밀하지만 사회적인 활동으로 자발적 집단에 참여하는 활동이다. 마지막으로 셋째 유형은 개별적으로 취하는 독자적 활동이다. 이와 같은 활동들 어느 것에 참여하든지 노화에 대처하여 새로운 활동을 개발해야 하며, 연령에 의해 구분되는 공식적인 활동보다는, 비공식적인 활동이 긍정적인 자아개념에 더 효과적인 것으로 보고되고 있다.

2) 사회유리 이론

성인 후기 적응에 대해 노년사회학적 관찰로서 제1세대로 발전된 이론은 Cumming과 Henry(1961)의 사회유리 이론 또는 유리 이론disengagement theory이다. 유리 이론은 앞에서 살펴본 활동 이론과 달리 인간은 노화가 진행되는 결과로 자아투입ego investment의 양이 감소하고 사회의 여러 역할로부터 이탈하며 심리적인 에너지를 거두어들이는 것이 정상적이고 이와 같은 현상은 노년기 개인과 가족, 사회에 모두 기능적이라고 설명한다. 이에 대한 방법은 점진적이어야 하며 사회와 개인이 서로 만족하는 시기에 사회적인 유리가 이루어져야 한다는 것이다. 유리과정에는 세 가지 요인이 내재되어 있는데 ① 역할상실로 말미암은 사회에서의 위치변화, ② 미래가 제한적이고 죽음이 멀지 않았다는 개인의 지각, ③ 노인이 경험하는 생물학적 상실이 그것이다(최혜영 외, 2006). 또한, Cumming과 Henry는 노화란 그가 속한 사회체계 안에서 타인과의 상호작용이 감소하는 것은 피할 수 없는 이탈이라고 하며 노인의 은퇴와 죽음의 불가피성을 인식시키려 했다. 또한, 유리되는 형태와 시기에 다소 차이가 있을 수 있으나 모든 문화권의 노년기에 적용될 수 있다고 보았다.

그러나 사회유리 이론은 과연 은퇴가 피할 수 없는 것인지, 그리고 노인이 사회로부터 격리되는 문제를 고려하지 않았다는 문제점이 있다(지연경 · 조병은, 1991). 이에 Streib와 Schneider(1971)는 은퇴의 현실에 적응하기 위해 유리 이론을 재정의하였다. 재정의된 차별적 이탈differential disengagement이론에서는 다양한 역할에 대해서 여러 형태로 유리가 발생할 수 있다는 점을 반영하였으며, 사회로부터의 유리될 수밖에 없다는 것에 동의하지 않았다. 그보다는 에너지를 약화시키는 노동을 줄임으로써 삶의 다른 영역에 종사할 수 있도록 한다는 것이다. Henry 역시 초기의 유리 이론을 수정했는데, 그는 유리의 필연성에 의구심을 표명하며 한 개인이 사회로부터 유리되느냐 그렇지 않느냐는 생애에 걸친 발달의 결과이며 개인의 연령 · 직업 · 사회 참여

G. Streib

에 대한 관심에 따라 다르다고 주장하였다.

3) 지속 이론

R. Atchley

지속 이론 continuity theory은 앞에서 언급한 캔자스시티 성인생활연구를 근거로 활동 이론과 사회유리 이론을 보완한 입장에서 노화를 이해하고자 한다. 노년기 적응에는 개인차가 있고 다양성이 존재하므로 개인은 새로이 역할을 발견하는 것보다 성인기에 걸쳐 이미 수행해 왔던 역할에서 보내는 시간을 유지함으로써 새로운 생애 단계에 적응해야 한다는 것이다. 이 이론이 전제하는 노인에 대한 3가지 기본 가정은 다음과 같다. ① 정상적 노화과정에서 성격은 대체로 일관성 있게 유지된다. ② 성격은 역할 활동과 투자에 동일하게 영향을 미친다. ③ 성격은 역할 활동과 관계없이 생활만족도에 영향을 미친다(최혜영 외, 2006).

대부분의 노인은 가능한 한 은퇴 이전의 생활을 원하므로 개인의 성향에 따라서 사회적 활동 또는 독자적인 활동에 적극적으로 참여하거나 이탈할 수 있다. 즉, 노인의 생활만족도는 일생을 통해 환경과 자신의 일관된 상호작용에 의해서 결정되며 성인 후기에 이르러 이전과는 다른 생활양식을 찾을 필요가 없다는 것이다(Atchley, 1972). 더욱이 노년기에 들어서는 성격의 특징이나 지니고 있던 가치관들이 더욱 견고해지며 현저하게 나타나기 때문에, 평생 소극적이고 수동적인 자세로 살아왔다면 은퇴를 하여 여가시간이 증가한다고 해도 갑자기 적극적으로 사회 활동에 참여하기는 어렵다. 노년기에도 과거 스트레스나 문제에 대처하는 방식을 그대로 사용하는 경향이 높다.

노년기 이전의 취미를 지속하거나 새로운 활동을 시작하는 것이 노후를 만족스럽게 보내는 데 도움을 준다.

4) 상징적 상호작용 이론과 낙인 이론

J. Gubrium

상징적 상호작용 이론 symbolic interactionism은 개인과 사회의 역동적인 상호작용을 강조한다. 이 이론은 노년기의 개인들도 변화하는 사회의 요구에 반드시 적응해야 하며 긍정적인 자아개념 self-concept을 유지하면서 변화에 대응해야 한다고 보고 있다. 역시 활동 이론과 사회유리 이론을 보완하는 측면에서, Gubrium(1973)은 개인이 환경과 타인과의 관계를 형성하는 과정에서 노화과정이 영향을 받으며 특정 활동이 갖는 의미에 대해 고려해야 한다고 주장하였다. 즉, 어느 사회에서는 적극적인 사회 활동이 높은 가치를 가지고 있는 반면, 다른 사회에서는 그렇지 않다는 것이다. 건강, 사회경제적 지위, 사회적 지지 등 개인이 가진 자원과 어느 사회의 규범이 노년기의 왕성한 활동을 어떻게 평가하는가에 따라 생활만족도가 달라질 수 있다. 다시 말해서, 개인의 자원이 한정되어 있어 적극적인 활동을 펼치는 데 제약이 많지만 그가 속한 사회에서는 노년기의 사회 참여에 높은 가치를 부여하고 있다면, 그 개인은 현실과의 괴리감 때문에 생의 만족도에 부정적인 영향을 경험하기 쉽다.

상징적 상호작용 이론에서 파생된 낙인 이론 labeling theory은 인간의 자아개념이 사회와 타인과의 관계에서부터 형성되며, 개인은 사회가 정한 특정 범주에 반응하여 행동한다고 설명한다. 같은 행동이라도 노인과 젊은이에게 부여하는 행동의 정의가 다르다는 것이다. 예를 들어 노년기의 건망증은 치매의 신호라고 여기는 반면, 젊은 사람의 건망증은 바쁘거나 실수라고 판단한다. 이와 같은 사회의 정의는 개인의 자아개념과 행동에 영향을 미친다.

5) 사회교환 이론

J. Dowd

경제학의 사회참여의 비용-보상 모델에 근거하여, Dowd(1980) 또한 활동 이론과 사회유리 이론을 반박하며 노년기에 들어 왜 사회와의 상호작용과 활동이 감소하는지를 설명한 것이 사회교환 이론 social exchange theory이다. Dowd는 노년기의 사회적 고립이나 이탈이 조직의 요구나 개인이 선택한 방향에 의해서 결정되는 것이 아니라 노인과 다른 사회구성원들 사이의 투자와 보상에서 불공평한 교환 과정의 결과라고 주장하였다. 사회교환의 결과는 교환에 소요되는 비용에 따라 평가되는데, 보상에서 비용을 제외한 값이 사회적 관계 유지의 기준이 되는 것이다. 교환의 대상이 사회적 지지같이 비물질적 · 정서적인 것이라고 해도, 개인과 사회의 구성원들 간에 균형 있는 교환이 일어날 때 상호작용이 지속되며, 즉각적인 비용과 보상에 따라 개인들이 행동하게 된다. 대부분의 노인은 기회비용, 역할, 소득, 건강 등의 이유 때문에 교환할 수 있는 자원이 감소함에 따라 사회적 관계에서 열등한 위치에 놓이며 사회적 지위가 하락하게 하고 젊은 세대와의 교환에서 불균형이 초래된다.

사회적 교환은 물질적 · 비물질적 자원의 교환 모두를 포함한다.

그럼에도, 많은 노인은 일정한 수준의 사회 참여와 세대 간의 관계에서 독립성과 동시에 상호호혜적인 위치를 유지하려고 한다. 비록 노인들이 교환할 수 있는 물질적 자원은 적더라도 존경, 지혜, 사랑, 전통 승계, 권위, 그리고 봉사로써 교환에 참여할 수 있다. 또한 노년기 가족생활의 중요한 부분이 되는 노부모 부양을 설명하는 경우에 사회교환이론이 적용될 수 있는데, 노인들이 그들의 성인 초기와 중기에 자녀 양육을 위해 사용한 자원을 노년기에 이르러 성인이 된 자녀들로부터 보살핌을 받아 되돌려받는 형식repay으로 보상을 받는다는 것이다.

6) 노년사회적 노화 이론 평가

노년사회학적으로 접근한 노화 이론 가운데 활동 이론과 사회유리 이론은 개인의 사회문화적 배경, 성격이나 생활방식과 같은 개인 고유의 특성을 고려하지 않고 특정 사회의 요구에만 초점을 맞추었다는 비판을 받고 있다. 개인의 의지와 상관없이 일정 수준의 활동을 권장하거나 반대로 사회로부터 멀어져 가기를 강요받는다면 어느 형태이든 개인의 성공적인 노화를 이루는 것과 역행하는 결과를 낳게 된다. 또한, 획일적인 참여나 이탈이 반드시 그 사회에 도움이 되지는 않는다. 지속 이론은 개인과 사회와의 관계에서 적극적 참여이든 탈퇴이든 그 개인이 지녀온 생활양식을 토대로 노년기에도 적응해 나갈 것이라고 보았기 때문에 설득력이 있어 보인다. 그러나 실제로 개인의 일생을 오랫동안 추적하여 적응의 유형을 분석하기는 매우 어려우며 개인이 노년기를 맞이하며 변화된 환경에 맞게 행동할 수 있는 가능성을 간과하고 있다는 단점이 있다. 나아가 상징적 상호작용 이론이나 사회교환 이론을 포함한 노년사회학적 이론은 대부분 어느 특정 사회나 시대를 배경으로 발전되었으며 개인의 동기, 도덕성, 성격을 함께 고려하지 않았다는 것이 제한점이라고 할 수 있다.

발달심리학적 노화 이론 4

1) 보상을 수반한 선택적 최적화 이론

Baltes(Baltes & Baltes, 1990)는 제창한 보상을 수반한 선택적 최적화 이론SOC: Selection and Optimization with Compensation model에서, 성공적 노화를 개인이 주어진 자원에 맞는 선택을 하고, 선택한 대상이나 영역의 효율성을 극대화하는 최적화를 추구하며, 노년기의 신체적 · 인지적 · 사회적 상실에 대해 보상을 하기 위한 시도와 책략을 개발하는 과정의 긍정적 산물로 보았다. 선택selection, 최적화optimization, 보상compensation의 개념은 다음과 같다.

P. Baltes

- **선택** : 목표를 세우고 그것을 달성하도록 결정하는 과정으로 의도적 선택elective selection과 상실에 근거해서 목표를 재조정하는 선택loss-based selection으로 구분되며 달성할 수 없는 영역들을 무시하는 과정이다(장휘숙, 2010). 환경적 요구, 개인의 동기, 생물학적 능력에 맞게 수행할 수 있는 영역을 선택하여 에너지를 집중하는 것이 긍정적인 적응의 첫 단계이다.
- **최적화** : 잠재능력을 활성화하고 선택한 목표를 보다 효율적으로 달성하려는 과정을 의미한다.
- **보상** : 상실이나 감퇴로부터 기능과 존재를 유지하고자 부가적인 학습이나 수단, 지혜와 같은 능력을 발달시키는 것을 뜻한다.

예를 들면 신체적 기능과 소득이 감소한 한 노년의 개인이 만족스러운 사회적 관계를 유지하는 방식은 첫째, 친구나 친척을 만나는 장소와 시간을 조절하여 신체적 에너지의 손실을 방지한다(선택). 둘째, 친구를 만나는 동안 부정적인 상호작용을 피하고 보다 생산적인 활동에 참여하도록 노력한다(최적화). 그리고 만나서 할 수 있는 것들이 줄어든다면 다른 의사소통 방법이나 활동을 찾아 질적인 시간을 갖는다(보상). 이 이론에 따르면 선택 · 최적화 · 보상의 적절한 사용을 통해서 긍정적인 정서를 경험하며, 이전 생애 단계의 활동 수준을 전반적으로 낮추어 수행하는 것을 떠나, 새로이 정립된 목표와 방식으로 노년기의 삶을 성공적으로 이끌어 갈 수 있다.

2) 통제 이론

J. Heckhausen

어떤 주어진 상황에 대해 통제력을 갖기 원하는 것은 인간의 공통적인 욕구이다. 통제는 실패 또는 손실로부터 개인의 정서나 동기를 보호하고 목적을 달성하기 위하여 사용된다. 성인기 발달에서 통제의 역할을 고찰한 것이 통제 이론control theory이며, Heckhausen과 Schulz(1995)에 의해 성인 후기 적응 연구에 활용되었다. 통제력은 일차적 통제primary control와 이차적 통제secondary control로 구분된다. 일차적 통제는 직접 행동함으로써 외부 환경을 대상으로 적극적인 변화를 유도하는 것이며, 자신의 인접 환경에 영향을 미치려고 시도하는 과정이다. 예를 들면, 식단 조절이나 꾸준한 운동으로 신체 기능의 감퇴에 대해 적극적으로 반응하는 것이 이에 해당한다. 이차적 통제는 인지적 과정을 통해 자신을 환경에 맞추는 과정으로, 환경을 변화시키는 것이 불가능한 경우 환경 대신 자신이 변화의 대상이 되는 것이다. 이차적 통제의 예로는, 자아존중감을 높이기 위해 다른 사람과 하향 비교하거나 목표를 조정하고, 사건의 원인을 외부에 의한 것으로 해석하는 것을 들 수 있다.

R. Schulz

대체로 이차적 통제는 일차적 통제가 실패했을 때 사용된다. 인간이 발달의 최고 잠재력을 발휘하기 위해서는 이차적 통제보다는 일차적 통제 전략을 사용하는 것이 필요하다. 대부분 인간은 노화 과정에서 일어나는 상실에 대해 일차적 통제력을 잃으면 신체적 · 심리적 부적응을 초래할 수 있다. 일차적 통제력이 감소하고 이를 이차적 통제력도 보상하지 못하면 사기가 떨어지고 우울감을 경험할 수 있다(Schulz, Heckhausen, & O' Brien, 1994). 따라서 성공적인 노화를 위해서는 지속적으로 일차적 통제력을 사용해야 한다. 일차적 통제력을 증가시키기 위한 방안으로, 노후에도 신체적 · 인지적 능력을 개발하여 개인의 내재적 자원으로 활용하는 것이 바람직하다.

3) 발달심리학적 노화

SOC 이론은 개인적 자원과 사회적 관계 모두를 고려하는 동시에, 상실을 보다 많이 경험하는 노년기 적응에 선택 · 최적화 · 보상이라는 개인의 능동적인 사고와 행동을 강조한 새로운 관점의 노화 이론이다. 그러나 이러한 SOC 책략과 통제 이론에서 제시하는 전략의 사용은 전 생애 단계에 걸쳐 일어나며, 그 과정의 결과가 어떻게 현재의 노년기에 이르게 하였으며 이후의 적응에 영향을 미치는가에 대한 경험적 연구가 부족하다는 한계가 있다.

생태학적 노화 이론 5

1) 인간-환경 관점

성인 후기를 연구하는 대부분 학자는 성공적인 노후 생활에 영향을 미치는 요인에 관심을 두고 있다. 앞의 노화 이론들에서 언급한 가족, 사회의 요구, 타인과의 상호작용 이외의 요인으로, 환경과 인간과의 관계를 보다 중점적으로 살펴보는 관점이 생태학적 노화 이론으로서 인간-환경 관점 person-environment perspective을 들 수 있다. Lawton(1982)이 제시한 인간-환경 관점의 중요성은 노인발달 연구 초기에 발표된 노년기의 주거환경 변화와 사망률 증가에 대한 연구(Aldrich & Mendkoff, 1963)로 시작되었고 주목받기 시작하였다. 이 관점에서 보면 환경이란 정체되어 있는 배경이 아니라, 개인이 나이가 들어감에 따라 자신의 필요와 조절에 따라 지속적으로 변화하는 것이다. 나아가서 노인의 행동은 신체적 · 사회심리적 · 인지적 능력 같은 개인적 능력과 가족적 · 사회적 · 물리적 환경과의 관계에 대한 적응의 결과라고 본다. 구체적인 환경의 범주는 다음과 같다.

M. Lawton

- 개인적 환경 personal environment : 한 개인과 일대일 one-to-one의 사회적 관계를 이루는 타인들로서 가족 · 친구 · 직장 동료를 포함한다.
- 초개인적 환경 supraperonal environment : 한 개인과 물리적으로 가장 가까이 있는 사람들의 특성으로 이웃의 연령, 사회경제적 지위를 뜻한다.
- 사회적 환경 social environment : 한 사회의 규범, 가치, 특정한 사회문화적 행동양식을 뜻한다
- 물리적 환경 physical environment : 인간적 · 사회적 환경을 제외한 환경을 의미한다.

또한 좀 더 추상적인 개념, 즉 자연과 인조, 복잡한 환경과 단순한 환경, 동질적 환경과 이질적 환경, 풍부함과 빈곤함, 통제와 자율, 지지적 환경과 적대적 환경, 새로운 환경과 친숙한 환경 등 서로 대조되는 많은 환경 특성이 있다(Dibner, 1963 ; Hershberger, 1972).

그림 8-2

인간과 환경의 상호작용에 따른 정서와 행동적 결과

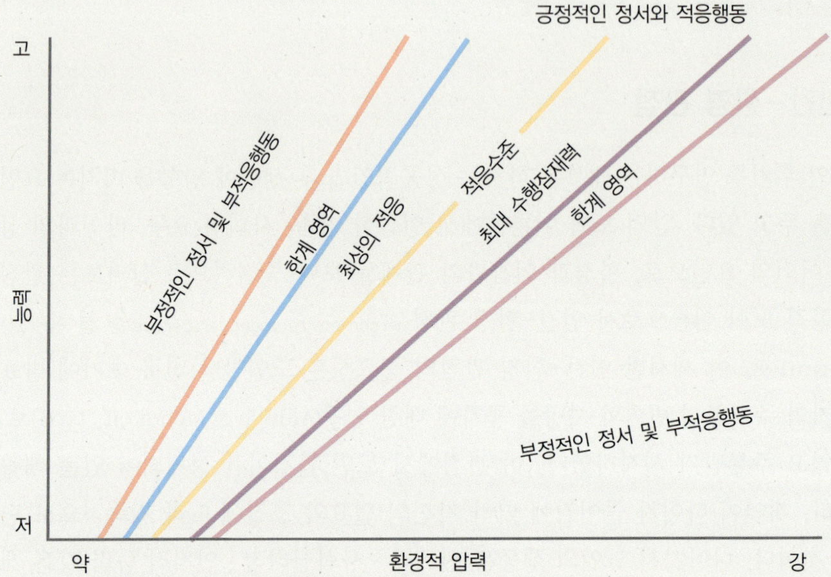

개인의 역량이 클수록 환경의 압력에 대한 적응력이 높다.

출처 : Lawton & Nahemow(1973)

이러한 환경의 특성을 가지고 인간-환경 관점에서는 인간과 환경의 상호작용을 매우 중요하고 독특한 두 가지 개념, 즉 환경적 압력 environmental press과 개인의 능력 competence으로 설명한다. 환경적 압력은 사회적 · 물리적 환경이 개인으로 하여금 적응 · 반응 · 변화하게 하는 압력을 말하며, 개인의 능력은 건강, 사회적 행동 social behavior, 인지 영역에서의 능력을 의미한다. 인간-환경 관점에 의하면 개인의 적응은 가지고 있는 능력과 환경적 압력의 조화에 따라서 결정된다. 예를 들어, 인지 능력이 감소한 노인이 정상적인 인지 능력을 가진 사람에 맞춰져 유지되는 복잡한 환경에서 생활한다면 스트레스, 부담감, 좌절감 등을 경험하게 된다. 반면, 요양시설과 같은 환경에서는 노인의 가지고 있는 능력 수준보다 환경적 자극이 낮기 때문에 무력감, 무료함, 박탈감 등을 겪을 수 있다. 노년기에 이르러 여러 상실을 경험하면서 노인은 개인 역량에 대한 긍정적 정서를 유지하기 위해서는 환경적 압력에 적응해야 하며, 가족과 사회환경 또한 변화되어야 한다. 그림 8-2는 개인의 능력과 환경적 압력 사이의 여러 가지 가능한 조합을 보여준다. 그림의 중심에 위치한 적응수준adaptation level은 개인 능력과 환경적 압력이 상호작용하여 긍정적 정서와 적응을 나타내는 부분이다. 개인은 자신이 적응할 수 있는 수준보다 다소 높은 수준의 환경적 압력이 있을 때 최대 수행 잠재력maximum performance potential을 발휘하며, 한편 적응할 수 있는 수준보다 환경의 압력이 약간 낮을 때 최고 수준의 안락감maximum comfort을 경험한다. 이 두 수준의 영역, 즉 환경 압력과 개인 능력이 적절히 조화를 이루는 영역을 벗어나면 부적응적 행동과 정서가 나타나게 된다.

2) 인간-환경 관점 평가

인간-환경 관점은 노인이 살고 있는 주거 환경 등 많은 환경적 요인을 개선함으로써 노년기 생활의 질을 향상하는 데 유용하게 적용될 수 있다. 특히 노인이 오랫동안 함께 지내온 친숙한 이웃이나 지역사회에서 계속 노년기를 보내고 싶은 향거장수aging in place의 욕구를 이해하고 요양시설로의 입소를 늦추거나 방지하는 중재 노력에 필요한 개념적 틀이 된다. 정상적인 노화 과정에서 발생하는 질병에 의해 노인의 기능이 손실됐을 때 집안 환경 개선, 보조기기 사용, 또는 응급 상황 시 효율적인 대처 등도 중재 노력에 포함된다. 그러나 실제 매일매일의 생활에서 개인이 최대 능력을 발휘할 수 있도록 환경을 조성하는 것과, 오히려 불필요한 수준의 도움을 제공하여 노인의 행동과 정서를 위축시킬 우려가 있는 지점의 경계가 항상 명확하지는 않다는 것이 이 관점의 한계로 지적되고 있다(Hooyman & Kiyak, 2010).

성인기 이론의 발달과 노화에 대한 함의 6

생리학적 변화에 대한 연구와 더불어 사회 · 심리 · 생태학적 관점에서 본 성인발달 및 노화 이론은 인간이 성숙해 가는 과정에서 보이는 다양한 인간관계, 행동양식과 문제해결 그리고 이들의 결과를 이해하는 데 각기 독특한 기여를 해왔다. 인간행동이 개인의 내재적 요인뿐만 아니라 사회문화적 영향을 받는다는 것은 이제 더 이상 새로운 사실이 아니다. 그러나 사회의 규범과 가치는 지속적으로 변화한다. 그러므로 연구자 · 교육자 · 정책입안자는 세대의 사회적 배경과 진화를 인식하여 성인기 발달양상과 과업에 대한 경험적 지식을 융통성 있게 적용해야 한다.

DISCUSSION POINTS

토의요점

01 | 단계 이론과 인생사건 발생시기 이론이 공통적으로 비판을 받는 측면이 있다면 어떤 점입니까?

02 | 현대 한국 사회의 대중매체를 통해서 그려지는 노인의 이미지를 가장 근접하여 설명할 수 있는 성인기 또는 노화 이론은 무엇인지 생각해 봅시다.

03 | 보상을 수반한 선택적 최적화 이론(SOC 이론)을 적용하여 노년기 사회적 관계망(social network)의 변화를 설명해 봅시다.

04 | 생태학적 능력-환경압력 모델을 바탕으로 인지적 능력이 감퇴한 노인의 일상생활에 도움을 줄 수 있는 주거환경 개선을 위한 제안점을 논의해 봅시다.

Chapter

9 성인 초기

성인 초기는 20~40세이며, 일반적으로 신체, 인지, 정서 · 사회 면에서 최고 수준의 발달에 이른다. 부모로부터 독립하여 배우자를 선택하고 결혼하여 자신의 가정을 형성하고, 자녀를 낳아 양육하는 다양한 역할을 담당하는 시기를 일컫는다. 이 시기는 모든 영역의 발달 잠재력이 최대한 발현되는 시기로 직업인, 배우자, 부모 등의 중요하면서도 다양한 역할을 수행하면서 상당한 스트레스를 경험하기도 한다.

Chapter

9 성인 초기

성인기로의 진입기 1

Havighurst(1952)가 발달과업이라는 개념을 제안했을 당시의 청년기는 대략 12세부터 18세까지였고, 성인 초기는 18세부터 35세까지로 생각하였다. 그러나 최근에는 발달의 가속화 현상으로 더욱더 어린 연령에서 사춘기가 시작되고 청년기 동안 성취해야 할 발달과업이 불확실하며, 청년기의 시작 시기와 끝나는 시기뿐만 아니라 성인기의 시작 시기 또한 모호하게 되었다(장휘숙, 2008). 예를 들면 공식적 교육을 끝내고, 결혼과 부모역할을 수행하기 위해 집을 떠나며, 그리고 안정적인 전일제 직업을 갖는 등 발달과업 성취가 점차적으로 지연되고 있다. 14~23세의 젊은이들을 종단적으로 연구한 Seiffge-Krenke와 Gelhaar(2007)는 23세까지 성인 초기 발달과업을 시작하지도 성취하지도 못했다고 보고했을 뿐 아니라, 청년기 특징적 발달과업들은 청년초기에 이미 달성되는 반면, 대부분의 성인 초기 젊은이의 발달상태는 저조하다고 보고함으로써 청년기 시작은 빨라지고 성인기 시작은 늦어졌음을 입증하였다(장휘숙, 2008).

이러한 현상에 대해 Arnett(2000)은 청년기의 지연된 발달을 고려하여 청년기와 성인 초기 사이에 새로운 발달단계로서 '성인기로의 진입기 emerging adulthood' 를 제안하고, 안정된 성인 역할과 책임을 맡기 이전인 18~25세의 시기를 성인기 진입을 위한 과도기로 설정해야 한다고 주장한다.

Arnett(2000)의 성인기로의 진입기 이론은 산업화된 사회에서 10대 후반부터 20대 중후반까지의 사람들의 삶을 개념화하는 유용한 방법으로 심리학뿐 아니라 정신의학, 인류학, 교육학, 건강과학, 인간발달, 간호학, 사회사업, 철학, 소아학, 가족연구, 언론계, 법학 등 여러 학문분야에서 활용되고 있다. 이러한 현상은 이전의 용어로는 산업화된 사회에서 발생되는 새로운 현상을 설명하는 데 한계가 있음을 반영하는 것이다. 지난 반세기 동안 젊은이들의 생활에서 공통적인 변화가 일어나고 있다. 그 변화의 대표적인 예로서, 젊은이들은 교육이나 훈련을 과거보다 더 오랜 기간 받고 늦은 나이에 직업을 갖게 되어 경제적 독립이 늦어지며, 혼전 성과 동거에 대해 더 자유롭고 늦게 결혼하며, 따라서 과거보다 더 오랫동안 부모의 집에 남아 있고 더 늦은 나이에 부모가 되는 현상을 들 수 있다. 이러한 일련의 변화로 말미암아 청소년기와 젊은 성인기 young adulthood 사이에 성인기로의 진입기라는 새로운 발달 단계를 만드는 것이 이들 청년들의 생활을 설명하는 데 더 유용하다고 본다. 더욱이 성인기로의 진입기는 더 이상 청소년이 아니면서 부분적으로 성인기로 들어가는 10대 후반과 20대 초반에 있는 전 세계의 수많은 젊은이의 경향을 반영하고 있다.

여성들의 자유

다시 말하면, 성인 초기의 중요한 발달과업인 일과 인간관계 형성 능력이 전보다 늦어짐에 따라 성인 초기 단계에 진입하기 전에 과도기가 필요하다는 것이다. 실제로 성인기로의 진입기 단계에 있는 개인들은 아동기와 청년기의 의존에서 벗어나지만, 아직도 성인 초기의 규범적 역할과 책임을 맡지 못하고 있다. 따라서 성인기 진입기에 있는 개인은 성공적으로 성인기로 옮겨갈 수 있도록 새로운 지식과 기술을 습득하려고 노력하는 과정에 있다(Arnett, 2000).

1) 성인기로의 진입기 단계는 개인적으로 바람직한가?

성인기로의 진입기는 개인의 삶에 있어서 긍정적인가 부정적인가? 성인기에 도달하는 기간이 과거보다 오래 걸린다는 사실 때문에 일반적으로 성인기로의 진입기가 삶의 전 과정에 부정적인 영향을 미칠 것으로 생각하기 쉽다. 미국의 인기 있는 한 매체에서는 성인역할을 하기 위해 노력하는 이 시기에 대해 '사분기 인생 위기 quarter life crisis'라는 용어를 사용한다. 또한 어떤 사회학자들은 더 늦은 나이에 결혼

'S세대 마케팅'

혼기가 찬 아들, 딸을 두고 있어선지 비슷한 또래의 미혼 직원들을 회사에서 마주칠 때마다 각별한 관심을 갖게 된다. 가장 궁금한 것은 아무래도 이 '노총각', '노처녀'들의 결혼관이다. 나이를 가늠하기 힘든 앳된 외모에다 좋은 학벌, 바른 품성과 장래성까지 두루 갖춘 일등 신랑, 신붓감들인데 왜 아직도 이들은 제짝을 찾지 못하는 걸까.

남의 눈을 의식하지 않는 당당함, 어느 누구보다 자신의 존재와 가치를 소중히 여기는 자존감, 고정관념에 얽매이지 않는 자유분방한 사고를 그들에게서 느낄 수 있다. 결혼은 필수가 아니라 선택일 뿐이라고 자신 있게 말하는 이들 젊은 세대를 보면 사실 당황스러울 때도 있다. 8남매의 장남으로 태어나 남들처럼 적령기에 결혼하고 자식을 낳으면서 60평생을 가족이란 울타리 속에서 살아온 나 같은 기성세대들에겐 쉽게 이해하기 힘든 현상이다. 요즘 젊은 세대의 결혼 기피 내지 지연 현상을 취업난과 청년실업, 육아부담 등 사회구조적으로 해석할 수도 있겠다. 하지만 이들의 독특한 사고방식과 라이프스타일을 들여다보면 트렌드가 바뀌고 있음은 분명해 보인다. 요즘 젊은이들은 기성세대들처럼 복잡한 사회적 관계 속에서 얽히고설키며 부대끼고 살기보다는 자기만의 시간 갖기를 더 소중하게 생각하는 듯하다. 자기관리가 철저하고 취미생활도 전문적이며 자기애도 무척 강하다. 혼자 있는 휴일이면 직접 장을 봐서 요리를 해 먹고, 고급 와인과 프리미엄 맥주를 즐기며, 자신만의 스타일과 브랜드를 찾는 데 무엇보다 많은 시간과 열정을 쏟는 것도 이들의 특징이다. 한마디로 '쿨'하게 살기를 선망하는 요즘 세대들을 일컬어 '싱글(Single)', '솔로(Solo)', '셀프(Self)'를 뜻하는 'S세대'라고 한다는 데 절로 고개가 끄덕여진다.

싱글 1인 가구를 위한 최적의 주거공간

싱글족을 위한 소형가전제품

초미니 아파트의 내부

실제로 이런 신세대의 출현으로 최근에는 '1인 가구'도 많이 늘어나는 추세다. 이들을 겨냥해 1인용 상품들과 마케팅 기법들도 봇물 터지듯 쏟아져 나오고 있단다. 집을 짓는 건설사들도 이젠 1인 가구를 겨냥한 소형주택 보급에 신경을 곤두세워야 할 상황이다. S세대를 위한 마케팅. 거역할 수 없는 흐름 같기는 한데 마음 한구석이 씁쓸한 건 왜일까.

출처 : 매경춘추(2010. 6. 17.)

하고 늦은 나이에 부모가 되는 것은 "성장하는 것이 과거보다 더 어렵다"는 것을 뜻한다고 주장한다. 그러나 대부분의 증거는 이러한 주장과 상반된다(Arnett, 2007b). 많은 연구에서 성인기로의 진입기 동안 행복감이 증가된다는 것을 보여준다. 한 예로 캐나다의 진입기 성인에 대한 종단 연구에 의하면, 진입기 성인은 우울증이 감소하고 자존감이 상승하였다(Galambos, Barker, & Krahn, 2006). 성인기로의 진입기 청년들은 자신이 해야 하는 역할의무에 구속받는 대신에 자신을 위해 자유를 즐기면

사회적으로 성숙할 수 있는 기회

서 자기만족감을 얻는다. Arnett(2004)은 이와 같이 성인기로의 진입이 늦어짐으로써 젊은이들은 사회적으로 그리고 인지적으로 성숙할 수 있는 기회를 갖는다고 본다. 이러한 성숙을 통해서 진입기 성인들은 청년기보다 자신에 대해서 그리고 다른 사람들에 대해서 더 잘 이해할 수 있게 된다고 할 수 있다.

그럼에도 불구하고 '사분기 인생 위기'에 대한 개념은 성인기로의 진입기로 이동해 가는 청년들의 정체감 위기를 의미하는 것으로 해석될 수 있다. 특히 교육을 많이 받지 못한 청년들에게는 노동시장에 들어가는 것이 스트레스이며, 좌절을 겪게 될 수 있다(Cote, 2000 ; Hamilton & Hamilton, 2006). 교육을 많이 받은 청년들조차 직업에 대한 지나치게 높은 기대(많은 봉급, 만족감, 정체감에 맞는 일) 탓에 현실과의 괴리가 생겨 종종 자신의 꿈과 희망을 버리고 현실과 타협하기도 한다(Arnett, 2004). 그럼에도 성인기로의 진입기 과정 동안 대부분의 젊은이는 행복감이 증가한다는 사실은 이들이 도전적인 여러 사건에 성공적으로 적응하고 있음을 의미한다.

그러나 어떤 사람들은 우울증과 약물남용 장애와 같은 심각한 정신건강 문제를 경험(Schulenberg & Zarrett, 2006 ; Tanner, Arnett, & Leis, 출판중; Tanner et al., 2007)하기도 한다. 이는 성인기로의 진입기는 정해진 일정한 역할을 수행하는 것이 아니라 다양한 시행착오를 통해 자신의 정체성을 찾아가는 과정이기 때문에 정신건강의 기능에 변화가 큰 시기라는 것을 시사한다(Arnett, 2007a, 2007c). 아동기와 청소년기 삶이 부모나 다른 성인들에 의해 구조화되어 있고, 성인기로의 진입기를 넘어선 완전한 성인들은 그들의 삶이 일과 가족, 그리고 지역사회의 역할과 의무로 구조화되어 있는 것에 비해, 성인기로의 진입기에 있는 청년들의 삶은 사회적 역할과 의무감을 덜 가지고 있기 때문에 정체감 위기를 겪을 수 있다. 비록 대부분의 진입기 성인은 이러한 자유를 토대로 성장하는 것처럼 보일지라도, 어떤 사람들은 자기 스스로를 잃어버리고 정신건강 문제를 경험할 수도 있다.

결국, 성인기로의 진입기는 대부분의 사람에게 긍정적이지만, 어떤 사람에게는 어려울 수 있어, 크게 이질적인 도전이 수반되기 때문에 심각한 문제를 경험할 수도 있다.

심각한 정신건강 문제

2) 성인기로의 진입기는 사회적으로 바람직한가?

젊은이들의 자유로운 여행

대부분의 젊은이가 성인기로의 진입기를 즐기는 것처럼 보이지만, 이러한 새로운 삶의 기간이 출현한다는 것이 사회적 측면에서 바람직한 것인가를 생각해 볼 필요가 있다. "그들은 자라려고 하지 않는다"고 타임지가 2005년에 진입기 성인들에 대한 표지 기사를 실었으며, 이들은 10대의 즐거움을 포기하지 않으려 하고, 성인기의 책임을 지려 하지 않는 측면이 있다고 비판했다(Levine, 2005). 많은 진입기 성인은 부모가 젊은 시절에 해왔던 것처럼 행동하는 것에 대해 귀찮고 부담스럽다고 생각하며 이들은 성인기를 단조롭고 침체되어 있는 것으로, 그리고 자발적인 행동의 끝이자 어떤 가능성의 끝으로 보는 경향이 있다.

그럼에도 이들이 성인기에 대한 역할을 완전히 거부하는 것은 아니고 자신들이 성인의 의무를 완전히 이행할 수 있는 20대 후반까지 기다리는 것이며, 일단 성인기 역할에 들어가면 잘 적응하는 경향이 있다. 30세까지 미국인들의 3/4이 결혼하고, 그 중 3/4은 적어도 한 명의 아이를 가지고 있으며, 거의 모든 사람(90%)은 안정된 직장을 가지고 있다. 또한 거의 모두 재정적으로 부모로부터 독립하며, 그리고 거의 대부분이 자신의 부모와 함께 살지 않는다(Arnett, 2004). 또한 30세 무렵에 거의 모두는 그들이 성인기에 완전히 도달했다고 느끼며, 더 이상 주변인이라고 생각하지 않는다. 따라서 성인기로의 진입기 동안 무의미하게 시간을 낭비하고 있다는 주장은 과장된 것이라고 할 수 있다. 오히려 이러한 과정은 30세 무렵의 사회의 젊은 성인 멤버들이 안정된 가족과 직업적 역할을 충족하게 하는 데 기여하며, 그들로 하여금 정보와 기술에 근거한 글로벌 경제에 기여하도록 준비하게 하는 일종의 준비기간으로 볼 수 있다.

이러한 관점은 주로 미국의 성인기로의 진입기 성인들을 대상으로 한 Arnett(2007a)의 연구에 기초하고 있다. 대부분 다른 문화에서도 이와 유사한 패턴이 존재하고 있다는 증거들이 나타나고 있다. 대부분의 산업화된 사회에서 성인기로의 진입기는 사랑과 일에 있어서 많은 변화의 기간이다. 그리고 대부분은 약 30세 무렵에 성인 역할로 들어간다(Arnett, 2006 ; Iacovou, 2002 ; Sneeding & Phillips, 2002). 따라서 성인기로의 진입기가 사회에 미치는 영향에 대해서는 긍정적인 면과 부정적인 면이 혼합되어 있다고 볼 수 있다.

3) 문화에 따른 차이

성인기로의 진입기의 특성들은 의심할 여지없이 문화에 따라 다양하다. 성인기로의 진입기에는 사회경제적 지위, 인종과 국가에 따라 성인기로의 진입기 동안 심리사회적 차이가 분명히 있는데, 이에 대한 연구들이 최근에 발표되기 시작했다.

아시아인을 대상으로 한 성인기로의 진입에 대한 연구에 의하면, 중국의 경우 비교적 소수의 중국인들에 적용되는 것으로 파악된다. 이는 중국의 많은 사람은 시골에 거주하며 가난하고, 중국인의 약 20%만이 중등과정 이후 고등교육을 받고 있는 데 기인한다. 그러나 중국의 경제가 급속도로 중산층을 창출하고 있는 가운데 빠르게 변화하고 있기 때문에 성인기로의 진입기와 관련된 생활경험은 많은 젊은이의 삶의 패턴을 설명하는 데 유용할 것으로 본다. 반면, 일본의 젊은 여성들은 전례 없이 장기간 자신의 즐거움과 자기계발에 초점을 맞추고 있어, 이들 여성들의 삶은 정체감 탐색 등 성인기로의 진입기에서 나타나는 특성이 있다(Arnett & Eisenberg, 2007).

라틴 아메리카 여성들 역시 성인기로의 진입기를 경험하지만, 이러한 현상은 도시화되고 경제적으로 개발된 나라인 아르헨티나에서 주로 나타나는 경향이 있다. 이러한 현상은 여러 측면에서 미국의 진입기 성인들과 공통점이 있지만, 이들은 좀 더 가족과의 결속력이 강하다는 측면에서 미국과 차이가 있다.

유럽에서 성인기로의 진입기는 하류층보다는 상류층에서 좀 더 일반화되어 있다. 그들은 성인기의 역할로 들어가기 전에 20대의 대부분 기간을 공부를 하거나 또는 여행을 하면서 사회화 경험을 더 하는 것으로 나타났다.

아시아계 미국인이나 라틴 사람은 가족에 대한 책임 때문에 학교에서 잘 적응하고 대학에 들어가려고 노력한다. 특히 아시아 배경 출신의 진입기 성인들은, 사실은 가족이 원하는 것보다는 그들이 진정으로 원하는 것을 하고 싶어하지만, 대학을 다니고 학위를 받은 다음에는 성인기로의 진입기의 특성인 정체감 탐색과 가족에 대한 의무감 간에 갈등을 겪게 된다(Arnett & Eisenberg, 2007).

이러한 세계적 추세는 한국의 젊은이들도 예외가 아니다. 장휘숙(2008)은 이러한 외국의 연구 경향에 맞추어 오늘날 한국의 성인 초기의 시작 시점을 규명하기 위해 18~39세의 남녀 2,583명을 대상으로 연구하였는데, 남성들은 30세에 그리고 여성들은 28세에 성인 초기를 시작할 가능성을 보이고 있다고 보고하였다. 결국, 전 세계적으로 성인기로의 진입기에 있는 청년들은 삶에서 그들의 문화에 따라 다양한 모습을 보이고 있으면서도 유사한 공통적 특성이 있음을 알 수 있다.

무위도식 청년 급증…40만 명 돌파: 'NEET족' 43만 명 추산…5년 새 10만 명 증가

무작정 놀고먹는 청년층이 크게 늘어 지난해 40만 명을 넘은 것으로 보인다.

4일 통계청과 한국은행에 따르면 취업에 실패하거나 구직을 하지 않은 비경제활동 인구 가운데 아무런 활동도 하지 않고 쉰 청년층(15~34세)은 43만 명으로 추산됐다. 이러한 '무위도식(無爲徒食)' 청년층은 2004년 33만 명으로 30만 명대에 진입한 이후 2005년 38만 5천 명, 2006년 39만 1천 명, 2007년 39만 7천 명, 2008년 39만 9천 명으로 해마다 증가했다. 전년 대비 증가폭은 2005년 5만 6천 명에서 2008년 3천 명까지 줄었지만, 지난해 다시 3만 명으로 급증했다.

학계에서는 무위도식 청년 인구를 가리켜 '니트 NEET: Not in Education, Employment, Training족'이라고 부른다. 우리말로 풀이하면 일을 하지 않으면서 교육이나 직업훈련도 받지 않는 청년층을 말한다. 한은 조사국 정후식 부국장은 "통상 니트족은 15~34세의 비(非)노동 인구 가운데 구직, 통학, 가사를 하지 않는 사람"이라고 설명했다.

15~34세 인구는 2004년 1천 534만 명에서 지난해 1천 419만 명으로 115만 명(7.5%) 감소한 반면, 무위도식 청년층은 같은 기간 33만 명에서 43만 명으로 10만 명(30.3%) 증가했다. 성별로 보면 남성이 36만 5천 명으로 전체의 약 85%를 차지했다. 5년 전(27만 5천 명)과 비교하면 9만 명 증가한 셈이다. 여성은 상대적으로 적지만 3년 연속 줄어들다가 지난해 5천 명 늘었다. 한국개발연구원 유경준 선임연구원은 "청년실업자는 적당한 일자리만 주어지면 경제활동을 한다는 점에서 '자발적 취업 거부자'인 니트족과 다르다"며 "니트족이 늘면 노동력의 양과 질이 모두 떨어지고 사회에 오랜 기간 부양 부담을 줘 문제가 심각하다"고 말했다.

출처 : 연합뉴스(2010. 3. 4.)

사회현상으로 살펴본 결혼 연령이 늦어지는 이유?

"섹스는 미루지 않고, 결혼은 미룬다."

현재, 한국은 과거와 달리 여자들의 결혼 적령기가 점점 더 높아지고, 많은 싱글여성이 자신들의 자유로운 삶이 결혼으로 피해받는 것을 원하지 않고 있다. 특히, 요즘은 이혼율조차 높아지고 있으니, 이 점은 20대 여성들이 결혼을 주저하는 또 하나의 원인을 현재 제공하고 있는 셈이다. (중략)

지금 지구상에 많은 여성은 그들의 결혼을 미루고 있다. 그 이유는 과거와 달리 젊은 여성들이 결혼을 사랑의 감정으로만 결정하기보다는 경제적인 부분도 고려하기 시작했기 때문이다. 또한 그에 따른 결혼의 계산 방식은 점점 더 복잡해지고 있다고 한다. 일반적으로 경제학자들은 젊은 여성들이 그들의 결혼을 결정할 때, 약 3분의 1이 상대방의 경제적인 부분을 고려한다고 한다. 물론, 이 수치는 외국의 자료를 근거로 든 예이다. 여기서, 결혼이 현재 계속 미뤄지는 이유는 여러 가지가 있겠지만, 크게 경제적인 관점으로 세 가지로 나누어 볼 때, 그중 하나로 우연하게도 피임약의 등장과 결혼 비율이 늦어지는 것이 서로 연관 있음을 전문가들은 현재 파악하고 있다.

하버드 경제학자 클라우디아 골딘(Claudia Goldin)은 이와 같은 현상에 대해, "많은 사람이 섹스는 나중으로 미루려 하지 않고, 결혼은 미루려 한다"며 결혼하는 비율이 피임약이 전 세계적으로 퍼진 1970년대 초반부터 급격히 떨어지기 시작했다고 주장한다. 말하자면, 피임약이 결혼을 미루는 원인을 제공한다는 것이다. 실제로, "과거 피임약이 도입되기 전에 많은 젊은 여자 대학생, 특히 경영대, 법대, 치대, 그리고 의대 등 취직이 보장되는 과에서 공부를 잘하는 여대생들은 공부하는 도중 임신의 위험에서 벗어날 수 없었다고 한다. 하지만 피임약 이후 그들은 당당히 임신 공포에서 벗어나, 그들의 결혼을 미뤘다"고 골딘은 말한다. 하지만 현재 결혼 적령기가 늦어지는 이유에 이 이유로만은 왠지 부족해 보이는 것 또한 사실이다. (중략).

그 이유는 아마도 결혼이 여자에게 꼭 필요한 것이라는 의식을 요즘의 여성들은 별로 느끼지 않는다는 것이다. 왜냐하면, 결혼에는 여성들이 희생해야 될 것이 너무 많다는 것을 많은 여성이 이젠 깨닫기 시작했기 때문이다. 그리고 여러 연구 기관을 통한 리서치에서 결혼을 실제로 만족하며 사는 커플들이 많지 않다는 연구 결과들 역시 여자들이 결혼을 미루는 또 하나의 원인이 되고 있다. 예를 들어, 15년 동안 24,000명의 커플을 통해 결혼 생활의 만족을 알아보는 설문 조사에서 응답자 대부분이 결혼 2년 후부터 결혼 전보다 결코 행복하지 않다고 한다. 말하자면, 결혼을 통해 여자의 경우, 결혼 전보다 많은 것이 제약된다며 결혼을 현재 부담스러워한다는 것이다. (중략)

마지막으로 여성들이 결혼을 미루는 세 번째 원인을 살펴보면, 각 나라의 경제 정책이 결혼을 미루는 또 하나의 원인이 되고 있다. 예를 들어, 미국 대통령 조지 부시와 호주 수상 존 하워드는 여성과 남성들의 경제 수입에 관하여 불평등을 초래할 수 있는 경제 정책들을 잇달아 발표했다. (중략)

미국의 조지 부시는 2001년과 2003년에 이미 부자가 된 사람들에게 세금 감면의 혜택을 부여함으로써 그들에게 더욱 커다란 경제적인 부를 가져다줄 수 있는 환경을 마련해 주었다. 이로 인해, 부를 대부분 독점하는 남자들의 폭은 더욱 커졌으며, 상대적으로 기회가 적은 여자들의 수입에서의 불평등은 더욱 늘어났다. 말하자면, 여자들에게 있어서 좀 더 돈을 잘 버는 잠재적 남편감들의 폭이 더 넓어졌다고도 볼 수 있다. 따라서 여자들은 자신에게 더욱더 풍요를 가져다줄 수 있는 남편을 기다리며, 물질을 기준으로 남편을 고르기 시작했다.

반면에 지난 20여 년 동안 미국 남자들의 임금은 시간이 지날수록 변화가 심해졌다고 한다. 말하자면, 고정적인 임금이 아니라 급락이 심한 임금으로 인해 여자들 또한 미래에 남편을 고르는데, 좀 더 조심스럽게 되었으며, 더욱 물질을 기준으로 남편을 고르게 된 것이다. 말하자면, 지난 수십 년 동안 불평등이 더욱 심화되자 여자들의 결혼 비율이 전체적으로 약 30% 정도 떨어지게 된 것이다. 따라서 조지 부시는 세금 감면을 통해 빈부의 차이를 더욱 크게 만들고, 남녀의 불평등을 더욱 조장하여서 여자들이 결혼을 결정하는 것을 늦추게 만드는, 결국 반결혼주의자로 만들었다고 경제적인 관점에서는 볼 수 있는 것이다. (중략)

출처 : 한겨레 하니누리(2004. 6. 3.)

2 성인 초기의 발달과업

Havighurst(1952)는 발달과업 developmental task이란 개념으로 인생의 어떤 시기에 각 개인이 성취해야만 하는 특정한 활동이나 목표가 있다고 하였다. Havighurst는 인간의 발달은 단계적으로 이루어지고 각 단계는 성취해야 할 특정한 과업을 갖는다고 본다. 그는 발달과업의 성취는 행복과 성공을 가능하게 하며, 발달과업의 실패는 개인을 불행하게 하고 사회로부터 인정받지 못하게 하며, 이후 단계에서의 성취를 어렵게 한다고 주장함으로써, 발달과업의 성취 여부는 발달적 성숙과 적응의 유용한 지표임을 강조하였다.

전 생애 동안의 발달 중, 특히 청년기에서 성인 초기로의 이동은 부모에게 의존적인 존재에서 독립적인 성인으로의 변화를 의미하기 때문에 나머지 인생의 많은 측면에서의 변화를 예고한다. 그들은 부모로부터 개별화되어야 하는 동시에 자율성을 획득해야 하므로, 이 시기 특유의 발달과업을 성취하지 않으면 안 된다. Havighurst는 성인 초기의 발달과업으로, ① 배우자를 선택한다 ② 배우자와 함께 생활하는 방법을 배운다 ③ 가정을 꾸린다 ④ 자녀를 양육한다 ⑤ 가정을 관리한다 ⑥ 직업생활을 시작한다 ⑦ 시민의 의무를 완수한다 ⑧ 마음이 맞는 사람과 사회적 집단을 형성한다 등의 8가지로 정리한 바 있다. 그러나 발달과업은 개인의 생물학적 능력과 사회적으로 구성된 규범적 기대 사이의 함수이기 때문에(Heckhausen, 1999) 발달과업의 구체적인 내용과 성취 시기는 사회나 문화에 따라 달라질 수 있다.

행복한 가족

Havighurst가 발달과업을 제안한 1950년대 이후로 한국을 포함하여 전 세계 인구의 평균수명이 증가하였고, 성차별의 감소로 여성들의 취업이 보편화되었으며 교육기간이 연장됨으로써 직업세계로 진입하는 시기도 지연되고 있다. 이와 함께 첨단의 기술발달과 정보화사회로의 전환 및 서비스산업의 발달은 성인기에 요구되는 기술이나 능력을 크게 변화시키고 있다(장휘숙, 2009).

이에 따라 성인 초기의 발달과업들은 연구자에 따라 차이를 보인다. 그 예로, Erikson(1968)은 성인 초기의 중요한 발달과업을 친밀성 탐색이라고 주장하였고, Shiner와 Masten(2002)은 청년 후기와 성인 초기 동안 일과 교육, 사랑 그리고 친구 사귐과 관련된 발달과업을 성취해야 한다고 제안하였다.

또한 Schulenberg, Bryant, & O'Malley(2004)는 교육과 일, 경제적 자율성, 낭만적 몰입, 또래 몰입, 약물남용 회피, 그리고 시민의식을 성인 초기의 특징적 발달과업으로 제시하였다. 이와 함께 18~25세의 시기를 청년기에서 성인 초기로 진입하기 위한 과도기로 규정하고 이 시기를 성인기로의 진입기 emerging adulthood로 명명한 Arnett(2000)은 경제적 독립이 성인 초기의 중요한 발달과업이라고 주장하였는가 하면, Youniss와 Yates(1997)는 성취와 친밀감, 정체감 및 시민의식이 이 시기의 중요

마음에 맞는 사람과의 사회적 관계형성

한 발달과업이라고 제안하였다.

18~39세의 한국인 2,603명(남: 1,255명, 여: 1,348명)을 횡단적으로 연구한 장휘숙(2008)은 Havighurst가 제안한 성인 초기 발달과업 중에서 '마음이 맞는 사람과 사회적 집단을 형성한다'를 제외한 '배우자를 선택한다', '배우자와 함께 생활하는 방법을 학습한다', '가정을 꾸린다', '자녀를 양육한다', '가정관리를 한다', '직업생활을 시작한다'의 6개의 과업과 Havighurst의 '시민의 의무를 완수한다'와 유사한 '법률을 준수하고 불법적 행동을 하지 않는다'의 7가지 발달과업을 한국인의 성인 초기 발달과업이라고 하였다.

이러한 결과들은 결국 연구자들 간에 약간의 차이가 있으나 보편적인 성인 초기 발달과업이 존재하며, 문화에 따른 변이가 존재한다고 할지라도 그 차이는 크지 않다는 것을 시사한다. 분명 젊은이들의 성인 역할 시작은 지연되고 있지만, 어느 사회에서나 각 발달단계를 위한 규범적 기대는 존재하기 때문에 발달과업의 성취는 여전히 중요한 의미를 갖는다(장휘숙, 2009).

3 신체발달

1) 신체발달의 특성

성인 초기는 신체적 건강상태와 힘이 최고조에 달해 있는 시기로, 중년기에 건강수준이 쇠퇴할 때까지 이러한 건강상태는 지속된다. '건강은 건강할 때 지켜야 한다'는 말이 있듯이 성인 초기에 이러한 신체적 건강상태를 유지하기 위해서는 규칙적인 운동과 적절한 영양공급이 필요하며 과도한 스트레스, 흡연, 음주, 약물사

성인 초기의 건강한 신체

용 등은 이 시기의 건강유지에 매우 해로운 요소이다.

근력은 25~30세에 절정을 이루고, 30~60세에는 10% 정도의 근력이 감퇴된다. 생식능력은 여성의 경우 10대 말에서 20대 초에 절정에 달하고, 그 이후에 계속 떨어져 중년기에 폐경이 되면 기능을 상실하게 된다. 남성의 경우 성인 초기에는 생식능력에 변화가 없으며 40세 이후 약간 감소하지만, 여성의 경우처럼 폐경이 없어 늦은 나이에도 생식능력을 지닌다.

2) 외모

성인 초기에는 고교시절까지 학교별로 지정된 교복을 착용하다가 대학 또는 직장생활을 하면서 의복을 통한 자기표현이 가능해진다. 자신의 가치관과 태도를 기준으로 의복을 선택 · 착용하게 되고, 자신의 외모 및 의복에 대한 관심이 더욱 많아지게 된다. 따라서 이 시기의 성인들은 다른 어떤 연령층보다도 외모와 의복에 민감하고 연예인들이나 또래의 패션, 의복구매행동 등에 많은 관심을 보인다(조혜란 · 최종명, 2007).

여성은 남성에 비해 외모에 더 집착하고 다른 사람에게 어떻게 보이는가에 많은 관심을 갖는 경향이 있어, 의복을 포함한 패션이라고 말하는 것은 거의 모두가 여성에게 초점이 맞추어져 왔다. 그러나 오늘날 가치관과 생활양식이 급격히 변화함에 따라 남성들의 상품구매행동도 달라져서 과거와는 달리 상품을 통해 자신의 개성을 표현하기 원하며 생활용품 전반에 걸쳐 관심을 보이는 등, 적극적 구매 주체로 바뀌고 있다. 따라서 여성의 전유물이라고 생각했던 패션과 외모에 대한 관심과 추종이 남성들에도 일반화되고 있는 경향이다.

한편, 개인의 의복선택과 의복에 대한 만족도는 자신의 신체 및 외모에 대한 스스로의 만족도와 관계가 있지만, 최근에는 자신의 판단보다는 타인의 의견이나 충고, 매스미디어를 통해 비치는 사회 전반적으로 떠오르고 있는 미를 기준으로 삼는 경향

몸짱

외모지상주의

꽃미남 계보

이 늘어나고 있다. 그런데 매스미디어에서 보이는 미의 기준과 내용은 비현실적인 아름다움을 전달하는 경우가 많다. 아무리 21세기가 개성을 중시하는 시대라고 하지만 언제부터인지 모르지만 우리 사회는 미에 대한 무리한 기준을 세워가고 있음을 부인할 수 없다. 즉 언론과 광고에서는 하나같이 인형 같은 여성들, 여자만큼 예쁜 남성들, 나이가 들어도 늙지 않는 중년들을 치켜세우며 성형강국이라는 불명예스러운 이름으로 불릴 만큼 성형수술에 대해 관대해졌다고 할 수 있다. 또한 얼짱, 몸짱, 꽃미남 등 외모의 중요성을 알리는 신조어들이 생겨나는 외모지상주의 성격을 띠고 있다(조혜란 · 최종명, 2007).

외모는 개인의 자아개념에 중요한 영향을 미친다. 특히 신체적 매력이나 외모를 높이 평가하는 사회일수록 외모가 자아개념의 발달에 미치는 영향은 더욱 크다. 일반적으로 외모의 매력은 신체적 균형, 아름다움, 잘 발달된 근육 등과 같은 외적인 면만 평가하는 단순한 것이 아니라, 내적인 자신감과 자아존중감이 반영된 주관적인 것을 의미한다. 일반적으로 신체적 매력이 뛰어난 사람 중에도 자아존중감이 발달되지 않아 스스로 그렇게 느끼지 못하고, 자신감 있는 행동을 하지 못하는 경우가 종종 있다.

3) 건강

성인 초기 동안의 건강은 최상의 상태에 있다고 할 수 있다. 이 시기는 인생에서 가장 질병에 걸리지 않으며, 질병 발생 시에도 곧바로 회복되는 시기이다. 대부분 성인의 건강상태는 생활양식과 밀접한 관계가 있다. 특히 성인 초기에 자신의 건강 증진을 위해서는 능동적으로 좋은 생활습관을 형성해야 한다. 음주, 흡연, 약물남용, 스트레스에 대한 반응, 음식물, 치아관리, 운동 등은 건강에 영향을 미치는 요인이다. 규칙적이고 건전한 생활습관은 질병으로부터의 위험을 줄일 수 있으며, 이를 일찍부터 시작하면 노후에 건강을 유지할 확률이 더욱 높아진다.

스트레스에 의한 두통

정상체중보다 10%가 더 나가면 과체중이라 하고, 20% 이상 초과할 때 비만이라고 한다. 비만은 고혈압, 심장병, 암 등의 성인병을 유발할 뿐만 아니라 수명을 단축시키는 원인이며, 성인기의 비만이 위험이 가장 높다. 특히 날씬한 것에 가치를 두고 신체적 매력을 높게 평가하는 사회일수록, 비만은 신체적 문제뿐만 아니라 자아개념에 부정적 영향을 주어 심리적 문제를 유발한다. 가장 효과적인 체중감량은 식사량을 줄이고 식습관을 바꾸며, 규칙적인 운동을 하는 것이다. 운동은 성인기 삶의 질을 향상시키는 가장 중요한 활동이다. 운동 중에서도 등산, 달리기, 빨리 걷기, 자전거 타기, 수영 등을 포함한 유산소운동이라 불리는 호흡순환기의 산소 소비를 늘리는 운동이 가장 좋다. 운동은 신체적 건강뿐만 아니라 심리적으로 긍정적 자아개념을 갖게 하며 불안과 우울증을 감소시키고 일상생활에 활력을 준다. 특히 성인 초기는 배우자, 부모, 직업인 등의 다양한 새로운 역할을 수행해야 하는데, 꾸준한 운동습관은 이러한 역할갈등과 긴장을 해소하기에 가장 좋은 방법이다.

특히 이 시기는 다른 연령집단보다 다양한 역할을 수행하고 인생의 크고 작은 변화를 겪는 과정에서 많은 스트레스를 경험한다. 스트레스는 생활의 변화로 말미암은 생리적 · 심리적 불안정한 상태를 의미한다. 정상적 생활에서는 생리적 신체체계가 제대로 기능하지만 스트레스 사건에 직면하면, 신체의 평형이 깨지면서 자율신경계, 내분비선, 면역계통 등이 영향을 받게 된다. 스트레스의 신체적 증상은 두통, 근육통, 위통 등이며 심리적 증상은 신경과민, 불안, 긴장, 짜증, 우울 등이다. 모든 사람에게 스트레스는 피할 수 없는 것이다. 유쾌한 스트레스는 때론 인생에 흥미와 즐거움, 자극을 제공하여 활력을 불어넣기도 하지만, 반면에 불쾌한 스트레스는 신체의 평형을 깨뜨리면서 여러 가지 질병을 유발한다.

우울증이나 불안장애의 발병률은 성인 초기가 중년기보다 더 높다(Kessler, Foster, Webster, & House, 1992)고 보고되고 있다. 이는 역설적으로 신체적 · 인지적 기능이 절정일 때 우울증이나 그 외 다른 형태의 정서장애에 직면할 위험이 높다는 것을 의미한다. 그 이유는 성인 초기는 스스로의 기대수준이 높을 뿐만 아니라 역할갈등과 역할 긴장이 많은 시기이기 때문이다. 즉 성인 초기는 배우자, 부모, 직업인으로서의 새로운 역할을 배워야 하는 시기로, 이때 새로운 역할에 적응하지 못하면 우울증이나 불안장애를 일으키게 된다(Bee, 1998).

건강을 위한 운동

4 인지발달

인간의 지적 능력은 연령이 증가함에 따라 어떤 변화가 일어나는가? 성인기에 지적 능력은 증가하는가 또는 감소하는가? 이러한 질문에 대해 어떤 학자들은 성인기에 지적 기능이 감소한다고 주장하는 반면, 어떤 학자들은 나이가 들어도 지적 기능은 성인기 동안 안정적이라고 주장한다. 또 다른 학자들은 반응속도와 관련된 측면에서는 감소하지만, 실생활과 관련된 지식이나 지혜와 같은 측면은 증가한다고 주장한다.

여러 학자는 청년과 성인의 인지작용에는 차이가 있다고 주장하며 성인기 사고의 특성으로 문제발견적 사고, 변증법적 사고, 실용적 사고, 다원론적 사고 등을 제시하고 있다. 여기에서는 정옥분(2008)이 정리한 성인기 사고의 특성을 중심으로 살펴본다.

문제발견적 사고(Arlin, 1990)에 대한 개념에서 성인기 사고수준은 청년기의 사고수준과는 다르며, 청년기의 형식적 조작기 다음에 문제발견의 단계라는 제5단계가 있다고 주장하였다. 이 단계의 사고의 특징은 창의적 사고, 확산적 사고, 새로운 문제해결 방법의 발견 등이다.

성인기 사고의 또 다른 특성으로 변증법적 사고(Riegel, 1973)를 들고 있는데, 성인기 사고의 특징은 '형식적' 사고가 아닌 '성숙한' 사고라고 주장한다. 성숙한 사고란 어떤 사실이 진실일 수도 있고 진실이 아닐 수도 있음을 받아들이는 것이다. Riegel은 이러한 사고의 모순된 상태를 기술하기 위해 철학에서 변증법이란 용어를 빌려왔다. 변증법적 사고를 하는 사람은 비일관성과 모순을 잘 감지하고 정(正)과 반(反)으로부터 합(合)을 이끌어낸다. Piaget에 의하면 형식적 · 조작적 사고를 하는 사람은 인지적 평형상태에 도달하지만, 변증법적 사고를 하는 사람은 항상 불평형 상태에 있게 된다고 한다.

성인기는 문제를 해결할 때 논리적 사고에 덜 의존하고 현실적인 면을 많이 고려하는 실용적 사고(labouvie-Vief, 1990)를 함으로써 성인기에 새로운 사고의 통합이 발생한다고 한다. 성인기의 인지능력은 매

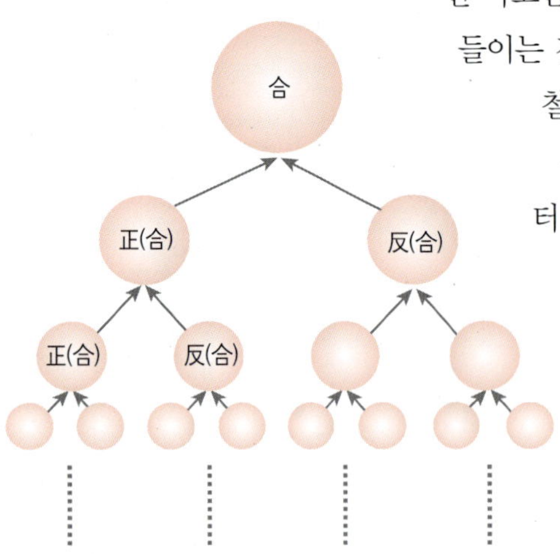

헤겔의 변증법

우 우수하고 사회물정에도 밝게 된다. 성인기의 인지능력에는 논리적 사고능력뿐만 아니라 현실적응 능력도 포함된다. 예를 들면, 건축가가 건물을 설계할 때에는 구조에 대해 논리적으로 분석하여 설계할 뿐만 아니라 비용, 환경 여건, 시간적 측면 등을 모두 고려하는 것과 같다.

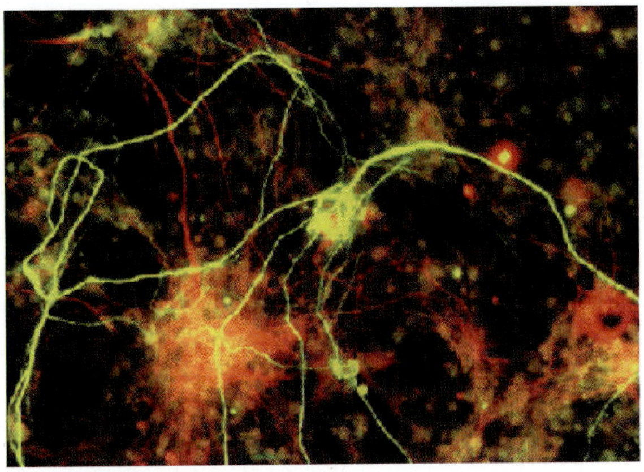
학습이 일어나는 시냅스

Perry(1970)는 성인기는 청년기의 사고와는 다른 중요한 변화가 일어난다고 믿는다. 그는 청년들의 사고는 흔히 흑백논리에 의해 좌우되지만, 그러나 성인이 되면 이원론적 사고에서 벗어나 다원론적 사고로 옮겨간다고 한다. Sinnott(1989) 또한 성인기에는 다차원의 세계와 복잡한 인간관계에 직면하면서 인지발달이 이루어진다고 믿는다. 성인들은 '진리' 또는 '진실'이라는 것을 주관적이고 상대적인 것으로 이해하게 된다. 즉 지식이란 절대적이고 고정불변의 것이 아니라 여러 개의 타당한 견해 중 하나일 수 있다는 사실을 이해하게 된다는 것이다. 이러한 견해는 성인기의 인지능력은 절대적인 것이 아니고 상대적이라는 Perry의 견해와 일치한다.

정서사회 발달 5

Erikson에 의하면, 성인 초기 성인들은 친밀감intimacy이 필요하며 이를 원하기 때문에 다른 사람과 정서적으로 깊은 관계를 맺기를 바란다. 친밀감은 비이기적인 방식으로 상호작용하는 것으로 타인을 이해하고 깊은 공감을 나누는 수용력에서 발달한다. 이 시기는 다른 사람에 대한 사랑과 보살핌을 넓혀가고 심화시키는 단계이다.

이 시기의 젊은이들은 자신의 정체를 추구하고 유지하면서 자신의 정체와 타인의 정체를 융화시키려 하고 또 기꺼이 그렇게 한다. 친밀감은 비록 커다란 희생이나 위험이 요구되더라도 자신을 구체적인 동반관계 속에 몰입하게 만드는 능력이며, 또한 이런 관계에 따르는 윤리적 감정을 발달시키는 능력이다(윤진, 1990). 이와 같은 희생과 양보가 요구되는 친밀한 관계를 이룰 수 있는 능력은 청년기에 획득되는 정체감에 의해 좌우된다. 즉, 정체감을 확립한 후에라야 다른 사람과의 성숙된 진정한 친밀감을 형성할 수 있다. 사회적으로 성숙한 사람들은 다른 사람과 효율적으로 의사소통할 수 있는 능력을 가지고 있으며, 다른 사람의 욕구에 민감하고 일반적으로 인간에 대한 포용력이 있다. 우정, 애정, 헌신 등은 성숙한 사람들에게서 훨씬 더 현저하게 나타난다(정옥분, 2008).

친밀감의 반대는 고립감 isolation이다. 고립감은 스스로 고립될 준비가 되어 있는 상태를 말한다. 때로 청년은 매우 자기몰두적이어서 자기가 누군지, 다른 사람의 눈에 어떻게 보이는지, 무엇이 될 것인지에 대하여 관심을 갖는다. 청년은 이성에게 매혹되어 사랑에 빠지기도 하지만, 이러한 애착은 대부분이 자기를 찾고자 하는 노력의 일환이다. 이성과의 상호작용에서 청년은 자신의 진정한 감정, 서로를 보는 관점, 자신의 미래계획, 희망, 그리고 기대에 관해 끊임없이 이야기함으로써 자신이 누구인지를 되찾으려 한다. 이렇듯, 청년은 자신이 누구인가 하는 문제에 너무 몰두하여 성인 초기의 과제인 친밀감을 획득하지 못할 수도 있다. 확고한 정체감을 가진 사람만이 타인과의 상호관계에 몰두할 수 있는데, 예를 들어 자신의 남성다움에 고민하는 청년은 훌륭한 연인이 될 수 없다. 왜냐하면 그는 너무 자기 의식적이고 자기가 어떻게 행동하고 있는지만 걱정함으로써 자신의 연애 상대에게 자유로이 그리고 부드럽게 몰두할 수 없기 때문이다. 진정한 상호관계를 이룩하지 못하게 되는 정도에 따라 고립감과 자기몰두 self-absorption를 경험하게 된다.

Erikson에 의하면 젊은 사람이 굳건한 정체감을 형성하기 전에 결혼을 한다면 이러한 결혼은 거의 성공하지 못한다고 한다. 이들은 배우자로서 또는 부모로서의 의무감은 많고, 자기 자신을 향상시킬 기회는 없다고 불평한다. 따라서, 배우자와 이혼하고 다른 배우자를 만난다고 해서 문제가 해결되는 것은 아니다. 이 시기의 젊은이에게 필요한 것은 진정한 자기 자신이 되기 전에는 타인과 친하게 지낼 수 없다는 사실을 인식하는 일이다. 진정한 친밀감은 두 사람이 생활의 모든 측면을 함께 나누며 서로를 개인으로 인정해 주며 서로의 발전을 위해 도움이 되는 것이다.

사랑과 배우자 선택 6

1) 남녀 간의 사랑

성인 초기는 두 남녀가 서로 사랑을 하고 결혼을 해서 가정을 이루며 자녀를 낳아 가족을 형성하는 시기이다. 가족은 사회를 이루는 기초 집단으로서 인간 발달의 과정에서 없어서는 안 될 중요한 요소이다. 오늘날 사회의 급속한 변화에 따라 가족의 기능이 축소되고 변하고 있지만, 아무리 사회가 발전한다 해도 가족의 기능을 완전히 대체할 만한 새로운 사회 조직은 없을 것이다. 가족을 형성하는 데 사랑이 매우 중요한 위치를 차지하기 때문이다. 사랑은 우리 인생에서 대단히 중요한 요소이며 배우자 선택과 결혼에서도 매우 중요한 역할을 한다. 배우자를 선택하고 결혼을 하는 과정은 이후의 인생의 행복을 결정짓는 가장 중요한 의사결정 과정이라고 할 수 있다.

Sternberg(1986)에 의하면 사랑은 따뜻한 면인 친밀감 intimacy, 뜨거운 면인 열정 passion, 차가운 면인 책임 commitment의 세 가지 구성요소가 있다. 친밀감은 타인과의 관계에서 서로 가깝다고 느끼는 따뜻한 정서적 속성으로 상호이해, 격의 없는 친밀한 대화, 무한한 정서적 지원 등을 포함한다. 열정은 사랑의 동기유발적 요소인 신체적 매력, 성적 욕망 등을 포함한 사랑을 느끼는 순간 나타나는 속성으로, 상대방을 흥분시키고 들뜨게 만들지만 시간이 지나 서로 익숙해지고 습관화되면 쉽게 사라지는 것으로 열정은 이성 간 사랑에서만 존재한다. 책임은 사랑의 인지적 요소로 이성 관계를 유지하기 위한 약속이자 사랑을 지속하겠다는 언약이다. 열정은 쉽게 나타나 사라지기도 하지만, 책임은 처음 만났을 때 무에서 시작하여 점점 가까워지게 되고 사랑이 지속되면서 정비례하며 커진다.

남녀 간의 사랑

Sternberg는 자신의 이론을 사랑의 삼각이론이라고 부른다. 이 이론에 따르면, 삼각형의 넓이는 사랑의 크기를 반영하며 그 크기는 세 요소가 균형 있게 증가할 때 최대한 커진다고 하였다. 만일 어떤 한 요소가 아무리 커도 다른 요소가 작으면 삼각형의 모양은 납작하고 면적이 작아진다. 사랑의 세 요소는 균형적으로 발달해야 풍성한 사랑이 되고 이들의 균형 잡힌 관계는 정삼각형으로 표시되지만, 불균형한 관계는 한쪽으로 치우친 삼각형이 된다. 그림 9-1 은 Sternberg의 사랑의 삼각형으로 친밀감, 열정, 책임의 정도에 따라 서로 어울리는 쌍과 어울리지 않는 쌍의 예를 나타낸 것이다. Ⓐ에서는 두 남녀의 친밀감, 열정, 책임의 수준이 비슷함을 알 수 있다. 따라서 이 두 남녀는 아주 잘 어울리는 쌍이다. Ⓑ는 비교적 잘 어울리는 경우이고 Ⓒ는 약간 어울리지 않는 쌍이다. Ⓓ는 전혀 어울리지 않는 경우로 남녀 모두 같은 정도의 책임수준을 보여주고 있지만, 여자가 남자보다 친밀감과 열정 수준이 훨씬 높다.

그림 9-1

Sternberg의 사랑의 삼각형

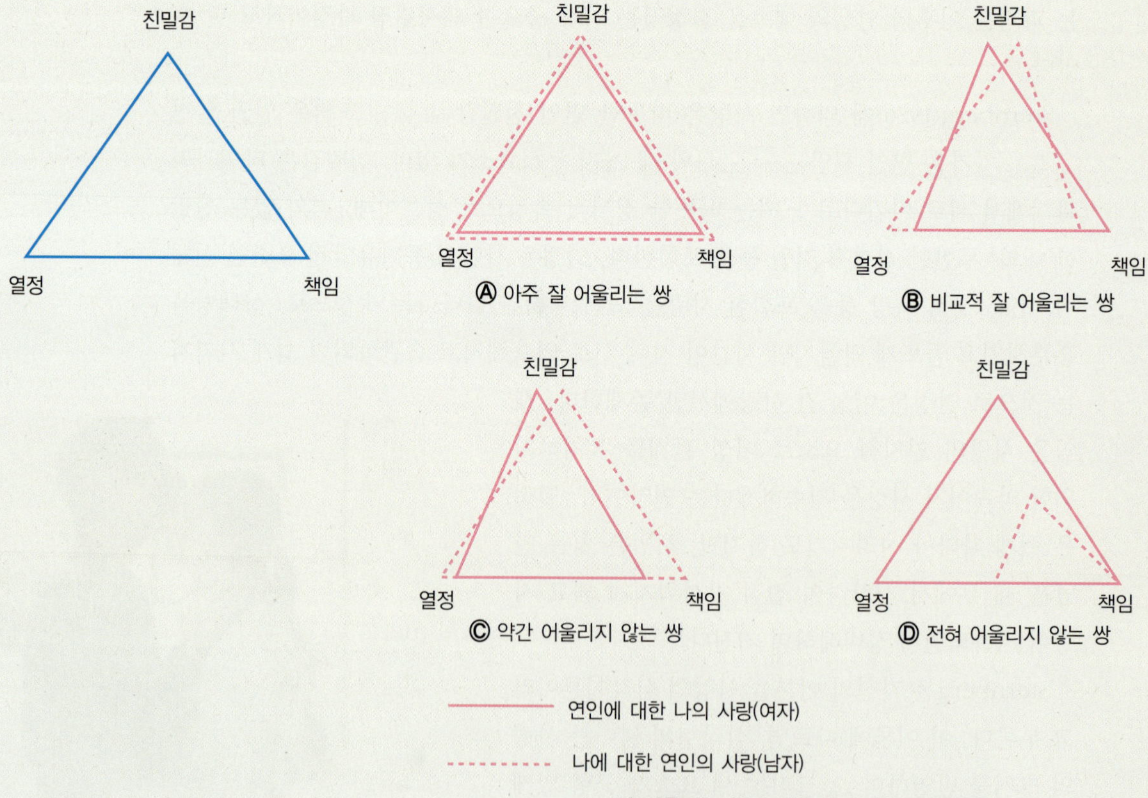

잘 어울리는 쌍과 어울리지 않는 쌍들의 예

출처 : Hyde, J. S., & DeLamater, J. (2000)

2) 배우자 선택

배우자 선택에서 이성교제는 중요한 역할을 할 뿐 아니라 인격의 정상적 발달에 영향을 준다. 성인 초기의 사람들은 이성교제를 통해 사랑의 본질과 기쁨을 알게 되며 상대방의 개성과 인격을 존중하고 예의에 벗어남이 없이 관심을 표현하면서 배우자 선택의 중요한 기회를 갖게 된다.

배우자 선택

배우자 선택의 과정을 일련의 여과과정으로 보는 심리학적 접근법이 있다. Kerchoff와 Davis(1962)는 배우자 선택이 단순히 사회적 배경의 유사성이나 보완욕구에 의해 결정되는 것이 아니라 일련의 여과망을 거치면서 이루어진다고 보았다. 이러한 관점을 보다 발전시켜 하나의 모형을 제시하고 있는 여과이론에 의하면, 두 사람의 관계에서 시작하여 결혼에 이르기까지 여섯 개의 여과망을 거치면서 대상이 좁혀져 배우자를 선택하게 된다. 첫째, 근접성 propinquity의 여과망이다. 모든 대상 가운데 지리적으로 가깝고, 만날 기회와 상호작용이 많은 사람들로 그 가능성이 제한된다. 둘째, 매력 attractiveness의 여과망을 통하여 상호 매력을 느끼고 끌리는 사람들로 그 대상을 좁힌다. 셋째, 사회적 배경 social background의 여과망을 통하여 인종, 연령, 종교, 직업, 교육수준 등의 사회적 배경이 유사한 사람들로 더욱 범위가 축소된다. 넷째, 상호일치 consensus의 여과망을 통하여 인생관이나 결혼관 등 주요 문제에 대하여 동일한 가치관이나 견해, 태도를 가진 사람들만 남게 된다. 다섯째, 상호보완 complementarity의 여과망인데, 이 망을 통하여 상호 간의 욕구와 필요를 충족시켜 줄 수 있고, 단점을 보완해 줄 수 있을 때 결혼의 가능성은 높아진다. 마지막으로, 결혼 준비상태 readiness for marriage의 여과망을 통과함으로써 비로소 결혼에 이르게 된다.

부부의 친밀감

이 이론을 잘 살펴보면, 여과망의 초기에는 유사한 특성이 보다 중요하게 작용하며, 후기로 갈수록 상호보완적인 요인의 영향을 크게 받는다는 것을 알 수 있다. 그러므로 유사한 사회적 특성을 갖지 못한 남녀는 초기에 관계가 형성되기 어렵고, 상호보완적인 요인을 갖지 못한 경우에는 궁극적으로 배우자로 선택되기 어렵다고 할 수 있다.

그림 9-2

배우자 선택의 여과이론

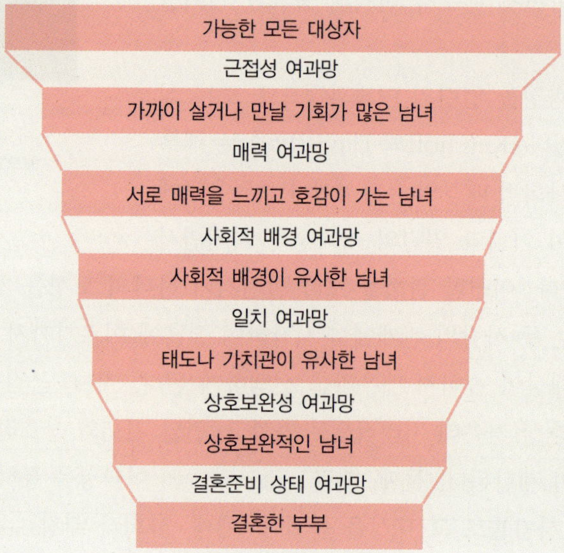

7 결혼적응과 가족관계

1) 결혼적응

결혼은 서로 다른 가정에서 자란 두 사람이 결혼을 통해 맺게 되는 비혈연적 관계로서, 매우 친밀하고 지속성 있는 인격적 관계이다. 일반적으로 부부관계는 가족관계에서 핵심적 역할을 담당하므로 원만하고 만족스러운 부부관계는 가족의 안정을 위한 필수 불가결한 요소이다. 부부가 상호작용하는 영역은 매우 다양하며 결혼과 더불어 새로운 부부관계를 형성하는 데 기초가 되는 요소는 역할과 경계의 설정, 의사소통, 친밀감, 부부의 성 sexuality을 들 수 있다. 전통적 성역할은 남편이 가장으로서 가족의 생계를 부양하고, 아내는 가사와 자녀양육의 책임을 맡는 것이다. 그러나 여성의 사회적 지위가 높아지고 맞벌이 부부가 많아지면서 점차 평등한 역할로 변화하고 있다.

대부분의 사람은 결혼 전부터 부부의 역할에 대해 나름대로의 규정을 내리고 있다. 그러나 실제로 결혼생활을 하다 보면 배우자의 특성과 두 사람의 주변 여건에 따라 이미 설정했던 부부의 역할을 수정해야 한다. 신혼기의 부부는 남편과 아내의 역할에 대해 타협하고 합의를 도출하는 과정이 요구된다.

성공적 부부관계를 형성하는 데 밑거름이 되는 중요한 요인으로는 결혼 초기에 효과적 의사소통 체계를 마련하는 일이다. 부부관계는 상이한 성장과정과 서로 다른 이해 및 관심을 지닌 두 사람의 결합이기 때문에 상호 갈등이 일어나기 쉽고, 부부갈등이 심화되면 논쟁이나 부부폭력 및 이혼으로 비화되는 경우가 많다. 결혼의 안정성에 커다란 영향을 미치는 부부의 갈등유형은 대체로 결혼 초기 2년 이내에 형성된다. 따라서 신혼기에 자신과 상대방의 욕구를 솔직하고 정확하게 표현하고, 직접적 의사소통을 통해 건강하게 갈등을 해결하는 관계로 발전시켜 나간다면, 안정적 결혼생활은 물론 친밀한 부부관계를 형성할 수 있다.

부부간의 친밀감은 결혼만족도를 향상시키며 궁극적으로 결혼의 안정성에 기여하는 요인이다. 결혼 초기에 부부간의 친밀감을 증진시키기 위해서는 상호 지지적이고 수용적인 태도와 함께 적절한 수준의 자기표출과 성생활을 통한 의사소통이 필요하다. 부부는 상호지지와 수용을 통해 상대방으로부터 배려받고 있다는 느낌을 갖게 되고, 이를 통해 자신의 가치를 확인할 수 있다. 또한 배우자에게 자신을 표출함으로써 서로의 생각과 감정을 공유할 수 있고, 성관계를 통해 상대방에 대한 애정을 전달할 수 있다. 그런데 결혼 초기의 부부들은 대개 정확한 성지식의 부족 탓에 성생활 적응에 어려움을 가질 수 있다. 부부의 성생활이란 일종의 의무적 행사가 아니라 상호이해와 친밀감을 확인하고 나눌 수 있을 때 보다 즐겁고 극적인 성적 쾌감의 보상을 받게 된다. 따라서 신혼기의 부부들은 성생활을 대화의 한 형태로 인식하고 감정을 공유하며 심리적으로 친밀해지려는 노력을 기울여야 한다.

2) 결혼만족도

결혼에 관한 연구에서 가장 흔히 다루어져 온 주제는 부부관계의 질 marital quality에 관한 것이다. 일반 성인들이 심리적인 도움을 요청하는 가장 흔한 이유 중의 하나가 결혼생활에서 겪는 곤란 때문이며, 가족의 핵심 체계인 부부체계의 기능이 부부 자신들뿐만 아니라 전체 가족 구성원의 신체적 · 정신적 건강에도 지대한 영향을 미친다는 점에서 부부관계의 질은 결혼만족도를 결정짓는 매우 중요한 요인이다.

부부관계 이론에 의하면 결혼만족도는 부부관계에서 주고받는 구체적인 행동으로 설명된다. 즉 관계 안에서 나누는 긍정적인 행동이 결혼관계를 강화시켜주며, 부정적인 행동이 결혼관계를 손상시킨다(Gottman, 1993). 대부분의 연구는 부부의 의사소통이나 갈등을 해결할 때의 부부 상호 간의 행동에 집중되어 왔으며, 이를 중심으로 부부관계의 질과 결혼의 해체 가능성 정도를 파악해 왔다. 부부간의 서로 다른 욕구와 의견 차이를 효과적으로 조정하고 해결하는 것은 성인 초기 결혼생활의 만족을 증진하는 중요한 요인이다. 실제로, 행복하고 만족스러운 결혼생활을 하는 부부들은 갈등을 해결할 때 효과적인 갈등해결 기술을 활용한다(장춘미, 2009).

건강한 관계를 유지하는 부부들에게는 효율적으로 갈등을 해결해 나가는 것 이상의 보다 근본적인 요인이 있다. Cutrona(1996)는 부부가 경험하는 스트레스 수준에 상관없이 상대방 배우자가 제공하는 지지 정도가 부부의 결혼만족 및 안정성과 직접적인 관련이 있다고 하였다. 부부간에 개인적인 어려움이 있을 때 서로 도움을 주고받는 관계는 결혼만족도가 높고 이혼가능성이 낮은 반면에, 그렇지 않은 경우 결혼생활은 악화되고 해체될 가능성이 높다(Pasch et al., 1998).

장춘미(2009) 연구에서도 부부관계 외적 요소보다는 부부관계 내적 요소 중 부부간의 상호 지지적 행동은 스트레스와 결혼만족도 간의 관계를 매개하는 중요한 요인으로 나타났다. 이러한 결과는 갈등해결기술뿐만 아니라 부부간의 지지적인 행동교환과 정서적 친밀감이 부부가 스트레스 사건을 함께 대처하고 결혼만족을 높이는 데 중요한 자원과 기술임을 시사한다.

3) 부모 되기

두 사람만 존재하던 가정에 아기가 탄생한다는 것은 이제 결혼한 두 사람에게 부모로서의 중요한 전환점이 될 수 있다. 두 사람만의 친밀한 관계로부터 무력하고 전적으로 의존적인 세 번째 인물을 포함하는 가족관계로의 전환은, 부부를 변화시키고 결혼생활을 극적으로 변화시키는 사건이 될 수 있다. 부모가 된다는 것은 개인의 인생에 갑작스럽고 철저한 변화를 요구한다. 한밤중에 일어나 젖을 먹이고 기저귀를 갈아야 하는 일 등으로, 결혼생활이 점점 덜 낭만적이 되고 보다 동반자적 관계로 되면서 애정표현과 대화가 줄어든다. 특히, 아이 돌보는 일의 대부분을 떠맡아 생활양식의 커다란 변화를 겪는 아내는, 남편보다 결혼만족도가 크게 낮아진다. 아이가 어릴수록 자녀양육에 더 많은 시간과 에너지가 필요하므로 이에 적절히 대처하는 방법을 습득해야 한다. 먼저 자신이 처해 있는 상황에 대해 긍정적 견해를 갖고, 다양한 역할 중 우선순위를 정하여 각 역할의 수행표준을 조절해야 한다. 예를 들어, 집안청소와 같이 우선순위에 뒤처지는 역할은 나중에 적당한 때 수행하는 방식으로 역할 긴장을 줄일 수 있다.

가족관계

부모자녀관계

직업선택과 직업만족 8

1) 직업선택

Super(1990)는 직업선택이 자아개념 발달과 밀접한 관계가 있으며, 자아개념은 연령과 더불어 변한다고 하였다. 그래서 Super의 이론은 직업선택의 발달이론으로 불린다. 청년기가 직업선택에서 결정적이기는 하지만 직업정체감 확립은 일생을 통해서 이루어지는 과정이다. Super에 의하면 직업선택은 모두 8단계의 발달과정을 거친다고 한다.

비눗방울 전문가

■ 결정화단계(crystallization)

이 단계는 청년초기에 해당하는데, 이때에는 직업에 관해 막연하고 일반적인 생각만을 가지게 된다. 그러다가 점차 확고한 정체감을 확립하게 되면서 직업정체감도 발달한다.

■ 구체화단계(specification)

이 단계는 청년후기에 해당하는데, 이때 청년들은 다양한 직업과 직업세계에 관해 더 많은 것을 알게 된다. 직업에 대한 생각을 보다 구체화하고, 하나의 직업을 선택한다는 것이 또 다른 가능성을 배제한다는 것을 인식하게 된다.

■ 실행단계(implementation)

이 단계는 20대 초반에 시작되는데, 이때에 성년들은 한두 개의 초보적인 직업을 시험해 보거나 전문 직종에 첫발을 들여놓는다. 실제로 직업세계와 직면하면서 최종적으로 어떤 직업을 선택하기 전에 마음을 바꾸는 경우도 있다.

■ 확립단계(establishment)

20대 후반의 성년들은 자신이 선택한 직업분야에서 발전을 하고, 이제 자신의 직업을 자아개념의 일부로 간주하기 시작한다.

■ 강화단계(consolidation)

확립단계에서 이루어진 전문지식이나 기술에 기초하여 30대 중반에 강화기로 옮겨간다. 자신의 분야에서 가능하면 더 빨리 더 높은 지위에 오르기 위해 노력한다.

■ 유지단계(maintenance)

40대 중반에 시작되는 유지단계에서는 자신의 직업분야에서 높은 지위를 획득하게 되고 전문가가 된다.

■ 쇠퇴단계(deceleration)

50대 후반에 쇠퇴기에 접어들면서 중년들은 이제 은퇴 시기가 얼마 남지 않았다는 사실을 깨닫기 시작한다. 일의 양은 줄이고, 신체적으로나 정서적으로 직업과 자신을 분리하기 시작한다. 직업에 지나치게 몰두해 있는 경우에는 이 단계에서 곤란을 겪는다.

■ 은퇴단계(retirement)

이 단계에서는 대부분이 직장에서 은퇴하고, 직업 외에 자신이 만족할 수 있는 새로운 역할을 찾게 된다.

2) 직업선택에 영향을 미치는 요인

직업선택에 영향을 미치는 요인으로는 부모의 영향, 사회경제적 지위, 지적 능력, 적성, 흥미, 성격 등이 있다. 부모는 자녀의 직업선택에 여러 가지 방법으로 영향을 미친다. 부모가 직접적으로 자신의 직업을 물려받기를 강요하거나 자신의 직업기술을 전수함으로써 자녀가 직업을 계승하도록 요구하기도 한다. 또한 유아기 때부터 자녀의 흥미나 활동을 격려하거나 제한함으로써, 간접적으로 자녀가 선택할 직업의 범위를 정해 주어 직업선택을 유도한다. 부모가 자녀의 직업에 대해 갖는 포부는 자녀가 직업에서 얼마나 성공하기를 원하는가 하는 성취동기와 관련이 있다. 지능이나 사회경제적 지위가 같을 경우, 부모의 포부 수준이 높을수록 자녀의 직업에 대한 포부 수준도 높게 나타났다(London & Greller, 1991). 한편, 직업선택에 미치는 부모 영향은 부정적인 면도 있다. 부모가 직업에 대한 역할모델을 제대로 수행하지 못하였거나 자신이 이루지 못한 것을 자녀에게 무리하게 기대함으로써 오히려 부담감을 안겨줄 우려가 있다.

직장인으로서 역할을 수행

사회경제적 지위는 직업에 대한 지식과 이해에 영향을 주어 중류층 부모는 노동자계층 부모보다 직업에 대한 안목이 넓어 자녀의 직업선택에 많은 조언을 해줄 수 있다. 대부분의 청소년은 부모의 직업과 비슷하거나 좀 더 높은 수준의 직업을 갖기를 희망한다. 개인의 지적 능력, 적성, 흥미 등도 직업선택에 영향을 미친다. 지적 능력은 개인의 의사결정 능력과 관계가 있어, 지적 능력이 높은 사람은 직업선택 시에 자신의 능력, 흥미, 특정 직업을 위한 훈련을 받을 기회 등을 고려하여 선택한다. 지능이 높은 사람은 포부 수준도 높으며 개인이 선택한 직업에서 성공할 확률도 높다 (Picou & Curry, 1973). 한편, 직업에 따라 요구되는 특별한 적성과 능력은 다르다. 때론 어떤 특정 직업에서의 성공 여부를 예측하기 위해 심리 적성검사를 실시하기도 하는데, 일반적으로 직업에 대한 흥미가 높을수록 그 분야에서 성공할 확률이 높다.

3) 직업만족도

스트레스를 해소하기 위한 요가

직업만족도는 직업의 여러 측면 중에서 가장 빈번한 연구주제가 되어 왔다. 성인기의 직업에 관한 많은 연구에서, 직업만족도는 성인 초기에 가장 낮고 연령이 증가하면서 은퇴 전까지 꾸준히 높아지는 것으로 나타났다. 성인기의 연령이 증가할수록 직업만족도가 높은 이유는 직업몰두 또는 참여도가 증가하며, 40~50대는 청소년기나 성인 초기에 비해 직업을 보다 진지하게 생각하고, 직업을 거의 전환하지 않고 현재의 직업을 은퇴까지 고수하려는 경향이 있기 때문이다.

대부분의 직장에서 스트레스는 상사나 부하직원, 동료와의 갈등과 같은 인간관계에서 유발된다. 직장에서의 압력은 분노를 통해 즉각적으로 표현하기보다는 감정을 내적으로 인내해야 한다.

여성의 경우는, 가정일과 직장 일을 병행해야 하는 과중한 부담이 스트레스의 근원이며, 성희롱은 최근에 와서 주목받고 있는 스트레스원이다. 직장동료나 특히 직장상사로부터의 성희롱은 심리적 압박감을 초래한다. 그러나 이성으로부터의 어떤 행위가 성희롱인지 혹은 정상적 행위인지를 구별하기 힘들 때가 종종 있다. 우리나라에서는 직장 내 성희롱의 자기개념을 남녀고용평등법 제2조 제2항에서 '직장 내 성희롱이라 함은 사업주, 상급자 또는 근로자 직장 내의 지위를 이용하여 업무와 관련시켜 다른 근로자에게 성적인 언어나 행동을 표현하거나 이를 조건으로 고용상의 불이익이나 성적 굴욕감을 유발하게 하여 고용환경을 악화시키는 것' 이라고 정의하고 있다.

직업만족도가 낮은 경우는 종종 직업상의 스트레스 때문인 경우가 많은데, 특히 소진 burnout이라고 일컫는 스트레스는 신체적 · 정신적 피로가 누적되어 자신의 직업

우울증

에서 더 이상 아무것도 성취할 수 없다는 느낌이 드는 것으로 주로 의료업, 교직, 사회복지 등의 봉사직에 종사하는 사람에게서 많이 나타난다. 사람들은 자신의 직업에 많은 노력을 하고 최선을 다했으나 바람직한 목표를 달성하지 못하고 정당한 보상도 받지 못한다고 느낄 때 분노와 좌절을 경험한다. 소진은 갑작스러운 위기와 관련된 스트레스보다는 장기간에 걸친 작업에 대한 스트레스 반응으로 피로, 불면증, 무력감, 부정적 자아개념, 두통, 만성감기, 위장장애, 음주나 약물남용 등의 증상을 나타내며, 다른 사람과 원만하게 지내지 못하고 갑자기 직장을 그만두거나 가족과 친구를 멀리하며 우울증에 걸리기도 한다(Maslach & Jackson, 1985). 스트레스에 의한 소진은 직업의 전환을 시도하거나 목표를 다시 설정하고, 시간을 효율적으로 관리하고, 개인의 사생활과 직업생활을 엄격하게 분리함으로써 사전에 예방할 수 있다.

DISCUSSION POINTS

토의요점

01 | 성인기로의 진입기 단계에 있는 사람들이 실생활에서 부딪히게 되는 구체적인 현실문제들에 대해 토론해 봅시다.

02 | 성인 초기의 정서 · 사회발달의 주제는 '친밀감 : 고립감'이다. 친밀감을 형성한 사람과 고립감을 형성한 사람들의 생활태도에 대해 토론해 봅시다.

03 | 성인 초기 결혼적응과 결혼만족도에 영향을 미치는 다양한 요인에 대해 논의해 봅시다.

Chapter 10

성인 중기

성인 중기, 즉 중년기는 인생을 살아가는 데 여러 가지 역할을 수행하며 다양한 경험을 하는 시기이다. 자신의 직업적 역할에서는 대체로 정점에 도달하는 시기이며, 지적 기능의 감퇴가 일어나기는 하지만 지혜의 발달로 중년의 삶이 보다 풍요로워질 수 있다. 또한 의학의 발달과 건강에 대한 관심 증대로 대체로 좋은 건강 상태를 유지하나, 이 시기에 나타나는 신체상의 변화로 여러 가지 부정적 감정을 겪을 수 있다. 그리고 가족 내에서는 노부모와 자녀 세대 사이의 중간세대로 그 어느 시기보다 책임감과 부담감이 가중되는 시기이다. 따라서 본 장에서는 중년기 발달에 대해 올바로 이해하고 중년기에 직면할 수 있는 다양한 문제들을 점검하며 이에 대처하는 능력을 가질 수 있도록 한다.

Chapter

10 성인 중기

성인 중기의 발달과업 1

성인 중기는 삶의 관점이나 가치관을 비롯해 인생목표, 역할행동, 중요한 대상과의 관계 등에서 다양한 변화가 일어나는 중요한 시기로, 성인 중기를 명확하게 구분하는 것은 쉽지 않다. 관련 연구들에 의하면, 첫 번째는 가족생활주기만을 적용하여 중년기를 구분하는 방법으로 막내 자녀의 독립부터 자신의 은퇴까지의 시기로서, 보통 진수기 launching period, 빈둥지 시기 empty nest 등으로 언급된다. 두 번째는 생활연령만을 기준으로 중년기를 구분하는 가장 보편적이고 일반적인 방법으로서, 중년기의 시작과 끝을 명확하게 규정하는 것이 어렵기 때문에 35~60세를 중년기로 보는 시각이다. 세 번째 방법은 연령과 가족생활주기를 동시에 고려하는 방법으로서 40~59세(60세)에 속하면서 막내 자녀가 중학교 이상에 재학 중인 경우를 중년기로 구분하기도 한다(고기숙, 2003).

Levinson(1978)의 '인생계절론'에서는 개인의 인생주기를 계절의 개념으로 설명하는데, 인생주기에는 아동기와 청년기, 성년기, 중년기, 노년기 등 질적으로 다른 네 개의 계절이 존재한다. 각 계절은 독특한 특성이 있기 때문에 전체 인생에 독자적으로 기여하며, 인생계절론을 통해 세월이 흐르면서 신체적 감퇴와 그로 인한 공허감이 증가함에도 불구하고 개인이 보다 원숙함에 도달할 수 있는 시기가 바로 중년기 이후부터이다.

Levinson이 제시하는 중년기의 주요 발달과업을 소개하면 표 10-1 과 같다.

표 10-1 / Levinson(1978)이 제시하는 중년기의 발달과업

발달단계	연령	과업
중년기 전환기	40~45세	성인 초기와 중기 사이의 교량역할을 하는 시기로, 지난 시절의 삶에 대한 의문이 생기면서 자신의 삶의 가치와 스스로 추구해 오던 목표에 대한 재평가를 시도한다. 이 단계의 위기는 개인적인 영역을 넘어서 타인과의 관계로 자신을 확장할 때 극복된다.
중년기로의 진입	45~50세	자신의 삶의 새로운 구조를 형성하기 위해 노력하는 시기이다. 가족관계 재정립 및 직업영역에서 재조정을 어떻게 하는지가 다음 단계에 영향을 미친다.
50세 전환기	50~55세	50세 전환기는 중년기에서 또 한 번의 위기를 경험한다. 만약 중년기 전환기에서 위기가 없었다면 이 단계에 위기가 올 가능성이 있다.
중년기의 절정기	55~60세	중년기를 마무리하는 안정된 단계이다. 만약 자신과 자신의 역할 변화에 성공적인 적응을 했다면 만족스러운 시기가 된다.

한편 Jung(1969)에 의하면, 중년기 성인의 주요 과제는 진정한 자기self가 되어 내부세계를 형성하고 자기의 정체성을 확장하는 것으로서(이부영, 1998), 자신의 독특한 개성과 창조력을 발견하여 생의 의미와 목적을 분명히 설정하는 것이 필요하다. 중년기 성인의 발달과업에 대해 Havighurst(1972)는 자신의 생리적 변화들을 받아들이고, 배우자와 친밀한 유대관계를 형성하며, 10대 자녀가 책임감 있는 행복한 성인이 될 수 있도록 도와주고, 노년기 부모에게 적응하며, 시민의 의무와 사회적 책임을 다하고, 여가활동을 개발하는 것이라고 설명하였다. 중년기의 발달과업을 잘 완수하면 인생을 바라보는 폭넓은 관점으로 더 성숙해지고, 이후에 전개되는 노년기를 보다 더 행복하게 영위할 수 있게 된다.

2 신체발달

성인 중기가 되면 외모를 비롯하여 감각기능, 신체 내부기능 및 생식기능에서 노화의 증후들이 나타나기 시작한다.

1) 외모

중년기의 외적인 모습은 성인기 때와는 상당히 다르다. 중년기에는 심리적으로 늙었다고 느끼지 않더라도 거울 속에 비친 자신의 외적 모습을 보고 놀라는 경우가 빈번하게 발생한다. 외모의 의미는 개인의 신체적 자아와 밀접한 연관이 있다. 외모의 변화는 신장과 체중에서 가장 현저하게 나타나는데, 신장은 45세경에 이르면 감소하기 시작하나, 그 변화를 거의 지각하지 못한다. 체중에서의 변화는 쉽게 알아볼 수 있으며 이에 대해 민감하게 반응하기도 한다.

한편 중년기 동안의 신체적 기능과 건강은 성인 초기의 절정수준은 아니지만 대체로 좋은 편이다. 대부분의 사람은 생식 및 성적능력에서의 변화(여성의 폐경기 및 남성의 갱년기)를 무난히 받아들이지만, 신체적 매력의 쇠퇴에 대해서는 약간의 불안을 느낀다(정옥분, 2001). 특히 신체적 매력에 큰 비중을 두는 여성들에게는 중년기가 어려운 시기가 될 수도 있다.

이 시기에 나타나는 신체 변화는 피부 탄력성이 떨어지고, 눈 가장자리와 이마에 주름이 생기기 시작한다. 또한 머리카락의 양도 감소하고 흰머리도 많아지며, 관절의 유연성이 떨어지고 잇몸이 점점 마모되며, 눈썹이나 코의 체모가 보다 억세어지는 변화를 경험한다. 따라서 중년기 성인들은 이러한 외모의 변화에 적극적으로 대처하고 젊어지기 위해 열심히 운동하고 체중 감소를 위해 노력하며, 머리카락을 염색하거나 성형수술 등을 통해 젊음을 유지하고자 한다.

2) 감각기능

물리적 환경에 대한 감각적 기능은 전체 노화과정에서 매우 중요한 측면이다. 사람이 지각하고 느끼는 것은 인간의 전반적인 행동과 성격에 영향을 주므로, 감각적 결함으로 인해 다양한 지각적 정보를 처리할 수 없을 때는 개인의 자아개념이 손상되기 쉽다(김혜선 · 유안진, 2005).

시각의 변화에 대해 살펴보면, 40세까지 비교적 일정하게 시각이 유지되다가 40대 중반부터 점점 원시성 시각으로 변하기 시작한다. 성인 중기부터 수정체의 탄력성이 감소하게 되는데, 이러한 감소는 사물에 초점을 맞추고 망막에 상을 유지하는 조절능력의 저하를 가져온다. 조절능력의 저하는 40~59세에 가장 급격하게 나타나서 중년기 성인은 가까운 물체를 잘 보지 못하게 된다.

청각의 변화는 높은 소리에 대한 민감성이 먼저 감소하고, 낮은 소리에 대한 민감성은 성인 중기까지 감퇴하지 않는다. 사람들은 시력이 나빠지는 것은 금방 알아차리지만, 청력의 점진적 상실은 잘 감지하지 못한다. 미각은 50세경부터 감소하기 시작하지만, 성인 후기에 이를 때까지는 그 변화가 크지 않다. 후각 역시 중년기까지는 별다른 변화를 보이지 않는 기본적인 감각으로서, 노년기에 이르러서야 다소의 쇠퇴를 보인다.

3) 신체 내부기관의 기능

성인 중기가 되면서 중요한 신체 내부기관들의 효율성은 점차적으로 감소한다. 즉 신체 내부기관은 눈에 보이지 않는 노화의 증상을 나타낸다. 이는 신체 내부에서 발생하는 퇴행성 변화이다. 성인 중기가 되면서 성인병과 만성질환의 발병률이 높아지고, 뇌졸중이나 심장발작 등의 가능성도 증가한다.

또한 많은 중년기 성인은 혈압이 증가하고 이 시기에 동맥경화가 시작되는데, 이것은 심장으로부터 혈액을 공급받아 신체 각 부위로 전달하는 대동맥이 탄력성을 잃기 때문이다. 호흡기 계통의 효율성은 눈에 띄게 떨어진다. 즉 최대 호흡량, 폐용량, 기본적 산소 소모량 등이 감소한다. 소화기 계통은 연령이 증가하면서 소화액의 생성이 감소하고, 소화기 계통의 내용물을 아래쪽으로 밀어주는 수축운동인 연동운동이 약화되는 변화를 보여 전반적인 건강에 영향을 미친다. 또한 연령이 증가함에 따라 비뇨기 계통의 효율성이 떨어지므로 신장 내의 세포 수가 감소하여 체내로부터의 독소와 찌꺼기의 배설작용이 원활하게 이루어지지 못한다. 게다가 방광은 탄력성이 줄어들어 노인의 방광은 그 용량이 젊은 성인의 1/2도 안 된다. 일반적으로 남성 노인의 비뇨기 문제는 전립선의 확대로 인한 잦은 배뇨이다(정옥분, 2001).

이 시기의 대표적인 만성질환으로는 암, 관절염, 간경변증, 고혈압 및 골다공증 등이 있다. 특히 많은 여성 노인이 고생하는 골다공증을 일으키는 뼈의 상실은 30대 후반에 시작하여 50대에 가속화되며 이후 70대까지 점차 느려진다.

골다공증 osteoporosis은 뼈의 밀도가 떨어져서 뼛속에 작은 구멍들이 많이 생기고 푸석푸석해지는 것을 말하며, 이로 인해 골절이 일어날 가능성이 크다. 골다공증으로 인해 발생하는 가장 큰 문제는, 미끄러지거나 넘어져서 뼈가 부러지면 치료가 어렵다는 것이다. 따라서 중년기에는 골밀도 검사를 통해 골다공증을 확인하는 것이 중요하다. 골밀도 감소는 남성과 여성 모두 30세경에 시작되나, 특히 여성의 경우에는 폐경기를 거치면서 뼈를 구성하는 성분이 감소함에 따라 가벼운 충격에도 쉽게 뼈가 부러질 수 있다. 골다공증은 여성이 남성보다 그 위험도가 높으며, 특히 마른 여성, 흡연 여성, 폐경이 빠른 여성, 칼슘섭취가 부족한 여성, 운동을 하지 않는 여성에게서 흔히 나타난다. 골다공증 예방을 위해 걷기나 조깅과 같은 운동이 권장되며, 흡연을 삼가고 폐경기 이전에 칼슘을 보충하는 것이 도움이 된다.

4) 갱년기

갱년기 climacteric란 노화에 기인된 신체적 · 생리적 장애를 경험하는 시기로서, 노년기로의 이행기를 말한다. 중년 여성에게 갱년기는 인생의 전환점으로 발달적 위기를 가져올 수 있다(Bernhard & Sheppard, 1993). 일반적으로 남성의 갱년기 과정이 보다 미묘하고 점진적이어서 여성과는 차이를 보인다.

(1) 여성의 갱년기

여성에게 중년기는 갱년기를 보내는 시기로 신체적인 노화와 함께 폐경이 일어나 생식능력을 상실하는 시기이다. 우리는 자주 여성의 폐경기와 갱년기를 동일한 개념으로 생각하지만, 갱년기와 폐경기는 엄연히 다른 개념이다. 갱년기란 여성의 경우 폐경 전 생식이 가능한 상태에서부터 폐경 후 생식능력이 상실된 상태로 변화되는 시기 전체를 말한다. 반면 폐경기는 월경이 최종적으로 정지된 시기를 의미하기 때문에, 시간적으로 갱년기의 중간에 해당하는 시기이다(장휘숙, 2006). 즉 여성의 갱년기는 난포호르몬의 분비 감소와 더불어 배란, 월경 등 생식 기능을 위한 생리현상이 불규칙해지는 내분비적 혼란시기로부터 폐경이 되어 생식 능력을 상실한 후 다시 안정을 찾을 때까지의 기간을 의미한다.

특히 우리나라 여성의 갱년기는 평균 폐경 연령인 48세를 전후해 5~10년이다. 난소의 기능이 점차 저하되고 여성호르몬인 에스트로겐 분비량이 감소하면서 폐경이 찾아온다. 이때부터 신체적, 심리적으로 여러 갱년기 증상이 나타난다. 폐경의 증상으로는 안면홍조, 야간발한, 두통, 관절통, 요실금, 성교통, 어지럼증, 불안, 과민성, 기억력 감퇴 등과 같은 여러 신체적 변화가 나타나는데, 이 때문에 중년 여성의 85%가 불편감을 호소하고, 그중 50%는 병원을 찾게 되며 15%는 치료를 받아야 할 수준으로 보고되고 있다(김애경, 2008). 폐경 관련 증상은 폐경을 전후한 에스트로겐 결핍과 관련된 내분비계 변화뿐 아니라, 사회문화 · 심리적 요인들이 노화과정에 영향을 미치므로 여성의 삶에 있어 폐경은 독특한 경험이고 문화마다 상이하게 받아들인다(정영목, 1995). 즉 노화에 대한 사회적 태도가 폐경기 여성의 생물학적 변화에 대한 적응과 심리적 복지감에 영향을 미친다고 할 수 있다.

폐경은 성인 중기의 여성에게 중요한 상징적 사건임이 분명하지만, 폐경을 경험한 대부분의 여성은 폐경으로 인한 생활의 변화를 거의 경험하지 않았거나 폐경이 자신의 인생에 별다른 영향을 미치지 않는 것으로 보고하고 있다. 반면, 일부 여성은 삶이 예전보다 더 좋아졌다고 한다(Unger & Crawford, 1992). 즉, 대부분의 여성은 폐경기 이후에도 성공적인 부부생활이 가능하며 여성의 특성을 계속 유지할 수 있다. 더욱이 성공적으로 자녀를 양육하고 개인적 성취감을 이룬 여성의 폐경기는 보다 새롭고 광범위하며 공동체 지향적인 과업에 에너지를 투자할 수 있는 시작의 시기를 의미하는 반면, 생산성을 확립하지 못하고 자녀만이 자기충족의 유일한 수단이라고 믿어왔던 경우에는 자아 침체를 경험하기도 한다(장휘숙, 2007). 이런 여성들의 차이는 폐경에 대한 여성 개인의 태도에 중요한 영향을 미침을 의미한다.

폐경에 대한 대처에는 50세 전후에 급감하는 여성호르몬을 보충해 주는 방법이 있다. 그러나 50~79세의 건강한 폐경기 여성 16만 명을 대상으로 수년간에 걸쳐 여성호르몬(에스트로겐과 프로게스틴)을 투여한 대규모 임상시험 결과에 의하면, 이 치료가 오히려 심혈관 질환, 뇌졸중, 유방암, 치매 등을 증가시키는 것으로 나타났다(한국경제 2009. 11.29.). 즉 폐경기 증후군에 대한 호르몬요법은 증상을 없애는 데 매우 중요한 치료 방법이지만, 여러 부작용의 가능성도 있음을 고려해야 한다. 증상이 심한 경우 호르몬요법이 가장 효과적이지만, 생활 속에서 스트레스를 줄이고 적극적인 활동 및 운동을 함으로써 극복하는 것이 더 중요하다. 다시 말하여, 주기적인 운동과 적극적인 사회봉사 활동 등을 한다면 폐경기 증후군을 극복할 수 있을 뿐 아니라, 이차적으로는 불면증을 줄이고 심장혈관 질환에 의한 합병증도 줄일 수 있다.

중년기에 자원봉사하는 여성들이 점차 증가하고 있다.

출처 : 서초구 건강가정지원센터 사랑의 손뜨개 봉사단

(2) 남성의 갱년기

남성의 생식체계 및 그 밖의 신체체계와 관련된 생리 · 정서 · 심리적인 변화가 나타나는 남성의 갱년기는 일반적으로 여성의 갱년기보다 10년 정도 늦게 시작된다. 남성은 40대 중반~50대 초반이 되면 젊었을 때에 비해 상대적으로 남성호르몬 결핍 상태에 놓이게 되는데, 이에 따라 여성에 비해서는 경미하지만 갱년기 증상이 나타난다. 남성의 경우는 30대부터 혈청 남성호르몬 수치가 해마다 1씩 지속적으로 서서히 감소하므로 개인차는 있으나 40대 중반 이후부터는 젊었을 때에 비해 상대적으로 남성호르몬 결핍 상태가 되는데, 이를 남성 갱년기 male climacteric라고 한다.

전신증상으로 피로감, 무감정, 소화장애, 식욕부진, 발한, 구갈 등을 비롯하여 순환기 장애로 현기증, 안면홍조, 열감증, 심계항진, 관절통, 혈압상승 등이 나타나며, 신경증상으로는 신경과민, 기억력 감퇴, 우울증, 정신집중력 상실, 불면증, 강박관념, 두통, 하복통, 요통, 이명 등이 나타난다. 또한 갱년기 남성들은 성기능과 배뇨기능의 약화로 우울증에 빠지기도 하며, 이러한 것들이 갱년기 증상을 더욱 악화시킬 수도 있다. 남자에게는 여성의 폐경기와 비교될 만한 정서적인 변화를 일으키는 갑작스런 생물학적인 사건은 없다. 그러나 남자도 여성이 폐경기에 느끼는 감정과 유사한 감정들(예: 우울, 불안, 짜증, 피로, 자신에 대한 연민 및 인생에 대한 전반적인 불행감 등)을 다소 겪는다(Conway, 1978).

이에 대해 Chiriboga(1997)는 중년기 남녀가 가장 스트레스를 많이 느끼고 있는 영역이 '건강'이라고 하면서, 중년 남성의 경우 일반적으로 여성보다 건강에 대한 염려가 더 많다고 하였다(이은아 · 정혜정, 2007 재인용). 또한 남성의 갱년기 증상은 호르몬 변화보다는 감소하는 신체적 에너지와 함께 가정이나 직장의 스트레스 등에 기인한 심리적 적응문제와 더 큰 관련이 있다(장휘숙, 2007).

남과 여, 중년의 우울증 이겨내기

건강보험심사평가원이 2009년부터 지난해까지 건강보험 심사 결정 자료를 분석한 결과, 우울증 진료인원은 2009년 55만 6000명에서 지난해 66만5000명으로 5년간 19.6%(10만9000명)나 증가했다. 연령대별 진료인원은 70대 이상이 22.2%로 가장 높았고, 50대 21.0%와 60대 17.5%가 뒤를 이었다.

70대 우울증 환자는 5년 동안 5만3552명이 급증했고, 50대도 3만5013명 증가했다. 인구 고령화에 따른 만성질환과 베이비부머 세대인 50대 진입의 영향으로 분석됐다. 40대 이상 여성 진료인원은 전체 진료인원의 절반 이상인 53.5%를 차지했다. 폐경과 성장한 자녀들의 독립 등으로 인해 느끼는 심리적 허무감이 우울증의 원인으로 풀이된다.

우울증은 생물학적으로는 세로토닌, 노르에피네프린, 도파민 등 신경전달물질이 부족해 나타나는 질환이지만 사회심리적 요인 등 다양한 원인이 복합적으로 작용해 야기된다. 40~60대 중년 시기의 우울증은 주로 사회경제적 위치와 신체적 증상이 변하면서 생긴다.

중년 남성은 은퇴기, 중년 여성은 폐경기에 우울증

남성은 만 55~65세에 직장에서 은퇴하면서 가장으로서 권위를 상실했다는 생각에 침울해진다. 정신분석가 카를 융은 '상승정지 증후군(Rising stop syndrome)'이란 용어로 중년 남성의 변화를 설명했다. 사회적 성공을 위해 매진하다가 어느덧 더 이상 올라갈 곳이 없음을 깨닫게 된 중년 남성들이 우울증을 겪을 수 있다는 것이다.

여성은 만 45~55세 폐경기에 성호르몬 저하에 따른 증상으로 우울증이 잘 생긴다. 혼신의 힘을 다해 남편과 아이를 위해 희생한 뒤 찾아오는 '빈둥지 증후군(Empty Nest Syndrome)'도 중년 여성의 우울증으로 발전한다.

우울증은 주요우울증, 기분부전증, 계절성 정동장애, 양극성 우울증(조울증에서의 우울 현상) 등 다양한 형태로 나타난다. 증상으로는 우울증 환자의 80% 정도가 수면장애를 겪고 식욕이 감퇴되거나 비정상적으로 식욕이 증진되기도 한다. 불안증상도 흔하게 동반되며, 피로감을 쉽게 느낀다. 또 자신에 대해 무가치함을 호소하거나 지나친 죄책감을 가진다. 성기능 장애도 올 수 있다.

중년 남성의 우울증은 일반적인 우울증과 달리 자신이 우울하다는 것을 잘 느끼지 못할 뿐 아니라 감정을 드러내는 것에 익숙하지 않아 무기력함, 의욕 및 기력 저하 등을 보인다. 중년 여성의 경우 폐경기 증상의 일환으로 안면홍조, 열감 등이 나타난다. 특히 40대 주부에겐 화병이 많이 생긴다. 가슴이 답답하고 속에서 열이 치밀어 오르는 증상을 보인다.

우울증이 있는 중년의 경우 경제적인 손실이나 실직 그리고 남편의 사회적인 성공과 자녀들의 성장 후에 느끼는 상대적인 초라함 등에 의해서도 계절성 우울증이 생길 수 있다. 여성이 감성적으로 주변 환경에 민감한 편이며 혼자 있는 시간이 많은 중년층 이상의 주부에서 우울증이 잘 발생한다.

Guide | 정신과 전문의가 조언하는 우울증 예방법

본인 스스로 일상생활에서 우울증을 예방하는 습관을 실천할 수 있다. 임세원 강북삼성병원 정신과 전문의에게 생활 속 우울증 예방법에 대해 들었다. "가장 좋은 방법은 운동을 통해 신체활동을 늘리는 것입니다. 운동이라고 해도 기분전환의 목적으로 하느냐, 우울 극복에 도움이 되는 실효성 목적으로 하느냐가 중요하죠. 병을 고치기 위해선 약에도 적정 용량이 필요하듯이 우울증 예방에 도움이 되는 운동도 적정량이 필요합니다. 적정 운동량에 대해서는 여러 가지 연구결과가 나와 있는데 미국 예방의학회지(2005년)에 실린 던 박사 등의 연구에 따르면 통상 20km를 주 3~5회로 나눠 뛰는 것을 권합니다. 주 3회를 뛴다면 한 번에 7km, 5회 뛴다면 4km가 적당해요. 뛰기 힘들다면 걷는 것도 좋습니다. 90분씩 주 3회가 적절해요. 주 5회 걷는다면 한 번에 50분 정도, 매일 걷는다면 40분 정도입니다. 이렇게 꾸준히 해야 우울증 예방이나 개선 효과를 볼 수 있습니다."

◇ 내가 혹시 우울증? (자료: 강북삼성병원)

임상적으로 최소한 2주의 기간 동안 다음 9가지 중 5개 이상의 증상이 나타나며 원래 가지고 있는 기능이 떨어지는 경우 우울증을 생각해볼 수 있다.

1. 거의 하루 종일 우울한 기분이다.
2. 거의 매일 모든 것에 대한 흥미가 눈에 띄게 사라진다.
3. 식이요법을 하지 않는데도 체중이 줄거나 또는 늘어난다.
4. 거의 매일 불면증이나 수면 과다에 빠진다.
5. 안절부절못하거나 행동이 느려진다.
6. 거의 매일 피로감 또는 에너지 상실을 경험한다.

7. 자기 자신이 무가치하다는 생각에서 벗어날 수 없다.
8. 집중력이 감퇴하고 어떤 결정도 내리기 어렵다.
9. 죽음에 대해 계속 생각하고 자살의 유혹을 느낀다.

◇ **우울증을 예방할 수 있는 생활습관**(자료: 보건복지부)
- 긍정적인 생각을 가진다.
- 운동하는 습관을 갖는다.
- 규칙적이고 균형 잡힌 식습관을 가진다.
- 알코올은 우울증 치료의 적이므로 반드시 피한다.
- 명상과 요가, 이완요법이 도움이 된다.
- 낮잠을 30분 이내로 하고 침대는 잠을 자는 용도로만 사용한다.

출처: 아시아투데이(2014.11.28)

인지발달 3

인간의 지적능력 관련 연구들에 의하면, 성인 중기 이후에 지적 감퇴가 시작되며 그것은 노화의 불가피한 결과라고 주장한다. 그러나 일부 연구자들은 연령 증가에 따른 지적 기능의 감퇴는 지나치게 과장된 것이며, 감퇴가 일어나더라도 지적 기능의 일부 영역에서만 일어난다고 한다.

1) 성인기 지능 연구

성인기 지능에 관한 연구를 횡단적 연구 결과에 근거하여 살펴보면, 가장 높은 점수를 얻은 사람은 청소년 또는 젊은 성인들이며, 더 나이 많은 연령 집단은 더 낮은 점수를 얻었다. 지금까지 연구된 지능에 관한 횡단적 연구결과들은 일관성 있게 20대 후반이나 30대 초반에서부터 지능점수의 감퇴가 시작된다고 보고한다. 그러나 이러한 연구결과들은 횡단적 연구방법의 한계로, 같은 시대에 태어나 같은 역사적 환경에서 성장함으로써 나타나는 출생동시집단효과cohort effects를 고려하지 못한다는 문제점을 가지고 있다. 즉 지적 과업 수행에는 교육수준이 매우 중요한 영향을 미치는데, 세대 간의 상이한 교육수준의 차이가 이러한 결과를 초래하였음을 의미한다.

이에 반해 Schaie(1994)의 종단적 연구 결과에 의하면, 연령 증가에 따른 감퇴현상이 나타나지 않았다. Schaie의 종단연구 결과에서는 대부분의 지적능력이 60세 이전까지는 감퇴의 증후를 나타내지 않으며 연령보다는 출생동시집단효과가 지적 기능의 감퇴에 더 큰 영향을 주는 것으로 보고하고 있다(장휘숙, 2007 재인용).

2) 지능검사 점수의 변화

일반적으로 많이 사용하는 웩슬러 성인지능검사Wechsler Adult Intelligence Scale : WAIS는 언어성 검사와 동작성 검사로 구성되어 있다. 언어성 지능은 거의 70대까지 증가하거나 큰 변화가 없는 반면, 동작성 지능은 더 일찍 감퇴하는 것으로 나타났다(Busse & Maddox, 1985). 신경계의 기능과 같은 기초적인 생리적 메커니즘에 의존하는 능력들은 연령과 함께 감소하는 반면, 경험에 더 많이 의존하는 능력들은 연령이 증가하여도 그대로 유지되거나 오히려 증가하기도 한다.

Cattell(1963)과 Horn(1982)은 유동성 지능fluid intelligence과 결정성 지능crystallized intelligence에 대해 다음과 같이 설명하였다. 유동성 지능은 유전적 요인에 의해 결정되는 지적 능력으로, 뇌신경의 성숙에 의해 발달하며 뇌세포의 손상과 쇠퇴에 의해 감퇴하는 지능이다. 유동성 지능은 정보를 지각하고 조작하는 능력으로 처리 속도, 개념의 관계성을 파악하거나 추론에 중요한 역할을 하는 융통성과 적응력으로 구성되어 있다. 결정성 지능은 특정 문화 속에서 인생 경험과 교육을 통하여 획득한 지식을 말하며, 언어이해력과 어휘력 등과 같이 학습한 기술이나 지식으로 구성된다. 발달적 차원에서 살펴보면, 유동성 지능과 결정성 지능은 발달하는 양상이 서로 다르다. 유동성 지능은 연령에 따라 점차 감퇴하며, 결정성 지능은 나이가 들어도 쉽게 감퇴하지 않는다. 다시 말하여, 성인 초기의 성인들이 노인들보다 더 높은 유동성 지능을 지니고 있는 반면, 노인들은 젊은 성인들보다 더 높은 결정성 지능을 지니고 있다. 평생 배우는 활동을 게을리하지 않고 꾸준히 지적활동을 유지한다면 결정성 지능이 향상될 수도 있다.

한편 성인기에는 지능과는 구별되는 지혜의 발달이 이루어진다. 지혜wisdom란 인생의 중요하면서도 불확실한 사항에 대해 좋은 판단을 내릴 수 있는 능력을 뜻한다. 근래에 지능의 본질과 중요성에 대한 인식이, 추상적 사고와 교과학습 중심의 지적 능력으로부터 실제 삶의 맥락에서 활용 가능한 실용적 능력으로 옮겨감에 따라 지혜는 성인기 지적 능력의 중요한 측면으로 관심이 집중되고 있다(송명자, 1995). 이에 대해 Levinson은 성인 초기가 힘, 속도, 생산력에서 그 질이 최고수준에 달한 시기라면, 중년은 지혜, 판단력, 도량, 감상적이지 않은 연민, 조망의 폭 등이 무르익은 계절이라고 설명하였다(김애순, 2002).

3) 지적 구조의 변화

연령에 따른 지적 변화를 탐색한 대표적인 이론은 Piaget의 인지 이론이다. Piaget의 인지발달 단계에 의하면, 12세 이상은 형식적 조작기에 해당된다. 그러나 형식적 조작기에 도달할 수 있는 성인들의 수는 구체적 조작기에 도달할 수 있는 성인들의 절반으로 감소한다고 한다.

성인기 인지발달에 관심을 가지는 많은 이론가는 성인기 동안 발달하는 부가적인 사고수준이나 새로운 유형의 사고가 존재한다고 가정하고 인지발달의 다섯 번째 단계를 제안하였다. 인지발달의 제5단계는 Piaget의 형식적 조작사고와는 질적으로 다른 후형식적 사고postformal thought이다. 후형식적 사고는 하나의 문제에 대한 정답을 이끌어내기 위해서는 반성적 사고reflective thinking가 필요하고, 문제에 대한 정답은 상황에 따라 달라질 수 있으며 진실의 탐구는 끊임없이 계속되는 과정을 전제로 한다는 것이다. 또한 문제에 대한 해결은 현실적이어야 하고 정서와 주관적 요인들이 사고에 영향을 줄 수 있다는 생각도 후형식적 사고 속에 포함된다(Kramer, Kahlbaugh, & Goldston, 1992). 즉, 사건이나 문제에 대한 단지 하나의 올바른 방식만이 존재할 수 있다는 생각에서 벗어나 수용 가능한 여러 해결책이 존재한다는 것을 받아들이며, 추상적이 아닌 실제적이고 실용적인 사고를 추구한다(장휘숙, 2006).

이와 관련하여 Schaie(1978)는 성인기에는 인지활동의 목표가 지식 획득에서 지식을 사용하는 것으로 전환된다고 강조하였다. Schaie의 인지발달 단계에서 성인 중기에 해당하는 단계는 책임단계responsibility stage이다. 이 단계는 가정을 포함하여 직업, 지역사회 등에서 타인에 대한 책임감이 증가하는 시기로, 개인의 인지는 사회적 책임을 포함하는 상황으로 확대된다. 책임단계와 함께 실행단계executive stage를 경험하는 사람도 있는데, 이 단계는 여러 단체나 조직을 맡아 책임을 지는 것뿐만 아니라 여러 다양한 과업의 실행 여부를 체크하고 감독하는 역할을 수행한다. 많은 성인은 책임단계만 경험하고 성인 후기로 진입하는 반면, 일부는 책임단계와 실행단계를 함께 경험할 수도 있다.

또한 Labouvie-Vief(1990)는 성인기 인지발달이 형식적 조작사고에서 실제적이고 구체적인 실용적 사고로 전환된다고 하였다. 이러한 전환은 미성숙한 사고로의 퇴행이 아니라 인지적 논리가 실제 세계의 문제를 해결하는 도구라는 점에서 구조적

진보라고 할 수 있다.

4 정서사회 발달

Erikson의 심리사회적 이론에 의하면, 성인 중기는 7단계에 해당하며 이 시기의 발달과업은 생산성 대 침체감으로 표현된다. 생산성은 자녀를 돌보고 능동적으로 직업에 몰두하며 사회의 발전에 관심을 가지는 것을 의미한다. 반면, 침체감은 심리적 성장의 결핍을 의미하는 것으로, 자신의 에너지와 기술을 오로지 자기 확대와 자기 만족을 위해서만 사용하고, 다음 세대나 사회 전반의 요구에는 관심이 없는 특성을 말한다. 중년기에 획득할 수 있는 심리적 성숙은 자신의 삶을 재평가하고, 깊은 자아 성찰을 통해서만 가능하다.

1) 정서와 성격

정서감정이란 성격의 한 차원으로서, 자신의 삶이 얼마나 풍요롭고 만족스러운가를 반영해 주는 주관적 안녕감 subjective well being의 지표이다. 연령이 증가함에 따라 정서경험, 정서표현, 정서조절 과정에는 안정과 분화 및 변화가 함께 일어난다(김애순, 2002).

어린 시절의 정서적 기질은 주의와 지각에서의 차이를 가져오며, 이것은 다시 상이한 행동 반응을 일으킨다. 이러한 행동은 습관적인 반응 경향성으로 굳어져 성격의 한 차원을 형성하게 된다(Dougherty, Abe, & Izard, 1996).

이에 대해 Costa와 McCrae(1995)는 일생을 통해 경험하는 정서적 경험들이 성격특성에 영향을 미친다고 하면서, 개인의 성격특성이 성인기 동안 안정되게 유지되는지 아니면 변화하는지를 살펴보았다. 성인의 성격발달에 관한 Costa와 McCrae의 볼티모어 연구는 성격의 5요인이라고 불리는 정서적 불안정성, 외향성, 경험에 대한 개방성, 친교성, 성실성을 분석하였다. 연구대상자들은 대학교육을 받은 중산층의 20~90대의 남녀로, 5가지 성격요인 모두에서 상당한 안정성을 발견하고 성인기 동안 개인의 성격특성에서 큰 변화가 일어나지 않는다고 보고하였다.

또한 버클리 종단연구는 가장 오랫동안 지속된 연구로, 1920년대 후반과 1930년대 초반에 500명의 아동과 그 부모들을 대상으로 시작되었다. 이 연구에서는 성인기 동안 성격특성이 변화한다거나 안정적이라는 결정적 증거를 제공하지는 못하였다. 이에 대해 Clausen(1993)은 사람들은 성격특성의 불연속성에 지나친 관심을 갖는다고 주장하고, 일부는 인생에서 되풀이되는 위기를 경험함으로써 성격특성의 변화를 경험하지만, 그 외의 사람들은 큰 변화 없이 안정적 특성을 지닌다고 하였다. 즉 개인의 성격과 여러 삶의 경험들이 어떻게 상호작용했느냐에 따라 개인의 성격이 안정적일 수도 있고, 변화할 수도 있음을 의미한다.

2) 성역할의 변화

성인 중기의 성역할 변화에 대해 Jung(1954)은 40세를 전후하여 성인 중기에 그동안 추구했던 가치들(돈, 특권, 지위 등)의 의미가 퇴색하면서, 성인 전기까지 외부세계로 집중되었던 정신에너지를 내면의 세계로 돌려 억압되고 방치되어 있던 내면의 진정한 자아를 찾기 위한 탐색이 시작되는데, 이러한 자아탐색을 통한 내적 성장과정을 개별화individuation라고 하였다. 또한 남성은 자신만의 여성적인 특성을 나타내면서 덜 공격적이 되고 대인관계에 관심을 가지는 반면, 여성은 남성적인 특성이 나타나면서 보다 공격적이고 독립적으로 바뀐다. 이러한 Jung의 주장은 Levinson(1996)에 의해 더 구체적으로 확장되었다. Levinson은 중년의 개별화를 개인 내면에 있는 4가지 차원의 양극적 성향들(젊음/늙음, 남성성/여성성, 창조성/파괴성, 애착/분리)을 통합해서 균형을 이루는 과정으로 설명하였다.

캔자스시티 성인생활 연구에서도 Jung의 주장은 입증되고 있다. 이 연구는 1950년대 중반 캔자스시티에 거주하는 중산층 백인 남녀(40~90세)를 대상으로 진행된 연구로, 연령이 증가함에 따라 사람들은 외부 세계에 대한 자아 에너지의 투입을 줄이고 자신의 정서나 신체 기능에 몰두하며 내적 세계에 더 몰입한다. 그리고 삶에 열정적으로 도전하고 자기주장을 관철하려 하기보다는 회피하는 경향이 나타난다(Rosen & Neugarten, 1964). 또한 연령이 증가하면서 남자는 수동적 · 복종적 · 부드러워지는 반면에 여자는 자기 주장적 · 공격적 · 독립적으로 변화된다고 하면서, 전통적 성역할에 대한 지각이 모호해지고 있음을 설명하였다(Neugarten & Gutmann, 1964).

남성과 여성이 본래 자신들이 가지고 있던 특성에서 반대 성의 특성으로 변하는 성인 중기와 그 이후의 성역할 변화에 대해 남성과 여성의 역할이 정반대로 변화하는 성역할 교차sex role crossover로 설명한다. 그러나 Nash와 Feldman(1981)은 성인 중기의 성역할 변화 현상에 대해 성역할 확장sex role expansion으로 설명하기도 한다. 즉 가족생활주기의 후반부로 갈수록 남성은 자신을 더 온정적이고 동정심이 많은 사람으로 그리고 여성은 자신을 더 독립적이고 자율적인 사람으로 기술하였으나, 그들 각자의 전통적 특성이 그대로 유지되면서 다른 특성을 갖추게 되므로 성역할 확장이라고 할 수 있다(장휘숙, 2006 재인용). 즉, 중년기의 성역할 변화는 양성성으로 설명될 수 있다. 이러한 변화는 보편적인 현상으로, 스스로가 자신의 내면세계에 충실하고 성에 대한 기존의 통념에서 벗어남으로써 가능한 일이다.

3) 중년기 위기감

중년기는 지금까지 별 회의 없이 살아왔던 자신의 삶에 대해 다시 한 번 되돌아보고 재평가하는 시기이다. 재평가는 중년기 위기의 주요한 주제이다. 성인 중기는 이전에는 거의 느낄 수 없었던 신체적 · 정신적 능력의 쇠퇴를 경험하면서, 자신에게 가장 가치 있었던 부분들을 상실해 가고 있다는 생각으로 심한 정서적 갈등과 불안을 경험하게 된다. 특히 성인 중기에는 자신이 설정한 이상에 도달할 수 없고 자신의 한계를 보다 현실적으로 깨닫게 되므로 자기주장성, 독립성, 다양한 관심 및 야망은 감소하고 보다 관습적이 된다. 또한 목표 도달 행위는 점차 감소하고 목표에 대해 보다 융통성 있게 적응하고자 하는 경향이 증가한다(Brandtstadter & Greve, 1994). Hamner와 Turner(1996) 역시 중년기를 인생의 초기와 말기의 분기점으로, 현재의 자신과 자신이 되기를 원하는, 즉 현실과 이상의 차이를 심각하게 바라볼 수 있는 '마감의 시기deadline decade' 이며, 현실과 이상 간의 차이를 감소시키고자 마지막으로 열심히 노력하는 시기라고 하였다.

중년기 위기 개념이 대중매체에 소개된 것은 1970년대 초반으로 저널리스트인 Sheehy(1974)가 Levinson의 이론을 바탕으로 저술한 〈Passages: Predictable Crises of Adult Life〉라는 책을 출판하면서부터이다(장휘숙, 2006).

중년기는 그 어느 시기보다 정신적 혼란과 고통이 심한 시기로, 자신의 진실된 모습을 찾고자 노력한다. 즉 중년기 성인은 자아의 성장이나 욕구에 관심이 많고 실존에 대한 심각한 회의와 정서적 혼란 및 고통이 수반되기 때문에, 중년기 특유의 위기midlife crisis를 겪는다고 한다. 이러한 위기는 성인 중기 이후의 보다 나은 적응을 위해 거쳐야 할 필연적인 과정으로 묘사되기도 한다. 반면, 관련 후속연구들(Helson, 1997

; Rosenberg, Rosenberg, & Farrell, 1999)은 성인 중기 동안 위기를 경험하는 것이 아니라 단순히 변화를 경험한다는 과도기 모델transition model을 지지한다. 이 모델은 중년기에 각 개인은 여러 가지 사건이나 변화를 경험할 수 있지만, 대부분의 중년기 성인은 중요한 인생변화에 대해 미리 예상하고 있으므로 특별한 위기를 경험하지 않는다고 주장한다.

중년기 위기에 대한 선행연구들을 살펴보면, Levinson은 40~45세 남성의 80%가 정서적 갈등이나 실망감을 포함하는 위기를 경험한다고 하였다(김애순, 1996). 자녀의 학업성적, 진로 등 자녀문제는 성인 중기 여성의 스트레스를 유발하는 가장 큰 요인으로, 여성은 자녀에 대한 염려, 남편이나 노부모에 대한 걱정과 함께 자아실현 문제에 직면하여 지금까지 살아온 세월에 대해 회의하고 이제 무엇을 할 수 있기에는 너무 늦었다는 생각 때문에 남성보다 더 심각한 위기감을 경험하였다(김명자, 1989).

여성의 취업이 증가하는 오늘날, 중년기 여성의 취업 역시 증가하고 있다. 남편이 직업세계에 몰두하고 자녀의 성장으로 가족역할의 중요성이나 역할수행의 양이 감소하는 중년기에, 여성의 직업역할은 자아정체감의 위기를 경험하기 쉬운 중년기 여성에게 자아정체감 안정에 도움을 주고 심리적 복지감을 증진시키는 요인이 될 수 있다. 중년기 기혼여성의 성과 일(가사일 혹은 직장일)에 따른 심리적 행복감의 차이를 살펴본 연구(남순현, 2009)에서도 성과 일에 모두 만족한 기혼여성의 심리적 행복감이 가장 높았고, 성과 일에 모두 만족하지 못한 기혼여성의 심리적 행복감이 가장 낮았다. 하지만 성만족이 낮고 일만족이 높은 집단이 성만족이 높고 일만족이 낮은 집단보다 심리적 행복감이 높게 나타났는데, 이는 중년기 기혼여성에게 있어 일이 점차 더 중요해지고 있음을 시사한다. 즉 직업을 가지고 사회활동을 하는 문화권의 여성은 중년기 위기가 존재하지 않지만, 여성의 사회적 지위가 낮고 가정주부의 역할만을 수행하는 문화권에서는 중년기 위기가 존재할 수 있다(장휘숙, 2007). 반면, 우리나라 중년기 기혼여성은 대학입시와 결혼을 앞둔 자녀에게 많은 시간과 에너지를 투자해야 하므로 취업이 이들의 심리적 복지감에 부정적 영향을 미친다는 연구(신기영 · 옥선화, 1997)를 통해 사회문화적 맥락이 중년기 여성의 삶에 상이한 영향을 미침을 알 수 있다. 다시 말하여 중년기 위기의 존재 여부는 각 문화적 맥락에 따라서도 차이가 있음을 의미한다.

한편 우리나라 중년 남성은 IMF 이후 조기퇴직이나 실직, 감원, 재취업 등 직업환경의 불안정성과 점점 가속화되고 전문화되는 직업세계의 변화로 인해 좌절감, 소외감 등과 함께 위기의식을 느낀다. 직장 내 위기감은 직무 스트레스를 증가시켜 직장생활 만족도의 저하를 불러와 중년 남성의 부정적인 자아인식과 같은 심리사회적 위기감을 증가시키며(서정숙, 2005), 현재의 지위를 지키기 위한 불안감의 증가도 중년 남성의 삶의 질을 위협한다(김진혁, 2004). 반면, 중년 남성에게 직무 스트레스가 크다는 것은 부정적인 자아인식이나 정체감의 위기로 이어지지 않고, 자신이 중요한 업무를 수행하고 있음을 의미한다는 연구(한경혜 · 송지은, 2001)도 있다.

오늘날 직업에 종사하는 기간이 길어지면서 새로운 것을 시도해 보려는 직업전환의 기회가 많아졌다. 특히 중년기 직업전환은 개인의 동기나 성격 혹은 취업기회, 그리고 배우자나 자녀 등 가족 구성원에 의해 영향을 받는 것으로 나타났다. 대체로 중년기의 직업전환은 성인 초기보다 훨씬 더 불리하며, 특수한 경우를 제외하고는 대부분 보수나 직위에서 이전의 수준에 미치지 못하는 측면이 있다(김애순, 2002). 가장의 직업전환은 가족 구성원의 삶에 직접적인 영향을 주기 때문에 배우자역할, 부모역할, 그리고 직업역할이 요구하는 기대를 동시에 충족시킨다는 것은 매우 힘든 일이다. 특히 자녀의 학비부담이 큰 시기에 가장의 직업전환이 이루어지는 경우 가족 구성원 모두를 불안하게 할 수 있다. 또한 배우자가 부부의 역할을 어떻게 규정하는가에 따라서도 직업전환이 주는 의미는 달라진다(장휘숙, 2007).

또한 가족관련 스트레스가 기혼 중년 남성의 정신건강에 가장 중요한 요인으로 나타났다. 특히 결혼만족도가 높을수록 또는 부부관계가 좋을수록 위기감이 낮아지며, 부부관계에서 갈등이 심할 경우 자살을 많이 고려하는 것으로 나타났다(강모성 · 전영주 · 손태홍, 2008). 한편, 중년 남성의 가족 요인은 심리적 위기감과 상관이 있는데, 부모역할 스트레스가 결혼만족도 및 노부모 부양 부담보다 심리적 위기감과 상대적으로 높은 상관을 가지는 것으로 나타났다. 이러한 결과는 한국사회의 특성을 반영한 것으로 중년기가 자녀 교육 및 입시에 대한 부담이 최고조에 달하는 시기이며, 자녀가 부모로부터 경제적 · 심리적으로 독립하는 시기가 늦어지는 우리 사회의 상황이 중년 남성의 부모역할 수행에 부정적인 영향을 미쳐 스트레스와 부담을 가중시키는 것으로 해석할 수 있다(이은아 · 정혜정, 2007).

중년기는 이전 단계와는 다른 상이한 변화로 말미암아 어려운 시기를 겪을 수 있으나 끊임없이 여러 변화에 관심을 기울이고 개방적인 자세로 변화를 받아들인다면 성인 중기에서 발생할 수 있는 다양한 문제에 대처할 수 있다. 즉 언제나 자신의 판단에 대한 타인의 비판과 평가에 귀를 기울이고, 새로운 의사결정 상황에서 보다 많은 정보를 수집하고, 많은 관계자의 조언에 귀를 기울여서 항상 새로운 변화를 위한 감각을 추구하면 발전적인 장년이 될 수 있다. 성인 중기에는 여러 주변적 상황을 잘 이해하고, 그동안 자신이 이룩해 놓은 가정과 사회에서의 업적들에 대한 긍정적 자부심 위에서 자신의 자아감 문제를 생각할 필요가 있다(김혜선 · 유안진, 2005).

성인 중기 발달과 가족 5

평균수명의 연장은 가족생활주기의 변화를 초래하여, 특히 중년 이후의 시기가 길어졌다. 그리고 조기퇴직이나 명예퇴직 등으로 더 빠른 시기에 일에서 물러나고, 자녀 독립이나 출가 등으로 부부만이 남게 되는 기간이 이전보다 길어졌다. 이러한 가족생활주기의 변화는 중년기의 가족생활에 영향을 미친다.

중년기의 가족관계와 연관된 용어들을 살펴보면, 자녀가 집을 떠나가기 시작하는 시기로 빈둥지 empty nest 또는 진수기 launching period라고 하며, 부모세대와 자녀세대의 중간에 끼여 어려움을 겪는다고 하여 샌드위치 세대 sandwich generation라고도 한다. 로버트 웨인즈는 샌드위치 세대의 특성에 대해 다음과 같이 묘사하고 있다(Conway, 1978).

> 나는 우리가
> 우리의 부모들에게는 너무도 급진적이고
> 우리의 아이들에게는 너무도 보수적이라고 느낀다.
> 아마도 삶의 절정기에 있다고 여기면서
> 모든 사람은 나를 게걸스럽게 먹어치우지만
> 아무도 내게 고마움도 감사도 표현하지 않는다.
> 그렇지만 여전히 가운데 끼인 채로
> 부모와 이야기하고 자식들과 관계를 맺는다.

이러한 가족 내 변화는 이전 가족생활주기에서 이루어진 가족규칙과 패턴의 수정을 요구한다. 즉 성인 중기에 가족에게 일어나는 변화에 맞추어 융통성 있게 적응할 때 기능적인 가족이 될 수 있다.

1) 부부관계

가족관계의 핵심은 부부관계이다. 특히 결혼 불안정성이 높아져 이혼율이 증가하고 있는 오늘날 성인 중기의 부부관계는 그 중요성이 더욱 강조되고 있다. 부부관계가 어떠한가에 따라 가족생활에 미치는 영향은 상이할 수 있다. 즉 중년기를 거치면서 부부가 서로 더욱 가까워지기도 하고 이전에 서로에게 느끼지 못했던 것들에서 새로운 가치를 인식할 수도 있다. 대체로 중년은 결혼생활에서 서로에게 적응하는 기간을 경험한 다음 진정한 동반자 의식이 결실을 보는 시기(김혜선 · 유안진, 2005)이며, 자녀를 떠나보내며 행복한 생활을 영위하고 부부관계 만족도도 높아지는 시기이다(Santrock, 1995). 그러나 이와는 반대로 서로에 대한 이해부족 및 갈등의 심화로 무늬만 부부인 심리적 별거 가족이 있다는 사실도 간과할 수 없다. 이러한 현실은 가족과 관련된 다양한 자료에 의해 뒷받침된다.

부부관계의 만족, 즉 결혼만족도는 U자형 곡선을 그리는 것으로 설명되고 있다. 다시 말하여, 결혼만족도는 결혼 초기에는 높게 유지되지만 첫아이 출산과 더불어 급격히 떨어진다. 이러한 U자형의 가장 최저점은 중년기로, 이 시기는 대체로 자녀

그림 10-1

혼인지속기간별 이혼 구성비

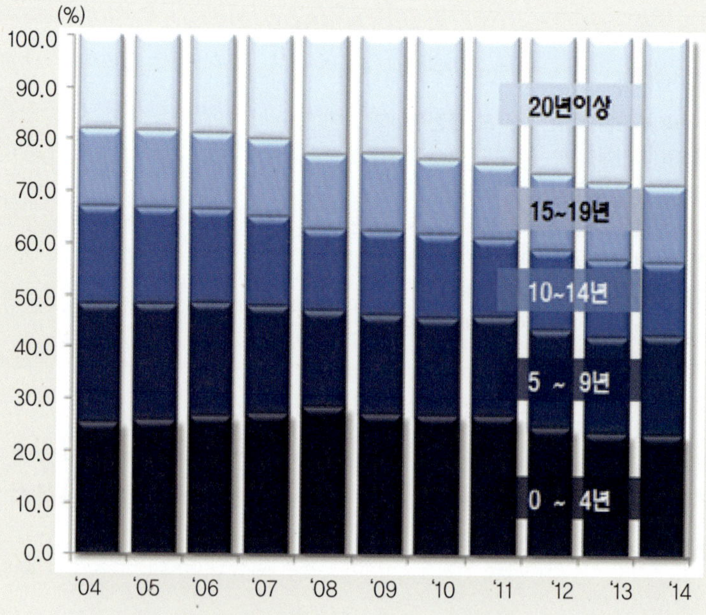

출처: 통계청(2015)

들이 10대인 청소년기이다. 즉 한 가정에 자신의 정체감 확립을 위해 고민하는 사춘기 자녀와 여러 어려움을 겪으면서 자신이 꿈꾸어 온 이상에의 접근이 어렵다는 것을 인식하고 고민하는 중년기 부모가 한 가정에 산다는 것 자체가 가정 내 여러 어려움을 예측할 수 있다. 이렇게 어려운 시기는 자녀들이 다 성장할 때까지 계속되다가 결국 막내가 독립해 나가면서부터 부부 사이는 다시 좋아지며 결혼만족도도 증가하기 시작한다. 그러나 만약 자녀가 독립하고 부부 단둘이 남아 있는 중년기에 부정적인 상호작용이 지속된다면 더 이상 자녀들 때문에 참고 살 필요가 없다는 생각을 하게 되고 결혼해체로까지 이어질 수 있다.

이러한 현상은 통계청(2015)에서 발표한 '2014년 혼인 · 이혼통계'에서도 나타났다. 그림 10-1 에 의하면, 이혼 부부 중 혼인한 지 20년 이상 된 부부의 비중은 28.7%로 가장 많았다. 2011년까지 결혼한 지 4년 이하 부부의 이혼 비중이 가장 높았으나, 2012년부터 20년 이상 된 부부의 비중이 가장 컸다. 혼인한 지 30년 이상 된 부부의 '황혼 이혼'이 1만300건으로 전년보다 10.1% 늘어났다. 2012년에는 8.8%, 2013년에는 8.4% 증가한 것과 비교해 증가폭이 커졌다. 10년 전과 비교하면 2.3배로 증가했다.

특히 IMF 이후 기업의 구조재조정 및 유연화 작업의 일환으로 남성의 정년퇴직, 명예퇴직, 혹은 조기퇴직을 흔히 볼 수 있으며, 이러한 변화는 최근 가속화되고 있는 실정이다. 많은 시간을 직장에서 보내야 했던 중년 남성이 퇴직 이후 자녀나 부인과

부부관계 증진을 위해 부부가 교육프로그램에 참여하여 대화를 나누고 있다.

출처 : 인천 중구 건강가정지원센터

두터운 정서적 공감대를 형성하는 것은 쉽지 않다. 이렇듯 현재 우리사회 중년기 퇴직 남성은 그 어느 세대보다도 큰 어려움에 처해 있다(변화순 · 이미정 · 김지경 · 하현정, 2007).

한편 남편의 은퇴 이후에는 경제적 수입원이 없어지거나 감소한다. 그러나 은퇴 후 남편이 가정에 있다 보니 여성의 가사노동은 오히려 증가하기도 한다. 특히 50대는 여성들이 가사와 자녀양육의 성역할 굴레에서 벗어나 보다 자기 주장적이고 독립적이 된다고 해서 여성지배의 절정기라고 한다. 이때 은퇴로 인해 남편이 사회적 역할을 상실하여 집안에 상주하는 시기에 경제적 어려움을 겪고 있다면, 이것이 부부갈등의 원인이 될 수도 있다(김애순, 2002). 중년기에 부부가 이혼하는 경우에는 남성보다 여성이 더 큰 어려움을 겪는다. 가정주부로만 살아왔던 여성은 이혼 후 경제적 어려움으로 고통받기 쉽고 재혼상대를 만나기도 어렵다. 그러나 대부분의 이혼한 중년여성은 경제적으로 어려움이 없다면 재혼하기를 원하지 않는 것으로 나타났는데, 이는 더 이상 배우자 문제로 고통을 겪고 싶지 않기 때문이다(Schmiege, Richards, & Zvonkovic, 2001). 한편 지속적으로 결혼 상태에 있는 중년 후기의 사람들과 비교하여, 결혼 상실감을 경험한 남성과 여성에게 심혈관질환이 더 많이 발병되었다는 연구도 있다. 그러나 결혼 상실의 영향력은 남성과 여성에게 상이하게 영향을 미쳐 결혼 상실을 경험한 여성은 지속적으로 결혼 상태에 있는 중년 후기의 여성과 비교하여 더 높은 심혈관질환의 위험을 나타낸 반면, 결혼 상실은 남성의 심혈관질환의 위험과는 상관이 없는 것으로 나타났다. 특히 정서적인 스트레스와 사회경제적 지위는 이혼한 여성의 더 높은 심혈관질환과 연관되었다(Zhang & Hayward, 2006).

평균수명의 연장으로 부부가 단둘이 지내는 시간이 늘어난 오늘날, 부부 둘만의 긴 세월을 부부가 서로 살갑게 돌보고 의지하면서 인생의 든든한 동반자로서 함께할 것인지, 아니면 서로 얼굴을 붉히고 으르렁대며 하루하루를 원수처럼 지낼 것인지는, 자녀교육과 경제문제로 가장 힘들고 바쁜 30~40대에 부부생활을 어떻게 지내느냐에 달려 있다. 즉 부부가 함께 사는 50~60년의 세월 가운데 처음 20년의 부부생활을 어떻게 하느냐에 따라 남은 30~40년 동안 어떤 노후를 보내게 될지가 판가름나는 것이다(김준기, 2007). 따라서 성인 중기의 결혼생활에 활력을 불어넣기 위해서는 부부만의 시간을 가지는 등 시간과 에너지, 경제적 자원을 부부관계에 투자해야 한다. 또한 이 시기에 부모역할 외에 다른 의미 있는 역할(예: 직업, 학업, 사회봉사 등)을 찾아 실천하는 것도 중년기의 삶에 긍정적인 영향을 미칠 것이다.

'억지로 사는' 부부들 ··· 결혼생활 4쌍 중 1쌍 '해체' 위기

'부부 갈등상황 때 '회피' 47%, 대화 · 양보로 해결 8.8% 그쳐
男, 학력 · 소득수준 낮을수록 결혼생활 불만족 확률 높아져

노부모와 자녀를 모두 부양해야 하는 우리 사회 50대 부부 4쌍 중 1쌍은 결혼생활이 해체 위험단계에 있으며, 5쌍 중 1쌍 꼴로 결혼생활이 불만족스럽지만 관계를 유지하고 있는 것으로 조사됐다.

30일 서울대 노화·고령사회연구소가 '한국 베이비부머 패널 연구(1955~1963년생 2,078명 대상 설문)' 자료를 토대로 이들의 결혼관을 분석한 보고서에 따르면 우리나라 50대는 결혼생활이 대체로 안정적이지 못했다. 조사 결과 결혼생활이 불만족스럽고 불안정해 해체의 위험을 지니고 있는 부부의 비율이 24.9%에 달했다. 또 결혼생활은 불만족스럽지만, 부부관계는 지속하고 있는 부부의 비율은 21.4%였다. 46.3% 정도의 부부가 결혼생활이 불안정하다는 의미다. 반면, 현재 자신의 결혼생활에 만족하는 50대 부부는 이보다 적은 43.6%에 불과했다.

부부 갈등 상황에 대한 대처는 '회피'가 47.0%로 가장 많았다. 부부 모두 대화나 양보로 갈등을 해결한다고 응답한 비율은 8.8%에 그쳤다. 연구팀은 "우리나라 베이비붐 세대의 결혼생활이 절대 평탄하지 않으며, 구조적 안정성과는 별개로 잠재적 안정성이 매우 낮음을 의미한다"고 분석했다.

부부관계는 사회경제적 특성에 따라 영향을 받았다. 남성의 경우 학력이 낮고 소득수준이 낮은 사람, 즉 전반적으로 사회경제적 지위가 낮은 사람은 불만족스러운 결혼생활을 할 가능성이 높았다. 반면 여성의 경우 배우자의 취업 여부가 중요한 변수가 되는 것으로 나타났다. 배우자가 은퇴 등으로 일자리가 없는 상태여서 혼자 경제활동을 하는 여성은 현재 결혼생활을 유지하고는 있지만, 만족도가 낮은 것으로 나타났다. 이는 은퇴 후 적절한 사회적 지원체계가 없는 한국 사회에서 남편이 은퇴할 경우 '일하는 아내'와 일상 갈등으로 인해 부부관계의 질이 떨어질 수 있음을 시사한다고 연구팀은 분석했다. 연구팀은 "베이비붐 세대의 은퇴가 본격적으로 시작되는 현시점에서 중년기 부부관계가 노년기 삶의 질에 결정적인 영향을 미칠 수 있음을 고려하면 은퇴 후의 행복한 노후를 위해 현재의 부부관계에 조금 더 투자하고 노력하는 것이 필요하다"고 제안했다.

관계적 특성에 따른 결혼상태에서도 부부간 소통이 적을수록 관계가 나빠졌다. 남성의 경우 부부간 대화가 적을수록 만족보다 불만족에 속할 확률이 1.16배 높고, 또 평소에 부부가 함께 외출하는 빈도가 낮을수록 불만족 집단에 속할 가능성이 1.14배 높았다.

연구팀은 "자녀들이 이혼의 가장 큰 억제요인인 것으로 지적되는 한국사회에서 자녀들이 결혼해 독립하게 되는 중년 후반부가 되면 부부관계가 좋지 않은 50대들의 가족해체가 현실화될 가능성이 높다는 점을 생각해 볼 필요가 있다"며 "노년기 삶에 대한 설계에 있어 경제적 측면뿐 아니라 가족관계 측면, 그중에서도 부부관계의 중요성을 부각할 필요가 있다"고 강조했다.

출처: 문화일보(2015. 9.30)

2) 부모-자녀 관계

Galinsky(1987)에 의하면, 중년기의 부모역할은 상호의존적 단계 interdependent stage와 출발단계 departure stage에 해당된다. 이 시기가 되면 부모는 신체적 돌봄을 많이 필요로 하는 영유아기와 학동기보다 신체적 돌봄은 줄어들지만, 심리적 돌봄이 그 어느 때보다 더 중요한 시기이다. 따라서 이 시기의 부모는 자신을 위한 자아개발의 시간을 가질 수 있다. 이때 부모는 좀 더 의미 있는 인간관계를 개발할 수 있고, 창조적인 노력을 할 수 있으며, 사회와 여러 문화활동에 참여할 수도 있다. 부모가 자신의 중년기를 건강한 방법으로 재구성하는 것을 관찰하면 자녀의 성장 과정에 긍정적인 영향을 미치게 된다(Hamner & Turner, 1996). 따라서 성인 중기의 성숙한 부모는 자녀와의 분리를 수용하고, 자녀에 대한 개입을 줄이고, 자녀와 적절한 거리감을 유지하며 자녀 스스로 자신의 삶을 이끌 수 있도록 도와준다.

특히 10대 자녀가 있는 중년기 부모는 자신의 인생에서 결정적인 시기에 접어든다. 그들은 10대 자녀의 부모라는 사실을 떠나서라도 그들 스스로도 중년기 위기라는 힘든 시기를 맞이하게 된다. 흔히 정서적 위기와 연결된다고 생각하는 두 시기, 즉 청년기와 중년기에 있는 사람들이 한 집에서 산다는 것은 무척 힘든 일이다. 청년과 부모는 각기 자신의 인생에 있어서 결정적인 시기에 있지만 서로 반대 방향에 있다. 청년들은 흔히 인생의 '황금기' 라는 성인기의 문턱에 서 있지만, 부모는 이제 인생의 절반을 보내고 내리막길로 접어들고 있기 때문이다(정옥분, 2001). 오늘날 이와 관련하여 여성들은 자녀가 떠나가면서 그동안의 부모역할이 상실됨으로써 자기가치감이 떨어져 스트레스가 증가하기보다는, 이 시기를 자신을 위해 투자할 수 있는 시기로 생각하여 자녀의 떠남을 오히려 긍정적 사건으로 지각하기도 한다(Harris, Ellicott, & Holmes, 1986).

Greenfield와 Marks(2006)은 여러 다양한 문제를 지닌 성인 자녀를 둔 부모는 그렇지 않은 부모보다 복지감이 낮았는데, 특히 긍정적인 정서를 가지기가 힘들며, 더 낮은 자기수용, 그리고 부모-자녀 관계의 질(質)이 낮으며 가족관계에서 스트레스가 많은 것으로 나타났다. 특히 자녀 교육을 상당히 중요하게 생각하는 우리나라 중년기 부부의 가장 큰 관심사 및 당면 문제는 자녀의 진로문제, 대학 진학문제, 자녀의 앞날에 대한 염려(김명자, 1991)로 나타났으며, 특히 자녀가 고3이 되면 어머니 역시 '고3 증후군' 에 걸리는 '입시 시집살이' 가 있다고 한다(김명자, 1994). 다시 말하여, 자녀가 어떠한 성장과정을 거치느냐가 중년기 삶의 질에 영향을 미친다고 할 수 있다.

성인 중기는 대체로 자녀의 교육과 결혼 등 부모로서 자녀를 위해 짊어져야 하는 경제적 부담을 막 마쳐가는 시기이므로 가족 대사를 성공적으로 수행하기 위해서는 커다란 경제적 지출이 요구된다. 가정의 수입이 최고에 이르지만 오히려 지출이 수입을 초과하는 가정이 많은 것도 이 때문이다. 성인 중기야말로 부모로서의 모든 경제적 봉사를 다하고 그 책임에서 해방될 수 있는 시기인 만큼, 지금까지 감당해 왔던 자녀를 위한 경제적 배려가 좋은 결실을 맺을 수 있도록 해야 한다(김혜선 · 유안진, 2005).

자녀가 결혼을 하는 경우에는 중년기 후반에 조부모가 될 수도 있다. 자신이 자녀를 낳아 양육한 시기와 다르게 조부모-손자녀 관계는 여러 측면에서 성인 중기의 삶에 영향을 미칠 수 있다. 특히 오늘날 기혼여성의 취업 증가와 아기를 맡길 수 있는 질적으로 우수한 보육시설을 찾지 못하거나 너무 어린 영아의 경우 보육시설에 맡기는 것이 안타까운 경우에, 최선의 대안책으로 생각할 수 있는 것이 아이의 조부모이다.

손자녀 양육을 기꺼이 담당하는 조부모가 있는가 하면, 자녀세대의 어려움을 보고 마지못해 손자녀 양육을 맡게 되는 경우도 있다. 손자녀 양육으로 인하여 사회적·가정적으로 공식적 역할이 없는 조부모들에게 소일거리 제공 및 역할참여의 기회 제공이라는 긍정적 측면도 있으나(권인수, 2000), 성인 중기가 되면서 가사와 자녀양육에서 벗어나 자신을 위한 시간을 가지려 계획했던 조부모에게는 손자녀 양육이 버겁게 다가올 수 있다. 조부모가 본인의 의사 여부와 상관없이 손자녀를 맡게 되면 과중한 신체적 노동이 요구되므로 예전보다 여러 측면의 신체적 통증을 호소하기도 한다. 또한 손자녀를 양육하는 데 여러 어려움이 발생한다. 이에 각 지자체의 보건소나 육아종합지원센터, 그리고 건강가정지원센터에서는 조부모들에게 신세대 놀이법 및 육아법을 제공해 조부모들의 부담을 덜고 조부모와 부모세대의 양육방식의 차이로 생기는 갈등을 해소하기 위해 다양한 교육프로그램들을 제공하고 있다. 실제 교육프로그램에 참여하는 조부모가 점차 많아지고 있는데, 이를 통해 오늘날 적극적인 조부모의 모습을 볼 수 있다.

한편 오늘날 새롭게 나타나는 가족형태 중의 하나로, 성인 자녀가 집을 떠났다가 다시 원가족으로 돌아와 부모와 함께 지내는 가족이 있다. 성인 자녀와 다시 거주하는 가족유형은 자녀가 성인기에 가족을 떠났다가 자신의 원가족의 집으로 되돌아올 때 발생한다. 이러한 가족을 부메랑족boomerang kid이라고 부르기도 한다. 성인 자녀와 다시 거주하는 가족은 성인 초기의 자녀가 실직, 이혼 등과 같은 경제적 또는 개인적인 위기를 경험할 때 주로 일어나는 현상으로, 그들은 가족에게서 지지를 얻으려고 한다(Bigner, 2006). 다시 원가족으로 돌아오는 자녀들과 생활하는 부모는 중년기 또는 노년기의 부모일 수 있다. 성인 자녀들이 성인기의 과업을 정상적으로 수행하지 못하고 부모에게로 다시 돌아와 의존하는 경우, 부모는 자녀를 잘못 키웠다는 실패감을 경험하고 또다시 자녀를 돌봐주어야 한다는 부담감을 가질 수 있다. 따라서 부모와 성인 자녀가 상호작용을 통해 함께 협력함으로써 이전과는 다른, 새로운 경계를 설정하는 것이 중요하다.

3) 노부모와의 관계

중년기 성인은 부모세대에게 예전처럼 더 이상 의지할 수 없음을 알고, 오히려 부모세대가 자신들에게 의지한다는 것을 깨닫게 된다. 특히 중년기는 부모세대가 신체적으로 노화나 질병으로 어려움을 경험하고, 경제적으로나 심리적으로 의존적인 시기이므로 이들에 대한 부양자로서의 역할이 강조된다. 자신이 중년기 위기를 경험하면서 동시에 노부모에 대한 신체적 부양의무를 다하고, 가족의 지출이 가장 최고조인 시점에서 경제적인 부양자의 역할을 담당하는 것은 중년기의 문제를 더 심화시키는 요인으로 작용한다.

세대 간의 관계는 부모가 건강할 때는 가장 원만하나, 노인들이 병약해지면 노부모를 돌봐야 하는 부담으로 종종 관계가 위축된다. 노부모를 돌보는 사람들은 비슷한 계층의, 비슷한 연령의 다른 사람들과 비교하여 결혼만족도가 더 낮은 것으로 나타났다(이주연 · 정혜정, 2003). 특히 여성은 가족관계에서 친족관계를 유지하는 원천으로 노부모를 보살피는 역할을 주로 담당하므로 더 힘들다. 서구에서는 딸이, 한국에서는 며느리가 노부모를 보살피는 주부양자 역할을 담당한다(장휘숙, 2006). 그러나 오늘날 기혼여성의 취업 증가 등으로 성인 중기의 딸이나 며느리도 노부모를 부양하기가 어려운 실정이다.

노부모와의 동거실태를 살펴본 연구에 의하면, 부모와의 동거시점에 대해 기혼 동거자녀 응답자 중 43.4%가 결혼 후 분가했다가 다시 동거했다고 응답하였으며, 동거이유로는 부모와 같이 사는 것이 당연하다고 여기는 동거자녀의 응답비율이 48.9%를 차지하였다. 남성 동거자녀가 여성 동거자녀보다 부모와 같이 사는 것이 당연하다고 응답한 비율이 더 높았고, 아들과 며느리의 경우 자식이므로 부모와 같이 사는 것이 당연하다는 규범적 이유가 높은 반면, 딸과 사위의 경우에는 부모로부터 가사나 양육 등의 도움을 받기 위한 선택적 동거가 많았다. 한편 기혼자녀에게 부모와 동거하는 데 어려움이 있는지를 물어본 결과, 33.2%가 어렵다고 응답하였다. 동거 시 어려움은 여성 동거자녀가 남성 동거자녀에 비해, 며느리가 아들 · 딸 · 사위 · 손자녀에 비해, 배우자가 있는 기혼자녀가 배우자가 없는 기혼자녀에 비해, 연령이 높을수록 어려움이 더 많은 것으로 나타났다. 동거 시 어려움의 이유는 부모(배우자 부모)와의 갈등, 사생활 및 사회생활의 어려움, 간병수발로 인한 신체적 어려움, 가사부담 순으로 나타났다(보건복지부 · 계명대학교 산학협력단, 2009).

이에 국가에서는 2008년 7월부터 노인장기요양보험을 시행 중에 있다. 노인장기요양보험제도는 고령이나 노인성 질병 등의 사유로 일상생활을 혼자서 수행하기 어려운 노인들에게 제공하는 신체활동 또는 가사활동 지원 등의 장기요양급여에 관한 사항을 규정하여, 노후의 건강증진 및 생활안정을 도모하고 그동안 노부모뿐만 아니라 장기요양을 직접 담당하던 중장년층과 자녀에게 혜택을 주어 그들이 정신적 · 육체적 · 경제적 부담에서 벗어나 경제 · 사회활동에 전념할 수 있도록 돕는 제도이다. 이러한 국가와 사회의 개입으로 노부모 부양에 대한 부담감이 점차 감소할 것으로 기대되지만, 우리나라에서는 자녀들의 노부모 부양에 대한 부담감은 여전히 존재할 것으로 예상된다.

DISCUSSION POINTS

토의요점

01 | 성인 중기에 나타나는 외모의 변화에 적극적으로 대처하는 여러 가지 방법을 소개하고, 이러한 노력의 긍정적 · 부정적 영향력에 대해 생각해 봅시다.

02 | 오늘날 성인 중기의 부부관계에서 발생하는 대입이혼과 황혼이혼의 원인을 파악하고, 이를 예방하기 위한 실제적인 방안들을 모색해 봅시다.

03 | 자녀가 집을 떠났다가 다시 돌아와 부모와 함께 사는 가족이 증가하고 있다. 이들 가족의 부모와 자녀는 이전과는 다른 가족규칙과 경계를 설정해야 하는데, 이러한 가족의 규칙과 경계는 어떠해야 하는지 생각해 봅시다.

Chapter 11

성인 후기

노인의 평균 수명의 연장과 더불어 현대사회에서 노년기에 대한 관심이 급증하게 된 근본적인 배경은, 생산적이고 다음 세대에 도움을 줄 수 있는 노년기를 보내고 삶을 마치고자 하는 인간의 욕구로부터 시작했다고 할 수 있다. 이 장에서는 노년기 생애 단계를 이해하기 위해 발달 과정에서 일어나는 신체적 · 인지적 · 정서 사회적 특징을 논의하고, 노인을 둘러싼 가족과 사회와의 상호작용을 은퇴, 가족 구조, 관계 변화와 적응 및 부양의 측면에서 고찰한다.

Chapter

11 성인 후기

노인 인구 1

성인 및 노년학의 연구는 이전 생애 단계인 아동기나 청소년기 연구보다 늦게 주목을 받았다. 노년기의 발달을 이해하기 위해 먼저 노년기 연구가 활발하게 시작된 필요성의 근간이 되는 인구구조의 변화를 관찰하는 것이 중요하다.

1) 노인 인구의 현황

20세기 중반에 접어들면서 노인 인구는 세계적으로 증가해 왔으며, 이러한 추세는 의학의 발달과 교육 · 물리적 환경의 진보에 힘입어 앞으로도 계속될 것으로 예상된다. 우리나라의 노인 인구는 절대적인 노인의 수와 전체 인구 중 노인의 구성 비율이 계속 늘고 있으며, 그 증가율도 다른 연령에 비해 빠른 것으로 보고되고 있다. 또한 낮은 사망률과 출생율로 말미암아 현재 우리나라는 생산연령 인구와 노년 부양인구가 증가하는 시기에 있다. 우리나라 65세 이상의 노인 인구는 1970년에는 3.1% 수준이었으나, 1990년에는 4.9%로 증가하였고, 2000년에는 인구의 7% 이상이 노인 인구인 고령화사회 Aging society로 진입하였으며, 2018년에는 14.3%에 이르러 고령사회 Aged society로 진행될 것으로 예상되며, 2026년에는 21%에 근접하여 초고령사회 post-aged society가 될 것으로 보고 있다. 노인 인구는 1970년에 65세 이상의 인구가 약 99만 명에서 2020년에는 약 770만 명으로 50년간 7.8배가량 증가할 것으로 예상된다(통계청, 2015).

2) 평균수명

노년기 인구의 급속한 팽창은 저출산 · 저사망 인구동태에 의해 직접적인 영향을 받지만, 이 외에도 환경의 개선, 의학의 발전, 영양 · 위생의 개선에 따른 평균수명의 연장 등에 기인한다. 이러한 평균수명의 증가는 단지 생명의 측면뿐 아니라 연장된 성인기 및 노년기의 개인과 가족의 발달과 사회구조에 전반적인 변화를 가져오게 된다. 더불어 최근 초혼 연령의 지연과 출산율 저하로 노인부양 부담이 증가할 것이며, 한편으로는 고령화친화 산업이 발전할 수 있다.

한국, 2030년엔 세계 4대 '노인 국가'

'OECD "65세 이상 인구비율 24%"

2030년에 이르면 우리나라가 주요 20개국(G20) 가운데 넷째로 노인 비중이 높은 나라가 될 전망이다. 경제협력개발기구(OECD)에 따르면 2030년 총인구 대비 65세 이상 인구 비율은 일본이 31.8%로 가장 높고, 독일(27.8%), 이탈리아(27.3%), 한국(24.3%)이 뒤를 이을 전망이다. 한국은 1970년 노인 인구 비율이 3.1%로 G20 가운데 최하위였다. 미래의 4대 노인 국가 가운데 일본, 독일, 이탈리아는 100여 년 이상의 산업화를 거친 선진국이라 노인복지 시스템이 잘 갖춰진 반면, 한국은 50여 년 만에 급속한 성장을 이룬 신흥국이어서 초고령사회를 감내하기가 쉽지 않을 것으로 지적됐다.

총인구 대비 65세 이상 비율

(단위 : %)

국가	1970년	2010년	2030년
일본	7.1	23.1	31.8
독일	13.7	20.4	27.8
이탈리아	10.9	20.6	27.3
한국	3.1	11.0	24.3
프랑스	12.9	16.7	23.4
캐나다	7.9	14.1	23.1
호주	8.3	14.3	22.2
영국	12.8	16.5	21.9
미국	9.8	13.0	19.7
러시아	7.7	12.6	18.9

출처 : 중앙일보(2010. 5. 14.)

인간의 수명연장은 전 세계적인 현상으로 2010년대에는 거의 모든 국가가 70세의 평균수명을 갖게 될 것으로 전망하고 있다(김태현, 2007). 인구 고령화 추세를 보이고 있는 국가 중 가장 빨리 고령사회에 이른 일본은 2009년 현재 남자가 79.3세, 여자가 86.1세로 세계 제일의 장수국가이다.

우리나라는 경제협력개발기구(OECD) 2009년 자료에 의하면 세계 장수 순위 20위로(경향신문 2014. 7. 14.), 1950년 평균수명이 51.1세였으나, 2013년 평균수명이 81.94세로 나타났다. 남녀별로 보면 남성이 78.51세, 여성이 85.06세까지 살 수 있는 것으로 조사되었으며, 이는 1990년 남성 68세, 여성 76세였던 것에 비하여, 남성은 약 10년, 여성은 9년이 증가한 것이다(통계청, 2015).

100세 장수 유전자 서열 찾아냈다

100세까지 장수할 수 있는지 미리 알 수 있는 길을 열어주는 의학 연구결과가 나왔다. 미국 보스턴대학의 파올라 세바스티아니 박사와 토마스 펄스 박사가 이끄는 연구팀은 사이언스에 게재한 논문에서 100세까지 장수할 수 있는지 여부를 예측할 수 있는 유전자 서열을 찾아냈다고 보고하였다. 연구팀은 미국 동부 뉴잉글랜드 지역의 100세 이상 노인 1,055명을 대상으로 조사한 결과 이들에게서 일반인과 구별되는 150여 개의 유전자 변이조합을 발견했으며, 이를 통해 장수를 맞힐 수 있는 확률이 77%에 이른다고 밝혔다.

특히 주목할 점은 100세 이상 장수 노인들도 일반인들과 마찬가지로 질병과 관련된 유전자 변이를 비슷하게 가지고 있다는 사실이다. 이는 100세 이상 장수 노인들에게는 병과 관련된 유전자 변이가 상대적으로 적을 것이라는 기존 과학계의 생각을 뒤집는 것이다. 이에 대해 세바스티아니 박사는 "오히려 장수와 관련된 좋은 유전자 변이가 활동해 병을 일으키는 것을 막거나 상쇄하는 역할을 한다"고 설명했다. 장수 전문가인 앨버트 아인슈타인 칼리지의 니어 바질라이 박사는 뉴욕타임스와의 인터뷰에서 "장수를 하려면 제한된 수의 좋은 유전자만 있으면 된다는 이야기이며, 이는 노인성 질병을 막을 수 있는 강력한 수단도 제공한다"고 말했다.

연구팀은 미국에서 100세 이상 장수하는 사람들의 수가 평균적으로 약 8만 명에 이르는데, 이는 실제 잠재력보다 훨씬 적은 숫자라고 지적했다. 연구 결과에 따르면, 대략 전체 인구의 약 15% 정도는 100세까지 살 잠재력이 있지만, 사고를 당하고 건강하지 못한 생활환경 및 습관 때문에 수명을 다 누리지 못한다는 것이다.

출처 : 조선일보 (2010. 7. 3.)

2 신체발달

인간의 노화aging가 어느 시점부터 시작되는가를 명확히 규정지을 수는 없으나, 노화는 발달과정에서의 신체적 · 인지적 · 사회적 기능의 저하와, 동시에 성숙을 의미한다. 즉 유기체의 근력 감퇴, 여러 신체기능의 쇠퇴, 변화에 대한 적응력 감퇴 등 손실 개념으로의 노쇠senescence와, 노인의 지혜 · 통찰력 · 선험적 지식의 증가 등 획득의 개념인 성숙maturation으로서, 서로 다른 방향으로의 변화를 뜻한다(박성연, 2006 ; Albert, 2004). 연령이 증가함에 따라 일반적으로 겪게 되는 과정에 노쇠와 성숙은 개인마다 정도와 속도에 차이가 있으며, 그 결과에 따라 각기 다른 개인 · 사회 · 문화가 정의하는 노화가 존재한다. 나아가서 한 사회와 시대가 요구하는 성공적인 노화의 개념도 달라질 수 있다. 성인 후기의 신체적 특징은 개인차가 있지만 청 · 장년기 신체적 기능이 저하되며 행동이 둔화behavioral slowing된다는 것이다(Birren, Woods, & Williams, 1980). 운동 반응이나 자극과 문제에 대한 반응시간의 지연과 정보처리 능력, 회복력, 적응력의 감퇴가 여기에 포함된다.

대체로 노화는 세 가지의 서로 밀접한 형태로 진행된다. 일차적 노화primary aging, 이차적 노화secondary aging, 그리고 삼차적 노화tertiary aging로서 시간의 흐름에 따라 일어난다. 일차적 노화는 정상적 노화normal aging이며 모든 사람이 공통적으로 경험하는 현상이지만, 한편 신체 내 모든 기관에서 같은 속도로 진행되는 것은 아니다. 이차적 노화는 질병이나 환경적 · 후천적 영향에 의해 일어난다. 환경적 요인에는 흡연, 알코올이나 약물남용, 운동부족, 영양불균형 등이 포함된다. 질병과 이와 같은 후천적인 요인들은 저항력을 감소시켜 다시 다른 질병을 유발하고 노화를 촉진할 수 있다. 삼차적 노화는 생애의 마지막 단계에 일어나는 사망 직전의 급속한 감퇴, 신체적 · 인지적 · 사회적 기능의 빠른 상실을 의미한다. 표 11-1 은 노인이 기본적인 일상생활ADL : Activities of Daily Living을 독립적으로 할 수 있는가를 평가하는 측정도구로서 전반적인 신체적 기능을 판정하는 중요한 지표이다(Katz, Ford, Moskowitz, Jackson, & Jaffe, 1963).

1) 외모와 골격

노년기 운동은 신체발달뿐 아니라 정신건강 증진을 위해서 매우 중요하다.

나이가 들어감에 따라 표피의 멜라닌 생산의 균형이 이루어지지 않아 노인 반점이 많이 생기게 되며, 피하지방 조직의 양이 감소함으로써 피부는 탄력이 떨어지고 늘어져 주름이 생기며 표피도 얇아진다. 팔과 다리가 가늘어지고, 복부와 대퇴부의 형태가 변화하며, 땀 분비 기능의 감소와 함께 피하조직의 손실 때문에 체온의 조절 기능도 감퇴된다. 또 피지분비와 피지선이 감소하여 피부가 건조하고 거칠어진다. 피부세포의 증식과 재생속도가 줄어들면서 상처의 회복이 느리고 보호 기능도 저하된다(최영희 외, 2006 ; Hooyman & Kiyak, 2010).

모발의 변화 또한 노화의 결과로 모낭의 멜라닌 생성이 줄어들어 색이 희어지고, 모발의 양이 대체로 감소하며 가늘어진다. 유전 및 성이 노년기 모발의 양과 분포에 영향을 미치며 남성은 모발의 손실이 많고 여성은 팔, 다리에 모발 상실이 나타난다(최혜영 외, 2006).

노화과정이 외형으로 드러나는 대표적 모습인 변화된 골격과 근육이 노인의 전반적인 외형을 위축되어 보이게 한다. 연령이 증가하면서 어깨가 좁아지는 반면 골반이 넓어지고, 척추가 압박을 받아 척추의 길이가 줄어들어 신장이 축소되고 허리가 굽는 자세가 나타나며, 머리도 앞으로 수그러진다. 한편 귀와 코의 연골은 늘어지고 얇아진다. 노년기 건강에서 중요한 문제의 하나인 골대사의 변화로 뼈의 밀도가 낮아지고 질량이 줄어든다. 특히 여성은 35세부터 골밀도가 매년 2%씩 감소하여 골다공증의 가능성이 증가하며, 남성은 50세부터 골밀도가 매년 0.5%씩 감소한다. 뼈의 구성 성분도 변화하여 연령의 증가에 따라 유기질이 감소하고 골절의 위험성이 높아진다(최혜영 외, 2006).

2) 감각기관

감각기관은 주위 환경으로부터 인식되는 정보전달을 담당하므로 이 기관의 쇠퇴는 다른 기관의 능력 감퇴나 손실보다도 더욱 일찍 일상생활에 영향을 미친다. 노화에 의한 시력이나 청력 등의 감퇴는 노인의 사회적 접촉을 제한함으로써 노인을 위축 또는 고립되게 하여 정신적으로 부정적인 영향을 미칠 수 있으며, 전반적인 자극과 정보 수용량을 감소시켜 인지적인 기능의 감퇴를 초래할 수 있다. 따라서 노화에 의한 감각 기능 상실에 적극적으로 대처하기 위해 보조기구 등을 사용하는 데 대한 거부감을 줄이고 남은 기능을 보존해야 한다(Agree & Freedman, 2003 ; Chee, Dennis, & Gitlin, unpublished manuscript).

시력은 대체로 중년기에 접어들면서 점차 떨어지고 빛에 대한 적응이 어려워지는데, 이러한 시력의 감퇴는 망막 주위에 있는 신경세포의 변화 때문이다. 가까운 물체에 초점을 잘 맞추지 못하는 노안 또는 원시안 등이 나타나며, 특히 당뇨병 등이 원인이 되어 백내장이 생겨나기도 한다. 수정체 능력의 감퇴는 노화과정에서 가장 두드러진 현상이다. 근 위축으로 망막에 상image이 맺혀 조절되는 작용이 감소하여 원시로 진행되는 것이다(Hooyman & Kiyak, 2010).

청력도 노화에 의해 약화되어 난청이 일어나게 된다. 청각 약화는 고음을 들을 수 있는 능력이 점진적으로 상실되기 시작하여 저음을 구별할 수 있는 능력도 감퇴하는 것인데, 이는 노화뿐만 아니라 환경적 · 유전적 요인에 의한 고막의 손상에 원인이 있다. 청각의 변화는 여성보다 남성에게 더 많이 일어난다(Hooyman & Kyak, 2010). 남성에게 감퇴현상이 더 많이 나타나는 이유는 소음에 노출되는 비율이 여성보다 높으며, 생리학적 차이 때문이라는 설명이 우세하다. 같은 맥락에서 취업 여성에게 청력 감퇴가 많이 보고되고 있다. 그렇지만 고령에서도 청각이 잘 보존되는 경우도 많으므로 청력은 노화의 기준으로서의 신뢰도는 낮다(김태현, 2007).

3) 신체 내부기관의 기능

신체 내부기관의 점진적인 기능 쇠퇴는 세포의 손실과 재생 능력의 감소가 여러 기관의 보유능력의 감퇴를 초래하기 때문이다(Masoro & Austad, 2006). 노화현상으로 혈액순환이 둔화되고 불규칙해지며, 호흡 · 소화 · 신장 · 생식기능이 저하되고, 신체의 적응력과 면역력이 떨어진다. 내부기관 중 특히 호흡기관은 장기간에 걸친 환경의 영향을 많이 받는 것으로 알려져 있다. 그리고 오랜 시간의 운동이나 노동 후에는 체온조절이나 피로회복이 원활히 이루어지지 않게 된다. 따라서 생리적 기능의 저하로 연령이 높아질수록 특히 심혈관질환, 호흡기질환, 암, 성인형 당뇨병, 치매나 파킨슨병과 같은 뇌신경질환 등의 발병률이 증가하게 된다. 외모의 변화와 함께 이러한 신체 기능의 감퇴에 대한 부정적 수용은 노인으로 하여금 불안, 좌절 및 우울과 같은 심리적 반응을 일으키게 함으로써 노인의 행동과 사고력에 영향을 미칠 수 있다. 그 결과 건강관리에 소홀하게 되기 쉬우며 노년기 변화에 대한 대처능력이 떨어지고, 노인을 사회적 관계에서 멀어지게 만든다. 건강한 생활습관, 규칙적인 운동과 사회생활은 신체기능뿐만 아니라 우울감 감소에도 도움이 된다.

4) 수면

노년기에 접어들면서 일반적으로 활동량이 감소함에 따라 수면 시간도 줄어든다. 또한 깊은 수면의 양도 적어지고 불면증이나 수면 무호흡증sleep apnea 증상을 경험할 확률이 높아진다. 수면 무호흡증은 남성, 연령의 증가, 고혈압 · 당뇨병 · 비만과 같은 성인병과 관련이 깊은 것으로 알려져 있으며, 수면 동안 호흡을 잠시 멈추는 증상을 말한다. 이러한 수면장애와 절대적인 수면 시간의 감소는 노인의 일상 생활습관이나 사회활동에 부정적인 영향을 미치며, 개인을 질병에 취약한 상태에 놓이게 할 수 있다(최성재 외, 2002). 한편 노년기에 찾아오는 가족의 사망이나 질환에 의한 우울증, 감정의 불안정성에 기인한 불면증은 의학적 도움이 필요하며 개인의 대처노력이 요구된다.

5) 노년기의 성

노인기로 접어들면 성호르몬의 감퇴와 성적 자극에 대한 반응의 둔화로 성적 흥분, 생식기관 등에 변화가 올 수 있다. 그럼에도 노인의 성적 관심과 욕구는 일생을 통해 지속되며 파트너가 있는 경우 성적 활동은 계속되는 것으로 많은 연구에서 보고되고 있다. 성은 반드시 생물학적인 성행위 자체만을 가리키기보다는 애정, 친밀감, 열정, 자존감의 표현과 신체에 대한 존중을 포함하는 개념이며, 이러한 인식이 건강한 성생활의 근간을 이룬다. 노화의 다른 영역과 마찬가지로 성도 사회문화적 · 생물학적 · 정서적 · 인지적 · 행동적인 요소를 가지고 있다(Hooyman & Kiyak, 2010). 그렇지만 노인에게 성욕을 표현하고 욕구를 충족하도록 장려하는 중재가 거의 이루어지지 않고 있는데, 이는 노인의 성행위가 감소할 것이라는 사회의 편견과

올바른 인식의 결여 때문이다. 노년층은 폐경과 심장질환, 당뇨병, 관절염, 전립선염, 우울증 등 노년기에 주로 발생하는 질병, 통증 및 약물에 의해서도 성욕이나 성을 표현하려는 욕구가 제한받기도 한다. 노년기 이전의 성생활, 질병에 대한 대처, 자신감, 요양기관에 거주 등에 의한 제한된 사생활도 노년기의 성을 좌우하는 요인

표 11-1 / 노인의 일상생활능력(ADL : Activities of Daily Living) 평가 척도

1. **옷 입기** : 옷을 입을 때 다른 사람의 도움 없이 혼자서 하십니까?
   ① 도움 없이 혼자서 옷을 옷장에서 꺼내어 입을 수 있다.
   ② 부분적으로 다른 사람의 도움을 받아 옷을 입을 수 있다.
   ③ 전적으로 다른 사람의 도움에 의존한다.

2. **세수하기** : 세수나 양치질, 머리를 감을 때 다른 사람의 도움 없이 혼자서 하십니까?(세수는 얼굴에 물을 묻히는 정도도 괜찮음)
   ① 세 가지 모두 도움 없이 혼자 할 수 있다.
   ② 세수와 양치질은 혼자 하지만 머리 감기는 도움이 필요하다.
   ③ 다른 사람의 도움을 받지 않고는 머리 감기뿐 아니라 세수나 양치질을 할 수 없다.

3. **목욕하기** : 목욕을 할 때 다른 사람의 도움을 받지 않고 혼자서 하십니까?
   ① 도움 없이 혼자서 목욕(샤워)을 한다.
   ② 샤워는 혼자 하지만, 때는 밀지 못한다. 또는 몸의 일부 부위를 닦을 때만 도움을 받는다.
   ③ 전적으로 다른 사람의 도움에 의존한다.

4. **식사하기** : 음식을 준비해 드리면 도움 없이 혼자서 식사를 하십니까?
   ① 도움 없이 식사할 수 있다.
   ② 생선이나 음식을 잘라 먹을 때는 도움이 필요하다.
   ③ 식사를 할 때 다른 사람의 도움이 항상 필요하거나, 튜브나 경정맥 수액을 통해 부분적으로 혹은 전적으로 영양분을 공급받는다.

5. **이동** : 이부자리에 누웠다가 일어나 방 밖으로 나올 때 다른 사람의 도움 없이 혼자서 하십니까?
   ① 도움 없이 혼자서 방 밖으로 나올 수 있다.
   ② 방 밖으로 나오는데 다른 사람의 도움이나 부축이 필요하다.
   ③ 들것에 실리거나 업혀야 방 밖으로 나올 수 있다.

6. **화장실 사용** : 대소변을 보기 위해 화장실 출입할 때 남의 도움 없이 혼자서 하십니까?
   ① 도움 없이 혼자서 화장실에 가고 대소변 후에 닦고 옷을 입는다.
   ② 화장실에 가거나 변기 위에 앉는 일, 대소변 후에 닦는 일이나 대소변 후에 옷을 입는 일, 또는 실내용 변기(혹은 요강)를 사용하는 일에 다른 사람의 도움을 받는다.
   ③ 다른 사람의 도움을 받아도 화장실 출입을 못하거나 실내용 변기(혹은 요강)를 이용하여 대소변을 볼 수 없다.

7. **대소변 조절** : 대변이나 소변을 실수 없이 잘 보십니까?
   ① 대변과 소변을 본인 스스로 조절할 수 있다.
   ② 대변이나 소변 조절을 가끔 실패할 때가 있다.
   ③ 대변이나 소변을 전혀 조절하지 못한다.

출처 : 원장원(2002) ; Katz, S., Ford, A. B., Moskowitz, R. W., Jackson, B. A., & Jaffe, M. W.(1963).

이 될 수 있다. 그러나 성적 활동보다 파트너와 관계의 질이 더 중요하며, 또한 관계의 지속기간에 상관없이 정서적인 친밀도, 자율성, 그리고 만족스러운 성이 성적 관계를 이루는 두 사람에 의해 어떻게 지각되는가에 따라 노년기의 성생활이 정의된다(Kingsberg, 2000).

인지발달 3

성인 후기의 발달 양상 가운데 신체 감각기관 능력의 쇠퇴와 더불어 특히 인지기능의 감퇴는 개인의 일상생활, 일, 여가, 대인관계 등에 직접적인 영향을 미치게 되어 스트레스를 경험하게 한다. 그러므로 노년기 인지기능은 본인뿐만 아니라 가족이나 타인의 반응에서부터 변화가 인식된다.

노년기의 인지적 특성이나 행동양식을 평가할 때에는 지능과 지혜, 기억, 창의성 등 전 생애에 걸쳐 축적된 많은 경험과 지식에 따른 개인차를 고려해야 한다. 노인과 노후생활에 대한 편견은 물리적인 나이, 기능의 쇠퇴 등이 강조되어 노인들의 생애에 걸친 다양성을 간과하고 노년기를 단순하게 규정하려는 데에서 비롯된다. 즉, 인지기능의 변화는 다차원적으로서 노년인구 집단 내에서 개인차 이외에도, 한 개인의 발달과정에서도 인지기능의 여러 영역의 발달 및 감퇴 속도에 차이가 존재한다. 기억력의 감퇴가 먼저 나타나기 시작했다도 해도 지혜나 환경에 대한 적응력으로 기억력 감소의 영향을 상쇄시킬 수 있다. 표 11-2는 도구적 일상생활 측정도구IADL : Instrumental Activities of Daily Living로서 일상생활 측정도구(ADL, 표 11-1)보다 좀 더 복잡하며 인지적 · 사회적 기능의 보존을 판정하는 중요한 척도이다(Lawton & Brody, 1969).

1) 지능

최근의 연구에서는 연령증가에 따른 지능의 상실이 거의 없거나 판단력, 언어 등 학습과 경험의 영향을 받는 결정성 지능crystalized intelligence은 70대 전후까지도 증가하고, 속도나 기능에 의존하는 유동성 지능fluid intelligence은 감소하는 것으로 보고하고 있어(Cattell, 1963 ; Horn, 1982), 지능의 종류에 따라 변화의 정도가 다르다는 가설이 우세하다. 또한 지능감퇴가 일어난다고 해도 성인 중기 또는 후기에 별다른 쇠

적절한 운동은 노년기 질병예방과 인지능력 향상에 도움을 준다.

퇴가 일어나지 않고, 지능을 설명하는 데 연령의 영향력은 높지 않다. 그보다는 연령 이외에 환경과 경험의 효과를 반영하는 출생 동시집단효과 cohort effect, 교육수준, 직업, 생활 사건, 스트레스, 신체적 건강, 동기 등의 여러 요인 때문이라고 본다. 죽음 직전의 5년 이내에 발생하는 급작스러운 인지 능력의 감퇴 terminal drop 또한 나이가 얼마나 많은가보다는 신체 기능이 죽음에 얼마나 근접해 있는지의 여부가 지능에 영향을 주고 있다는 것을 보여준다.

2) 기억력

정보를 저장하고 필요할 때 사용하는 기억능력은 유아기에서 아동기에 걸쳐 급속히 증가하다가 그 후 차차 증가의 속도가 줄어들며 청년기에 정점에 달하고, 그 이후 얼마 동안 같은 수준을 유지하며 노년기에 접어들면서 서서히 감퇴한다. 노화에 따라 최근 기억 recent memory의 상실이 과거 기억 remote memory의 상실보다 많이 일어나며, 기계적인 암기 능력보다는 논리적인 내용에 대한 기억 능력이 더 크게 감퇴하고 따라서 기억력과 지남력 orientention의 감퇴가 일어난다(김태현, 2007). 특히 최근 기억의 상실은 치매 dementia의 주요 증상으로 이와 함께 판단력 · 문제해결력이 감퇴하고, 전반적인 지적 능력의 저하와 성격 · 정서에 변화가 나타나면 치매를 의심해 볼 수 있다. 치매의 대표적인 형태로는 알츠하이머병 Alzheimer's disease과 혈관성 치매 vascular dementia가 있다.

치매의 원인은 정확히 밝혀지지 않았으나 치매를 앓고 있는 환자의 뇌신경세포 사이에 베타아밀로이드 단백질이 축적되어 뇌의 기능을 방해하여 나타나는 증상으로 알려져 있다(Tiraboschi, Hansen, Thal, & Corey-Bloom, 2004). 그림 11-1 은 치매환자의 기억력과 지남력 손실을 보여주는 검사의 예이다.

많은 기억 연구가 횡단적 연구에 의존하여, 지능에 대한 연구 결과와 유사한 점들을 시사한다. 즉, 성인기의 기억력을 성인 초기와 후기로 나누어 두 집단을 비교하는 경우 출생 동시집단효과를 배제하기 어려우며, 집중력처럼 기억력에 영향을 주는 다른 인지능력도 함께 고려하여 성인 후기의 기억력이 측정되어야 한다(장휘숙, 2006).

그림 11-1

기억력 측정을 위한 집 모양과 시계 그리기 검사의 예

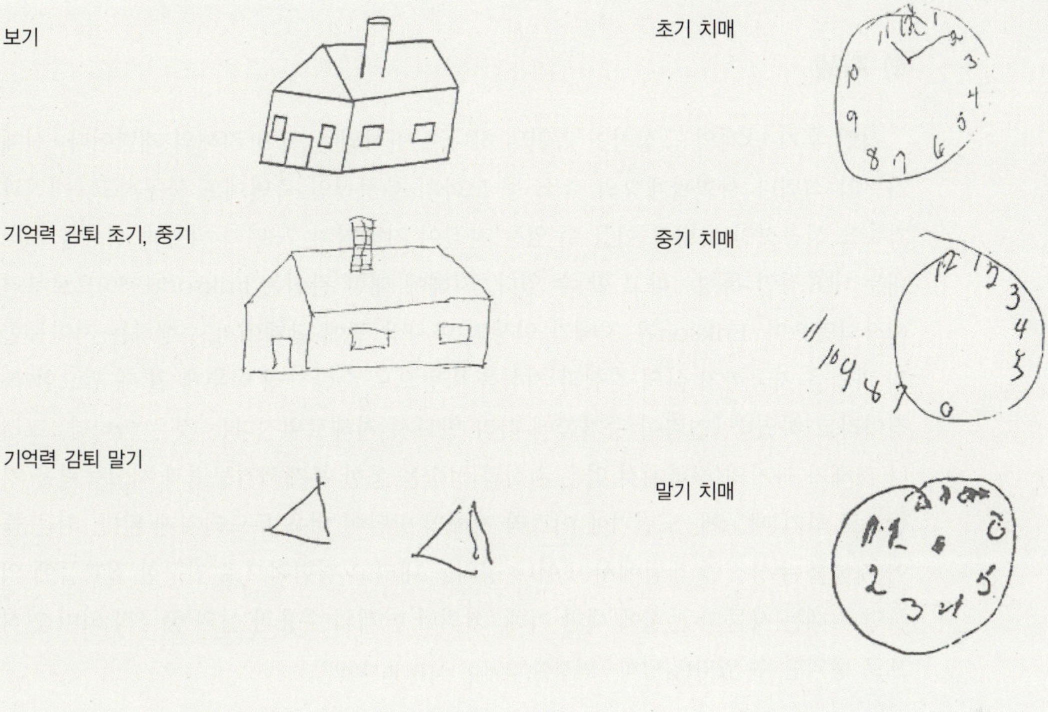

출처 : Rockwood, K., & Mcknight, C.(2001).

3) 창의성

창의성은 친숙하지 않은 상황에 대해 참신하고 독창적인 방법으로 사고하고 실질적인 해결책이나 개념을 생각해 낼 수 있는 능력이다. 연구에 의하면 가장 생산적이고 창의적인 업적은 30대에 제일 많으며 대부분 50세 전에 달성하게 되는 것으로 보고되어 있다. 그러나 창의적 업적의 절정기는 예술, 과학, 기술 등 분야마다 다르며 노년기에 창의성이 감소하는 것은 지능과 마찬가지로 질병, 사회문화적 배경, 창의적인 노력에 대한 관심이나 동기 결여와 같은 요인들에 의해 영향을 받는다. 또한 창의성은 노년기에 발현될 수 있고 창의성의 대상이나 형태는 노년기에 변할 수 있으며, 연령에 따라 창의성이 감퇴하더라도 감퇴의 정도가 급격하지 않으며 노년기에 창의성이 완전히 결여되는 것은 아니다(Birren & Schaie, 2005). 그리고 창의성의 측정으로 결과물products과 함께 사고하는 과정process에 대한 연구가 필요하다. 지금까지 과학자, 예술가 등 창의적인 개인들에 대해 직접적으로 관찰하고 비교한 연구가 미비하다는 것이 최근까지 노년기의 창의성 연구의 한계점으로 지적되고 있다.

4) 지혜

성인 후기 단계의 긍정적인 측면의 하나로 인식되는 것이 지혜의 개념이다. 신체 기능의 쇠퇴나 사회관계망의 축소 등 노화의 부정적인 측면에도 불구하고, 개인과 가족을 성공적인 노화로 이끌 수 있는 자질이 지혜이며, 노년기 발달과 성숙을 드러내는 대표적인 특성이라고 할 수 있다. 지혜에 대한 관심은 Erikson(1950)으로부터 시작되었으며, Erikson은 지혜가 인생의 마지막 생애 단계에서 수행하는 자아통합의 과업을 지금까지 삶의 경험과 지식을 바탕으로 순탄하게 이루게 될 때 필요한 특징이라고 하였다. 연령이 증가함에 따라 반드시 지혜로워진다는 것은 아니다. 그러나 지혜가 과거의 경험에서 얻은 지식과 성숙을 통한 문제해결능력과 사고능력을 기반으로 하기 때문에, 노년기에 이르러 지혜의 발달이 더욱 두드러지게 된다. 최근 들어 지혜를 추상적인 개념에서 벗어나 정의를 내리고 경험적으로 연구한 결과들에 의하면 지혜는 사물의 본질에 대한 이해, 쇠퇴나 한계의 수용과 삶의 궁극적 의미 인식으로 정의할 수 있다(김민희 · 민경환, 2010; Ardelt, 1997).

표 11-2 / 노인의 도구적 일상생활능력(IADL : Instrumental Activities of Daily Living) 평가 척도

1. **물건 사기** : 상점에 가서 계획한 물건들을 잊지 않으며 돈 계산에 실수 없이 구매하십니까?
   ① 도움 없이 혼자서 필요한 물건을 모두 구입한다.
   ② 한두 가지 물건은 혼자 구입할 수 있으나 여러 가지 물건을 살 때에는 다른 사람의 도움이 필요하다.
   ③ 어떠한 물건을 사든지 다른 사람이 동행해야 한다.
   ④ 전혀 물건을 살 수 없으며 다른 사람이 필요한 물건을 대신 사다줘야 한다.

2. **교통수단 이용** : 대중교통을 이용하거나 스스로 운전해서 길을 잃지 않고 목적지에 가십니까?
   ① 도움 없이 혼자서 모든 교통수단을 이용하거나 직접 차를 운전한다.
   ② 버스나 전철을 이용할 때에는 다른 사람의 도움을 받는다.
   ③ 택시나 승용차를 이용할 때에도 다른 사람의 도움을 받는다.
   ④ 다른 사람의 도움을 받아도 교통수단을 전혀 이용할 수 없거나, 등에 업혀서 또는 들것에 실려야만 교통수단을 이용할 수 있다.

3. **금전관리** : 용돈을 관리하고 은행에 가서 저축을 하는 등, 금전관리에 관련된 일을 도움 없이 처리하십니까?
   ① 도움 없이 혼자서 모든 금전관리를 한다.
   ② 용돈 정도의 금전관리는 할 수 있으나 큰돈 관리는 다른 사람의 도움을 받는다.
   ③ 금전관리를 할 수 없어서 전적으로 다른 사람의 도움에 의존한다.
   ④ 금전관리를 하지 않는다.

4. **집안일 하기** : 집안의 일상적인 청소나 침구정리, 설거지 등을 도움 없이 수행하십니까?
   ① 도움 없이 혼자서 집안일을 한다.
   ② 집안일을 할 때 부분적으로 다른 사람의 도움을 받는다.
   ③ 집안일을 할 수 없어서 전적으로 다른 사람의 도움에 의존한다.
   ④ 집안일을 하지 않는다.

5. **빨래하기** : 빨래를 (손으로 또는 세탁기를 사용하여) 도움 없이 하십니까?
   ① 도움 없이 혼자서 빨래를 한다.
   ② 빨래를 할 때 부분적으로 다른 사람의 도움을 받는다.
   ③ 빨래를 할 수 없어서 전적으로 다른 사람의 도움에 의존한다.
   ④ 빨래를 하지 않는다.

6. **전화 사용** : 필요한 전화번호를 찾거나 기억하여 전화를 거실 수 있습니까?
   ① 혼자서 전화번호를 찾고 전화를 걸 수 있다.
   ② 알고 있는 전화번호 몇 개만 걸 수 있다.
   ③ 전화를 받을 수는 있지만 걸지는 못한다.
   ④ 전화를 걸지도 받지도 못한다.

7. **식사 준비** : 적절한 식사를 계획하여 재료를 준비하고 음식을 도움 없이 만드십니까?
   ① 도움 없이 혼자서 밥과 반찬을 하고 상을 차린다.
   ② 식사 준비에 부분적으로 다른 사람의 도움을 받는다.
   ③ 식사 준비를 할 수 없어서 전적으로 다른 사람의 도움을 받는다.
   ④ 식사 준비를 하지 않는다.

8. **약 복용** : 시간과 용량을 지켜 약을 드십니까?
   ① 제 시간에 필요한 용량을 혼자 먹을 수 있다.
   ② 필요한 양의 약이 먹을 수 있게 준비되어 있으면 제 시간에 혼자 먹을 수 있다.
   ③ 약을 먹을 때마다 다른 사람이 항상 도와주어야 한다.
   ④ 약을 복용할 필요 없다.

출처 : 강수진 외(2002) ; 원장원(2002) ; Lawton M. P., & Brody E. M. (1969).

4 정서사회 발달

성인 후기의 정서 및 사회성에 관한 연구는 신체기능과 인지능력에 대한 연구에 비하여 미흡한 실정이다. 이는 인생의 마무리 단계에 이르러서는 성인 초기까지 이루어진 성격 발달이나 자아 개념이 변화가 거의 없다는 고정관념 때문이다. 그러나 일생을 통하여 인간은 사회적 관계 및 역할, 환경의 변화를 겪게 되며 어느 정도 청소년기에 형성되어 온 성격을 유지하거나 반대로 극적인 변화를 경험할 수도 있다. 그러므로 성격의 안정성이나 변화는 개인이 타고난 성향과 성장하면서 체험한 것에 반응함으로써 얻어진 결과의 연속이다.

Erikson(1950)은 성인 후기인 노년기에 접어들면서 노인들이 생애 마지막에 직면하여 필연적으로 자신의 삶을 돌이켜 보며 통합감 또는 절망감을 느끼는 위기에 대하여 다음과 같이 설명한다. 자신의 삶이 전체적으로 만족스럽고 후회 없는 삶이었다고 받아들이며 죽음에 대해 초연한 태도를 보이는 것이 통합의 측면이며, 반면 불만족스러운 마음이나 분노, 미진한 것들에 집착하여 절망감에 빠질 수 있다는 것이다.

누구나 인생이 짧았고 실망과 부족한 점들이 있었다는 점은 느끼게 된다. 그러나 이러한 부정적인 감정들을 받아들이고 현실과 미래에 대해 통찰력을 갖는 것이 노년기의 중요한 자원인 지혜 wisdom이다. 이처럼 성인 후기에 이르러 과거를 돌아보는 과정과 동시에 산출되는 성향으로서 정서사회발달을 관찰해 볼 수 있다. 윤진(1985)의 연구와 김태현(2007)이 고찰한 노년기의 특성을 정리해 보면 다음과 같다.

■ 내향성 및 수동성의 증가

내향성 interiority은 사물, 가치 판단과 행동양식이 외부 자극에 대한 대응보다는 개인의 정신적·정서적 능력과 영성 spirituality에 비추어 이루어지는 것을 말한다. 일반적으로 내향성은 성인 중기부터 두드러지게 나타나는 현상으로, 성인 중기의 발달과업인 생산성의 시기를 지나 나이가 들면서 사회적 활동이 감소하거나, 또는 그 시기의 과업을 성공적으로 수행하지 못함으로써 침체되어 부정적인 결과로 나타날 수 있다. 다시 말해서 청년기나 성인 초기에는 사회적인 관계나 가정적으로 책임과 이루어야 할 일이 많으므로 개인의 에너지와 관심이 외부로 많이 소모된다. 그러나 성인 후기에 접어들며 자신보다는 가족과 일에 우선순위를 두어왔던 삶에서 자신의 생애를 돌아보는 내면세계의 성찰에 주의를 기울이게 된다.

내향성과 함께 많이 나타나는 노년기 정서사회발달의 특징 중 하나는 수동성 passivity이다. 청년기, 성인 중기에 비해 성인 후기에는 적극적으로 주도 · 개입해야 할 일이 줄어들며, 개인이 가진 시간과 자원들이 한정되어 있다고 인식하는 경향이 있다. 따라서 주어진 환경 안에서 활동하려는 성향과 새로운 일을 시도하려는 태도에 변화가 찾아온다. 또한 노년기에 대해 부정적인 이미지를 느낄수록 다음 세대에 의존하거나 문제 상황을 회피하는 수동적인 모습을 보이게 된다.

■ 조심성과 경직성의 증가

노년기에 이르러 시각, 청각 등의 감각기능과 운동기능이 감퇴하며 성인병 유병의 가능성이 높아진다. 이러한 일반적인 체력과 신체기능의 감퇴를 의식하여 노년기의 개인은 상황에 대한 반응과 결정을 내리는 과정은 청 · 장년기와는 다른 양상을 보인다. 즉, 무엇을 결정하고 실행하기 전에 확신이 있어야만 진행을 하게 된다. 이러한 성향은 조심성이 많은 것으로 비추어진다. 한편, 조심성의 정도가 일상생활을 위축되게 하지 않는다면 사려 깊고 통합적인 사고능력이 필요한 노년기 지혜의 일부로 볼 수 있다. 그러나 조심성의 증가 현상 때문에 대체로 노인들은 새로운 상황과 맞닥뜨리는 것을 주저하게 된다. 그 때문에 옛것을 지키려는 보수적인 경향을 나타내고 경직성으로 이어질 수 있다.

경직성이란 어떤 태도, 의견, 그리고 문제해결에서 그 해결 방법이 옳지 않거나 이득이 없으며, 비합리적이고 정서적 스트레스를 초래한다고 해도 과거와 마찬가지의 방법을 지속하는 행동경향을 말한다. 시간이 지나도 종래에 익숙해져 있는 방법과 습관을 고집하고, 새로운 지식을 취하려 하지 않고 옛것을 버리지 못하는 경향이 있다. 이것이 세대 간 갈등의 원인이 되고 노인에 대한 고정관념을 지우기 어렵게 하는 이유가 되기도 한다.

■ 친숙한 사물에 대한 애착심

노년기에는 세월의 흐름과 함께 오랫동안 사용해 온 물건이나 대상에 대한 애착심이 증가한다. 이는 지금까지 살아왔던 집이나 과거의 추억이 깃든 도구, 사진, 기념물 등에 대해 감정적 가치 sentimental value를 많이 두기 때문이다. 이러한 물건들을 통해 자신의 생애를 회상하곤 한다. 이는 비록 자신의 주변 세상과 사물들은 변했지만 자신과 자신의 주변은 변하지 않은 것으로 보려는, 안정과 항상성을 유지하려는 경향이 있음을 보여주는 것이다. 성인 후기의 이러한 특징은 최근 사회적 관심이 되고 있는 장수와 고령사회에 예상되는 여러 문제와 대책의 근간인 향거장수aging in place(적절한 장소에서 늙어가기)의 개념을 낳게 하였다. 자신이 살아온 이웃과 지역사회에서 늙어가고 싶어하지, 익숙하지 않은 시설로 요양을 위하여 노년기에 이주하고 싶지 않은 것이다.

■ 성역할의 변화

성역할gender role이란 특정 문화권에서 남성과 여성이 행동하고 수행하는 역할을 의미한다. 시대와 사회에 따라 정도의 차이는 있으나 대부분의 문화권에서 남성과 여성에게 기대하는 규정과 역할이 존재하며, 이에 따라 행동하지 않을 때 그 사회의 구성원에 대한 질책, 나아가서 한 개인의 적응에 영향을 미치게 된다. 즉 남성다움, 여성다움이 존재하여 개인은 행동하게 되며 평가받는다. 많은 사회에서 성역할 고정관념gender stereotype이 공유되고 자율성, 용기, 경쟁심, 독립성, 공격성, 자기 주장성, 단호함은 남성성으로 기대한다. 이와 대조적으로 소심, 친밀성, 수동성, 의존성, 관계지향성, 타협성, 매력 등은 여성성으로 인식한다. 따라서 인간은 자기의 성에 맞는 행동을 수용하는 사회화된 행동을 하게 되므로 생애에 걸쳐 남녀 간의 행동양식에 성차가 나타나게 된다.

그러나 성인 중기 후반부터 노년기에 이르러 성역할sex role crossover 교차가 일어나 대부분 이전 생애 단계까지 고정관념으로 억제되어 있던 남 · 녀 행동의 특징들이 반대의 성에서 나타난다. 이러한 현상의 주된 이유는 전통적인 성역할 수행이 필요했던 남성과 여성이 자녀들이 떠난 빈둥지empty nest 시기를 경험하고 은퇴 과정을 겪게 된다. 이때 남성은 자신의 내부 세계에 좀 더 관심을 두게 되어 민감성, 관계지향성, 의존성 등과 같은 성향을 보이며, 여성은 온정적이고 친밀한 양육자의 특성 중심에서 공격성, 자기주장성과 같은 성향을 더 표현하게 된다. 한편, Vaillant(1977), Nash와 Feldman(1981)과 같은 학자들은 성인 후기의 성역할이 교차된다기보다는 개인의 전통적 성향은 유지하되 더불어 이성이 가지고 있는 특성도 표현하는 성역할의 확장sex role expansion을 주장하였다.

은퇴 5

노년기 사회활동은 개인의 안녕과 사회의 노인에 대한 긍정적 인식에 도움을 준다.

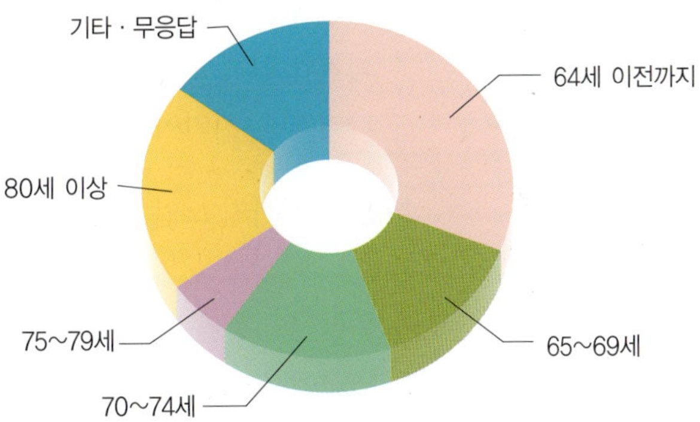

출처 : 조선일보(2011. 1. 10.)

몇 살까지 일하고 싶나?

제도적으로 은퇴란 직업에 대한 정당한 대가를 요구하는 것으로, 산업사회의 산물이라고 할 수 있다. 개인적 측면에서 은퇴는 사건 · 역할 · 과정으로 볼 수 있으며, 은퇴가 어느 정도 성공적인가 하는 것은 개인의 신체적 · 정서적 · 사회경제적 특성과 새로이 습득하는 지위와 역할에 의해 결정된다(장인협 · 최성재, 1987). 사건이라는 관점에서 은퇴는 수입의 획득, 직업을 통해서 얻는 지위, 사회적 관계망, 자아정체감, 의미 있는 경험과 같은 개인에게 중요한 많은 것을 잃어버리게 되는 사건으로 본다. 어떤 사람은 은퇴 사건을 경험하지 않을 수도 있는데, 예를 들면, 원래 직업이 없던 사람은 공식적인 은퇴 사건이 없다. 은퇴는 역할의 측면에서 살펴보면, 직업의 상실에 의한 역할 없는 역할 roleless role(Cowgill, 1986)로 묘사되고, 행동적 지침의 부재를 의미하기도 한다. 반면, 은퇴자의 역할을 인정하는 관점은 은퇴자의 행동적 기대, 즉 권리와 의무를 제시한다. 은퇴자의 권리는 직업이나 사회의 부정적인 평가 없이도 경제적인 부양을 받을 수 있는 것과, 개인적 시간의 자율적 관리를 포함하고 있다. 그리고 은퇴자의 책임은 개인이 직업인으로서 활동이 소멸된 후의 적절한 생활양식을 결정하는 것이다(George, 1980). 은퇴는 과정의 측면에서 보면, 경력이 끝나거나 줄어드는 과정이다. 즉 은퇴는 기대했던 새로운 지위와 역할로의 사회화가 이루어지는 과정으로서,

많은 사람이 중년기에서 노년기로 진입하는 전환점이 되는 시기로 간주하여 행동한다. 대체로 은퇴자는 개인에 따라 약간의 차이는 있으나 다음의 단계를 거치게 된다(Atchley, 1972).

① 먼 단계 remote phase : 은퇴 전의 단계로 은퇴에 대해 대비를 하지 않는다.
② 근접 단계 near phase : 은퇴가 가까워지며 은퇴한 후 생활에 대한 환상을 가지고 은퇴 준비를 시작한다.
③ 밀월 단계 honeymoon phase : 직업과 관련한 책임감에서 벗어나 은퇴를 즐기는 시기이다. 그러나 경제적 상황에 따라 영향을 받을 수 있으며, 은퇴 결정이 타의에 의해 이루어진 경우 이 단계를 거치지 않을 수 있다.
④ 환멸 단계 disenchantment phase : 많은 사람이 밀월 단계 이후의 은퇴 후 현실을 깨닫게 되어 침체와 우울감을 경험한다.
⑤ 재지향 단계 reorientation phase : 환멸 단계를 경험한 후 안정적이고 실현 가능한 새로운 생활양식을 정립하는 시기이다.
⑥ 안정 단계 stability phase : 변화를 수용하며 일상생활에 안정이 찾아오는 시기이다.
⑦ 종결 단계 termination phase : 재취업으로 은퇴자로서의 생활이 일시적으로 종결되거나 신체적 · 인지적 기능의 쇠퇴로 독립성이 감소하여 은퇴자의 역할이 끝나게 되는 시기이다.

한편, 이제까지 노인의 부양을 주로 담당해 오던 확대가족의 핵가족화와 저출산의 추세로 노후 생활을 가족에게만 의존하는 것이 어려워지고 있다. 연장된 노년기 기간을 위한 충실한 준비가 이루어지지 않았다면 은퇴 후 생활에 문제가 생길 수 있다. 많은 연구에서 경제적 안정, 건강, 주거환경, 사회적 지지, 성격, 은퇴 동기 등이 은퇴 후의 적응에 영향을 미치는 요인으로 보고되고 있다(Hooyman & Kiyak, 2010). 2004년 취업 희망 노인을 대상으로 한 조사에서, 실제로 노인들의 취업 욕구가 증가하고 있으나 적당한 취업의 기회를 찾는 것을 포기하거나 실패한 경우가 78.6%로 나타났으며(통계청, 2004), 일을 하는 경우 경제적인 이유 때문이 69.9%, 일이 좋아서 하는 경우는 6.5%로 나타났다(한국보건사회연구원, 2005).

은퇴에 대한 적응 유형으로 Reichard, Livson, Peterson(1962)는 다음의 5가지 특성을 제시하고 있다.

- 현실을 수용하고 일상생활에 만족을 느끼는 성숙형 mature type
- 평생 지녔던 무거운 책임에서 해방된 시기로 은퇴기를 받아들이는 안락형

rocking chair type

- 나이가 들어가는 데 대한 불안의 방지책으로 계속적인 사회활동 및 기능을 유지하려고 노력하는 무장형 armored type
- 자신이 늙어가는 것을 인정하지 않고 젊은 시절의 인생이 시대 상황, 경제 사정, 부모, 형제, 자녀 등에 의해 실패했다고 비통해하는 분노형 angry men type
- 자신의 무능으로 보잘 것 없는 존재가 되었다고 비관하며 후회하는 자학형 self-haters type

이러한 유형들을 보면 은퇴 후의 생활이 획일적이지 않다는 것을 알 수 있다.

'은퇴증후군' 날려버리기

#1 곽모(62 · 서울 신림동)씨의 유일한 친구는 술과 담배다. 국내 중견 종합상사에서 직장생활 '마침표'를 찍은 그는 인생역전을 노리며 무작정 자판기 사업에 뛰어들었다. 생소한 분야에 손을 댄 대가는 혹독했다. 퇴직금을 모두 날렸다. 내성적인 성격 탓에 교류가 활발하지 못했던 곽씨는 사업에 실패하자 졸지에 '사회미아'가 됐다. 가족의 냉랭한 태도도 견딜 수 없었다. 피해의식과 상실감으로 바깥출입을 하지 않고 집에 눌러앉아 피폐한 나날을 보내고 있다. 곽씨는 앞으로 살아갈 30년에 대한 세월이 막막하기만 하다.

#2 이효일(67 · 서울 상계동)씨는 하루 24시간이 부족하다. 2008년 국내 굴지의 화장품 기업에서 정년퇴직한 그는 지난해부터 고궁해설가로 제2의 인생을 열었다. 서울 소재 사회복지관 9곳에서 노인들을 대상으로 '궁궐이야기' 특강을 하고 있다. 순수 봉사활동이다. 10여 년간 역사서를 탐독한 지식이 켜켜이 쌓여 얻게 된 결실이다. 이씨는 "퇴직 후 사회에 기여할 수 있는 일을 찾기 위해 사회복지사 1급 자격증도 땄다. 소득은 없지만 주변에서 나를 바라보는 시선이 달라졌다. 집사람이 가장 좋아한다"며 웃었다.

베이비붐 세대 내년에만 70만 명 정년퇴직

은퇴(정년퇴직)자 "쓰나미"가 시작됐다. 한국전쟁 후 태어난 '베이비붐 세대'(1955~1964년 출생)는 약 712만 명으로 집계된다. 전체 인구의 14.6%에 이른다. 국내 최대 시니어 포털사이트인 시니어파트너즈 박은경 대표는 "베이비붐 세대의 사회 은퇴가 본격적으로 시작됐다"며 "올해에만 약 66만 명의 은퇴자가 발생한다"고 설명했다. 1956년에 태어난 베이비붐 세대 모두가 55세에 정년퇴직한다고 가정하면 내년에는 약 70만 명, 2012년에는 74만 명, 2015년에는 85만 명의 은퇴 인구가 사회로 쏟아져 나온다. 2008년의 55만 명과 비교해 급격하게 늘어나는 수치이다. 특히 국가 성장 역군으로 앞만 보고 달려온 남성의 비율이 높다. 그렇다면 은퇴자의 미래는 어디일까. 평균수명 100세가 화두인 요즘, 은퇴 당사자들은 앞으로 30~40년 더 살아야 할 세월이 무겁기만 하다. 준비 안 된 퇴직자들은 끝이 보이지 않는 나락으로 떨어질 수 있다.

금실 좋은 부부, 은퇴증후군 극복 쉬워

세계 10위권의 경제성장을 이룬 베이비붐 세대 가장들은 은퇴증후군 앞에 힘없이 주저앉을 수밖에 없을까. 아니다. 30여 년 세월이 만든 '나이테'를 기반으로 인생 2막을 열며 팡파르를 울릴 수 있다. 김일순 회장은 "행복에서 가장 중요한 것은 자율성과 독립성"이라며 "직장인은 싫은 사람도 만나고 내키지 않는 일도 하지만, 은퇴자는 원하는 것을 할 수 있다는 것이 큰 장점이자 행복"이라고 말했다.

은퇴증후군을 극복하기 위해서는 우선 현실을 부정하지 않는 자세가 필요하다. 가족과의 대화, 글쓰기를 통해 지금까지 걸어온 길이 가치 있었다는 점을 되돌아보면 도움이 된다. 자신의 장점을 발견해 여생을 설계할 수 있는 디딤돌을 놓을 수 있다. 이런 과정을 통해 은퇴를 긍정적으로 받아들이고 고립감에서 탈출하면 상실감, 우울증, 건강 악화를 피할 수 있다. 노인여가문화기획자 한정신(작가)씨는 "봉사활동은 은퇴가 없다. 은퇴증후군을 겪고 있는 사람들은 'ABC'를 기억하자"고 제안했다. A는 '다시(Again)', B는 '시작하다(Begin)', 'C는 창조하다(Create)'의 앞글자이다.

출처 : 중앙일보(2010. 5. 24.)

실버 부부, 신중년 부부

예전의 '실버 부부'(1980~1990년대 부부기준)	21세기 '신중년 부부'(2010년 이후 기준)
부부끼리 함께 살아야 하는 시간	
18년 평균 55세. 은퇴하고 남편이 세상 뜰 때까지 15만 8000시간	**29년** 53세 은퇴하고 25만4000시간 '평생 직장' 개념이 사라져 은퇴시기가 당겨진 반면 기대여명은 길어졌기 때문
가족의 형태	
"자녀와 함께 살아요" 60~75세가 가장인 가구에 사는 사람 47%가 "자녀와 함께" 부부끼리는 17%뿐	**"부부끼리 살아요"** 같은 집단에서 "부부끼리" 48%, "자녀와 함께" 27%로 역전
장남이 부모 모시고 사는 비율	
52% 부모는 당연히 장남이 모시고 살아야 한다는 생각이 팽배	**14.6%** 장남이 모시고 사는 비율 급감
자식에게 재산 물려주나	
78.9% "재산을 이미 전부 물려줬다"	**9.3%** "재산을 이미 전부 물려줬다"
노후 자녀 의존도	
90% 통계청이 65세 이상에게 '노부모 누가 부양할까요' 라고 물었더니 "자식이 책임져야지"	**34.1%** 같은 질문에 "자식이 책임져야지" 답변은 3분의 1 수준
경제적 자립	
41.6% 통계청이 65세 이상에게 '생활비 누가 벌어 쓰나요' 물었을때 '우리 스스로' 라고 답한 비율	**50.2%** 같은 질문에 '우리 스스로' 라고 답한 비율
노년의 성생활	
19% 한 달에 한 번 이상 성생활 하는 60대 이상 비율	**70%** 더 건강해지고 비아그라(발기부전 치료제) 등 의학의 발달로 '한 달에 한 번 이상' 비율 3배 수준으로 늘어
소비 · 소득 수준	
83만원 월 평균 소득 70만원 소비	**269만원** 월 평균 소득 160만원 소비
사별 · 이혼 후 새 짝찾기	
남 5.1% 여 0.9% 전체 재혼 인구 대비 65세 이상 재혼	**남 9.8% 여 3.9%** 65세 이상 재혼 인구 비율 남성 약 2배, 여성 약 4배 수준으로 증가

출처 : 조선일보 2015. 2.3.

성인 후기 발달과 가족 6

가족은 출생부터 생애의 마지막 순간까지 속해 있는 사회적 관계로서, 개인의 성숙과 발달에 가장 중요한 영향을 미친다. 성인 후기의 가족은 이전 단계와 마찬가지로 독신 가구 또는 배우자와 사별한 경우를 제외하고 대부분 배우자와의 관계, 자녀와의 관계가 핵심을 이루며, 손자녀와의 관계가 시작된다. 현대사회에서 길어지고 있는 노년기와 가족에 대한 논의 중에는 연장되는 빈둥지 시기, 성인 자녀의 독립이 늦어지는 데 대한 부담감, 사별이나 이혼에 의한 홀로된 노인의 고립감과 소외감, 재혼 가정에서의 적응, 여성의 취업 증가나 가족의 해체에 의한 손자녀 양육부담 등 여러 문제가 있다. 이러한 사회적 변화에도 불구하고 노후의 부부관계는 노년기의 생활만족도를 예측하는 중요한 지표가 되며, 자녀는 여전히 많은 노인에게 중요한 관심의 대상이 되고 있다.

1) 부부관계

성인 후기에 이르러 자녀들이 집을 떠나면 중년기에 자녀양육과 경제적 문제, 직장생활에서의 갈등 등으로 겪었던 문제들이 감소하는 경향이 있어서 부부의 관계를 새로이 지각하고 친밀도가 증가한다. 여성의 경우 건강과 연령의 증가, 남편의 정서적 지지가 결혼만족도를 높게 결정짓는 요소인 반면, 노년기 인생사건의 하나인 은퇴를 경험한 남편의 경우 부인의 정서적 지지가 적응에 중요한 요인으로 나타났다(신화용 · 조병은, 1999).

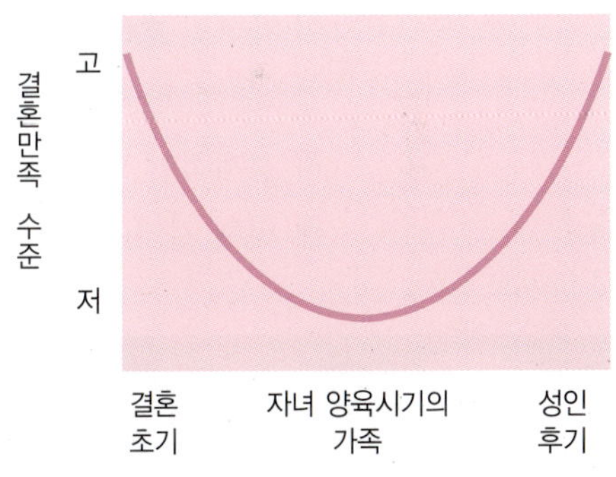

출처 : Quinn & Hughston(1984).

한편 양육, 직업 등에 매달려 이제까지 해결하지 않고 지나왔던 부부관계의 갈등이 오히려 심각하게 표출되어 이혼으로까지 이어질 수도 있다. 실제로 65세 이상 노인의 황혼이혼이 2005년 이후 증가하는 추세에 있다. 노년기 이혼에 이르게 되는 현상은 부부가 지금까지의 갈등을 자녀가 성장한 후 이혼으로 해결하려는 것이며, 특히 여성의 경제적 능력이 증대되면서 여성이 먼저 이혼을 청구하는 경우가 늘고 있다(정옥분, 2008). 연구에 의하면 쌓여왔던 갈등을 해소하는 방편으로 이혼을 한다 해도 노년기의 이혼에 대한 적응은 다른 인생 시기에 겪는 이혼보다 더 어려운 일로 알려졌다(Chiriboga, 1982). 노년기의 재혼도 최근 들어 증가하고 있는데, 2006년 현재 60세 이상 성인에서 재혼한 남성은 2,632명, 여성은 879명으로 조사되었다(통계청, 2007). 이것은 노년기의 남성이 여성보다 3배 정도 더 재혼을 많이 하는 일반적인 인구학적 추이를 반영한 것으로, 남성은 고독감이나 가사활동의 필요에 의해, 여성은 경제적인 어려움 때문에 재혼을 하는 경우가 많다. 재혼 이후의 생활에 성공적으로 적응하기 위해서는 상대방에 대한 이해, 재정적 안정, 재혼으로 형성된 가족과의 원만한 관계가 필요하다.

행복한 부부관계는 성공적인 노후의 주요 요인이다.

2) 부모-자녀 관계

성인 후기의 노부모와 성인 자녀의 관계는 자녀가 성장하기 이전에 자녀를 보호하고 양육하는 관계에서 점차 친구 같은 관계로 변화한다(Rossi & Rossi, 1990). 또한 부모, 자녀 두 세대 간에 돕고 돌봄을 받는 호혜적인 관계가 유지되는데, 부모 자녀의 관계가 좋을 때는 성인 자녀들이 부모의 어려움에 적극적으로 반응한다. 부모와 성인 자녀의 호혜적인 관계는 접촉의 빈도, 물질적 · 정서적 · 사회적 지지로 나타나며, 결속도의 개념으로 파악된다(Binstock & George, 2010). 즉, 노부모는 자녀에게 여전히 경제적인 도움을 주고 정서적 지지를 제공하며, 사회교환 이론social exchange theory에 의해 자녀에게는 노후 부양을 기대한다. 이러한 관계는 대부분 부모가 질병으로 병약해질 때 전환점을 맞이하며, 성인 자녀의 노부모 부양 책임이 증가하게 된다. 성인 자녀의 노부모 부양에 대한 부담감은 부모와의 관계의 질, 부양 기간, 성인 자녀의 건강과 취업 유무 및 자녀 양육, 재정적 능력, 사회적 지지, 외부 서비스 이용 등에 의해 영향을 받는다. 일반적으로 성인 자녀는 부양 부담 때문에 신체적 피로와 우울, 분노, 슬픔, 죄책감 같은 부정적 정서를 느끼지만 자신의 성숙, 부모와의 관계 개선과 같은 긍정적 정서도 경험한다(Monin & Schulz, 2009; Pinquart & Sörensen, 2003).

물질적 · 정서적 지지를 교환하는 세대 간 관계는 상호호혜적이다.

3) 손자녀와의 관계

성인 중기 후반부터 시작되는 조부모의 역할은 성인 후기에도 지속된다. 전통적으로 조부모가 손자녀에 대한 일차적인 양육의 책임이 없지만, 최근 맞벌이 부부가 증가함에 따라 점차 양육에 적극적으로 관여하는 상황이 증가하고 있다.

일반적으로 조부모의 건강이 양호하고 경제적 여유가 있을 때, 그리고 손자녀 양육에 대한 가치관이 성인 자녀와 조부모가 서로 일치할 때, 조부모는 손자녀 양육에 긍정적 역할을 할 수 있다. 한편 조부모 양육 역할의 결과, 조부모가 손자녀의 양육을 전담하는 경우 조부모는 건강에 직접적인 위협을 받을 수 있다(Lee, Colditz, Berkman, & Kawachi, 2003).

성인 자녀 부부의 취업으로 손자녀를 위한 조부모의 역할이 더욱 강조되고 있다.

Hooyman과 Kiyak(2010)은 많은 연구 결과를 토대로 다양한 형태의 조부모 역할을 다음과 같이 5가지 유형으로 제시하였다.

① 친구형 companionate style : 정해진 역할 없이 손자녀와 가깝게 느끼고 친구처럼 시간을 보내며, 가족의 역사를 이야기해주는 등의 관계이다.

② 원거리형 remote style : 지리적인 이유 등으로 조부모 역할을 자주 하지 않는다.

③ 관여형 involved style : 지리적으로 가까이 있으며, 이혼 등 가족의 위기 상황에서는 부모와 같은 역할을 수행한다.

④ 개별형 individualized style : 원거리형의 조부모보다는 정서적으로 친밀하지만 손자녀의 생활에 깊이 관여하지 않는다.

⑤ 권위적 또는 영향력 있는 유형 authoritative, influential : 주로 조모의 경우로, 부모의 역할을 수행하는 광범위한 지지를 제공한다.

죽음과 사별 7

노년기에 이르지 않았더라도 가족이나 가까운 사람의 죽음을 겪으면 인생에서 누구나 죽음을 생각해보고 그 의미를 깊이 새겨보게 된다. 현대사회에서 의학의 발달로 죽음은 더욱더 생애의 마지막 단계로 미루어지고 있으며, 많은 사람은 죽음에 대한 적절한 준비의 필요성을 확신하지 못한 채 회피 대상으로 여기고 있어 막상 죽음에 직면할 때 절망에 이르기도 한다. 한편 죽음은 자신이 살아온 인생, 삶의 가치 등을 돌아보게 하는 기회를 제공한다. 죽음에 대한 반응과 사별은 지금까지의 다른 발달의 측면과 같이 매우 다양하다.

1) 죽음의 정의

생물학적 또는 의학적으로 죽음은 심장기능의 정지(심장사) 또는 뇌 활동의 정지(뇌사)를 뜻한다. 그러나 의학 기술의 발달로 어느 기능의 정지를 사망으로 정의하느냐는 나라와 문화에 따라 다르다. 우리나라의 의료법은 심장사를 사망의 기준으로 하는 반면, 서구의 여러 나라에서는 뇌사를 사망으로 정의하는데 그 이유는 장기이식의 가능성 때문이다.

한 개인이 죽음을 정의하는 데에는 의학적 정의 외에도 다른 사회 · 문화적 요인들이 영향을 미친다. 일반적으로 질병 등 죽음의 원인, 고통, 종교, 애도의 절차나 기간, 사후세계에 대한 견해, 그리고 죽음을 맞이한 시간, 즉 사회의 연령적 규범에 비추어 개인이 수용할 수 있는 생애 단계에서의 죽음이었는가에 의존한다.

2) 죽음에 대한 태도

연구에 의하면, 흥미롭게도 성인기 동안 후기보다 중기에 죽음에 대한 두려움이 높다고 한다. 성인 중기는 대부분 부모의 죽음을 경험하면서 동시에 자신의 노화에 대한 인식도 커져 가며, 한편으론 가족이나 사회적으로 많은 책임감을 갖고 있는 시기이므로, 상실에 관해 재고하고 두려움을 느끼게 된다. 노인들은 성인 중기의 개인들에 비하여 죽음을 상대적으로 많이 경험하고, 미래에 대한 자신들의 기대를 점차 낮추는 과정을 겪는다. 그러므로 죽음 그 자체보다는 죽음의 형태나 고통에 더 관심을 두게 된다.

남 · 녀 성별 또한 죽음에 대한 반응과 태도가 다르게 나타날 수 있다. 연령에 따라 살펴보면, 일반적으로 젊은 여성이 성인 후기의 여성보다 죽음에 대한 두려움을 더 많이 느끼는데, 이는 양육자의 역할을 의식하기 때문이다. 여성은 남성보다 죽음에 대한 두려움이 많은 반면, 불확실성에 대해서는 불안감을 적게 가지고 있다. 그러나 죽음에 대한 성차는 사회화 과정, 종교에 따라 달라지므로 일관된 결과는 나타나지 않았다(Binstock & George, 2010).

또한 Erikson의 정체감 위기 이론에 의하면, 성인 후기에 접어들면서 그 이전까지 자신의 삶을 되돌아보며 발달 과업을 성취하며 삶의 의미를 깨닫는다면 절망감에 이르지 않고 죽음을 받아들일 수 있다.

3) 죽음에 직면하는 과정

노년기의 개인들은 죽음에 대하여 고통스러운 죽음의 과정보다 덜 두려워한다. 널리 알려져 있는 죽음의 단계 stages of dying는 정신과 의사 Kübler-Ross에 의해 그 틀이 발전되었는데, 죽음의 과정을 죽음에 대한 대응의 형태로 설명하고 있다.

① 충격 shock과 부정 denial : 죽음에 직면한 거의 모든 사람에게 나타나는 감정으로 사실을 부정하려 하는 단계이다. 죽음이라는 충격적인 사실에 대해 생각해 볼 수 있는 기회를 제공하기 때문에 반드시 부정적인 역할만 하는 것은 아니다.

② 분노 anger 또는 죄책감 guilt : 죽음을 더 이상 부정할 수 없음을 깨닫고 분노에 이르게 단계로, '왜 하필이면 나인가(why me)?' 라는 생각으로 가족이나 주위 사람들에게 화를 내게 된다. 이때 분노의 주된 원인이 무엇인지 파악하는 것이 중요하다.

③ 타협 bargaining : 앞의 두 단계를 경험하고 죽음이 연기되기를 바라지만 결국에는 돌이킬 수 없음을 알게 된다.

④ 우울 depression 또는 위축 withdrawal : 질병이 깊어짐에 따라 자신의 죽음을 슬퍼하고 우울한 시간을 보내게 되며 모든 것을 포기한다.

⑤ 수용 acceptance 및 적응 adjustment : 죽음을 받아들이고 평화로운 상태가 되며, 죽음 전의 휴식기가 된다.

죽음을 목격하게 되는 주위 가족들도 애도의 과정에서 이와 유사한 과정을 겪을 수 있다. Kübler-Ross는 200명 정도의 말기 암 환자를 대상으로 연구를 진행하였는데 연령 등 연구대상의 특성이 정확하게 밝혀지지 않았고 특정 문화권에서 조사된 연구라는 한계점이 있다. 한편, 대부분 사람이 Kübler-Ross가 말하는 5단계 죽음의 과정을 거치는 것은 아니며 그 순서도 일정한 것이 아니라는 견해도 있다. 최근 죽음을 하나의 과업으로 이해하거나 죽음을 대처하는 과정에서 순서의 개념이 아닌 공통적으로 나타나는 정서, 즉 회의 · 의심 · 공포 · 의지에 초점을 맞춰 연구하는 경향이 나타나고 있다.

4) 사별, 비탄, 애도

성인 후기에 피할 수 없는 사건의 한 가지는 자신이 사랑하는 사람의 죽음이다. 죽음은 남은 사람들로 하여금 상실에 의해 사별bereavement, 비탄grief, 고통을 경험하게 하므로 죽음에 대한 정서적 · 사회적 적응이 필요하다. 사별은 가족같이 중요한 타인significant other을 잃은 객관적인 상황이며, 상실에 대한 전반적인 적응과정을 말한다(Stroebe, Hanson, Stroebe, & Schut, 2001). 비탄은 매우 개인적인 현상으로, 여러 복합적인 감정(슬픔, 충격, 무감각, 분노, 죄책감, 피로, 불안, 우울, 공허함 등)을 포함한다. 애도mourning는 비탄을 사회 · 문화적으로 형성된 기대에 따라 표현하는 것이다(Braun, Pietsch, & Blanchett, 2000).

(1) 비탄과 애도의 과정

비탄은 사별을 경험한 사람이 반드시 겪는 정서이며, 이성적으로 해결될 수 있는 성질이 아니다. 죽음은 인생을 변화시킬 수 있는 사건이고, 그것을 극복하기까지 시간이 걸린다. 사별한 사람에게 정서적 · 신체적으로 많은 에너지가 소모되고 수면 방해, 집중력의 저하, 혼란, 분노 같은 감정이 혼합되어 나타난다. 비탄의 과정에는 어떤 정해진 순서가 있다고 보기 어렵지만, 대체로 사람들은 비탄의 과정에서 크게 세 국면과 맞닥트리게 된다. 첫째는 충격의 단계로 처음에는 사별의 사실을 믿지 못하거나 무감각의 상태를 지나 모든 것을 뒤로하는 걷잡을 수 없는 슬픔에 빠지게 된다. 하지만 눈물은 개인이 약함을 보여주는 것이 아니라 건강한 대응 전략이다. 둘째는 고인에 대한 이상화 또는 죽음에 대한 의미를 찾고 분노, 후회, 죄책감을 경험하며, 죽음을 되돌릴 수 없다는 것을 깨닫게 되면 절망과 혼란, 무절제 등에 빠질 수 있다. 또한 자신감, 동기, 흥미를 잃게 되는데 이러한 감정들은 사별한 사람이 타인들의 기대에 맞춰 생활했을 때 더욱 심화된다 (Lund, 1993). 마지막으로 재조직의 단계로, 고인을 잃은 후의 삶이 이전과 같지는 않다고 인정하며 일상생활과 사회적 관계를 다시 시작한다. 효율적으로 타인과 의사소통하는 능력, 새로운 기술이나 상황에 적응하는 능력이 사별에 적응하는 과정을 돕는다.

문화에 따라 차이가 있으나 애도의 과정도 비탄과 함께 진행된다. 비탄을 극복하는 과정에서 구체적인 행동으로 고인의 관해 이야기하고, 추억하고, 글을 쓰며 능동적으로 대처할 수도 있다. Freud의 정신분석 관점에서는, 비탄의 과정을 마치기 위해서 고인과의 감정적 유대를 끊어야 하며, 그렇지 못할 경우 심한 우울증 등이 초래될 수도 있다. 그러나 최근의 연구는 사별한 사람들에게 공통적으로 적용할 수 있는 비탄의 과정은 존재하지 않으며, 비탄의 목적은 고인과의 유대를 상실한다기보다는 재정립하는 것이라고 강조한다(Walter, 2003).

(2) 배우자 사별

배우자 사별은 노년기의 인생 사건 가운데 가장 스트레스를 많이 받는 사건으로 인식된다. 배우자 사별은 남성과 여성 모두에게 상실 그 자체뿐만 아니라 함께 살아온 과거와 미래를 잃어버리는 것이며 기혼자로서의 지위, 친밀한 동반자적 · 성적 관계의 상실, 사회적 관계망의 감소를 뜻하고 특히 여성 노인에게는 경제적 위기상황을 초래하기도 한다. 배우자 사별은 다른 부가적인 효과를 가져오는데, 만성 질환을 악화시키거나 자신의 의지와 상관없이 다른 곳으로 이주하게 되는 일도 있다. 사별 후 남은 배우자의 사망률과 자살률이 단기적으로는 증가하나 곧 감소한다. 처음 2년 동안 외로움, 우울, 불안, 약물 남용 등 정신적 증상 및 신체증상, 의료기관의 이용이 증가한다.

사별에 대한 적응은 개인이 갖고 있는 여러 사회심리학적 요인에 따라 다르게 나타난다. 사별 이전 결혼관계의 질이 높을수록 사별 직후의 적응을 어렵게 하지만 장기적으로는 긍정적인 역할을 하며, 남은 배우자가 성숙한 양식으로 적응하는 데 도움이 된다. 반면 사별 이전 갈등이 많았던 배우자는 비탄의 정도가 깊지 않다 (Carr et al., 2000). 이 밖에 사회적 지지, 전문가의 도움, 자녀들과의 친밀도 등이 사별 후 적응에 도움을 준다. 특히 여성의 경우 남성보다 사회적 지지가 효율적인 대처 방안이 될 수 있다. 그러나 결혼을 통해 발전된 친구관계는 사별 후 지속되지 않는 경우가 많지만, 사별 이후 새로운 사회적 관계를 만드는 것은 실제로 긍정적인 적응에 도움이 된다. 연령에 따라서도 사별한 후 적응에 차이가 나타난다. 대체로 연령이 적을수록 사별 직후부터 18개월 정도까지 매우 깊은 비탄의 감정을 보이고 빠른 회복을 경험하는 반면, 나이가 들었을 때 배우자를 잃는 경우 전 생애에 걸쳐 이루어진 관계를 상실한 것에 대하여 비탄이 오래 지속된다(Stroebe et al., 2001). 노년기에 맞이하게 되는 소위 적절한 시기 on-time의 죽음은 갑작스러운 죽음보다 남은 배우자의 비탄 과정을 덜 힘들게 한다. 성별에 따라 사별 후 적응에 차이가 있는지에 관한 연구는 일관된 결과를 보이지 않고 있다. 여성은 남성보다 수명이 길고 자신보다 나이가 많은 남성과 결혼하기 때문에 사별을 더 많이 경험한다. 남성과 여성이 사별 후 공통적으로 겪는 어려움은 경제적인 측면이다. 이는 여성 노인은 남편의 직업, 은퇴한 후 수입 등에 의존하는 경우가 많고, 남성 노인은 부인과 사별한 후에 집안일 등을 외부 서비스를 통해서 해야 하기 때문이다. 대부분 경제적인 이유로 남성이 재혼의 가능성이 더 높고, 여성의 적응이 더 어렵다. 그러나 친한 친구로 이루어진 사회적 지지는 여성에게서 더 자주 발견되기 때문에 여성 노인들은 사별 이후 적응 준비가 더 잘 되어 있다고 보는 견해도 있다.

'노년기 우울증 자살로 이어져…예방 시급

노인들은 자신이 우울하다는 사실을 알지 못하는 경우가 많음에 따라 우울하다는 것을 알지 못한다는 사실도 치료의 대상이다.

오병훈 대한노인정신의학회 이사장은 "노인 인구의 증가에 따라 우리가 진료해야 하는 환자의 수가 증가하고 있을 뿐 아니라 이들에게서 동반되는 신체적 질환의 양상도 더욱 복잡해지고 있다"며 일반 인구에서의 우울증과는 분명한 차이점을 보이는 노년기 우울증 특징에 대한 지식과 노인자살에 대한 이슈들로 춘계학술대회가 다뤄졌다고 말했다.

김도관 학술이사는 "노년기 우울증의 특징은 심하지 않은 우울증 경계선상에 위치한 비율이 높다. 노년기에는 건강과 가족, 친구, 직업, 재산 등 잃어버리는 것이 많기에 우울증이 찾아오기 쉬우며, 이러한 사회적 스트레스로 노년기 자살률이 높다"며 적극적인 관심이 필요하다고 밝혔다.

한편, 학회에서 오강섭 교수는 "창피하다는 이유 그리고 고인을 생각한다는 이유로 노년기 자살이 보고되지 않는 경우가 많고 사고사와 구별이 되지 않기도 한다"며 "이러한 축소보고에는 노인들의 갑작스러운 사망은 자살보다는 질병, 사고 등 다른 이유가 있을 것이라는 믿음도 기여한다"고 진단했다.

오 교수는 "노년기 자살은 매우 심각하지만 충분히 예방할 수 있으며 노년기 자살의 위험군에 대한 정확한 평가와 치료는 물론 자살예방을 위한 다양한 제도와 프로그램 개발이 시급하다"고 강조했다.

출처 : 메디포뉴스(2010. 4. 12.)

보건복지부, 2013

DISCUSSION POINTS 토의요점

01 | 건강하고 생산적인 노화란 무엇이고, 그 과정에 영향을 주는 것에는 어떠한 것들이 있습니까?

02 | 은퇴 후 독립적이며 활기찬 노후를 맞이하기 위해 사회적 · 개인적으로 어떤 준비가 필요한지 생각해 보고 은퇴자와 그 가족을 위한 프로그램들을 개발해 봅시다.

03 | 노인 인구의 증가와 저출산, 여성의 취업률 증가로 허약 노인을 부양하는 가족의 문제가 사회적으로 대두되고 있는데 지역사회에서부터 해결을 도울 수 있는 방안이 있다면 어떠한 것들이 있습니까?

참고문헌

강모성 · 전영주 · 손태홍(2008). 기혼 중년남성의 직무 및 가족 스트레스와 자살구상. 한국가족관계학회지, 13(1), 105~134

강수진, 최성혜, 이병화, 권재철, 나덕렬, 한설희, 치매연구회(2002).

고기숙(2003). 중년기 남성의 심리적 위기에 관한 연구. 성균관대학교 대학원 박사학위논문.

고정자 · 박은령(2001). 청소년의 이성교제와 성에 대한 태도에 관한 연구. 동아대학교 생활과학연구소 생활과학연구논문집, 9.

곽금주 외 공역(2009). 발달과학. (Marc H. Bornstein. Michael E. Lamb편저 Developmental Science, 5th edition). 학지사.

건강보험심사평가원(2013). www.hira.or.kr

권민균, 김정민, 최형성 공역(2008). Kail, R. V. (2008). 아동과 발달. 시그마프레스.(2007년 원저 발간).

권인수(2000). 손자녀를 돌보는 조부모의 부담감과 사회적 지지. 아동간호학회지, 제6권 2호, 212~223.

김경희(2003). 아동심리학. 박영사.

김명자(1989). 중년기 위기감 및 그 관련 변인에 관한 연구. 이화여자대학교 대학원 박사학위논문.

김명자(1991). 중년기 부부의 스트레스에 대한 대처양식과 위기감. 대한가정학회지, 29(1). 203~216.

김명자(1994). 대입 수험생 가족의 전반적 현황 및 문제. 한국가족학연구회 편. 자녀교육열과 대학입시. 하우.

김미예(2005). 학령기 아동의 스트레스와 대처행동 및 건강문제. 아동간호학회지, 11(1), 83-89.

김승권(2005). 한국사회 저출산의 원인과 대응방안. 보건복지포럼 86.

김애경(2008). 중년 여성의 폐경 경험에 대한 근거 이론적 접근. 기본간호학회지, 15(3), 321~331.

김애순 역(1996). Levinson, D. J., Darrow, C. N., Klein, E. B., Levinson, M. H., & McKee, B.(1978). 남자가 겪는 인생의 사계절. 이화여자대학교 출판부.

김애순 역(2000). Levinson, D. J.(1996). 여자가 겪는 인생의 사계절. 세종연구원.

김애순(2002). 성인발달과 생애설계. 서울:시그마프레스.

김준기(2007). 남편과 아내 사이. 메가트렌드.

김진혁(2004). 최근 자살의 실태분석 및 예방 대책에 관한 연구. 한국공안행정학회보, 17, 131~164.

김태현(2007). 노년학. 교문사.

김혜선 · 유안진(2005). 인간발달. 한국방송통신대학교 출판부.

남순현(2009). 중년기 기혼여성의 성과 일에 대한 태도가 심리적 행복감에 미치는 영향. 인간발달연구, 16(1), 197~222

대한산부인과학회(2007). 산과학. 군자출판사.

대한산부인과학회(2015). 산과학(5판). 군자출판사.

동승자(2000). 이혼가정 아동의 통제소재, 스트레스 대처행동과 우울, 불안의 관계. 가톨릭 대학교 심리상담대학원 석사학위논문.

박경희(2008). 아동이 지각한 어머니의 기대 수준과 학업스트레스와의 관계: 스트레스 대처행동을 중재변인으로. 성신여자대학교 대학원 석사학위논문.

박성연 외 편저(2007). 부모-자녀관계(Jerry J. Bigner 저 Parent-Child Relations, 7th edition. 2006). 교문사

박성연(1998). 영아기 정서성 및 부모의 양육행동에 따른 3세 아동의 행동억제. 대한가정학회지, 35(4), 19-33.

박성연, 김상희, 김지신, 박응임, 전춘애, 임희수(2003). 자녀와의 진정한 만남을 위한 부모교육. 교육과학사.

박성연, 도현심(2002). 아동발달. 동문사.

박성연, 서소정, Bornstein, M. (2005).어머니- 영아간의 상호작용방식이 영아발달에 미치는 영향. 아동학회지, 26(5), 15-30.

배규환 외(2007). 청소년학개론. 교육과학사.

배정현(2003). 또래지위에 따른 아동의 스트레스와 대처행동의 차이. 연세대학교 석사학위논문.

백지숙(1999). 후기 청소년의 개체화와 정체감과의 관계. 아동학회지, 20(2), 269-277.

백지숙 · 도현심 · 박성연(1998). 한국청소년후기개체화척도 개발 연구. 대한가정학회지, 36(10), 89-102.

변화순 · 이미정 · 김지경 · 하현정(2007). 중년기 퇴직남성 부부의 갈등과 적응. 한국여성정책연구원.

보건복지가족부 · 계명대학교 산학협력단(2009). 2008년도 노인복지실태조사-전국노인생활실태 및 복지욕구조사-기초분석보고서.

보건복지부(2013). 건강정보.

서정숙(2005). 우리나라 중년 남성의 심리사회적 위기에 관한 연구: 서울, 경기지역을 중심으로. 한세대학교 사회복지대학원 석사학위논문.

성미혜(2002). 중년기 여성의 갱년기 증상, 자아개념 및 우울 간의 관계. 성인간호학회지, 14(1), 102~113.

송길연 · 유봉현 역(2005). 발달의 이론.(William Crain 저 Theories of Development, 4th edition. 2000) 시그마프레스.

송명순(2006). 중학생의 이성교제에 대한 연구. 동아대학교 교육대학원 석사학위논문.

송명자(1995). 발달심리학. 학지사

신기영, 옥선화(1997). 중년기 주부의 가족역할 수행과 심리적 복지에 관한 연구. 대한가정학회지, 35(1), 111~128.

안월분(2002). 청소년의 이성교제에 따른 이성교제 태도와 사회 심리적 특성. 충북대학교 교육대학원 석사학위논문.

안진아(2006). 아동이 지각한 어머니의 기대 및 아동의 스트레스와 자아존중감과의 관계. 한남대학교 대학원 석사학위논문.

양우열, 고만석, 정진국, 정병욱, 이호형, 윤관혁(1998). 10대 여성의 임신에 관한 임상통계학적 고찰. 대한산부회지, 41, 1393-1400.

원장원(2002). 한국형 일상생활활동 측정도구(K-ADL)와 한국형 도구적 일상생활

유영주, 강학중, 김밀양, 김순기, 김연, 박정희, 배선희, 손정영, 안재희, 양순미, 오윤자, 이인수, 이정연, 이창숙, 전영자, 최희진, 홍성례, 홍숙자(2005). 새로운 가족학. 신정.

윤진 · 김인경(1990). 아동기와 사회. 서울 : 중앙적성출판사.

이영 역(1992). 인간발달생태학. (Urie Bronfenbrenner. The Ecology of Human Development, 1979) 교육과학사.

이부영(1998). 분석심리학: Jung의 인간심성론. 일조각

이선형(2005). 고등학생의 이성교제 실태에 관한 연구. 선문대학교 사회복지대학원 석사학위논문.

이성태(2007). 아동발달 이론. 학현사.

이순욱, 김춘경(2006). 아동이 지각한 부부관계유형에 따른 아동의 정서 · 행동 차이: 분노표현, 수치심 및 죄책감, 공격성, 신체증상, 비행을 중심으로. 정서 · 행동장애연구, 22(3), 279-300.

이옥경 외 공역(2009). 생애발달 Ⅰ:영유아기에서 아동기 까지. (Laura E. Berk 저 Development through the lifespan, 4th edition, 2007) 시그마프레스.

이은아 · 정혜정(2007). 중년 남성의 심리적 위기감과 관련된 개인 및 가족 요인. 한국가족관계학회지, 12(2), 301~329.

이종학(1987). 노령초산부에 관한 임상통계학적 고찰. 대한산부회지, 30, 133-141.

이주연 · 정혜정(2003). 부부의 노부모 부양부담 및 세대간 결속과 결혼만족도에 관한 연구. 한국가정관리학회지, 21(6), 1~13.

이지선(2007). 양부모 아동과 한부모 아동의 스트레스에 영향을 미치는 요인에 관한 비교연구. 이화여자대학교 대학원 석사학위논문.

이진용, 김재은, 이철, 한호원, 박문일, 유윤희(2005). 첫아기를 가졌어요: 신세대 임신, 출산, 육아. 서울문화사.

임금자(2005). 청소년의 성의식과 이성교제 실태에 관한 조사 연구. 금오공과대학교 교육대학원 석사학위논문.

장춘미(2009). 스트레스와 결혼만족간의 관계에 대한 부부의 지지행동 및 갈등해결행동의 매개효과. 한국심리학회지: 여성, 14(1), 153-171.

장휘숙 (2010). 전 생애 발달심리학. 박영사.

장휘숙(2006). 성인심리학-성인발달, 노화, 죽음. 박영사

장휘숙(2006). 전생애 발달심리학 제4판. 박영사.

장휘숙(2008), 성인초기의 발달과업과 시작시기에 관한 탐색적 연구, 한국심리학회지: 발달 21(4), 109-126.

장휘숙(2009). 성인초기의 발달과업과 행복의 관계. 한국심리학회지: 발달, 22(1), 19-36.

전원주(1997). 아동기 스트레스원과 스트레스 대처행동 및 그 증상에 관한 연구. 건국대학교대학원 박사학위논문.

정영목 역(1995). Sheehy, G.(1991). 조용한 변화: 여자의 삶을 완성하는 새로운 관문 폐경. 김영사.

정옥분 (2008) 성인 노인심리학. 학지사.

정옥분(2001). 성인발달과 노화. 교육과학사

정옥분(2006). 아동발달의 이해. 학지사.

정옥분(2007). 전생애 인간발달의 이론. 학지사.

정옥분(2008). 성인 · 노인심리학. 학지사.

정옥분(2008). 청년심리학. 학지사.

정옥분(2012). 영아발달. 학지사.

정옥분, 박성연, Rubin, K., 윤종희, 도현심(2002). 걸음마기 아동의 행동억제, 아동학회지, 23(4), 71-88.

조명옥, 하혜정, 한수정 외 공저(2006, 3판). 노인과 건강. 현문사.

조복희(2007). 아동발달. 교육과학사.

조성연, 이정희, 천희영, 심미경, 황혜정, 나종혜(2009). 아동발달의 이해. 신정출판사.

조승희(2003). 청소년 이성교제 실태조사에 관한 연구. 명지대학교 대학원 석사학위논문.

조혜란, 최종명(2007). 대학생의 성에 따른 신체만족도와 외모향상행동과의 관계. 한국생활과학회지, 16(4). 825-826.

지연경, 조병은 (1991). 내외통제성 및 은퇴로 인한 스트레스 지각과 생활만족도. 대한가정학회지, 29,

질병관리본부 외(2007). 2007 소아 및 청소년 표준 성장도표.

최경숙, 박영아 (2005) 아동발달. 창지사.

최성재, 장인협(2002). 노인복지학. 서울대학교 출판부.

최영희, 신경림, 고성희, 공수자, 공은숙, 김명애, 김미영, 김순이, 김옥수, 이영희,

탁미경(2001). 고등학생의 이성교제 실태에 관한 조사 연구. 원광대학교 행정대학원 석사학위논문.

통계청(2014). 2014 사망원인 통계.

통계청(2015). 인구동향조사.

한경혜 · 송지은(2001). 중년 남성의 건강에 가족 및 직업 특성이 미치는 영향. 가족과 문화, 13(1), 51~73.

한국보건사회연구원 (2005). 2004년도 전국 노인생활 실태 및 복지욕구 조사

한국보건사회연구원(2004). 어린이 보호육성 종합계획 평가 및 아동백서발간에 관한 연구.

한성열 역(2000). Conway, J(1978). 남자 나이 마흔이 된다는 것. 학지사.

허혁, 황지혁, 김도균, 이형돈, 심재철, 양회생(2004). 35세 이상 고령산모의 임신과 출산에 대한 임상적 연구. 대한산부회지, 47, 458-463.

홍성훈, 김윤진, 최형민, 정병준, 전명권, 이응수(2002). 35세 이상 고령산모의 임신과 출산의 최근 동향에 관한 임상적 연구. 대한산부회지, 45, 549-552.

활동 측정도구(K-IADL)의 적용. 가정의학회지, 23, 별책, S188-S197.

황영미, 문혁준(2006). 또래수용도와 아동의 기질, 어머니의 양육효능감, 아버지의 양육참여도. 대한가정학회지, 44(2), 83-91.

Instrumental Activities of Daily Living의 타당도와 신뢰도. 대한신경과학회지, 20, 8-14.

Agree, E.M., & Freedmom, V.A.(2003). A comparison of assistive technology and personal care in alleviating disability and unmet need. *The Gerontologist*, 43, 335-344.

Ainsworth, M. & Wittig, B. A.(1969). Attachment and exploratory behavior of one-year-olds in a strange situation. In B. M. Foss(Ed.), *Determinants of infant behavior(Vol. 4)*. London: Methuen.

Ainsworth, M., Blehar, M., Waters, E., & Wall, S.(1978). *Patterns of attachment*. Hillsdale, NJ: Erlbaum.

Akhtar, N., & Montague, L.(1999). Early lexical acquisition: The role of cross situational learning. *First Language*, 19, 347-358.

Albert, S. M. (2004). *Public health and aging: an introduction to maximizing function and well-being*. New York: Springer Publishing Company.

Aldrich, C. K., & Mendkoff, E. (1963). Relocation of the ages and disabled: A mortality study. *Journal of the American Geriatrics Society*, 11, 185-194.

Arlin, P. K. (1975). Cognitive development in adulthood: A fifth stage? *Developmental Psychology*, 11, 602-606.

Arlin, P. K. (1989). Problem solving and problem finding in young artists and young scientists. In M. L. Commons, J. D. Sinnott, F. A. Richards, & C. Armon (Eds.), *Adult development: Vol. 1. Comparisons and applications of developmental models*. New York: Praeger.

Arlin, P. K. (1990). Wisdom: The art of problem finding. In R. J. Sternberg (Ed.), *Wisdom: Its nature, origins, and development*. Cambridge, England: Cambridge University Press.

Arnett, J. J. & Eisenberg, N.(2007). Introduction to the special section: emerging adulthood around the world. *Child Development Perspectives*, 1(2), 66-67.

Arnett, J. J. (1999). Adolescent storm and stress reconsidered. *American Psychologist*, 54(5), 317-326

Arnett, J. J. (2000). Emerging adulthood-A theory of development from the late teens through the twenties. *American Psychologist*, 55, 469-480.

Arnett, J. J. (2004). *Emerging adulthood: The winding road from the late teens through the twenties.* New York: Oxford University Press.

Arnett, J. J. (2006). The psychology of emerging adulthood: What is known, and what remains to be known? In J. J. Arnett & J. L. Tanner(Eds.), *Emerging adults in America; Coming of age in the 21st centry* (pp. 303–330). Washington, DC: APA Books.

Arnett, J. J. (2007a). Socialization in emerging adulthood: From the family to the wider world, from socialization to self–socialization In J. Grusec & P. Hastings (Eds.), *Handbook of socialization* (pp. 208–231). New York: Guilford.

Arnett, J. J. (2007b). Suffering, selfish, slackers? Myth and reality on emerging adults. *Journal of Youth and Adolescence*, 36, 23–29.

Arnett, J. J. (2007c). Emerging Adulthood: What is it, and What it it good for?. *Child Development Perspectives*, 1(2), 68–73.

Aro, H., & Taipale, V. (1987). The impact of timing of puberty on psychosomatic symptoms among fourteen– to sixteen–year–old Finnish girls. *Child Development*, 58, 261–268.

Aslin, R. (1981). Experimental influences and sensitive periods in perceptual development: A unified model. In R. Aslin, J. Alberts, & M. Peterson (Eds.), Development of perception: *Psychological perspectives:* Vol. 2. The visual system (pp.45–93). New York: Academic Press.

Baltes, P. B. (2003). On the incomplete architecture of human ontogeny: Selection, optimization, and compensation as foundation for developmental theory. In U. M. Staudinger & U. Lindenberger(Eds.), *Understanding human development* (pp. 17–43). Boston: Kluwer.

Baltes, P. B., & Smith, J. (2003). New frontiers in the future of aging: from successful aging of the young old to the dilemmas of the fourth age. *Gerontology*, 49, 123–135.

Barr, H. M., Stressguth, A. P., Darby, B. L., & Sampson, P. D. (1990). Prenatal exposure to alcohol, caffeine, tobacco, and aspirin: Effects on fine and gross motor performance in 4–year–old children. *Developmental Psychology*, 26, 339–348.

Bates, E. (1993). Commentary: Comprehension and production in early language development. *Monographs of the Society for Research n Child Development*, 58 (3–4, Serial No. 233), 222–242.

Beatty, A., & Chalk, R. (2006). *A study of interactions.* Washington, D. C.: The National Academies Press.

Bee, H. & Boyd, D. (2004). *The developing child.* Tenth edition. Pearson Education, Inc. Boston, MA.

Bee, H. L. (1998). *The journey of adulthood* (3rd ed.). Prentice–Hall.

Beilstein, C., & Wilson, J. (2000). Lnadmarks in route learning by girls and boys. *Perceptual & Motor Skills*, 91, 877–882.

Berk, L. E. (2007). *Infant, child, and adolescents.* NY: Addison–Wesley.

Berk, L. E. (2007). *Infants and Children.* Boston: Allyn & Bacon.

Berk, L. E., & Spuhl, S. T.(1995). Maternal interaction, private speech and task performance in preschool children. *Early Childhood Research Quarterly*, 10, 145–169.

Berk, L.E. (1996). *Infants, children and adolescents* (2nd ed.). Needham Heights MA: Allyn & Bacon.

Berk, L.E. (2006). *Development through the lifespan.* Allyn & Bacon.

Bernhard, L. A. & Sheppard, L.(1993). Health, symptoms, self–care and dyadic adjustment in menopausal women. *Journal of obstetric gynecologic and neonatal nursing*, 22(5), 456–461.

Bigner, J. J.(2006). *Parent-child relations: An introduction to parenting*(7th ed.). New Jersey: Pearson Merrill Prentice Hall.

Binstock, R. H., & George, L. K. (2010). *Handbook of aging and the social sciences* (7th ed.). San Diego: Academic Press.

Birren, J.E., & Schaie, K.W. (2005, eds., 6th ed.). *Handbook of the psychology of aging*. San Diego: Academic press.

Bloom, L. (1998). Language acquisition in its developmental context. In D. Kuhn & R. S. Siegler (Eds.), *Handbook of child psychology*: Vol. 2. Cognition, perception, and language (5th ed., p.309–370). New York: Wiley.

Blos, P. (1979). *The adolescent passage*. New York: International Universities Press.

Bowlby, J. (1973). *Attachment and loss*: Vol. 2: Separation. New York: Basic Books.

Bowlby, J. (1989). *Secure attachment*. New York: Basic Books.

Brandtstadter, J., & Greve, W.(1994). The aging self: Stabilizing and protective processes. *Developmental Review*, 14, 52–80.

Braun, K. L., Pietsch, J. H., & Blanchsett, P. L. (2000, Eds.). *Cultural issues in end-of-life decision making*. Thousand Oaks, CA: Sage.

Brody, N. (1997). Intelligence, schooling, and society. *American Psychologist*, 52, 1046–1050.

Broman, S. H., Nichols, P. L., & Kennedy, W. A. (1975). *Preschool IQ : prenatal and early developmental correlates*. Hillsdale, NJ: Erlbaum.

Brooks-Gunn, J. & Reiter, E. O. (1990). The role of pubertal processes. In S. S. Feldman & G. R. Elliott (Eds.), At the threshold: *The developing adolescent* (pp. 16–53). Cambridge, MA: Harvard University Press.

Burns, G. W., & Bottino, P. J. (1989). *The science of genetics* (6th ed.). NY: Macmillan.

Busse, E. W., & Maddox, G. L.(1985). *The Duke longitudinal studies of normal aging: 1955–1980*. New York: Springer.

Campbell, A., Converse, P. E., & Rodgers, W. L. (1975). *The quality of American life: Perceptions, evaluations, and satisfactions*. New York: Russell Sage Foundation.

Campos, J.(2001). *Emotion in emotional development: Problems and prospects*. Paper presented at the meeting of the Society for Research in Child Development, Minneapolis.

Carr, D., House, J. S., Kessler, R. C., Nesse, R. M., Sonega, J., & Wortman, C. (2000). Marital quality and psychological adjustment to widowhood among older adults: A longitudinal analysis. Journal of Gerontology: *Social Science*, 55, S197–S205.

Cattell, R. B.(1963). Theory of fluid and crystallized intelligence: A critical experiment. *Journal of Educational Psychology*, 54, 1–22.

Chee, Y. K., Dennis, M. P., & Gitlin, L. N. (unpublished manuscript). *Predictors of compensatory strategy use by functionally vulnerable older adults*.

Chen, D. W., Fein, G. G., Killen, M., & Tam, H. P.,(2001). Peer conflicts of preschool children: Issues resolution, incidence, and age-relates patterns. *Early Education and Development*, 12, 523–544.

Chiriboga, D. A. (1982). Adaptation to marital separation in later and earlier life. *Journal of Gerontology*, 37,

109–114.

Cho, B. E. (1988). *Intergenerational family relationships and satisfaction among Korean aged parents.* Unpublished dissertation. University of Delaware.

Clausen, J. A.(1993). *American lives.* New York:Free Press.

Cole, M., & Cole, S. R. (2001). *The development of children* (4th ed.). NY: Worthpublishers.

Collins, W. A. (1995). Relationships and development: Family adaptation to individual change. In S. Shulman (Ed.), *Close relationships and socioemotional development* (pp. 128–154). New York: Ablex.

Collins, W. A., & Sroufe, L. A. (1999). Capacity for intimate relationships: A developmental construction. In W. Furman, B. B. Brown, & C. Feiring (Eds.), *Contemporary perspectives on adolescent romantic relationships* (pp. 125–147). Cambridge: Cambridge University Press.

Colombo, J., Kannass, K. N., Shaddy, J., Kundurthi, S., Maikranz, J. M., Anderson, C. J., Bkaga, O. M., & Carlson, S. E. (2004). Maternal DHA and the development of attention in infancy and toddlerhood. *Child Development*, 75, 1254–1267.

Compas, B.E., Connor–Smith, J.K., Saltzman, J., Thomsen, A. L., & Wadsworth, M.E.(1999). Getting specific about coping: Effortful and involuntary responses to stress in developemnt. In M. Lewis & D. Ramsay(Eds.), *Soothing and stress*(pp.229–256). Mahwah, NJ: Erlbaum.

Compas, B.E., Connor–Smith, J.K., Saltzman, J., Thomsen, A. L., & Wadsworth, M.E.(2001). Coping with stress during childhood and adolescence: Problems, progress, and potential in theory and research. *Psychological Bulletin*, 127, 87–127.

Connolly, J., Pepler, D., Craig, W., Taradash, A. (2000). Dating experiences of bullies in early adolescence. *Child Maltreatments*, 5, 299–310.

Cook, J. L., & Cook, G.(2005). *Child Development: Principles and perspectives.* Boston, MA: Pearson Education, Inc.

Costa, P. T., & McCrae, R. R.(1995). Solid ground on the wetlands of personality: A reply to Black. *Psychological Bulletin, 117*, 216–220

Cote, J. (2000). *Arrested adulthood: The changing nature of maturity and identity in the late modern world.* New York: New York University Press.

Cote, J. E., & Levine, C. (1988). A critical examination of the ego identity status paradigm. *Developmental Review*, 8, 147–184.

Cote, J. E., & Levine, C. (2002). *Identity formation, agency, and culture: A social psychological synthesis.* Mahwah, NJ: Lawarence Erlbaum Associates.

Cotrona, C. E. (1996). *Social support in couples.* New York: Sage.

Cowgill, D. O. (1986). *Aging around the world.* Belmont, CA: Wadworth.

Deak, G. O., Ray, S. D., & Brenneman, K.(2003). Children's perseverative appearance reality errors are related to emerging language skills. *Child Development*, 74, 944–964.

Deci, E., Koestner, R., & Ryan, R.(2001). A meta–analytic review of experiments examining the effects of extrinsic rewards on intrinsic motivation. *Psychological Bulletin*, 125, 627–668.

Denham, S., & Kochanoff, A. T.(2002). Parental contributions to preschooler's understanding of emotion. *Marriage and Family Review*, 34, 311–343.

Dibner, A. S. (1963). Behavioral correlates of preference for complexity in the aged. Paper presented at the annual meeting of the *Gerontological Society of America.* Miami.

Dougherty, L. M., Abe, J. A., & Izard, C. E.(1996). Differential emotions theory and emotional development in adulthood and later life. In C. Maggai & S. H. McFadden(Eds.)., *Handbook of emotion, adult development, and aging.* San Diego: Academic Press.

Dunphy, D. C. (1963). The social structure of urban adolescent peer groups. *Sociometry,* 26, 230–246.

Earls, F. (1986). Epidemiology of psychiatric disorders in children and adolescents. In G. L. Kleman, M. M. Weissman, P. S. Applebaum & L. H. Roth(Eds.), *Psychiatry: Social, epidemiological and legal psychiatry* (pp. 123–152). New York: Basic Books.

Eccles, J. S., & Jacobs, J. E.(1986). Social forces shape math attitudes and performance. Signs: *Journal of Women in Culture and Society,* 11, 367–389.

Edwards, C. P., & Liu, W. (2002). Parenting toddler. In M. H. Bornstein(Ed.), *Handbook of parenting: Vol. 1. Children and parenting* (2nd ed., pp. 45–72). Mahwah NJ: Erlbaum.

Eisenberg, N., & Fabes, R. A.(1998). Prosocial development. In N. Eisenberg(Eds.), *Handbook of child psychology:* Vol.3. Social, emotinal, and personality development (5th ed., p. 701–778).

Eisenberg, N., Lennon, R., & Roth, K. (1983). Prosocial development: A longitudinal study. *Developmental Psychology,* 19, 846–855.

Elkind, D. (1967). Egocentrism in adolescence. *Child Development,* 38, 1025–1034.

Engfer, A.(1993). Antecedents and consequences of shyness in boys and girls: A six-year longitudinal study. In K. H. Rubin & J. B. Asendorpf(Eds.). *Social withdrawal, inhibition, and shyness in childhood*(p.49–79). Hillsdale, NJ: Erlbaum.

Entwisle, D. R., & Alexander, K. L.(1990). Beginning school math competence: Minority and majority comparisons. *Child Development,* 61, 454–471.

Erikson, E. H. (1968). *Identity, youth and crisis.* New York: Norton.

Erikson, E. H. (1980). *Identity and the life cycle.* NY: Norton.

Erikson, E. H. (1963). *Childhood and society.* New York: Norton.

Erikson, E. H., Erikson, J. M., Kivnick, H. Q. (1986). *Vital involvement in old age.* New York: Norton

Feingold, A. (1994). Gender diffenrences in personality: A meta-analysis. *Psychological Bulletin,* 116, 429–456.

Findley, M.J., & Cooper, H.M. (1983). Locus of control and academic achievement. A literature review. *Journal of Personality and Social Psychology,* 44, 419–427.

Freud, S. (1964). An outline of psycho-analysis. In J. Strachey (Ed. and Trans.), *The standard edition of the complete psychological works of Sigmund Freud,* Vol. 23 (pp. 139–207). London : Hogarth.

Furman, W. (1999). Friends and lovers: The role of peer relationships in adolescent heterosexual romantic relationships. In W. A. Collins & B. Laursen (Eds.), *Relationships as developmental contexts: Minnesota Symposia on Child Development:* Vol. 30 (pp. 133–154). Hillsdale, NJ: Erlbaum.

Furman, W. (2000). *Quantity and quality of romantic experiences: What matters?* Poster presented at the meetings of the Society for Research in Child Development, Albuquerque, NM.

Furman, W., Buhrmester, D. (1992). Age and sex differences in perceptions of networks of personal relationships. *Child Development,* 63, 103–115.

Galambos, N. L., Barker, E. T. & Krahn, H. J. (2006). Depression, anger, and self–esteem in emerging adulthood: Seven–year trajectories. *Developmental Psychology,* 42, 350–365.

Galambos, N.L., Barker, E.T., & Almeida, D.M. (2003). Parents do matter: Trajectories of change in externalizing and internalizing problems in early adolescence. *Child Development,* 74, 578–594.

Galinsky, E. (1987). *The six stages of parenthood.* Addison–Wesley.

Gardner(1998). Extraordinary cognitive achievements(ECA): A symbol systems approach, In W. Damonand R. M. Learner(Ed.), *Handbook of child psychology* : Vol 1. Theoretical models of human development(5th ed., pp. 415–466). New York : Wiley.

Gelman, R., Bullock, M., & Meck, E.(1980). Preschooler's understanding of simple object transformations. *Child Development,* 51, 691–699.

George, L. K. (1980). *Role transition in later life.* Belmont, CA: Brooks/Cole.

Gershoff, E. T. (2002). Corporal punishment by parents and associated child behaviors and experiences: A meta–analysis and theoretical review. *Psychological bulletin,* 128, 539–579.

Goldsmith, H.(1993). Temperament: Variability in developing emotion systems. In M. Lewis, & J. M. Haviland(Eds.), *Handbook of emotions* (pp. 485–496). New York: The Guilford Press.

Golinkoff, R. M. (1993). When is communication a "meeting of minds?" *Journal of Child Language,* 20, 199–207.

Gottman, J. M. (1993). The roles of conflict engagement, escalation, and avoidance in marital interaction: A longitudinal view of five types of couples. *Journal of Consulting and Clinical Psychology,* 61, 6–15.

Graber, J. A., Lewinsohn, R. M., Seeley, J. R., & Brooks–Gunn, J. (1997). Is psychopathology associated with the timing of puertal development? *Journal of the American Academy of Child and Adolescent Psychiatry,* 36, 1768–1776.

Gray, M. R., & Steinberg, L. (1999). Adolescent romance and the parent–child relationship: A contextual perspective. In W. Furman, B. B. Brown, & Feiring, (Eds.), *The development of romantic relationships in adolescence* (pp. 235–265). Cambridge: Cambridge University Press.

Greenfield, E. A. & Marks, N. F. (2006). Linked Lives: Adult children's problems and their parents' psychological and rational well–being. *Journal of Marriage and the Family,* 68(2), 442–454.

Grossman, K. E., & Grossman, K.(1990). The wider concept of attachment in cross–cultural research. *Human Development,* 33, 31–47.

Grumbach, M. M., & Styne, D. M. (1998). Puberty: Ontogeny, euroendocrinology,physiology, and disorders. In J. D. Wilson, D. W. Foster, & H. M. Kronenberg (Eds.), *Williams textbook of endocrinology* (pp. 1509–1625). Philadelphia: W. B. Saunders.

Guilford, J.P.(1988). Some changes in the structure–of–intellect model. *Educational and Psychological Measurement,* 48, 1–4.

Hall, G. S. (1904). Adolescence: *Its psychology and relaton to physiology, anthropology, sociology, sex, crime, religion, and education*(2 vols.). Englewood, Cliffs, NJ: Prentice Hall.

Halpern, D. F. (1997), Sex differences in intelligence: Implications for education. *American Psychologist,* 52(10), 1092–1102.

Hamilton, S., & Hamilton, M. A. (2006). School, work, and emerging adulthood; In J. J. Arnett & J. L. Tanner(Eds.), *Emerging adults in America: Coming of age in the 21st century.* Washington, DC: APA Books.

Hamner, T. J. & Turner, P. H. (1996). *Parenting in contemporary society* (3rd ed.). Boston: Allyn & Bacon.

Hanish, L. D., & Guerra, N. G., (2004). Aggressive victims, passive victims, and bullies: Developmental continuity or developmental change. *Merrill Palmer Quarterly,* 50, 17–38.

Harakiewicz, J. M.(1998). Intrinsic motivation and goals. In H.S. Freidman(Ed.), *Encyclopedia of mental health*(VOL. 2). San Diego: Academic Press.

Harlow, H. F., & Harlow, M. K.(1969). Effects of various mother–infant relationships on rhesus monkey behaviors. In B. M. Foss(Ed.), *Determinants of infant behavior*(Vol. 4) pp. 15–36, London: Methuen.

Harris, R. L., Ellicott, A. M., & Holmes, D. S.(1986). The timing of psychosocial transitions and changes in women's lives: An examination of women aged 45 to 60. *Journal of Personality and Social Psychology,* 51, 409–416.

Hart, B., & Resley, T. R.(1995). *Meaningful differences in the everyday experience of young American children.* Baltimore, MD:Brookes.

Harter, S. (1999). *The cognitive and social construction of the developing self.* New York: Guilford.

Hartup, W. W., & Overhauser, S.(1991). Friendships. In R. M. Lerner, A. C. Petersen, & J. Brooks–Gunn(Eds.), *Encyclopedia of adolescence*(Vol. 1). New York: Garland.

Havighurst, R. J. (1958). *Human Development and Eduction.* New York: Mckay

Havighurst, R. J. (1972). *Developmental tasks and education*(3rd ed.). New York: David Makay.

Hazan, C., & Shaver, P. (1987). Romantic love conceptualized as an attachment process. *Journal of Personality and Social Psychology,* 2(3), 511~524.

Heckhausen, J. (1999). *Developmental regulation in adulthood: Age–normative and sociostructural constraints as adaptive challenges.* New York: Cambridge University Press.

Heckhausen, J., & Schulz, R. (1995). A life–span theory of control. *Psychological Review,* 102, 284–304.

Helson, R. (1997). *Personality change: When is it adult development?* Paper presented at the meeting of the American Psychological Association, Chicago.

Hershberger, R. G. (1972). Toward a set of semantic scales to measure the meaning of architectural environments. In W. J. Mitchell (Ed.), *Environmental design: Research and practice.* Los Angeles: University of California Press.

Hines, M., Golombok, S., Rust, J., johnston, K. J., Golding, J., & the ALSPAC Study Team. (2002). Testosterone during pregnancy and gender role behavior of preschool children: A longitudinal, population study. *Child Development,* 73, 1678–1687.

Holloway, S. D., & Hess, R.D.(1985). Mothers' and teachers' attibutions about children's mathematics performance. In I.E.Sigel(Ed.), *Parental belief systems: The psychological consequences for children*(pp. 177–200). Hillsdale, NJ:Erlbaum.

Honzik, M.P.(1986). The role of the family in the development of mental abilities: A 50–year study. In N. Datan, A.L.Greene, & H.W.Reese(Eds.), *Life–span developmental psychology: Intergenerational relations* (pp. 185–210). Hillsdale, MJ:Erlbaum.

Hooyman, N., & Kiyak, H. A. (2010, 9th Ed.). *Social gerontology.* Upper Saddle River, NY: Prentice Hall.

Horn, I. L.(1982). The aging of human abilities. In B. B. Wolman(Ed.), *Handbook of developmental psychology*(pp.847–870). Englewood Cliffs, New Jersey:Practice Hall.

Howes, C., Unger, O., & Seidner, L.(1989). Social pretend play in toddlers: Parallels with social play and with solitary pretend play. *Child Development,* 60, 77–84.

Hoyer, W. J., & & Roodin, P. A. (2003). *Adult development and aging* (5th ed.). New York: McGraw–Hill.

Huesmann, L.R., Lagerspetz, K., & Eron, L.D.(1984). Intervening variables in the television violence–aggression relation: Evidence from two countries. *Developmental Psychology,* 20, 746–775.

Iacovou, M. (2002). Regional differences in the transition to adulthood. *Annals of the American Academy of Political Social Science,* 580, 40–69.

Jones, M. C., & Bayley, N. (1950). Physical maturing among boys as related to behavior. *Journal of Educational Psychology,* 41, 129–148.

Juvonen, J., Graham S., Schuster, M. (2003). Bullying among young adolescents: The strong, weak, and troubled. *Pediatrics,* 112, 1231–1237.

Kubler–Ross, E. (1981). *Living with dying.* New York: MacMillan.

Kagan, J. (1998). Biology and the child. In W. Damon & N. Eisenberg (Ed.), *Handbook of child psychology:* Vol. 3. Social, emotional, and personality development(5th ed., pp. 177–235). New York: Wiley.

Kail, R. V.(2003). Information processing and memory. In M. H. Bornstein, L. Davidson, C. L. M. Keyes, K. A. *Moore, and the Center for Child Well–Being*(Eds.), Well–being: Positive development across the life course(p.269–280). Mahwah, NJ: Erlbaum.

Kallestad, J. H. & Olweus, D. (2003). Predicting teachers' and schools' implementation of the Olweus Bullying Prevention program: A multilevel study. *Prevention and Treatment,* 6(21).

Kaplowitz, P. B., Oberfield, S. E., & Drug and Therapeutics and Exectuvie Committees of the Lawson Wilkins Pediatric Endocrine Society. (1999). Reexamination of the age limit for defining when puberty is precocious in girls in the United States: Implications for evaluation and treatment. *Pediatrics,* 104, 936–941.

Kenny, M. E. (1987). The extent and function of parental attachment among first–year college students. *Journal of Youth and Adolescence,* 16,17~19.

Kerchoff, A. C., & Davis, K. D. (1962). Value consensus and need complementarity in mate selection. *American Sociological Review,* 27, 295–303.

Kessler, R. C., Foster, Cl., Webster, P. S., & House, J. S. (1992). The relationship between a ge and depressive symptoms in two national surveys. *Psychology and Aging,* 7, 119–126.

Keubli, J. (1994). Young children's understanding of everyday emotions. Young children, 49(3), 36–47.

Kingsberg, S.A., (2000). The psychological impart of aging on sexuality and relationships. *Journal of Women's Health and Gender–based medicine,* 9. S33–28.

Kochanska, G., & Murray, K. T.(2000). Mother–child mutually responsive orientation and conscience development: From toddler to early school age. *Child Development,* 71, 417–431.

Kramer, D. A., Kahlbaugh, P. E., & Goldston, R. B.(1992). A measure of paradigm beliefs about the social world. *Journal of Gerontology,* 47, 180–189.

Kroger, J. (2003). What transits in an identity status transition? *Identity*, 3, 197–220.

Kuttler, A. F., La Greca, A. M., & Prinstein, M. J. (1999). Friendship qualities and social–emotional functioning of adolescents with close, cross–sex friendships. *Journal of Research on Adolescence*, 9, 339–366.

Labouvie–Vief(1986). *Modes of knowing and life–span congition.* Paper presented at the meeting of the American Psychological Association, Washington, DC.

Labouvie–Vief(1990). Modes of knowledge and th organization of development. In M.L. Commons, L. Kohlberg, R. Richard, & J. Sinnott (Eds.), *Beyond formal operation: Models and methods in the study of adult and adolescent thought.* New York: Praeger.

Lamaze, F. (1958). *Painless childbirth: Psychoprophalactic method.* NY: Harper & Row.

Landry, S. H., Garner, P. W., Swank, P. R., Baldwin, C. D.(1996). Effects of maternal scaffolding during joint toy play with preterm and full–term infants. *Merrill–Palmer Quarterly*, 42, 177–199.

Larson, R. & Lampman–Petraitis, C. (1989). Daily emotional states as reported by children and adolescents. *Child Development*, 60, 1250–1260.

Lawton (Eds.), *The psychology of adult development and aging.* Washington DC: American Psychological Association.

Lawton, M. P. (1970). Ecology and aging. In L. A. Pastalan, & D. H. Carson (Eds.), *The spatial behavior of older people.* Ann Arbor, MI: Institute of Gerontology, University of Michigan.

Lawton, M. P., & Brody, E. M. (1969). Assessment of older people: Self–maintaining and instrumental activities of daliy living. *The Gerontologist*, 9, 179–186.

Lawton, M. P., & Nahemow, L. (1973). *Ecology and the aging process.* In C. Eisdorfer, & M. P.

Leaper, C.(1994). Exploring the correlates and consequences of gender Segregation : Social Relationships in childhood, adolescence and adulthood. In C. Leaper(Ed), New Directions for Child Development, Sanfrancisco : Josey–Bass.

Lee, S., & Colditz, G., Berkman, L., & Kawachi, I. (2003). Caregiving to children and grandchildren and risk of coronary heart disease in women. *American Journal of Public Health*, 93, 1939–1944.

Levine S., Huttenlocher, J., Taylor, A., & Langrock, A.(1999). Early sex differences in spatial skill. *Developmental Psychology*, 35, 940–949.

Levine, M. (2005). *Ready or not, here life comes.* New York: Simon & Schuster.

Lewis, M. (1995). Self–conscious emotions. *American Scientist*, 83, 68–78.

London, M., & Greller, M. M. (1991). Demographic trends and vocational behavior: A twenty year retrospective and agenda for the 1990s. *Journal of Vocational Behavior*, 38, 125–164.

Lopata, H. Z. (1987). *Widows.* Durham, NC: Duke University Press.

Lund, D. A. (1993). Widowhood: The coping response. In R. Kastenbaum (Ed.), *Encyclopedia of adult development.* Phoenix, AZ: Onyx Press.

Luster, T & McAdoo, H. (1996). Family and child influence on educational attainment: A secondary analysis of High/Scope Perry Preschool data. *Developmental Psychology*, 32, 26–39.

Luster, T., & Okagaki, L. (1993). Multiple influences on parenting. In T. Luster & L. Okagaki(Eds.), *Parenting: An ecological perspectives*(pp. 227–250). Hillsdale: Erlbaum.

Maccoby, E. E. (1990). Gender and relationships: A developmental account. *American Psychologist*, 45, 513–

520.

Marcia, J. E. (1966). Development and validation of ego identity status. *Journal of Personality and Social Psychology*, 3, 551–558.

Marshall, W. A., & Tanner, J. M. (1974). Puberty. In J. D. Douvis & J. Drobeing (Eds.), *Scientific foundations of pediatrics* (pp. 124–151). London: Heinemann.

Martin, C. L., & Fabes, R. A.,(2001). The stability and consequences of young children's same-sex peer interactions. *Developmental psychology*, 37, 431–446.

Maslach, C., & Jackson, S. E. (1985). Burnout in health professions: A social psychological analysis. In G. Sanders & J. Suls (Eds.), *Social psychology of health and illness*. Hillsdale, NJ: Erlbaum.

Mayeiux, L., & Cillessen, A. H. N(2003). Development of social problem solving in early childhood: Stability, change, and associations with social competence, *Jounal of Genetic Psychology*, 164, 153–173.

Miller, P. H. (2000). *Theories of developmental psychology*(4th ed.). New York: Worth.

Molfese, V. J., DiLalla, L. F., Bunce, D.(1997). Prediction of the intelligence test scores of 3- to 8-year-old chidlren by home environment, socioeconomic status, and biomedical risks. *Merrill-Palmer Quartely*, 43, 219–234.

Monin, J. K., & Schulz, R. (2009). Interpersonal effects of suffering in older adult caregiving relationships. *Psychology and Aging*, 24, 681–695.

Moore, K. L., & Persaud, T. V. N. (1993). *Before we are born* (4th ed.). Philadelphia: Saundere.

Moshman, D. (1998). Cognitive development beyond childhood. In D. Kuhn & R. S. Siegler(Eds.), *Handbook of child psychology:* Vol. 2. Cognition, perception, and language (pp. 947–978). New York: Wiley.

Moshman, D. (2005). *Adolescent psychological development: rationality, morality, and identity*. Mahwah, N.J. : L. Erlbaum.

Murray, A. D., & Hornbaker, A. V.(1997). Maternal directive and facilitative interaction styles: Associations with language and cognitive development of low risk and high risk toddlers. *Development and psychopathology*, 9, 507–516.

Neisser, U., Boodoo, G., Bouchard, T.J., Jr., Boykin, A. W., Brody, M., Ceci, S.J., Halpern, D.F., Loehlin, J.C., Perloff, R., Sternberg, R.L., & Urbina, S..(1996). Intelligence: Knowns and unknowns. *American Psychologist*, 51, 77–101.

Nesdale, D. & Flesser, D. (2001). Social identity and development of children's group attitudes. *Child Development*, 72, 506–517.

Neugarten, B. L., & Gutmann, D. L.(1964). Age-sex roles and personality in middle age: A thematic apperception study. In B. L. Neugarten & Associates(Eds.), *Personality in middle age and later life*. New York: Atherton.

Olsen, S.F., Yang, C., Hart, C.J. et al.(2002). Maternal psychological control and preschool children's behavioral outcomes in China, Russia, and the United States. In B.K. Barber(Ed.), *Intrusive parenting: How psychological contorl affects children and adolescents*(pp.235–262). Washington, CD: American Psychological Association.

Owens, R. E. (1996). *Language development*(4th Ed.). Boston: Allyn and Bacon.

Ozturk, C., Durmazlar, N., Ural, B., Karaagaoglu, E., Yalaz, K. & Anlar, B.(1999). Hand and eye preference in normal preschool children. *Clinical Pediatrics*, 38, 677–680.

P. G. Windley, T. O. Byerts, & M. P. Lawton (Eds.). *Aging and the Environment: Theoretical Approaches.* New York: Springer.

Papalia, D. E., & Olds, S. W. (1989). *Human Development.* NY: McGraw–Hill.

Papalia, D. E., Olds, S. W., & Feldman, R. D. (2006). *A child's world: Infancy through adolescence.* NY: McGraw Hill.

Papalia, D., Gross, D., & Feldman, R. D. (2003). *Child Development.* New York: McGraw–Hill.

Parten, M. (1932). Social Participation among preschool children. *Journal of Abnormal and Social Psychology*, 27, 243–269.

Pasch, L. A., Bradbury, T. N. (1998). Social support, conflict, and the development of marital dysfunction. *Journal of Consulting and Clinical Psychology*, 66, 219–230.

Pennington, B. F., Moon, J., Edgin, J., Stedron, J., & Nadel, L. (2003). The neuropsychology of Down Syndrome: Evidence for hippocampal dysfunction. *Child Development*, 74, 75–93.

Perry, W. G. (1970). *Forms of intellectual and ethical development in the college years.* New York: Holt, Rinehart, & Winston.

Pesonenen, A. K., Raikkonen, K., Keskivaara, P., & Keltikangas–Jarvinen, L. (2002). Difficult temperament in childhood and adulthood: Continuity from maternal perceptions to self–ratings over 17years. *Personality and individual differences*, 34, 19–31.

Petersen, A. C. & Ebata, A. T. (1987). Developmental transitions and adolescent problem behavior: implications for prevention and intervention. In K. Hurrelmann, F. X. Kaufmann & F. Losel (Eds.). *Social intervention: Potential and constraints* (pp.167–184). Berlin: Walter de Gruyter & Co.

Petersen, A. C. (1993). President address; Creating adolescents: the role of context and process in developmental trajectories. *Journal of Research and Adolescence*, 3(1), 1–18.

Pettit, G.S., Laird, R.D., Dodge, K.A., Bates, J.E., & Criss, M.M.(2001). Antecedents and behaivor–problem outcomes of parental monitoring and psychological control in early adolescence. *Child Developemnt*, 72, 583–598.

Piaget, J. (1952). *The origins of intelligence in children.* New York: International University Press.

Piaget, J. (1962). *Play, dreams, and imitation in childhood.* New York: Norton.

Picou, J. S. & Curry, E. W. (1973). Structural, interpersonal, and behaviorl correlates of female adolescent's occupational choices. *Adolescence*, 8, 421–432.

Pinquart, M., & Srensen, S. (2003). Associations of stressors and uplifts of caregiving with caregiver burden and depressive mood: A meta–analysis. *Journal of Gerontology*: Psychological Science, 58, P112–P128.

Poulin–Dubois, D., Serbin, I. A., Eichstedt, J. A., Sen, M, G., & Beissel, C. F. (2002). Men don't put on make–up: Toddlers' knowledge of the gender stereotying of household activities. *Social Development*, 11, 166–181.

Ramos–Ford, V., & Gardner, H.(1997). Giftedness from a multiple intelligences perspective. In N. Conangelo & G.A. Davis(Eds.), *Handbook of gifted education*(2nd ed., pp. 54–66) Boston: Allyn & Bacon.

Reichard, S., Livson, F., & Peterson, P. G. (1962). Adjustment to retirement. In B. L. Neugarten (Ed.), *Middle age and aging*. Chicago: The University of Chicago Press.

Riegel, K. F. (1973). Dialectic operations: The final period of cognitive development. *Human Development*, 16, 346–370.

Robert, G. F.(2011). Marriage and Family Relationship. NY : Nabu Press.

Roopnarine, J. L. (2004). *Childhood and adolescence*. Westport, Cann: Praeger.

Rosen, J., & Neugarten, B. L.(1964). Ego functions in the middle and later years: A TAT study of normal adults. *Journal of Gerontology*, 15, 62–67.

Rosenberg, S. D., Rosenberg, H. J., & Farrell, M. P.(1999). The midlife crisis revisited. In S. L. Willis & J. D. Reid(Eds.), *Life in the middle: Psychological and social development in middle age*, 47–73. San Diego, CA: Academic Press.

Rosenblum, G. D., & Lewis, M. (2003). Emotional development in adolescent. In G. R. Adams & M. D. Berzonsky(Eds.), *Blackwell handbook of adolescence* (pp. 269–289). Malden, MA : Blackwell

Rothbart, M. K., & Bates, J. E. (2006). Temperament. In W. Damon, R. Lerner & N. Eisenberg (Ed.), *Handbook of child psychology:* Vol. 3. Social, emotional, and personality development(6th ed., pp. 99–166). New York: Wiley.

Rubin, K., Fein, G., & Vandenberg, B. (1983). Play. In P. H. Mussen(Series Ed.) &. Hetherington (Vol. Ed.), *Handbook of child Psychology:* Vol. 4. Socialization, Personality, and social development(pp. 694–774). New York: Wiley.

Rubin, K., Stewart, S. L.. & Chen, X.(1995). Parents of aggressive and withdrawn children, In M. Bornstein(Ed.), *Handbook of parenting:* Vol. 1. Children and parenting (p. 255–284). NJ: Erlbaum.

Ruble, D. N., & Martin, C. L. (1998). Gender development. In N. Eisenberg (Ed.). *Handbook of child psychology:* Vol. 3. Social, emotional, and personality development (p. 933–1016). New York: Wiley.

Runco, M.A.(1992). Children's divergent thinking and creative ideation. *Developmental Reviews*, 12, 233–264.

Santrock, J. W. (1996). *Adolescence* (6th ed). Brown and Benchmark.

Santrock, J. W. (2008). *Essentials of Life-span development*. Boston: McGraw Hill.

Santrock, J. W.(1995). *Life-Span Development*. Wisconsin: Brown & Benchmark, Inc.

Santrock, J. W. (2009). *Child Development*. McGraw-Hill Higher Education. NY: New York.

Schacter, E. P. (2002). Identity constraints: The perceived structural requirements of a 'good' identity. *Human Development*, 45, 416–433

Schaie, K. W.(1978). Toward a stage theory of adult cognitive development. *Aging and Human Development*, 8, 129–138.

Scher, M. S., Richardson, G. A., & Day, N. L. (2000). Effects of prenatal crack/cocaine and other drug exposure on electroencephalographic sleep studies at birth and one year. *Pediatrics*, 105, 39–48.

Schmiege, C. J., Richards, L. N., & Zvonkovic, A. M.(2001). Remarriage: For love or money? *Journal of Divorce and Remarriage*, 36, 123–140.

Schulenberg, J. E., & Zarrett, N. R. (2006). Mental health during emerging adulthood: Continuity and discontinuity in course, causes, and functions. In J. J. Arnett & J. L. Tanner (Eds.), *Emerging adults in America: Coming of age in the 21st century* (pp. 135–172). Washington, DC: APA Books.

Schulenberg, J. E., Bryandt, A. L., & O'Malley, P. M. (2004). Taking hold of some kind of life: How developmental tasks relate to trajectories of well-being during the transition to adulthood. *Development and Psychopathology*, 16, 1119-1140.

Schulz, R., Heckhausen, J., & O'Brien, A. T. (1994). Control and the disablement process in the elderly. *Journal of Social Behavior and Personality*, 9, 139-152.

Schweinruber, H.(1997). *The effects of gender and exposure to advanced mathematics on achievement and attitudes in four countries*. Paper presented at the biennial meetings of the Society for Research in Child Developemtn, Washington, DC.

Seiffge-Krenke, I., & Gelhaar, T. (2007). Does successful attainment of developmental tasks lead to happiness and success in later developmental tasks?- A test of Havighurst's(1948) theses. *Journal of Adolescence*. 4, 1-20.

Selman, R. (1980). *The development of interpersonal understanding*. New York: Academic Press.

Shaffer, D. R. (2005). *Social and personality development*. Wadsworth, CA: Belmont.

Shaffer, D. R., & Kipp, K. (2010). *Developmental Psychology: Child & Adolescence*. 8th ed. Belmont, CA: Wadsworth.

Shaffer, D. R,(2007). Developmental psychology: *childhood and Adolescence* 6th Edition. Belmont, CA: Wadsworth Thomson Learning

Sheeding, T. M., & Philips, K. R. (2002). Cross-national differences in employment and economic sufficiency. *Annals of the American Academy of Political Social Science*, 580, 103-133.

Shiner, R. L., & Masten, A. S. (2002). Transactional links between personality and adaption from childhood through adulthood. *Journal of Research in Personality*, 36, 580-588.

Simmons, R. G., & Blyth, D. (1987). Pubertal maturation in female development. New York: De Gruyter.

Simonton, D.K.(2000). Creativity: Cognitive, personal, developmental, and social aspects. *American Psychologist*, 55, 151-158.

Sinnott, J. D. (1989). Life-span relativistic postformal thought: Methodology and data from everyday problem-solving studies. In M. L. Commons, J. D. Sinnott, F. A. Richards, & C. Armon (Eds.), *Adult development*, Vol. 1: Comparisions and applications of developmental models. New York: Praeger.

Skinner, E. A., & Wellborn, J. G.(1997). Children's coping in the academic domain. In S.A. Wolchik & I. N. Sandler(Eds.), *Handbook of children's coping*(pp. 387-422). New York: Plenum.

Slaughte-Defoe, D., & Rubin, H.(2001). A longitudinal case study of Head Start eligible children: Implications for urban education. *Educational Psychologist*, 36, 31-44.

Slobin, D. I. (1985). Cross-linguistic evidence for language making capacity. In D. I. Slobin (Eds.), *The cross-linguistic study of language acquisition:* Vol. 2, Theoretical issues(p. 1157-1256). Hillsdale, NJ: Erlbaum.

Smith, J.R., Brooks-Gunn, J., & Klebanov, P.K.(1997). Consequences of living in poverty for young chilren's cognitive and verbal ability and early school achievement. In G.J.Duncan & J. Brooks-Gunn (Eds.), *Consequences of growing up poor*(pp.. 1132-179). New York: Russell Sage Foundation.

Spitz, R. A.(1945). Hospitalism: An inquiry in the genesis of psychiatric conditioning in early childhood. *Psychoanalytic studies of the children*, Vol. 1(pp. 53-74).

Sprague, J. R., Sugai, G., & Walker, H. (1998). Antisocial Behavior in Schools. In S. Watson & F. M. Gresham, (Eds.), *Handbook of Child Behavior Therapy*, (pp. 451-474).

Sroufe, L., Cooper, R., & DeHart, G. (1992). *Child development: Its nature and course*(2nd ed.). New York: McGraw Hill.

Sroufe, L. A. (2007). Commentary: The Place of development in developmental psychology. In A. S. Masten(Ed.), *Multi-level dynamics in developmental psychology*(pp. 285-299). Mahwah, NJ: Erlbaum.

Stattin, H., & Magnusson, D. (1990). *Pubertal maturation in female development.* Hillsdale, NJ: Erlabum.

Steinberg, L. (1990). *Adolescence.* New York: McGraw-Hill Inc.

Sternberg, R. J. (1986). A triangular theory of love. *Psychological Review,* 93, 119-135.

Sternberg, R. J., & Lubart, T.I. (1996). Investing in creativity. *American Psychologist,* 51, 677-688.

Sterzer, P., Stadler, C., Krebs, A., et al (2005) Abnormal neural responses to emotional visual stimuli in adolescents with conduct disorder. *Biological Psychiatry,* 57,7 - 15.

Stroebe, M., Hanson, R., Stroebe, W., & Schut, H. (2001). *Handbook of bereavement research:* Consequences, coping and care. Washington DC: American Psychological Association.

Super, D. E. (1990). A life-span, life-space approach to career development. In D. Brown, L. Brooks, & Associates (Eds.), *Career choice and development* (2nd ed.). San Francisco: Jossy-Bass.

Susman, E. J., & Rogol, A. (2004) Puberty and psychological development. In R. M. Lerner, & L. D. Steinberg.(Eds), *Handbook of adolescent psychology* (pp. 15-44). Hoboken, N.J. : John Wiley & Sons.

Tanner, J. L., Arnett, J. J., & Leis, J. A. (in press). Emerging adulthood. Learning and development during the first decade of adulthood. In M. C. Smith & T. G. Reio (Eds.), *Handbook of research on adult development and learning.* Mahwah, NJ: Erlbaum.

Tanner, J. L., Reinherz, H. Zl, Beardslee, W. R., Fitzmarrice, G. M., Leis, J. A., & Berger, S. R. (2007). Change in prevalence of psychiatric disorders from ages 21 to 30 in a community sample. *Journal of Nervous and Mental Disease,* 195, 298-306.

Tanner, J. M. (1989). *Fetus into man: Physical growth from conception to maturity.* Cambridge: Harvard University Press.

Thomas, A., & Chess, S.(1977). *Temperament and development.* New York: Brunne/Mazel.

Thomas, A., & Chess, S.(1984). Genesis and evaluation of behavioral disorders: From infancy to early adult life. *American Journal of Psychiatry,* 141, 1-9.

Thomas, R. M. (2000). *Comparing theories of child development* (5th ed.). Belmont CA: Wadsworth.

Thompson, P. M., Giedd, J. N., Woods, R. P., Macdonald, D., Evans, A. C. & Toga, A.

W.(2000). Growth patterns in the developing brain detected by using continuum mechanical tensor maps. *Nature*, 404, 190–192.

Thompson, R. A. (1990). Vulnerability in research: A developmental perspective on research risk. *Child Development*, 61, 1–16.

Thompson, R. A. (1994). Emotion regulation: A theme in search of define. In N. A. Fox(Eds.), The development of emotion regulation. *Monographs of the Society for Research in Child Development*, 59(2–3, No. 240).

Timims, J. K. (2001). *Radiation during pregnancy.* New Jersey Medicine, 98, 29–33.

Torrance, E.P. (1988). The nature of creativity as manifest in its testing. In R.J. Sternberg(Ed.), *The nature of creativity: Contemporary psychological perspectives.* Cambridge, England: Cambridge University Press.

Torsheim, T., & Wold, B.(2001). School–related stress, school support, and somatic complaints: A general population study. *Journal of Adolescent Research*, 16, 293–303.

Underwood, A. (1999). *How well do you know your kid?* Newsweek International, May 10.

Unger, R., & Crawford, M.(1992). *Women and gender: A feminist psychology.* Philadelphia: Temple University Press.

Van der Bergh, B. R. H., & Marcoen, A. (2004). High antenatal maternal anxiety is related to ADHD symptoms, externalizing problems, and anxiety in 8–and 9–year–olds. *Child Development*, 75, 1085–1097.

Van Hoof, a. (1999). The identity status field re–reviewed: An update of unresolved and neglected issues with a view an same alternative approaches. *Developmental Review*, 19, 497–556.

Wallach, M.A., & Kogan,, N. (1965). *Thinking in young children.* New York: Rinehart & Winston.

Walter, T. (2003). *The loss of a life partner: Narratives of the bereaved.* New York: Columbia University Press.

Waxman, S., & Gelman, R.,(1986). Preschooler's use of super ordinate relations in classification and language. *Cognitive Development*, 1, 139–156.

Weiner, B.(1986). *An attibutional theory of motivation and emotion.* New York: Springer–Verlag.

Wilson–Shockley, S. (1995). Gender differences in adolescent depression: The contribution of negative affect. Master's thesis, University of Illinois at Urbana–Champaign.

Winsler, A., Diaz, R. M., & Montero, I.(1997). The role of private speech in the transition from collaborative to independent task performance in young children. *Early Childhood Research Quarterly*, 12, 59–79.

Youniss, J., & Yates, M.(1997). *Community service and social responsibility in youth.* Chicago: University of Chicago Press.

찾아보기

■ 저자 소개

박성연
미국 Iowa State University 아동발달 박사
현재 이화여자대학교 대학원 아동학과 명예교수

백지숙
미국 University of Wisconsin-Madison 아동학 박사
현재 국립목포대학교 아동학과 부교수

안지영
이화여자대학교 대학원 가정관리학과 아동학 박사
현재 고려사이버대학교 아동학과 조교수

오미경
이화여자대학교 대학원 가정관리학과 아동학 박사
현재 국제뇌교육종합대학원대학교 뇌교육학과 조교수

이사라
이화여자대학교 대학원 가정관리학과 아동학 박사
현재 세종사이버대학교 아동가족상담학과 부교수

이주연
미국 University of Wisconsin-Madison 아동학 박사
현재 전남대학교 생활환경복지학과 조교수

임희수
이화여자대학교 대학원 가정관리학과 아동학 박사
전 비고츠키 아동 · 청소년 상담센터 부소장

전은다
이화여자대학교 대학원 가정관리학과 가족학 박사
현재 가톨릭대학교 출강

지연경
미국 Virginia Polytechnic Institute and State University 가족학 박사
현재 이화여자대학교 대학원 아동학과 초빙교수

한세영
미국 University of Wisconsin-Madison 아동학 박사
현재 이화여자대학교 대학원 아동학과 부교수

인간의 성장과 발달

2017년 3월 1일 초판 인쇄
2017년 3월 5일 초판 발행
지은이 | 박성연 · 백지숙 · 안지영 · 오미경 · 이사라
이주연 · 임희수 · 전은다 · 지연경 · 한세영
발행인 | 유제구
발행처 | 파워북
주 소 | 경기도 고양시 일산동구 호수로 358-25
동문굿모닝타워2차 529호
전 화 | (02) 730-1412
FAX | (031) 908-1410
등 록 | 1997. 1. 1 제 300-1997-13

정 가 23,000원
ISBN 978-89-8160-291-8 93370

잘못된 책은 바꿔드립니다.